本书是教育部人文社会科学重点研究基地重大项目主要成果、

南京大学一流大学一流学科建设工程重大项目成果

The Image of Reification and
the World View of Things
The Situating Research of
Hiromatsu Wataru's Philosophy

大家文丛

物象化图景与事的世界观

——广松涉哲学的构境论研究

张一兵 / 著

天津出版传媒集团

天津人民出版社

图书在版编目(ＣＩＰ)数据

物象化图景与事的世界观：广松涉哲学的构境论研究 / 张一兵著. -- 天津：天津人民出版社, 2020.10
（大家文丛）
ISBN 978-7-201-16226-3

Ⅰ.①物… Ⅱ.①张… Ⅲ.①广松涉—哲学思想—研究②马克思主义哲学—研究 Ⅳ.①B313.5②B0-0

中国版本图书馆 CIP 数据核字(2020)第 125844 号

物象化图景与事的世界观：广松涉哲学的构境论研究
WUXIANGHUA TUJING YU SHI DE SHIJIEGUAN
GUANGSONGSHE ZHEXUE DE GOUJINGLUN YANJIU

出　　版	天津人民出版社
出 版 人	刘　庆
地　　址	天津市和平区西康路35号康岳大厦
邮政编码	300051
邮购电话	（022）23332469
电子信箱	reader@tjrmcbs.com
责任编辑	王佳欢
封面设计	春天·书装工作室
印　　刷	河北鹏润印刷有限公司
经　　销	新华书店
开　　本	710毫米×1000毫米　1/16
印　　张	28.5
插　　页	8
字　　数	350千字
版次印次	2020年10月第1版　2020年10月第1次印刷
定　　价	138.00元

谨以此书献给我敬爱的二姐——张沙丽

广松涉在自己的书房中

序

　　广松涉(ひろまつわたる,Hiromatsu Wataru,1933—1994),当代日本著名的新马克思主义哲学家和思想大师。这些年,经过我们和日本学者的共同努力,在中国学界,特别是马克思主义哲学研究领域中,他的学术思想拟境已经逐渐为人们所知晓。

　　2000年,南京大学与日本东京大学共建的中日文化交流中心,下设了广松涉哲学研究室。2002年,我在自己主编、南京大学出版社出版的"当代学术棱镜译丛"中设立了"广松涉哲学系列",出版了广松涉哲学的第一个中译本《物象化论的构图》①,这标志着中国广松涉哲学译介的正式启动。2003年出版了《事的世界观的前哨》②,2005年出版了《文献学语境中的〈德意志意识形态〉》③。此后,广松涉的《存在与意义》(第一~二卷)④、《历史唯物主义的原像》⑤、《资本论的哲学》⑥和《哲学家广松涉的自白式回忆录》⑦等书,在南京大学出版社陆续翻译出版。广松涉另外两本重要的代表作《世界交互主体的存在结构》

---

① ［日］广松涉:《物象化论的构图》,彭曦、庄倩译,南京大学出版社,2002年。
② ［日］广松涉:《事的世界观的前哨》,赵仲明、李斌译,南京大学出版社,2003年。
③ ［日］广松涉:《文献学语境中的〈德意志意识形态〉》,彭曦译,南京大学出版社,2005年。
④ ［日］广松涉:《存在与意义》(第一~二卷),彭曦、何鉴译,南京大学出版社,2009年。
⑤ ［日］广松涉:《历史唯物主义的原像》,邓习仪译,南京大学出版社,2009年。
⑥ ［日］广松涉:《资本论的哲学》,邓习仪译,南京大学出版社,2013年。
⑦ ［日］广松涉:《哲学家广松涉的自白式回忆录》,赵仲明等译,南京大学出版社,2009年。

和《马克思主义的哲学》也已经购回版权，完成翻译和出版。① 2006年，我主编的《社会批判理论纪事》（第一辑）②出版，其中刊登了中日学者关于广松涉哲学研究的十多篇文章。更重要的是，我们与日本学者精诚合作，已经先后在中国和日本召开了七届"广松涉哲学国际研讨会"。③到目前为止，我已经招收多位日本马克思主义哲学研究方向的博士研究生，其中有两位已经毕业的博士是专攻广松涉的。在全国范围内，一批研究广松涉哲学的论著和学术论文陆续问世。今天，我们完全可以说，广松涉思想的学术研究在中国终于蹒跚起步。

有趣的是，2007年有几位日本当代学者著文对我做出批评，表示他们无法理解在21世纪的今天，我为什么还这么执着于向中国学术界译介广松涉在20世纪70年代写下的这些"已经过时"的东西（主要指《文献学语境中的〈德意志意识形态〉》④），而不是选择他们自己在晚近才出版的一些相关

---

① ［日］广松涉：《世界交互主体的存在结构》，邓习仪译，南京大学出版社，2020年；［日］广松涉：《马克思主义的哲学》，邓习仪译，南京大学出版社，2019年。

② 张一兵主编：《社会批判理论纪事》（第一辑），中央编译出版社，2006年。

③ 2002年5月29—30日，第一届"'广松涉与马克思主义哲学'国际学术研讨会"在南京大学举行。2005年4月23—24日，南京大学又举办《德意志意识形态》的文献学研究及其当代价值暨第二届广松涉与马克思主义哲学国际学术研讨会。第三届"广松涉与马克思主义哲学国际学术研讨会"，于2007年4月3—4日在日本东京的中央大学举行。第四届学术会议于2009年秋天在南京大学召开。第五届学术会议于2015年在广州中山大学召开。第六届会议于2017年在日本东京召开。第七届会议于2019年在贵阳召开。

④ ［日］广松涉编：《〈德意志意识形态〉——手稿复原、新编辑版》，河出书房新社，1974年。中译文由彭曦博士翻译，由南京大学出版社2005年出版，在译成中文时，书名改为《文献学语境中的〈德意志意识形态〉》。2005年4月，我们同日本学者一起，在南京大学举办了《德意志意识形态》的文献学研究及其当代价值暨第二届广松涉与马克思主义哲学国际学术研讨会，研讨会的主要论文会后不久即在日本《情况》杂志分两期发表，并在日本学界引发了较大的反响。2005年秋，英国著名西方马克思学专家卡弗专程赶赴南京大学，和我们一起集中讨论了广松版《德意志意识形态》一书，双方从此建立了重要的学术合作关系。也以此为端点，卡弗教授与布莱克博士一起，编辑出版了英语学界第一本马克思恩格斯《德意志意识形态》第一卷第一章的文献学论著，在国际学术界引起较大反响。See Terrell Carver, Daniel Blank, *Marx and Engels's 'German ideology' Manuscripts*, Akademie Verlag, 2014.

著作。①看起来,他们对自己拥有更多新近的文献学成果在资料细节上胜过广松涉感到自豪。说句实在话,他们自己假想的研究水平、学术视域和基本为学方式,真是远远低于目前中国马克思主义研究前沿的思想构境②层。2009年夏天,我在东京与广松涉夫人和他的学生们讨论时才了解到,在广松涉那里,他恰好是反对在日本学术界有强大势力的斯大林式的"教条主义的马克思主义"幻象的,上述那几位,正好是今天教条主义体系阵营中的人物。我以为,对于任何学者来讲,即使自己的学术水平再高,研究成果比他人真的更好,恰恰应该更善意地指出问题,建设性地帮助他人共同提高研究水平,而不是自以为是地横加指责,全盘否定。作为一个原创性的思想大家,广松涉的许多学术观念虽生成于一定的历史情境之中,也不可避免地存在这样或那样的问题,但却因其直接构成着东方新马克思主义甚至整个学术发展史中的特定思想环节和逻辑问题结点,而可能永不"过时"。这种气魄和视野,绝不是对他的某些论著中存在的文献资料上的历史局限性做一些指证就能诋毁的!这就

---

① [日]大村泉、涩谷正、平子友长:《新MEGA〈德意志意识形态〉之编辑与广松涉版的根本问题》,《学术月刊》,2007年第1期。必须指出的是,几位日本学者因急于在中国发表自己的观点,竟不实地向我们声称该文已在日本《经济》杂志2006年第10期公开发表。其后,当我们翻译并在中国公开刊物上发表此文之后,才发现事实并不如这几位学者告知的那样,这篇文章在日本只是刊发在他们自己编的一本《马克思恩格斯研究》内刊上。这种做法,着实不能令人恭维。此后,涩谷正又到中国发表一篇文章,公开声称自己的编译本比广松涉出版于四十年前的文本如何高明的奇文。将这场争论变成了一个闹剧。[日]涩谷正:《德意志意识形态的编辑问题》,《马克思主义与现实》,2007年第6期。

② 构境(situating)是我在2007年提出的核心哲学范式,它的最初出场是在寄居于《回到列宁——关于"哲学笔记"的一种后文本学解读》一书的方法描述。在我这里,"构境"概念被表述为关于人的历史存在论的一个东方式的总体看法,它不涉及传统基础本体论的终极本原问题,而只是讨论人的历史性存在的最高构成层级和高峰体验状态。我区分了社会生活空间中的物性塑形、关系构式、创序驱动和功能性的筑模之上的人的不同生存层级,以及与这些不同生存状态和意识体认可能达及的不同生活情境,我将主体存在的最高层级界定为自由的存在性生活构境。很显然,在当代思想的形而上学内省和焦虑中,人们因为担心存在变成石化的在者、概念变成死亡的逻各斯本质,于是做作地在存在和概念的文字上打叉(海德格尔的"删除"和德里达的"涂抹"),而构境之存在就是当下同体发生的建构与解构性。情境之在不存留,只是每每辛苦地重建。当然,在现实历史事实中,构境存在通常是与他性镜像与伪构境(幻象)同体共在的。

好比，如今我们完全可能正确地指认出马克思《资本论》中存在一些经济学研究细节上的问题，但这丝毫无损于马克思的《资本论》在整个学术思想史上的里程碑意义。我想，后来的所有从事马克思主义哲学研究的严肃学者，都必须直面广松涉等日本新马克思主义思想家们曾经提出过的深层思想追问和已经达及的理论构序①高度，否则就极有可能在逻辑上开倒车，抑或因无意识地炒了一盆学术冷饭而自娱自乐。在今天的中国学界，由于不能广泛和真正深入地了解整个世界思想史进程和历史性的逻辑标度点，自以为是的自娱自乐倒真是不少，比如在马克思文献学研究领域中的仿马克思学和伪文本学。

其实对我来说，广松涉的思想之所以重要，倒并非因为他是一个坚定的马克思主义者，或者说他在20世纪日本新马克思主义哲学研究中达及了一个划时代的逻辑高点，而是在于，他的研究理路确实呈现了一个东方学者走向世界思想之林的有益方向和艰辛的理论印迹。有时候，我觉得自己走的学术构境之路与广松涉竟然是十分类似的。这是广松涉思想始终令我兴奋和激动的地方。固然，我并非完全赞同他最后精心建造的"四肢哲学"。

广松涉之思，缘起于当代自然科学关系性图景的突现：19世纪末20世纪初，首先出现了持续几十年之久的物理学革命。在新呈现的非感知能及的微

---

① 构序(ordering,创序),是我在1991年提出的一个概念,在复杂性科学中,构序即负熵。构序与马克思历史唯物主义中的物质生产力同义,是指"人类通过具体的实践历史地构成特定物质存在层系的人的社会存在的带矢量的有序性"。2009年,我在构境论的基础上再一次确认了这一概念。"与主体性的劳动塑形活动和客观的主体活动关系、塑形物的链接构式不同,生产创序是整个社会生产过程中活生生表现出来的特定组织编码和功能有序性,或者叫保持社会存在消除其内部时刻发生的坠回到自然存在无序性熵增力量的有序性负熵源。社会历史存在中的创序能力,是由劳动塑形为主导的整合性的社会创造能力,这种创序能力随着社会生产的日益复杂化而丰富起来。"参见张一兵:《实践构序》,《福建论坛》,1991年第1期;《劳动塑形、关系构式、生产创序与结构筑模》,《哲学研究》,2009年11月期。现实中的存在论构序主要是指给予存在一种特定的有主体性的组织化状态,在这一点上,与生成一个总体性的功能关系的构成相区别。

观世界中,原来人们通过感官直达的同一物质实体构成的低速运动和对象化宏观世界轰然土崩瓦解,之后的爱因斯坦和量子力学,则让传统科学理论构架的实体性客观真实域突然液态化了,人们过去直观指认的绝对、普适和永恒的自然对象及其本质–规律,在不同观察参照系的相对关系中突变为形而上学幻境;人们无法直接探身的微观世界,不得不通过工具性的仪器和实验操作中介后,非感知地成为拟真图像。由此,关系建构性的现代物理学体系,取代了由伽利略和牛顿奠定基础的崇尚实体存在的古典物理学理论体系的统治地位。准确地说,广松涉最早的先锋意识不是来自社会革命,而是物理学,这是他一开始就立志要当一名物理学家的根本原因。我们能看到,也是在这一切革命性的科学实践发生之初,西方出现了一位有超凡抽象能力和预知力的科学家,固然在哲学思辨平台上可能并非超凡脱俗,可是他却执着地非要捕捉这一新的科学进步。结果,新的物理学科学图景在经验性的复建构境中被过分地主观化了,世界上的一切成了"感觉要素的复合",这个人就是被列宁痛骂过的马赫①。从一开始,青年广松涉就不赞同列宁在《唯物主义与经验批判主义》一书中对马赫的批评,他的立场似乎更偏向后者。②这也是笔者并不简单赞同的立场。可令人惊异的事实是,马赫是广松涉隐性认同的最大的逻辑他者。在20世纪60年代广松涉曾经新版翻译了马赫的两本

---

① 马赫(Ernst Mach,1838—1916),奥地利物理学家、生物学家、心理学家、哲学家。1838年2月18日生于奇尔利茨。父亲是家庭教师。童年时代在大自然的魅力下善于用听觉、触觉观察事物的因果关系。初中时,他对教会学校的课程不感兴趣而被视为不适宜研究学问、成绩不佳的孩子。父亲的藏书成了他自学的宝库。在维也纳大学学习数学、物理学和哲学,1860年毕业,并获博士学位。1864—1867年在格拉茨大学先后任数学教授和实验物理学教授,1867—1895在布拉格大学任实验物理学教授,两度被选为校长。1901年退休,但仍在家继续从事科学著述。1916年2月19日在德国斯特腾逝世。其主要代表论著有:《感觉的分析》(1886)、《认识和谬误》(1905)、《文化和力学》(1915)等。

② 参见[日]广松涉:《哲学家广松涉的自白式回忆录》,赵仲明等译,南京大学出版社,2009年,第84页。

书。^①这倒并非因为马赫思想影响了广松涉最初的思想逻辑建构,对于马赫,广松涉也一直保持着批判的距离,但是马赫那种过于微观的关系性经验图像世界,始终构成着广松涉认识论、实践论世界图景突现的基础。整个广松涉哲学的逻辑构境缘起,就在于马赫经验复合论伪境之上的"存在与意义"关系共在的塑形^②。

说到此,我不得不回溯到自己构境论的思想史构架中来,按照我对思想史一般进程的说明,通常意义上的思者总是经历他性镜像空间、自主性思想构序和最后的原创性逻辑构境三个基本运思时段。所谓他性镜像空间,即一个人的学术思想建构表现为其学术思考的支配性话语,主要是对作为他者镜像^③而在场的他性学术思想逻辑(文本)的依存和自觉或不自觉的挪用,一般而言,他性思想构境会以一种或多种未被激活的理论资源(学术记忆集群)和他性理论问题式作为理论建构有意图或者亚意图的支撑构件,由此激发出一种特定的接合式的思考。

自主性思想构序,则是一个思想家开始走向成熟的过渡性的思想发展环节。在这个时期里,思想家通常开始摆脱他性理论构架的支配,开始立足于自己的独立思考,固然也有深层的互文思考,但多数情境下都会将原来作

---

① 广松涉于1963年翻译马赫的《感觉的分析与身心关系》(*Die Analyse der Empfindungen und das Verhaltnis des Physischen zum Psychischen*,1886),1966年翻译《认识与谬误》(*Erkenntnis und Ir-rtum*,1920)。

② 塑形(shaping)是我于2009年在汉语学界独立提出的概念。在马克思晚期的经济学–哲学语境中,它表征了"人类劳动活动为我性地改变物性对象存在形式的生产和再生产过程。物质是不能创造的,但劳动生产却不断改变物质存在的社会历史形式。人的劳动在生产中并不创造物质本身,而是使自然物获得某种为我性(一定的社会历史需要)的社会存在形式"。参见张一兵:《劳动塑形、关系构式、生产创序与结构筑模》,《哲学研究》,2009年第11期。在不久前完成的关于海德格尔的研究和福柯研究中,我发现"塑形"概念是现象学和福柯等一批欧洲思想家普遍使用的研究范式。这令我大受鼓舞。

③ 拉康的概念,但在他那里,他者又有小他者(other)和大他者(Other)之分,前者为个人主体自我确立初期,对自我的镜像投射的存在论误认;后者则是整个语言符号系统对个人主体的质询性建构。参见张一兵:《不可能的存在之真——拉康哲学映像》(修订版),上海人民出版社,2020年。

为外在镜像的他性构架转化为我性学术思想生产。

独创性的思考构境则是指思想家通过原创性的理论生产,建构自己独立的整体理论逻辑和思考空间的过程,毋庸讳言,这种情况必然多发生于思想家的理论成熟期。此时,思想家终于开始批判性地超越自己原先持有的他性思考构架,将前人假性解决问题的思路扬弃为他性的幻象。①

在这个思想家常态历史性语境中,广松涉似乎是脱轨的,因为他的哲学体系逻辑终点竟然与最初的思考起点是同质同构的。1959年,广松涉在自己的本科毕业论文《关于认识论主体的一点论考》中,已经原创性地确认了交互主体性和面对世界的四肢结构构式②逻辑,可正是这个开端,居然也是他1994年去世之前的力作《存在与意义》的基本学术构境。这是绝对罕见的三十五年一贯的方向明确的逻辑构境践行。用他自己话来说,在读硕士研究生的时候,他就已经"不太读其他人的书了","不再像念本科时拼命地读别人的先行理论研究的东西了。说来有点自以为是,我已经从头至尾学了一遍了,之后必须要做的就是整理自己的思索"。在那之后,"我在与自己的思想的联系中进行归纳整理,在这一条件下对很多东西进行重读。建立自己的体系的这一工作,首先要有一个主干道,然后读一些需要的东西,就是这样的感觉吧,不再是那种毫无意图地一味地读经典那样的学习了"。③还有一个典型人物,是德国的索恩-雷特尔,他六十八年只做了同一件事情,即证明马克思的商品

① 参见张一兵:《反鲍德里亚——一个后现代学术神话的祛序》,商务印书馆,2009年,导言。

② 构式(configurating)是我在2009年从建筑学研究领域中的"空间句法(Space Syntax)理论"中挪用来的概念。我当时是想用其"指人与物、人与人主体际的客观关系系列及其重构(再生产),这是人类生存超拔出动物生存最重要的场境关系存在论基础"。与有目的、有意图的主体性的劳动塑形不同,关系构式往往是呈现为一种受动性的结构化的客观结果。它既是社会生活的场存在形式,又是社会空间的建构。参见张一兵:《劳动塑形、关系构式、生产创序与结构筑模》,《哲学研究》,2009年第11期。在后来的海德格尔和福柯研究中,我竟然发现,"构式"一词竟然也是德国现象学和法国科学认识论研究域中一批重要学者使用的范式。

③ [日]广松涉:《哲学家广松涉的自白式回忆录》,赵仲明等译,南京大学出版社,2009年,第129~130页。

交换中的客观抽象结构是康德先天观念综合构架的现实基础。①做学生的时候,广松涉就已经自觉地开始思考自己未来的哲学逻辑体系构架,然后为之奋斗一生。这样外在地看,广松涉的思想发展似乎就没有简单的他性镜像支配阶段,而是一开始就进入自主性的思想实验空间之中,当然,这并不是说在广松涉的思想发展全程中不存在思想他者,马赫就是一只"逻辑不死鸟"。从青年广松涉最早的"马赫笔记"到十四册的"关系逻辑学"②,从《交互主体性的世界结构》到《存在与意义》,马赫的学术逻辑像一个长长的影子始终跟随着广松涉的运思。而马克思,则是他终身的最重要的话语伴侣和构境参照系。但在一定的意义上,对广松涉理论建构十分重要的马克思,也只是用物象化理论作为马赫关系存在论逻辑的明证者。

我觉得,广松涉早期的学术生涯,显然"滞后于"他很年轻、很酷的激进革命阅历,在16岁破格加入日本共产党之前,他已经是一位久经沙场的左翼战士。虽然广松涉也很早就接触到马克思主义,但他却一直立志于成为一名科学家,即使在他报考理科不第无奈选择了哲学之后,本科和研究生的学习旨趣仍然是马赫或者西方"布尔乔亚"哲学。硕士论文题目为"康德的'先验的演绎论'"。其实,他最后的哲学体系——《存在与意义》的构架恰恰是对康德"三大批判"的归属化认同。

康德、胡塞尔和海德格尔,是广松涉逻辑构境的另外三位重量级的学术对手,他的四肢结构图景的正面学术赋型③,绝大多数时间都是在编织和弥补这些大师理论思考之网的漏洞和逻辑缺环。其中,经过新康德主义重新演绎

---

① 参见张一兵:《发现索恩-雷特尔——先天观念综合发生的隐秘社会历史机制》,北京师范大学出版社,2018年。

② 在广松涉夫人的支持下,我们学科已经获得了这一珍贵原始手稿的全部数字化扫描件。

③ 赋型(formating),是我在2019年修改《神会波兰尼》第二稿时,对自己构境理论重新梳理后区别于感性塑形的更高一个层级的结构性构序概念。如果说劳动塑形是指对物质存在为我性具象改变,那关涉性赋型则是将对象有意图地入序于特定的历史存在方式之中。

过的康德认知构架逻辑,可能是广松涉哲学实质性构序最重要的前提和对话平台。康德认识论中的经验现象与赋意的先验认知形式,自我主体与先验的观念构架,其实就是广松涉后来"所与–所识""能知–能识"四肢结构认识论思想构境的证伪性逻辑前提。而胡塞尔发现的对象总是面对主体的意向性思想、海德格尔的上手性(用在性)观念,则是广松涉交互主体基础之上的"有用物态"关系本体论逻辑构式中最重要的理论支撑点。所以从内在的逻辑结构上看,广松涉自己的哲学体系似乎与马赫、康德和海德格尔的问题式更相关。而且康德那种认识世界的逻辑先行性,是广松涉思想发展的一条贯穿性的理论构序主线,也是广松涉哲学不变的特征之一。不变,在思想史上则意味着在逻辑构境上的面向终结。这恐怕会是一个悲剧。

我发现,这种对西方科学认识论和哲学理论的热情,与广松涉几近疯狂的社会主义实践之间的"断裂"倒是一件令人奇怪的事情。广松涉的现实逻辑射线与形而上学之思之间,似乎没有通达的桥梁。不过无论如何,马克思主义哲学还是成为广松涉全部学术构境思想进程中的第一个非常出彩的主要逻辑构式模块。要知道,广松涉从来不是一个前苏东教条主义传统解释构架的虔诚信徒,他与马克思、恩格斯的遭遇缘起于现实社会政治斗争,而一旦他进入马克思主义哲学研究的动态筑模①平台之中时,他立刻表现出一种完全独立的批判性自主理论立场。我不知道该不该这样判断:广松涉是20世纪60年代日本的新马克思主义思潮的真正奠基人之一。以广松涉的界定,这种独立的马克思主义观念,既不同于传统的前苏东教条式的马克思主义,也不同于西方"人本学"的马克思主义,这是广松涉自己多次明确指认的理论立场。在

①　"筑模"(modeling)一语是我从英国科学社会学家皮克林那里挪用的。它指当下地、功能性地生成一种模式,用以更精准地呈现马克思原先用生产方式观念试图表达的意思。当然,筑模也同样发生在更复杂的思想逻辑建构之中。筑模是一种融于实践和思想活动之中的功能结构,它就是动态的构序活动,正是它不断创造着社会存在和观念进化的负熵源。参见张一兵:《劳动塑形、关系构式、生产创序与结构筑模》,《哲学研究》,2009年第11期。

这一点上，我不能同意那种过于宽泛的"日本马克思主义"的界说。①因为在广松涉那里，反对和拒斥日本马克思主义研究中存在的教条主义逻辑构架，是他的马克思主义研究的新起点。准确地说，这代表了一种异质于传统斯大林式的意识形态话语的日本战后新马克思主义的思潮。抹杀了这一重要逻辑质点，就根本无法透视广松涉新马克思主义研究的重大理论与现实意义。所以不加分辨地将日本学术界同时存在的教条主义的马克思主义与新马克思主义混指为"日本马克思主义"，恰恰遮蔽了我们科学地认识日本马克思主义研究的不同思想问题式和学术分野。广松涉新马克思主义研究的革命性质，则会被有意无意地置入逻辑盲区。其实，按照我最新的认识界定，日本战后新马克思主义并非广松涉一人，而包括了像望月清司②、平田清明③这一类重

---

① 参见韩立新:《"日本马克思主义":一个新的学术范畴》,《学术月刊》,2009年第9期。

② 望月清司(Mochizuki Seiji,1929——　),日本当代新马克思主义思想家。1929年生于日本东京,1951年日本专修大学商学部经济学科入学,1956年就任该大学商学部助教,1969年晋升为该大学经济学部教授。1975年获得专修大学经济学博士,并从1989年开始连任专修大学校长九年,直至退休为止。代表著作有:《马克思历史理论的研究》(岩波书店,1973)。《马克思历史理论的研究》一书足以奠定望月清司在日本新马克思主义中的重要地位,然后他除去翻译过马克思的《哥达纲领批判》一书之外,还写过一批论文。但由于长期担任学校的行政工作,很长一段时期内他基本上无法继续自己的学术研究工作,甚是可惜。2009年夏天,我在东京专门拜会了望月清司教授,他当面向我指出自己和平田清明在理论逻辑上("市民社会派")更接近一些,但他们与广松涉共属于一个"反对教义体系"的学术阵营,并且他还专门绘制了一个逻辑关系图表,清晰地说明了这种重要的学术思潮的逻辑沿革,以及他们与教义体系分野的独特性。现在,他每天早上6点睡觉,下午2点起床,其余时间都在紧张地看书和写作。已经80岁高龄的望月清司竟然声称,他要写出"当代的资本论"。2010年,应我的邀请,他访问了南京大学。

③ 平田清明(ひらた きよあき,1922—1995),日本经济学家、新马克思主义思想家。1922年出生于东京。1947年毕业于东京商学院(现一桥大学)。经济学博士,曾任名古屋大学经济学教授,京都大学教授、名誉教授。专业方向为经济史、马克思经济学。原经济理论学会全国干事,主要研究市民社会论。代表性论著有:《市民社会与社会主义》(岩波书店,1969),《经济学与历史认识》(岩波书店,1971),《经验与概念的社会形成》(岩波书店,1980年),《评论〈资本〉》(日本评论社,1980),《关于政治经济学批判的方法叙述》(岩波书店、1982),《新的历史形成的探索》(新地书房,1982),《市民社会与调控》(岩波书店,1993年),《市民社会思想的古典与现代——卢梭、魁奈、马克思与现代市民社会》(有斐阁,1996)等。平田清明的研究明显偏向经济学,基本学术旨趣集中于市民社会理论,但他在马克思的经济学与历史认识论的研究中走出了一条道路。

要的马克思主义的研究者。在我的初步认识中,广松涉和望月清司分别代表
了日本新马克思主义中的两种理论逻辑,广松涉恰恰是既拒斥前苏东教条主
义意识形态解释构架(不是科学主义),又明确反对西方马克思主义中将马克
思主义重新人本主义化的观点,但广松涉的理论构式和构境方法很深地偏向
科学认识论。而望月清司则是相反,他也明确反对前苏东的传统构架("教义
体系"),但却在一种解释学的深层语境中精彩地复活了人本主义逻辑。^①望月
清司的重要研究成果《马克思历史理论的研究》一书^②,无论是在文献学的原
文精认和文本学诠释两方面,都远远地超出了传统西方马克思主义人本学派
中的大师级的人物弗罗姆^③、萨特^④和杜娜耶夫斯卡娅^⑤。此书是值得认真精读

---

① 参见张一兵:《隐性人本主义:以交往异化逻辑解读马克思的理论歧路》,《人文杂志》,2018
年第7期。

② [日]望月清司:《马克思历史理论的研究》,中译本在望月清司先生的直接指导下,已经由韩
立新博士翻译完成,由北京师范大学出版。

③ 弗罗姆(Erich Fromm,1900—1980),当代美国著名德裔哲学家和心理学家,也是早期法兰克
福学派的主要代表人物。他出生于德国兰克福,1922年在德国海德堡大学获工学博士学位,同时在慕
尼黑大学和柏林精神分析研究所工作。1934年去美国,先后在芝加哥心理分析学院、耶鲁大学、哥伦
比亚大学任教。其主要著作有:《逃避自由》(1941)、《为自己的人》(1947)、《健全的社会》(1955)、《爱
的艺术》(1956)、《马克思关于人的概念》(1961)、《在幻想锁链的彼岸》(1962)、《人心》(1964)、《占有
还是生存》(1976)等。弗罗姆的《马克思关于人的概念》一书,是他于1961年专门为马克思《1844年经
济学哲学手稿》英译本所撰写的长篇导言。此书一经出版,就成为西方马克思主义人本学派的重要文
本,十多次重印,在学术界产生了巨大的影响。

④ 让-保罗·萨特(Jean-Paul Sartre,1905—1980),法国20世纪最重要的哲学家之一,法国无神
论存在主义的主要代表人物。他也是优秀的文学家、戏剧家、评论家和社会活动家。1915年,萨特考入
亨利中学,学习成绩优异,期间受到叔本华、尼采等人的哲学影响。1924年到1928年间,萨特在具有现
代法兰西思想家摇篮之称的巴黎高等师范学校攻读哲学。1929年,他在全国大学教师资格考试中
获得第一名,并结识了一同应试、获得第二名的西蒙娜-德-波伏娃。1933年萨特赴德留学,悉心研读
德国哲学家胡塞尔和海德格尔等人的哲学。一生中拒绝接受任何奖项,包括1964年的诺贝尔文学奖。
学术代表作有:《存在与虚无》(L'Ecirctre et le Néant,1943),《辩证理性批判》(Critique de la raison di-
alectique,1960—1985)等。

⑤ 杜娜叶夫斯卡娅(Raya Dunayevskaya,1910—1987),美国现代哲学家,人本主义的西方马克
思主义代表人物。曾任托洛茨基的秘书。主要代表作有:《马克思主义与自由》(1958)、《哲学革命》
(1973)、《罗莎·卢森堡,妇女解放》(1982)等。

的日本新马克思主义经典文献。

　　事的世界观，是广松涉在现代自然科学、当代西方哲学和新马克思主义三者学术逻辑交合之上的一个大和哲学思想原创之境。在长达三四十年的执着的理论思考进程中，先后有马赫、爱因斯坦、量子力学、康德、马克思、胡塞尔、海德格尔、梅洛-庞蒂、格式塔心理学、生态学甚至后现代思潮等重要学术资源，不断渗入到广松涉的思想构境之中。以广松涉自己在《存在与意义》一书中的说明，这种学术资源还涉及一大批其他思想家。[①]当然，这些资源在广松涉哲学体系的学术建构中所起的作用是不尽相同的。我觉得，在广松涉自己的逻辑构境中，不容置疑的事实为，日本大和文化的历史学统和近代日本哲学家西田几多郎[②]的场有构境是他自觉的学术基础；认识论维度上的康德、马赫和格式塔心理学、实践论意义上的社会行为论，始终居他的逻辑构式的轴心位置，因为广松涉体系从根本上来说还是心理-认识论和经

---

　　① 在《存在与意义》一书第一卷的序言中，广松涉提出："读者在本卷中不仅能看到黑格尔和马克思的，还能看到文德尔班、李凯尔特、拉斯克、科恩、卡西尔、哈特曼、弗雷格、迈农、罗素、维特根斯坦、胡塞尔、海德格尔、萨特、梅洛-庞蒂的影子，甚至还能看到柏拉图和龙树的影子。"参见[日]广松涉：《存在与意义》（第一卷），彭曦、何鉴译，南京大学出版社，2009年，序言第11页。在此书的第二卷中，广松涉在谈及自己研究的对话者时提出的支援背景似乎更为复杂："(1)对黑格尔和海德格尔进行批判性继承的萨特的理论；(2)胡塞尔的理论；(3)继承了柏格森和胡塞尔的舒茨的理论；(4)继承地发展了克拉格斯(Ludwing Klages)以及舍勒(Max Schelter)的卡西尔(Ernst Cassirer)的理论；(5)继承了胡塞尔的梅洛·庞蒂的理论；(6)将费尔巴哈(在某种意义上与埃布纳〈Ferdinand Ebner〉以及布贝尔〈Martin Buber〉相通)和海德格尔进行了彻底批判的洛维特(karl Lowith)的理论。(虽然在学说史上，我们承认值得对黑格尔、费尔巴哈、狄尔泰、李普斯、舍勒、布贝尔进行个别探讨。因为在上述(1)—(6)中他们的观点已经被扬弃，作为我来说，不打算对他们进行主题探讨。此外，即便以一定的附带条件承认特尼森(Theunissen)在学说史上的研究功绩，但不能说他展开了独创性的理论)。"参见[日]广松涉：《存在与意义》（第二卷），彭曦、何鉴译，南京大学出版社，2009年，第189页。

　　② 西田几多郎(にしだ きたろう，Nishida Kitaro，1870—1945)，日本近代著名哲学家，京都学派创始人。东京大学哲学科预科毕业后，曾在山口高校、第四高校、学习院大学任教。1910年起任京都大学副教授、教授。他以东方佛教思想为基础，以西方哲学思想为材料，求得东西方思想的内在统一，确立了独特的"西田哲学"体系，并培养了许多学生，形成"京都学派"。1940年获日本文化勋章。去世后出版全集18卷。代表性著作有：《善之研究》(1911)、《自觉中的直观与反省》(1917)、《哲学的根本问题》(1933)等。

验-行为论向度的;胡塞尔、海德格尔和梅洛-庞蒂等有人本主义色彩的思想家,只是广松涉思想构境的批判性对话者;马克思,只是走向关系本体论的一个重要逻辑通道,在这里,物象化批判成了一切关系物性误认的通用工具(道具);而生态学和后现代思潮,则是必要的学术应景之物。我深切地体察到,在事的世界观与马克思的历史唯物主义之间,存在着一种根本性的逻辑断裂。这是那个早年一方面深陷现实社会斗争,另一方面又立志做一名科学家的广松涉在逻辑终结处的必然。显然,事的世界观,并不是在历史唯物主义的基础上坚实生长起来的形上之思。说到底,广松涉并不是仅仅想发展和推进马克思的历史唯物主义。在这一点上,与我的构境理论是根本不同的。这也是我刚刚获得的新的认识。

据说,事的世界观是"对世界新的认知构图和建构"。广松涉曾经这样描述过这一世界观的总体特征:"在认识论的视角(视座)中,它替代了以往的'主体-客体'的模式,以四肢构造的模式表现出来;在本体论的视角中,替代了对象界中的'实体的基始性'的认知,而以'关系的基始性'的自为化表现了出来。在逻辑的层面上而言,它意味着,与同一性为基础的假定相对,以差异性为根源性范畴,以及相对于构成要素性的复合型,这是一种建立在函数性关联型结构中的本体论。相对因果论式的说明原理而言,是一种相互作用式的描述原理。"① 这也就是说,"事的世界观"所指认的是一种突现关系本体论的哲学理念。广松涉自认为,他直接袭承马克思和海德格尔(胡塞尔),这种哲学观念构序方向拒斥那种将存在视为实物性聚积的伪实物性的世界像,反对主-客二元分裂式的认识论,强调在特定的实践和认知关系中理解社会的历史存在和人的主观视界。下面我将提出,其实,关系概念已经是一个属于19世纪的旧概念,海德格尔已经用有指向的关涉反对和替代了没有方

---

① [日]广松涉:《事的世界观前哨》,赵仲明、李斌译,南京大学出版社,2003年,序言第2页。

向感的抽象关系,并在意蕴论中建立了复杂的场境存在观念。这一点也是格式塔心理学的构序意向。

在广松涉这里,有四个反对和四个新的确立。我们重新整理一下可以得到如下结果:在本体论上,广松涉明确反对实体主义式的物的世界观,即以物质实体作为世界本原的形而上学,因为实体性的物象,不过是人们对第一性的关系存在的错认结果,所以广松涉透过物象化批判重新确立了关系存在论;在认识论上,广松涉明确反对"主-客二分"的近代哲学思维方式,他原创性地提出和确立了所谓认识、实践和文化世界存在的交互主体"四肢结构论"。同时,广松涉明确反对同一性的思维逻辑,转而确立一种以差异性为基础、着眼于构成要素复合的关联性存在论,并且他还明确反对传统科学观和哲学逻辑中的线性因果关系,转而确立一种全新的相互作用的描述性图景。其实,这个全景式的哲学构境意向真的十分令人振奋,然而广松涉在实现这一形而上学逻辑设定的具体理论构境进程中,在康德-马赫思想的支配下,却使它生成为一个庞大的经验性认知-行为世界图像的形而下微观建构。特别是在广松涉后期思想构境中,以舒茨的社会现象学为基础的社会行为论,较深刻地影响了他的实践四肢论的建构。这不能说不是一个巨大的遗憾。客观地说,在广松涉四肢哲学的宏大逻辑构境中,最具启发意义的构式线索是他的认识论研究。而这种哲学思考,恰恰是中国哲学研究中多年来缺失的理论构序层。近来一段时间,我已经多次在中国的哲学全国性研讨会上公开呼吁重新重视认识论的研究。在我近期新出版的多部论著中,我也刻意突显认识论的重要赋型意义。①

广松涉的思想是一个巨大的现代性学术构境,除去他的哲学思想,还包

---

① 参见张一兵:《斯蒂格勒〈技术与时间〉构境论解读》,上海人民出版社,2018年;《发现索恩-雷特尔——先天观念综合发生的隐秘社会历史机制》,北京师范大学出版社,2018年。我刚刚完成的《神会波兰尼——意会认知与构境》一书,就是哲学认识论的专著,此书将由上海人民出版社出版。

括了丰富的对日本现实社会政治斗争的实践经验总结和左派革命理论,也包括了来自自然科学、社会学、心理学、生态学等诸多学术领域中的探索和理论思考。在我的这本关于广松涉哲学思想的研究论著中,不可能全面论述和完整地讨论广松涉的全部思想,而只能专题性地收缩于他在哲学探索道路上两个最值得我们关注的方向,即马克思主义哲学研究和广松涉自己的四肢哲学逻辑。所以本书的叙事结构为,在导论中交代广松涉思想的粗略轮廓、基本逻辑线索和核心关键词。在上篇中,主要讨论广松涉关于马克思哲学研究的一些重要观点,特别是他重构的物象化的理论。在20世纪的日本马克思主义研究中,广松涉是独树一帜的。虽然在事物化、物化和物象化关系的一些具体的理解中,我与他有一些分歧,这并不妨碍我们在马克思社会批判理论研究方面的共同推进。中下篇,则是他"事的世界观"的前期交互主体性的建构线索、庞大四肢哲学体系逻辑的概要分析和讨论,重点思考的方面,会是与我的构境论有交合之处的认识论的微观建构机制。说实话,我对广松涉的四肢论构式逻辑持较多的保留意见,特别是他的《存在与意义》的第二卷。在本书的写作中,我在复构广松涉的深刻哲学思想的同时,采取了对话式的构境论方式,很多地方对广松涉观点的解读已经远远超出一般文本学研究的逻辑张力,我自己的构境论观念会直接叠境于广松涉的历史语境。还有一个可以预计的事情是,在上篇关于马克思哲学的讨论中,我的思考有可能会是深入和饱满的,而中下篇关于哲学认识论的思索,则必将是困难重重和步履艰难的。即使在广松涉的学生中,真正能够完全理解他的思想的人并不占多数,况且是我这个外国的异质性话语操持者呢。可是,也是在这些关于认识论问题的讨论和辨识中,我自己的构境论得到了一定的呈现空间,这也是我最开心的地方。

意味深长的事情还有,2000年之后,我先后面对了阿多诺、拉康和鲍德里亚的哲学观念,这几位思想巨人的共通点却是他们对现代性逻辑的深度爆破,并且他们的问题域都是后现代之后! 2007年,我又在《回到列宁》一书提出了"构境论"的想法,并且正处于焦头烂额的补洞糊墙之窘境之中。之后,我又陆续写作了《回到海德格尔》①和《回到福柯》②二书,并不期遭遇了阿甘本、朗西埃、索恩-雷特尔、斯蒂格勒、维利里奥、斯洛特戴克、奈格里和维尔诺等人。最近,又连续对话于波兰尼、列菲伏尔和瓦内格姆,在发生这一切之后,走向构境理论的我,应该如何面对基本处于晚期现代性之中的广松涉,这显然是一个巨大的构境难题。这是在历史性构境线索上显然已经走出太远的我,在电脑键盘上最后完成这本新书时,满面愁容地意识到的问题。

2009年,我再一次到东京,原先最大的愿望是能够看一下广松涉先生的书房。可是广松涉夫人告诉我,他的藏书已经全部赠送给东京大学③,所以书房已经不复存在。可令我意外的惊喜是,在池袋的河合文化教育研究所的广松涉研究室里,我竟然看到了他的全部笔记、手稿和部分做过批注的文献原本。这是一个令人激动的时刻。在小林昌人④先生的精心整理下,我们今天能够看到广松涉先生从高中学习期间开始的所有与学术思想相关的原始文献。这主要包括广松涉在高中学习时的笔记和报告,早期的"关系逻辑学笔记"(14册),大学学习时向老师提交的课程报告,本科、硕士论文的原件,全部公开发表的论文和论著的原稿和全部刊印校样,以及大量未发表的完成或没有完成的论著手稿、演讲稿和部分留有广松涉阅读批注的书籍。这是一笔十分珍贵的思想财富。

此刻,我正看着小林先生赠送给我的那张广松涉先生在书桌前读书的

---

① 张一兵:《回到海德格尔——本有与构境》(第一卷),商务印书馆,2014年。
② 张一兵:《回到福柯——暴力性构序与生命治安的话语构境》,上海人民出版社,2016年。
③ 在小林昌人先生的帮助下,我获得了广松涉这批赠书的全部详细目录。
④ 小林昌人(こばやしまさと,1954—   ),日本学者,广松涉文献的整理专家。

彩色照片①,一线金色的残阳之光拥着翻滚的微尘,投在他正在沉思的面容上,似乎想让广松的形象重新拟建起来。广松,你将如何从我的理论构境中重新走出?那还会不会是你打算留给后世的精神财富?我甚至不敢直接点头或摇头。

Situating!

张一兵

2009年8月5月第一稿于东京两国

2017年4月22日第二稿于南京龙江

2018年春节第三稿于武昌茶港

2019年7月14日第四稿于飞往都灵的LH781航班

---

① 我已经将此相片收入本书开始时的第一张插图。根据广松涉夫人的回忆,这张相片最初刊登在日本《周刊文春》杂志1990年(平成二年)5月24号刊上,是介绍日本当代各种名人的书房的系列相片中的一张。她说,相片中书桌两边的过道上原来也放着满满的书,只是摄影记者觉得太乱被临时清除了。

目　录

下编 广松涉哲学的四肢结构论
——《存在与意义》解读

附　录

导　论

在20世纪七八十年代，中国学界也曾经译介过一些日本马克思主义哲学研究方面的论著,可人们在选择译介对象的时候,通常会无意识地在自己的概念构式之中寻找相类似的观念,所以这些译介常常是与传统教科书体系接近的唯物主义、辩证法、主体哲学和价值论方面的专题研究内容。由于在相当长的一个时期内,日本马克思主义哲学界基本上是苏联东欧那种传统哲学解释框架("教义体系")居统治地位,以至于广松涉一类学者往往是被视为正统马克思主义的异端而遭到贬斥。这还应该包括像望月清司、平田清明等日本重要的左翼思想家。我认为,20世纪六七十年代由广松涉等人所开辟的日本马克思主义研究，完全可以命名为区别于西方马克思主义逻辑构序的东方(日本)新马克思主义思潮。这是长期为中国马克思主义研究界所忽视的一个重要学术研究领域。也由此,深入地研究和解读广松涉的学术思想,就成为我们面临的一项急迫的理论任务。这里,我只是对他的生平和哲学思想先作一概要式的介绍。为我们下一步即将展开的更加丰厚的思想构境做些准备。

一、广松涉的一生拟像

在描述一件事情和一种思想构境的"本真"状态时,广松涉十分喜欢使用

"原像"一词。这显然还是现代性诠释学的话语。在我对广松涉生平进行资料收集和访谈的时候,已经意识到复构这种"原像"的不可能性,虽然都是使用当事人自己留下的文字,也有部分与当事人交往甚密的亲人和弟子的直接交谈,即便如此,在我已经小心翼翼的复建式的思想构境之中,这也不足以重构一个人生活情境的真正历史原态,所以这只能是一种关于广松涉生活和学术思想史的拟像。仅此而已。

广松涉,1933年8月1日生于日本福冈山口县的厚狭。但由于他后来主要是在祖籍福冈柳川长大,因此总是自称"籍贯柳川"。广松涉是父亲广松清一和母亲广松礼子婚后的第一个男孩。父亲为福冈县三潴郡蒲池村出身,日本火药技师。从小,广松涉就显现出超凡的独立性。据他自己回忆,大约在3岁半的时候,曾经自己坐了四五个小时的火车出去看樱花,可是方向却反了。他不是一个听话守规矩的孩子,从小学到中学,常常与其他孩子打架,好为孩子王。说到这一点,他似乎挺自豪。

1942年,9岁的广松涉小学三年级,熟读山本一清著的《天文学新语》,立志做天文学家。这是他懂事之后的第一个志愿。1944年,他在小学五年级时开始涉猎恒藤恭的《人类究竟做了些什么》等启蒙科学书,迷上爱因斯坦和量子力学,并开始信誓旦旦要当一名物理学家。显然,现代自然科学,这是他思之构序的起点。实验科学,将很深地锚定在他的思考逻辑之中。1945年,广松涉作为一名小学六年级的学生,通过阅读卡尔·皮尔逊(Karl Pearson)著的《科学概论》,对马赫(Ernst Mach)产生强烈印象。应该是在这个时候,相对论中的关系参考系、海森堡的测不准定律中呈现的人的作用与微观世界依存性的关系本体论,特别是马赫的关系式的感觉要素图景,成了他步入现代科学构架的重要路径。对一个人来说,在其心理和思想结构最初建构中令他开悟的东西,会深深嵌入其之后思想构境的基底之处。对广松涉来说,马赫的构序思境就是这种重要的逻辑他者。

广松涉关于马赫手稿的一页

　　也是这一年,年仅12岁的广松在日共党员三舅父平木恭三郎①的影响下,不可思议地阅读了改造社出版《马克思恩格斯文集》,马克思的《资本论》和《共产党宣言》、布哈林的《历史唯物论的理论》、西洛可夫的《〈辩证法的唯物论〉教程》等书籍,并开始阅读《前卫》和《赤旗》一类左派杂志,由此奠定了他在现实生活中激进左派立场的学术基根。②12岁,在中国的普通孩子眼里是一个正在青少年期充满幻想的时刻,而早熟的广松涉却已经开始并关注并接受社会生活的左派政治和马克思主义。这不能不说是一件令人惊异的事情。1946年,广松涉进入福冈县县立传习馆中学。不久,就参加校内团体“社会科学研究会”,加盟并指导该研究会的青年共产主义同盟。在中学时期,因为社会活动而经常逃课,热衷于参加日本共产党福冈县久留米地区委员会的工作。1947年,时读中学二年级的广松涉,在福冈县山门地方男女中学文艺部机关杂志《学舍钟》创刊号上,发表了他第一篇学术论文,题为“社会科学与自然科学”。中心思想是讨论核爆炸,重点阐述人文社会科学对自然科学的优势。这是一个14岁的论文作者,如果是在中国,广松涉恐怕会被人称作“神童”。也是在这个时期,通过系统学习和研究作为列宁等人批判对象的马赫,广松涉第一次系统地了解马赫的哲学思想,并写有“马赫主义笔记”。③在哲学思考中,广松涉最初的思想基础是当代自然科学革命语境中的马赫,或者说,马赫思想中的关系主义世界观,直接成为广松涉最初思想生成中的支配性他性镜像。对广松涉来说,马赫的科学哲学与现实社会斗争,是两条并不相交的并行线。同时,青年广松涉积极参加当地农民的税金斗争,并在地区辩论大

---

　　① 平木恭三郎,在1946年2月的日本共产党第五届党代会上,被任命为《前卫》杂志副部长。这一时期《前卫》杂志部长为宫本显治。平木还以平泽三郎的笔名翻译列宁、斯大林等的著作。

　　② 参见[日]广松涉:《哲学家广松涉的自白式回忆录》,赵仲明等译,南京大学出版社,2009年,第23~24页。

　　③ 据广松涉的学生新野智教授的回忆,这只是广松涉自己曾经说起的事情。在这个笔记中,他只是集中分析了被作为列宁批判对象的马赫的部分观点。在现存的广松涉笔记中,没有发现这一笔记。

会中夺冠。

　　1949年,年仅16岁的广松涉"破例"正式加入日本共产党。从此,广松涉的一生就始终是为社会主义战斗的一生。1950年,日本共产党出现"五〇年分裂问题",广松涉隶属国际派。①也是这一年,广松涉从儿屿贞三处(著有《论恩格斯》一书)获得了不同于斯大林教条主义的理论构式逻辑,这是他与日本共产党理论中居主导地位的传统马克思主义("教条主义体系")研究不同的异质性分道口。这有可能是不同于前东欧新马克思主义亚逻辑②构架的另一种日本新马克思主义观念构序之缘起。同时,因为他对马赫思想的入迷而得到"马赫先生"的绰号。1951年,熟悉爱因斯坦相对论和量子力学的广松涉,开始自觉意识到近代自然观(实体主义)向现代自然观(关系主义)的转变意义,并且从现代自然科学的发展中体悟到全新的现代性关系存在论的方向。依他自己的说法,此时"我对于物理学的兴趣也将重点转移到了认识论乃至存在论的层面上了,诸如观测系这一注重动量的相对论构造、量子力学中的粒子与波动的统一、宇宙论中的时间、空间的存在特征等等"③。并且他模仿黑格尔的《逻辑学》写成十四本"关系逻辑学"的笔记。④但是广松涉自己说,

───────────

　　①　所谓"五〇年分裂问题",是指1950年1月6日,苏联控制的共产党和工人党情报局,突然在《争取持久和平、争取人民》刊物上发表了一篇论文《有关日本的形势》,公开批评野坂参三等人关于美军占领下能够建立人民政权的理论,引起日本共产党内部产生意见分歧并导致分裂。德田球一和野坂参三等人不同意情报局的批评,以日本共产党的名义发表了《对〈国家于日本的形势〉的感想》一文,而宫本显治、志贺义雄等人认为情报局的批评正确,应加以接受。日本共产党内部因此出现了两派的严重对立,前者为"主流派"(也被称为"感想派"),后者则是拥护共产国际观点的"国际派"。

　　②　在我对20世纪国外马克思主义思想研究的逻辑定位中,东欧的新马克思主义存在与变化往往直接受到了西方马克思主义的影响,所以我指认这种依存性理论的亚逻辑构架性。

　　③　[日]广松涉:《哲学家广松涉的自白式回忆录》,赵仲明等译,南京大学出版社,2009年,第174页。

　　④　此笔记现存日本河合文化教育研究所,笔记一律采用了软面抄,由蓝黑墨水写成,每一册封面上有广松涉自己所写下的"逻辑学",并明确标注有笔记的编号。笔记书写工整,字迹清晰。在广松涉的夫人的特许下,我派学生将其全部扫描成高清电子文件,在交给河合文化教育研究所一份之后,我们获得了此笔记的全部手稿高清扫描文件。

这个"关系逻辑学"并不是黑格尔式的,而恰恰是为了超越黑格尔。此时,与广松涉政治立场上的激进"左倾"不同,他仍然是想追随马赫学习自然科学中的物理学,所以他的政治斗争实践与专业学习之间似乎仍然没有直接关联。

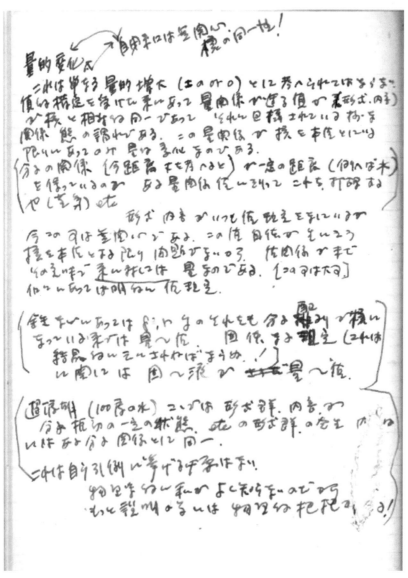

广松涉的"关系逻辑学笔记"一页

1952年,胸怀成为科学家大志的广松涉报考东京大学理科不第,转而进入东京学艺大学数学系。1953年,从学艺大学退学,再次应试东京大学理科Ⅰ类,结果仍不合格。这对一心打算投身自然科学的广松涉显然又是一次沉重打击。同年,投身科学不成,无奈之下,广松涉开始系统学习哲学,据他自己的回忆,当时阅读的文献包括《柏拉图全集》《雅典政制》等西方经典哲学文献,但最终打动他的还是黑格尔的哲学。广松涉自己回忆说,在那个时候,痴迷于黑格尔的他,竟然能够基本将《小逻辑》全部背下来。广松涉的夫人也清楚地记得这种情景,在大学上课的时候,他常常让老师回答黑格尔某一观点在原著的哪一出处来打趣。通过与哲学的黑格尔思想"格斗"和重读科学的"马赫主义笔记",广松涉似乎认为他可以将科学与哲学结合起来,于是最终决定从物理学转向形而之上的哲学。这一决定,可能使当代日本失去了一位物理家,但却造就了一位20世纪世界级的哲学思想大师。其实在这里,黑格尔是哲学,马赫是科学,从马赫转向黑格尔,我推测广松涉是内心不从,但却为现实所迫。所以在青年广松涉那里,很可能黑格尔不过是外部学术对象,而科学的建构关系性世界图景的马赫才是心中的他者,以至于广松涉哲学的总体构境特性明显是偏向经验性科学主义的。这在他对马克思的解读以及自己的哲学体系建构中都或隐或显地表现出来。

1954年,转向的广松涉果然顺利考入东京大学(文科)。可其间,又多次因革命活动终止学业。1955年,广松涉在东京大学复学。之后,他加入东京大学驹场校区的历史学研究会,为校内刊物执笔,并与旧国际派系的反战学生同盟成员取得联系,参加左翼社团活动。同年秋天,广松涉开始参加法政大学教师田代正夫的个人研讨会,精读《资本论》《1857—1858年经济学手稿》等文献。此时,马克思主义的基本理论开始系统地影响广松涉的思想。这一年,广松涉发表《唯物辩证法中的矛盾概念》一文。这是他的第一篇关于马克思主义哲学的研究论文。1956年,初识后来的夫人西川邦子(当时邦子是东大日语系的美女高才生），并开始了长达九年的爱情长跑。1957年，广松涉正式进入东京大学文学院哲学系学习，课余时间，他参加辩证法研究会的活动。不久，他将研究对象由入学时所预定的哲学家黑格尔再一次更改为科学家马赫。他自己说，"当初毕业论文的计划当然是写黑格尔。在抄写翻译本的同时，生出了些厌倦，于是，决定将黑格尔暂时搁下。可能还因为有一件其他想做的事的缘故。那就是，对物理学和哲学两方面都有兴趣的人毫无例外想做的事，研究马赫的哲学"①你看，他还是祛除不了对马赫的内心迷恋。据说，此举深受哲学主任桂寿一②教授的称赞。桂寿一教授十分喜爱这位聪明的学生，虽然他并不是广松涉本科和硕士研究生学习期间的指导老师。学间，作为前提性工作，广松涉专心致力于现象学和新康德派研究，他自己说，胡塞尔对他产生了巨大的影响。③康德的认识论、胡塞尔的意识结构研究与马赫思想的整合，将为广松涉自己的哲学思想构境提供一个极为重要的思想构序基础。在学期间，他几乎每天在图书馆学习之后，都坚持到红露外语学校学习德语，以便直接建构与康德、黑格尔、马克思、胡塞尔和海德格尔相同的语言情境。次年，广松涉精心致力于康德、黑格尔、语言学、社会学、心理学、文化人类学等研究，到夏天，已经基本奠定了毕业论文的主要内容。1959年，26岁的广松涉在东京大学文学院哲学系毕业。毕业论文题为"关于认识论主体的一点论考"（收录于《广松涉全集》第16卷）。在这篇论文中，他已经开始构筑交互主体性、四肢结构论等广松涉哲学的基本构式框架。他自己说，"这是《世界的

---

① ［日］广松涉：《哲学家广松涉的自白式回忆录》，赵仲明等译，南京大学出版社，2009年，第187页。

② 桂寿一（KATSURAJI，1902—1985），日本哲学家。1926年毕业于日本东京帝国大学，曾任东京大学哲学系主任，主要研究方向为西方哲学。代表性著作有：《笛卡尔哲学研究》（1944）、《西方哲学史》（1951）、《斯宾诺莎哲学》（1956）、《近代主体主义发展的界限》（1974）等。

③ 参见［日］广松涉：《哲学家广松涉的自白式回忆录》，赵仲明等译，南京大学出版社，2009年，第124页。

交互主性的存在构造》前面的三章,也就是序章、第一章和第二章中的主要内容。序章是概括性的东西,第一章写的是一般的认识构造,第二章写的是语言世界的四肢构造"①。请一定注意,在广松涉哲学研究的开端上,一种特定的原创性的思想构境竟然就是他明确探寻的研究方向。从此时一直到广松涉1994年去世,这种基于交互主体的四肢结构论,就是他不断从各种学术资源中汲取养分丰富和建构的同一对象。康德、黑格尔、马克思、海德格尔等人物,以及经济学、政治学、心理学、社会学和生态学等学科,无一例外。

东京大学学生时代的广松涉

　　同年,广松涉再入东京大学研究生院人文科学研究科的哲学专业研究生课程学习。不久,参加以村尾行一等东大研究生为中心的共产主义者同盟研究会"理论集团",同时参加唯物论研究会东京委员会。从此,广松涉就开始从学术研究层面进入马克思主义的理论构架。应该指认的细节是,广松涉关于马克思的研究,一开始并不与他自己的四肢结构论直接相关。并且十分聪明的广松涉在阅读《德意志意识形态》时,立刻发觉苏东学术界关于这一重要文献的编辑中存在严重问题。1959—1960年,已经熟练掌握德语的广松涉,开始关注《德意志意识形态》一书的文本结构问题,直接批评苏联的阿多拉茨基版

---

　　① ［日］广松涉:《哲学家广松涉的自白式回忆录》,赵仲明等译,南京大学出版社,2009年,第130页。

在编译上的非法文本重构,并根据《德意志意识形态》的阿多拉茨基版和梁赞诺夫版,写成"自家用版"。在参加东大伦理学科研究所的金子武藏"精神史方法论"研讨课(教材使用《德意志意识形态》)时,广松涉提交了自己的研究报告,并且完成"关于'德意志意识形态'的编辑"的手稿(未发表,共计196页)。至此,27岁的广松涉俨然已经成为一名马克思文献学研究方面的专家。

1960年底,广松涉完成题为"《纯粹理性批判》中的'先验的演绎论'"的硕士论文。次年,他将论文题目更改为"康德的'先验的演绎论'"。显然,在广松涉的哲学专业主向上,主要思考对象仍然为西方近代哲学,而并非马克思主义。当然,这也有学校意识形态强制的结果。据广松涉的夫人回忆,当时广松涉开始选择的是新康德主义,但桂寿一教授认为,应该从对将来的学术道路打下扎实功底的更为基础的研究起步,广松涉才将论文题目改为康德哲学。在日本当时的本科和硕士学习阶段,研究方向是由老师掌握的,而只有到博士阶段,才会有一定的自由度。

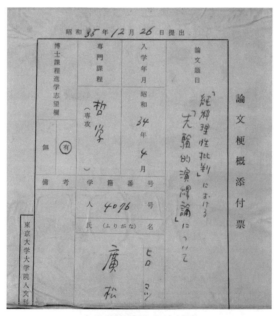

广松涉康德论文的封面

广松涉关于康德哲学的手稿一页

1963年,广松涉开始全面研究马克思主义哲学,这似乎是与他自己的哲学思考(交互主体的四肢结构论)相并行的研究领域。这一年,他发表《马克思主义与自我异化论》;在《唯物论研究》上,又发表《关于马克思主义认识论》一文。这也是他最初关于马克思主义哲学的专业论文,我们能看到,继辩证法之后,异化理论与认识论是广松涉进入马克思哲学的两个新的入口。而认识论,则是广松涉将马克思与自己的哲学理论构境拉近的逻辑构式层面。并且在认识论上,他说:"我清楚地意识到我自己的构图与《唯物主义与经验批判主义》以及苏联的哲学教科书并不相容,但我深信与马克思、恩格斯的思想应该是一致的。"①从我找到的文献上来看,广松涉对列宁的"伯尔尼笔记"②并没有深入的了解,所以在广松涉那里,列宁好像始终是一个旧唯物主义的代表,这显然是一个错觉。同年,广松涉完成了《恩格斯的唯心论和唯物论》(写成手稿26页)。这是广松涉在马克思主义思想史研究中面对的第一个人头式的专题研究。同年,写作《对苏联论的一点认识》(未发表,完成稿38页),并在S、A现代马克思主义研究会上,做题为"关于'辩证法'"的报告。能感觉到,这是广松涉密集关注和思考马克思主义理论的时段。1964年,广松涉在东京大学哲学系继续博士课程学习。其间,与须藤吾之合作翻译了马赫的《感觉的分析》一书,匿名出版了《对现代资本主义论的一点认识》,并且在哲学会(东京大学)做题为"意识的四肢结构"报告。马赫主义、马克思主义和他自己的四肢结构论,始终是并行的三条思考线索。当然,马赫主义是四肢结构论的基础,而马克思主义哲学的研究则逐步开始为确认四肢结构论服务。1965年,广松涉在获得了博士课程的学分之后,从东京大学退学。从此,走上了做一位马克思主义理论家和职业哲学家的道路。

---

① [日]广松涉:《哲学家广松涉的自白式回忆录》,赵仲明等译,南京大学出版社,2009年,第174页。

② "伯尔尼笔记",是我对列宁在1914—1915年写于瑞士伯尔尼的一组哲学笔记的重新命名。这由八个笔记本组成的摘录性笔记中,其核心部分是列宁弄懂和研究黑格尔哲学的学习性笔记和心得,而非先前人们所认定的关于唯物辩证法专著的未完成手稿。

广松涉与西川邦子(1966年)

　　1965年,广松涉与恋爱了九年的西川邦子结婚。[1]几乎同时,广松涉任名古屋工业大学讲师(德文)、副教授(哲学和思想史)。同年,他开始发表关于《德意志意识形态》文本编辑研究的文章——《关于〈德意志意识形态〉编辑中存在的问题》(《唯物论研究》21号、3月)。再版《对现代资本主义论的一点认识——与中苏两派的批判性对话》(修订增补版)。在科学哲学大会(千叶大学)上,做题为"马赫的空间理论——连接牛顿和爱因斯坦之环"的报告。马克思与马赫,还是并行的两条不相交的逻辑思考主线。1966年,他出任名古屋大学文化学院讲师和副教授(哲学与伦理学),发表《关于〈德意志意识形态〉苏联新版》(《图书报》3月26日号)和《早期恩格斯的思想形成》(《思想》

------

　　①　在我对广松涉夫人的访谈中,我问她广松涉为什么在九年之后才与她结婚,是不是因为革命和学问的缘故。结果夫人笑着说:"因为他没有找到工作!"1965年,因为一位右翼人士喜欢广松涉的文章,介绍他到名古屋工业大学工作。他到名古屋任教,同时完婚。

9月号)。1967年,在日本哲学会上发表"黑格尔的社会思想与马克思主义"。这一年,广松涉发表了近十篇关于马克思主义哲学研究方面的文章,其中突出讨论了马克思恩格斯的《德意志意识形态》手稿、黑格尔与马克思的关系、青年马克思与恩格斯研究,以及形成了他关于《资本论》的研究计划。也是在这一时期,广松涉与当时已经非常著名的马克思文献学专家良知力建立了良好的学术关系。从后者那里,他获得了许多重要的研究资料。星野智①教授说,广松涉与良知力原先并不相识,只是在相互的书评开始关注彼此。之后,两人之间虽然也有过关于赫斯与马克思关系的争论,但始终保持着正常的学术交往。

我觉得,1942—1967年,是广松涉学术思想发展的第一阶段,这是他的学术思想的形成期。如前所述,与其他许多思想家的早期思想形成不同,广松涉并没有经历一个典型的他性镜像认同阶段,即使马赫、黑格尔和马克思都成为他早期思想逻辑构式中的重要因素,但他从来没有简单地成为某一种观念的奴隶,而是令人惊异地、原发性地确认交互主体世界中的四肢结构说为自己毕生努力的创造性思想构境方向。

1968年,是广松涉哲学思想发展第二个阶段(1968—1980年)的开端。第二个阶段是广松涉哲学逻辑构序形成独特基础层面的自主创造性时期。其中,他关于马克思主义思想史研究中突现出的非凡的理论高点,并且这种思考开始同时交织着广松涉自己哲学逻辑建构的最初努力。首先,在这一年里,他在思想史研究会上做题为"从思想史认识黑格尔左派的实质"的报告,出版了第一部论文集《马克思主义的创立过程》(至诚堂)和第一本学术专著《恩格斯论》(盛田书店),明确提出了与"俄式马克思主义"(斯大林主义/科学主义)和"西方马克思主义"(反斯大林主义/人本主义)都不同的视角,历史性地提

---

① 星野智(ほしのさとし,1951—   ),日本学者,中央大学教授,广松涉的学生。

出全新的早期马克思恩格斯研究的认知模式。这是广松涉独特的新马克思
主义的根本性特征，也是他明确公开自己与日本共产党理论研究中占主导
地位的"教条主义体系"的思想决裂。不久之后，公开表明相近学术立场的还
有平田清明和望月清司先生。我以为，这种思想决裂可以视为日本新马克思
主义思想的真正缘起。我个人认为，相比之下，广松涉的新马克思主义理论
观念在总体上还是倾向于科学主义的，他的思想与望月清司新马克思主义
中的人本主义内在倾向，正好形成鲜明对比。与西方马克思主义的科学学派
和人本主义学派相比，日本的新马克思主义研究在文献学研究和基本逻辑
建构方面似乎更加丰厚和深刻一些。也是在这一年，广松涉致力于新左翼杂
志《情况》的创刊（8月号=7月刊）。后来，此杂志与情况出版社一道成为广松
涉宣传马克思主义、传播自己学术思想的重要阵地。应该说，非常荣幸的是，我
的《回到马克思》和《回到福柯》等书的日文版，都是由情况出版社出版的。①
其次，他发表《马克思的物象化论》（《情况》9月号），明确提出物象化理论。在
专修大学"园节·风节"执委会主办的讨论会上，广松涉以"现代马克思主义
的批判性重建——以异化和物象化为标识的从早期马克思至晚期马克思的
历时性考察"为题，进行演讲（《专修大学学报》11月25日号）。可以说，"批判
性重建"，这是广松涉自己在新马克思主义立场上，对马克思哲学研究的独
特定位，而这个物象化范式，开始是广松涉对马克思1845年哲学思想变革之
后的重要质性指认，但后来却泛化为他"超越近代社会"，认知现代性世界本
质的一般范式。与此同时，马克思物象化图景的批判性透视，开始成为他自
己四肢结构的交互主体关系本体论构式的前提。也是在这个时候，马克思与
广松涉从研究马赫开始的关系主义构境意向开始重叠交融起来，并直接融
入他原创性的广松涉哲学体系建构之中。

---

① マルクスへ帰れ——経済学的コンテキスト中の哲学用語,2013,情况出版社。フーコーへ
帰れ—暴力的秩序構築と生の内政のディスクールの情况構築,2019,情况出版社。

　　1969年,广松涉发表《世界交互主体性的存在结构——关于认识论的新生》(《思想》2月号)、《历史性世界的存在结构》(日本哲学会《哲学》19号、3月)和《语言性世界的存在结构——对意义的认识论分析的认识》(《思想》7月号)。我们会很容易地发现,广松涉在精心研究马克思的哲学思想的同时,从来没有放弃对自己原创性哲学思想构境的点滴努力,在他思想发展的每一个阶段甚至更加微细的时期中,我们都看到这种不懈的分层逻辑构式努力。

广松涉关于认识论研究的手稿一页

　　同时，他在《情况》4月号上开始连载"马克思主义中的人类、社会、国家"（至1972年10月号止共五次，未完成）。这也就是后来的《马克思主义的地平》《历史唯物主义和国家论》二书的部分内容。同年，出版《马克思主义的地平》（三一书房）一书。其中，第一部着重强调马克思主义思想革命的意义在于"超越近代思想模式"，即主客二分的实体主义（実体主義）认识论。第二部、第三部讨论了马克思思想中的人、自由的问题，第四部和附录一突出探讨了马克思的《资本论》与物象化问题。最后的附录二，则集中讨论了马克思的认识论。其中，我们可以看到，广松涉将马克思哲学的研究与自己的哲学思考接合起来的努力。在同期发生的日本大学学潮中，广松涉与学生共同行动，受到左派学生的亲近，被称作"造反教员"。可是在1970年，广松涉也恰恰因为支持学生运动，被迫辞去名古屋大学副教授一职。以后，他则以"现代政治研究会会员""哲学家"等头衔，更加自由地、精力充沛地进行演讲和执笔写作。

　　1970年，广松涉发表《历史性世界的交互性持存结构——对物象化论哲学的基础认识》（《思想》8月号）。我认为，这是马克思的物象化理论与广松涉交互主体本体论的一种重要的逻辑接合。这一年，因共产主义者同盟发生内部争斗，广松涉竟然遭受同盟内部人员的恐怖袭击而负伤。1971年，广松涉出版《历史唯物主义的原像》（三一书房）①和《青年马克思论》（平凡社），再一次论述历史唯物主义的形成过程，以及它的基本内容和它与革命思想的关系，特别是聚集于青年马克思的《1844年经济学哲学手稿》的评介。其中，最重要的学术进展为，广松涉关于马克思哲学思想发展中从异化论向物象化论的转变说，这是形似但根本异质于阿尔都塞"断裂说"的断代史新观点。可是，

---

　　① 〔日〕广松涉：《历史唯物主义的原像》，三一书房，1974年。中译文由邓习仪翻译，由南京大学出版社于2009年出版。

在坚持马克思彻底摈弃人本主义的异化史观这一点上，广松涉与阿尔都塞却是完全一致的。同年，几乎同时出版与加藤尚武合编译的马赫《认识的分析》新版，与须藤吾之助合译的马赫《感觉的分析》新译版。后一本书虽保持着合译者的姓名，但是实际上基本上由广松改译。在这一年的年底，广松涉完成《存在与意义》全三卷的最初计划，并在次年的《人性存在共同性的持存结构》一文（《情况》4月号）中，公开《存在与意义》全三卷的构想。第一卷，"认识世界的存在结构"；第二卷，"实践世界的存在结构"；第三卷，"文化世界的存在结构"。这是一个极为重要的原创性思想构境的标识点，这表明广松涉自己的哲学在体系化建构方面的初步设想。在《思想》7月号上，他开始连载《从物的世界像向事的世界观》（至1974年8月号止，共五次）。不久，广松涉出版首部表述自己原创思想的哲学论文集《世界的交互主体性存在结构》（劲草书房）。至此，他的"交互主体论""四肢结构论"等原创性的"广松涉哲学"得到集中的讨论。此书分为两个部分，第一部分的三章中分别讨论了"现象世界的四肢存在结构""语言世界的事物的存在结构"，以及"历史世界的交互的存在结构"。第二部分中则讨论了交互主体的本体论和认识论问题。依广松涉自己的说明，这本书"对我而言，作为现象世界的根本性构造的契机，我用以判定real·ideal的四项，——在指出该物象化的谬误形成了旧有的'世界性'图式以及实体主义的基础范畴的同时——并且，尝试着用四肢地存在构造论来描绘出知觉性世界、判断性世界、信息性世界、用在性世界、价值性世界、历史性世界等的几个特征"①。前三个世界属于认识论视域，而后三个世界则属于实践论的论域。

　　1972年，广松涉就任法政大学第二教养学部外聘讲师（社会科学方法论）。

---

① ［日］广松涉：《哲学家广松涉的自白式回忆录》，赵仲明等译，南京大学出版社，2009年，第190页。

1973年,接受恩师大森庄藏①的邀请和学生的要求,成为东京大学文学院的外聘讲师(科学史、科学哲学至1976年3月止)。在《现代之眼》5月号上,广松涉开始连载"资本论的哲学"(至1974年5月号止,全部十三次)。这是广松涉初涉马克思的经济学研究,这一思考的中心线索还是社会经济生活中的物像化问题。同年,出版《科学的危机和认识论》(纪伊国屋书店)一书,探讨科学(尤其是现代物理学)中从实体主义向关系主义的转变,并明确提出从现代科学的危机中透视哲学认识论新的前沿。

1974年,是广松涉思想进程中的一个重要年份。这一年,广松涉出版《马克思主义的理论思路》(劲草书房)。在此书中,第一部分讨论了辩证法的本体逻辑,第二部分讨论了黑格尔与马克思的关系,第三部分是国家与社会历史规律问题。有意思的是,附论二为"总体主义的意识形态陷阱",此文原来为《总体主义意识形态之陷阱——关于法西斯主义的思想性对质》(《日本的将来》秋季号,9月),不知道此论是否受到阿多诺相近观点的影响。②在《日本读书报》6月17日号上,开始连载《〈德意志意识形态〉研究的现阶段》(至8月19日号止,共八次),在《情况》第7期、8期、9期连续刊载《〈德意志意识形态〉自我异化论的超越》。最关键的理论事件是,广松涉终于出版了马克思恩格斯《德意志意识形态》新编文献版(河出书房新社,原文和日译2分册)。③此书

① 大森庄藏(おおもりしょうぞうOmori,Shozo,1921—1997),日本当代哲学家。1921年生于日本冈山市。1944年毕业于东京帝国大学物理学部、1949年毕业于东京大学文学部哲学科。1953年任东京大学助理教授,1966年任东京大学教养学部教授。1976年任东京大学教养学部学部长。1983年,曾任日本放送大学副校长。代表性论著有:《言语、知觉、世界》(岩波书店,1971),《物与心》(东京大学出版会,1976),《科学与哲学的界面》(朝日出版社,1981),《视学新论》(东京大学出版会,1982),《知识与学问的结构》(旺文社,1983年),《时间与自我》(青木社,1992),《时间与存在》(青木社,1994)等。在东京大学学习期间,广松涉显然受到他的影响。在广松涉的藏书中,几乎收藏了大森的所有著作。

② 星野智教授否定了这种推断,虽然我在广松涉的藏书中发现了阿多诺的多种书籍。

③ 参见[日]广松涉编:《〈德意志意识形态〉——手稿复原、新编辑版》,河出书房新社,1974年。中译文由彭曦翻译,由南京大学出版社于2005年出版,在译成中文时,书名改为《文献学语境中的〈德意志意识形态〉》。

为马克思主义哲学文献学中的一本重要论著，该书以"双联页排印"的方式，区分了手稿的初始文本与修订内容，并用异体字标明了马克思和恩格斯在这一文本中的写作。这本书的出版，引发了日本学术界关于《德意志意识形态》的大讨论。我认为，正是广松涉在研究立场上确立了独特的理论视角，并开启了日本战后最重要的一次马克思恩格斯新文献学研究高潮，在20世纪70年代形成了一批重要的、不容忽视的研究成果，其研究水平直逼苏东学界和西方马克思学的文献学研究。其中，包括花崎皋平①、望月清司等人的一批研究论著。以我的推断，广松涉在这一突破性研究成果中表现出来的独特批判精神，也是他开创日本新马克思主义思潮的重要逻辑缘起，并且广松涉正是以马克思主义哲学的文献学和思想史研究成果，一举成为日本当代著名哲学家。同年，广松涉出版《资本论的哲学》（现代评论社）。②此书重点讨论了马克思《资本论》经济学研究中的价值形式问题，物象化视域中经济关系的四肢结构，以及经济拜物教等问题。我觉得，这也是广松涉将自己的思考逻辑构架渗透到关于马克思经济学研究中去的一种逻辑构境努力。也是这一年，大庭健、岛田稔夫、山本启、吉田宪夫等创立社会思想史研究会。之后，由广松涉担任其实际领导人，致力于对年轻一代的培养。20世纪80年代以后，此研究会以吉田为中心，星野智、山本耕一、熊野纯彦等学者为骨干，成为广松学派的据点，一直延续至今。

---

① 花崎皋平（ハナザキ　コウヘイ，1931—　），日本当代左翼哲学家。1931年生于东京，毕业于东京大学文学院哲学系，后任北海道大学文学院副教授。主要代表作有：《马克思的科学与哲学》（盛田书店，1969），《力与理性 实践潜势力的地平之上》（现代评论社，1972），《生存场所的哲学 源于共感》（岩波新书，1981），《生存场所的哲学　继承与创新》（朝日新闻社，1984），《主体性与共生的哲学》（筑摩书房，1993），《田中正造与民众思想的继承》（七森书馆，2010）等。花崎曾经翻译过《马克思与革命》（1972）和施米特的《历史与结构：马克思主义历史认识论的诸问题》（1977），后来主要转向民权运动。

② 参见［日］广松涉：《资本论的哲学》，现代评论社，1974年。中译文由邓习仪翻译，由南京大学出版社于2010年出版。

1975年，广松涉出版《事的世界观的前哨》(劲草书房)。①这是广松涉对影响自己学术构境的最重要的思想线索的交代，并开始在《知识》上连载《马克思、恩格斯的思想圈》(从10月号到次年10号，共十二次)。1976年，广松涉出任东京大学教养学部副教授。当年夏秋之季起，广松涉即不断吐血，疑有肺癌，住院两个月。1978年，在《现代思想》上开始连载《辩证法中的体系构成法》(从5月号到次年第11月号，共十二次)。同年，在《现代之眼》上连载《生态史观与历史唯物主义》(从4月号到12月号，共七次)，并出版《对哲学能够做什么——现代哲学讲义》(与五木宽之的对话，朝日出版社，)。1979年，广松涉出版《物、事、语》。作为《事的世界观的前哨》的续篇，以语言(论)和现象学为途径，区分物与事的本体论异质性，阐述"事的世界观"。出版《佛教与事的世界观》(与协田宏哲的对话，朝日出版社)。1980年，出版《辩证法的逻辑》。这是广松涉已经发表的关于辩证法的十二封信的合辑。在这里，广松涉并非将辩证法作为单纯的方法论，而是在融入作者与读者对话式进展的、"上向法"的体系构成原动力中重新把握，进而从辩证法的本体论和世界观，对"事的世界观"的存在认识进行反照。这一年的夏天，广松涉因患胃溃疡住院。

在东武线列车上的广松涉

---

①　参见［日］广松涉:《事的世界观的前哨》，劲草书房，1975年。中译文由赵仲明等人翻译，由南京大学出版社于2002年出版。

1981年,广松涉完成了全面阐述自己哲学体系的《存在与意义》第一卷的初稿。这是广松涉哲学思想发展第三阶段(1981—1994年)的开端,即"广松涉哲学"构境的正式确立时期。同年,广松涉协助设立出版社,"UNITE",其母体为"名古屋UNITE书店"。该出版社,发行的第一套书为《新左翼运动的射程》(附有小林敏明和藤井政典的解说,以及广松涉的第一份年谱)。1982年,主要著作《存在与意义》第一卷"认识世界的存在结构"在岩波书店出版。①这是广松涉哲学的认识论。其中第一篇主要讨论了现象世界的四肢结构,第二篇讨论了内省世界的问题机制,第三篇讨论了事象世界的存在机制。他自己说:"在第一卷公开出版之后,就开始第二卷及第三卷的构想。一方面通过对事象的知识加以精密化,另一方面通过与既成的理论进行反照,谋求自我检查和巩固。"②为纪念《存在与意义》的出版,广松涉与学生好友们在神田学士会馆召开广松涉先生庆功会。1983年,广松涉出版《梅洛-庞蒂》(与港道隆合著、岩波书店),并出版《物象化的构图》(岩波书店)。后者是广松涉对自己的物象化理论的一次集中说明。其中,他主要讨论了物象化理论在马克思历史唯物主义中的重要意义,然后从世界历史和自然历史两个方面探讨了物象化理论的具体机制。这里,马克思走向广松涉哲学的通道被彻底打开,物象化逻辑由此上升到本体论的构境高度。这一年8月,广松涉又因胆结石而住院。

1986年,广松涉出版《以物象化论为视角读资本论》(岩波书店)和《生态史观与历史唯物主义》(惟一社)。前者是广松涉与自己的五位学生合作的论著,显然是对《资本论的哲学》的一种补充性讨论;后者则是集中讨论生态学与马克思历史唯物主义观念的历史性链连问题。同年,出版《交互主体性的现象学》(与增山真绪子合著,世界书院)。1986—1987年,广松涉在报刊上开始

———————————

① 参见[日]广松涉:《存在与意义》(第一卷"认识世界的存在结构"),岩波书店,1981年。中译文由彭曦和何鉴翻译,由南京大学出版社于2009年出版。

② [日]广松涉:《存在与意义》(第二卷),彭曦、何鉴译,南京大学出版社,2009年,序言第6页。

连载一批社会学研究的文章,内容涉及社会行为论和角色问题。1988年,出版《新哲学入门》(岩波书店) 和《哲学入门中级——从物到事》(讲谈社)。1989年,出版《身心问题》(青土社)。在他我认识和交互主体的问题层面,对《存在与意义》第一卷进行补充,作为"建构在展开实践哲学和价值哲学基础之上的基础作业",进而作为"有利于展开社会哲学和历史哲学的前提性研究",独自地引导向《存在与意义》第二卷、第三卷的基础性构序问题群。同年,广松涉出版《表情》(弘文堂),以表情现象为主题,详细阐述作用论、交互主体性论的基础性机制,前瞻性地链接至《存在与意义》第二卷。

1989年之后,随着东欧社会主义政权的倒台,马克思主义思潮在日本呈现急速倒退的倾向。面对这种困境,广松涉与饭田百、伊藤诚、盐川喜信、加藤哲郎等致力于创办"论坛90s"。1990年,广松涉出版《当今重读马克思》(讲谈社)和《马克思与历史的现实》(平凡社)。这是广松涉在苏东事件之后,公开表明自己坚定的马克思主义立场,在这两本书和同时期发表的一大批文章中,他集中回答了"东欧骤变与社会主义的前途""东欧的再资本主义化悲剧""马克思理论仍然有效"等一系列重大现实和理论问题。1991年,出版《黑格尔及其马克思》(青土社)和《现象学的社会学之原型——A.许茨研究笔记》(青土社)。1992年,发表"苏联共产党的解体与马克思主义的影响"(《马克思主义与激进主义评论》,*Marxism & Radicalism Review*,2号,5月),出版《哲学的越界——行为论的领域》(劲草书房)。这一年年底,广松涉颈部手术,并正式获知身患肺癌。1992年,广松涉屡次入院治疗,与癌症做斗争。

1993年,广松涉出版《符号性世界与物象化》(与丸山圭三郎合著、情况出版)。出版主要著作《存在与意义》第二卷"实践世界的存在结构"(岩波书店)。①采取将第三篇依托给次卷的形式,暂且出版。这是广松涉哲学的实践论。第一

①　参见[日]广松涉:《存在与意义》(第二卷"实践世界的存在结构"),岩波书店,1981年。中译文由彭曦和何鉴翻译,由南京大学出版社于2009年出版。

篇为"用在世界的四肢结构",第二篇为"行为世界的问题机制"。未完成的第三篇为"制度世界的存在机制"。这一年年末,广松涉的病情突然恶化,病倒入院。

1994年,广松涉出版自己的最后一本书《马克思的根本意想是什么》(情况出版)。同年,广松涉从东京大学退休,并获东京大学名誉教授称号。此后,广松涉任河合文化教育研究所专职研究员。1994年5月22日上午9点48分,广松涉在虎之门医院与世长辞。享年60岁。

广松涉生前出版论著四十余部,论文数百篇。1994年在他去世后,广松的学生及其研究者今村仁司、高桥洋儿、吉田宪夫、佐佐木力、村田纯一、野家启一和小林昌人等人做了大量的工作,先后出版了他生前编著的《对胡塞尔现象学的认识》的《东欧骤变与社会主义》(战旗社)二书。1995年,出版《广松涉文选》六卷。1996—1997年,出版《广松涉全集》十六卷。这些重要的编辑出版工作,对日后广松涉思想的学术研究提供了最基本的文献保证。

对于自己的学术思想,广松涉生前写过一些自述性的文章,大都发表在当时的报纸和杂志上,其主体部分后来由他的学生小林昌人合辑为《广松涉小品集》一书出版。其中较为重要的文章包括:《我与马赫》(1963年《创文》9月号)、《漫谈我的著作:马克思主义的地平》(1969年《出版新闻》11月上旬号)、《读书经历——经历从现在开始》(《每周读书人》1970年8月17日号)、《漫谈我的著作:历史唯物主义的原像》(《出版新闻》1971年4月中旬号)、《漫谈我的著作:青年马克思论》(《出版新闻》1972年2月上旬号)、《漫谈我的著作:世界交互主体的存在结构》(《出版新闻》1972年12月上旬号)、《我的毕业论文——"关于认识论主观的一点论证"》(《日本读书报》1974年6月10日号)、《漫谈我的著作:事的世界观的前哨》(1975年《出版新闻》7月上旬号)、《我的履历书》(东京大学《文化学院报》1976年11月8日)、《漫谈自著:相对论的哲学》(东京大学《广场》1981年48号,9月)、《猎读哲学书的日子——20年代读过的书》（《第三文明》1988年9月号）、《悄然从教坛隐去——离开驹场后》（东京大学《文化学院报》1994年1月19日号）等。另外，广松涉还在报纸上发表一些研究计划和读书心得：《我的〈资本论〉研究计划——"价值"的存在性质》（《日本读书报》1967年7月3日号）、《我的1974年》（《周刊读书人》1974年12月30日号）、《与书相会》《幼少时的读书对一生的影响》《学生时代的自觉性涉猎》《从最近的迷走性读书开始》（《群像》1992年4—6月号）等。

　　在1992年4月22日、24日和27日，小林敏明在东京虎之门医院病室对病中的广松涉进行了三天的采访，这是广松涉一生中唯一一次接受此类采访。之后，小林敏明将其整理成自传体访谈，2005年由河出书房新社出版。①这一自传体访谈主要是广松涉1970年之前经历，并以政治活动为主线，直接涉及其学术思想发展的内容不多。广松涉似乎是在自己生命的终点上，对自己的早期生活和思想缘起向公众做一个交代。

　　下面，我们就来具体看一下对广松涉哲学构境产生重要影响的一些他性学术支援背景。对这种历史性链接的描述，我们还是来依据广松涉自己的表述，这一表述集中于他1975年出版的《事的世界观的前哨》一书中。此书是广松涉继以认识论为中心的《世界的交互主体存在结构》之后，以立于"关系的第一性"的存在论为轴心，从近代西方思想史和当代自然科学史的视角重新论证"广松涉哲学"基础的力作。其中第一部分主要讨论了近代西方哲学史中的康德、马赫、胡塞尔和海德格尔的思想逻辑线索。第二部分主要思考了自然科学物性化图像在现代物理革命中的深刻变化。最后是关于时间与社会历史规律的内在关系的探讨。依广松涉自己的说明：

　　　　第1部分"近代哲学的世界理解与陷阱"中，我对前著中提出的四肢

---

　　①　此书已经由南京大学的赵仲明译成中文，由南京大学出版社于2009年出版。

存在论的构图理论是如何建立在康德主义、马赫主义、现象学等批判性继承关系上的这一点进行了自我定位。在与先哲的关系自为化的基础上,在第2部分"物的世界像的问题论的构制"中,从存在论、认识论的问题视点,论证、考察了近代自然科学的世界像是怎样变化而来的。[①]

在本导言里,我们先来看一下上述在《事的世界观的前哨》中,广松涉对自己思想构境的思想史背景和科学方法论的构序线索的交代,然后,再对本书要讨论的马克思的物象化理论和四肢结构论构境层的基本构式要件逐一进行概述。以奠定正文的深入讨论之思考前提。

二、康德:自然物液态为一个主体建构事件

康德哲学,是广松涉哲学硕士论文的主题。如前所述,1957年前后,广松涉是在精读黑格尔哲学之后,开始接触康德的认识论。起初,广松涉的关注点主要集中在康德的《纯粹理性批判》,这种研究和深入思考后来扩展到对康德哲学的总体逻辑。这一点,从他的硕士论文题目的更改就可见一斑。1960年底,广松涉完成题为"《纯粹理性批判》中的'先验的演绎论'"硕士论文,次年,将论文题目更改为"康德的'先验的演绎论'"。我觉得,康德哲学的总体逻辑构架自然也很深地左右了广松涉自己的哲学思考。在一定的意义上,广松涉自己后来的《存在与意义》的认识、实践和文化三卷构式,恰好对应于康德的"三大批判"。

1971年,广松涉在讨论自己事的世界观的"前哨"中,将康德的"先验认识论"研究放在第一位,这显然带有一种特殊的象征意义。在广松涉看来,康

---

① [日]广松涉:《哲学家广松涉的自白式回忆录》,赵仲明等译,南京大学出版社,2009年,第191页。

德哲学可以视为批判性思考整个近代哲学物的世界观的问题式的破境①开端。这里的"前哨"即是思想作战上的尖兵。这篇论文原来发表时的题目就为"近代哲学的地平与先验逻辑学",而后来收入《事的世界观前哨》一书时,却改为"康德与先验认识论的结构"。这是一个非常准确的理论定位。广松涉指认道,理解康德先验认识论构境的关键并不在于"狭义的认识论",而在于探究黑格尔接下来生成的"大写的逻辑"之秘密。在这个意义上,康德的认识论也就具有传统本体论的意蕴,但恰恰又不是传统旧形而上学"第一部门"的那个实体性基始本原的本体论。很辩证吧,这里有一个十分重要的构式逻辑转换,用我的话来说,就是传统哲学误认为世界基始本体的实体性东西(物质实体或观念实体),在康德哲学中却液态化为认识论的问题。这也是康德哲学之所以被认定为认识论上的"哥白尼式的革命"的主要原因。所以广松涉说,懂得这一点,"将对理解黑格尔-马克思的辩证法中的'三位一体',即逻辑学、认识论、本体论,根据它们的三位一体的统一性所形成的可能性结构"②有重要帮助。其实,马克思从来没有在辩证法的构境中认同过这个"三位一体",倒是列宁后来在"伯尔尼笔记"中才策略性地在实践辩证法的特殊构式中使用过这一说法。③也由此,广松涉才将康德的先验认识论称之为"先验逻辑学(transzendentale logik)"。其实,这是将康德与黑格尔内在连接起来。广松涉说,康德的先验逻辑学本身既是一种本体论同时又是认识论,因此,"它用固

---

　　①　"破境"是2018年我在《发现索恩-雷特尔——先天观念综合发生的隐秘社会历史机制》一书中新生成的概念。对应于思想构境的突现发生,理论批判的核心将不再是一般的观点证伪,而是彻底瓦解批判对象的构境支点,从而使某种理论构境得以突现的支撑性条件彻底瓦解。破境是故意造成的,它不同于通常在思维主体暂时离开思想活动和文本解读活动现场时发生的构境与消境。我们处于睡眠状态或一个文本静静地躺在书架上时,思想构境是不存在的,每一次鲜活的学术构境都是随着我们的主体苏醒和思想到场重新复构的。从不例外。

　　②　[日]广松涉:《事的世界观的前哨》,赵仲明、李斌译,南京大学出版社,2002年,第3页。

　　③　参见张一兵:《回到列宁——关于"哲学笔记"的一种后文本学解读》,江苏人民出版社,2008年,第十二章。

有的方式来保持其逻辑学、认识论、本体论的三位一体性"。其实,如果不加认真地反思,此表述只是一种令人费解的谜语。此处,我并不想再抽象地入境思考,而在本目关于康德问题具体讨论的结尾上,我们将会获得答案。

在广松涉看来,康德哲学出场的时代,哲学研究中仍然存在着基于传统本体论的两种极端对立的思考方法:一是着眼于形而上学的实体"自然"世界,二是从纯粹的概念世界出发的观念实体王国,而康德的使命则是要扬弃二者的对立。这样,康德就成了最早反对主-客二元认知模式的学术先锋。在这一点上,康德提出的破境式问题是"自然何以可能"? 他将传统本体论中理想化的物质自然一分为二: 一是我们无法达及的彼岸世界中被放逐的物自体(Ding an sich),二是我们通过观察获得的感性世界(mundus sensibilis)的自然"现象"。对象的显示(apparentia),在我们的反思中诞生的"反省性认识被称为经验",对象的显相(所予)是一个杂多无序的感性经验群像,而经验的塑形已经是将其整理构序(所识)的过程。这种经验是被建构的,由先于个人认知而存在的普遍性的知性构架(意义)座架赋形而成。这是康德与休谟在经验论上的根本区别。广松涉试图突显的构境意向为,康德的经验已经是一种关系性的场境存在。我们不难体悟到,广松涉后来那个"所予-所知"的关系性认知构境之缘起,与此是相近的。

具体些说,康德无非是想说明,过去我们传统物理学家在日常经验中自以为就是外在的自然物质的东西,其实只是人们通过先验直观和知性构架赋型后获得的现象世界伪境,比如,

> 空间以及时间,不是物自体本身的存在形式,按照康德的理论,它们是在认识主观的人的感性中先天性地具有的直观的形式,通俗一点来说的话,因为我们人只能通过直观形式(空间、时间)这一眼镜才能看见物体,物体在被我们所见的情况下,它们的一切总是戴着有色眼镜

（空间、时间）。①

　　我们总是在一定的时间和地点中看到具象的事物。比如，我在夏日下午五点半前后，在南京大学仙林校区的行政南楼门口看见正在落下的夕阳，依康德的构序，这里我获得太阳落下的视像中的时间（五点半）与空间（仙林校区）并不是假想中的物的存在形式，而是先在于我们主体经验塑形的最初直观形式。这是我们经验塑形的第一步。

夕阳（张一兵摄于南京大学仙林校区，2018年）

　　当然，能够看到红色的太阳，还需要关于太阳的知识和过去的经验常识。更复杂的自然图景，比如要进一步分析太阳的宇宙位置，要掌握太阳黑子的

---

　　①　［日］广松涉：《事的世界观的前哨》，赵仲明、李斌译，南京大学出版社，2002年，第16页。

运动规律,则一定要通过先验知性构架(范畴体系)"整理构序"后综合获得的,这是全部自然科学的无意识本质。于是,物理学家误以为是外部自然实在(实在)的东西,不过是我们通过先天知性构架"赋形地看到的自然"(natura formaliter spectata),所以真相是人通过知性在向进入现象界的自然"立法"。这样,真正客观实存的物,则是无限后退的,以至于到了此岸感性现象世界的彼岸,成为不可抵达的"物自体"。我觉得,这也是后来黑格尔《自然哲学》的内里构式逻辑。在康德那里,他把培根–洛克的科学是"拷问自然"的思想大大深化了,自在之物成了彼岸的上帝之城中的住客,我们所面对的现象世界不过是人类自觉地运用先验的理性框架来"统觉"感性经验材料和座架知性认识的结果,因此在康德的眼里,科学的实质必是"向自然立法"! 看起来,黑格尔只是简单地将绝对观念塞入自然物质存在的背后,造成了颠倒的唯心主义本体论,可是他却是最早意识到"理论先于观察"(波普尔语)道理的人。这也就是说,直观实在论中自以为是本体论的自然观,其实是历史性的科学认知逻辑的一个伪构境层。这一深刻的观点,只是到了20世纪50年代才在自然科学方法论中呈现出来。①

如果人根本不能直接认识隐匿在彼岸的物自体,而只能认知由先验直观和知性筑模构序了的自然向我们"显现出来的形态",那么传统唯物主义所坚持的自然物质本体,就必然被液态化为一个主体事件,一个认识论的问题。

"先天性诸形式"并非仅仅是构成我们的认识的认识论的形式,同时也是构成现象世界的相在的本体论的形式,因此,在这一契机中认识论与本体论是相关的。然而,内在性地制约着造就这一现象世界的本体

---

① 1958年,英国科学家波兰尼(Michael Polanyi,1891—1976)发表《个人知识》,中译本由贵州人民出版社于2002年出版。同年,美国科学哲学家汉森(Norwood Russell Hanson,1924—1967)发表了《发现的模式》,中译本由中国国际广播出版社于1988年出版。

论–认识论天地的"先天性诸形式"的东西就是逻辑学。①

所以传统的本体论实际上就是隐性认识论，这种认识论的根基则是那个将无序经验塑形成序的一定的先验逻辑形式——先天综合判断。这是康德从经验论思考中获得的最重要的逻辑破境的全新构境。因此，在这个意义上，本体论、认识论和逻辑学将是一体化的，其中，先验构架的逻辑学是决定性的东西。所以当黑格尔在《精神现象学》中将彼岸的物自体宣布为物性幻象，并且从全部感物相背后揭示出支配建构自我意识统觉的理念时，唯心主义的观念逻辑学（《逻辑学》）就成为世界的本质，它就是本体论，而且认识论不过是绝对观念自我异化和批判性认知的过程。广松涉深刻地指认说，这是"在唯心主义中被三位一体地统一成逻辑学、认识论、本体论"。于是，这就回到前面广松涉所说的那个黑格尔–马克思的"三位一体"问题。到这里，上述那个逻辑转换中的谜语般的答案就昭然若揭了。

不过，在我看来，在康德和黑格尔二人之间，广松涉内心里是倒向康德的，他的逻辑是本体论就是认识论，而不是认识论就是本体论。我甚至认为，康德将本体论液态化为认识论的技术操作图景一事，很深地"毒化"了广松涉的思想机体。以至于，他会将马克思后来的客观社会关系物化颠倒和批判，改变为带有认识论意味的普适性的"物象化"理论。这是我们以后会重点讨论分析的问题。

当然，广松涉对康德哲学的赞赏，倒不是他消解了唯物主义的物质实体，而是他开辟了关系主义的认知视角，当作为物自体的客体被放逐到上帝同在的天庭中，我们直接遭遇的物性"自然"，就突变成了先验构架中介了的感性经验关系塑形存在，主–客二元对立的认知模式看似消除了，可这是以

---

① ［日］广松涉：《事的世界观的前哨》，赵仲明、李斌译，南京大学出版社，2002年，第43页。

客体本身转换为主体界的关系性事件为前提的,一切都是主体-主观世界内部的问题了。然而广松涉说康德哲学中仍然存在着很深的二元论模式,这一回是古代质料-形式说的阴影,不过这里是以先验构架(形式)赋形物相(质料)的方式表现出来罢了。广松涉新的构境意向为,康德神秘兮兮地装扮起来的先验构架本身也是建构物!在他看来,这种给予了世界秩序的先验构架本身,"并非是一开始每个人所具有的同类型的东西,实际上是通过交互主体性-主体际性(intersubjektiv)的通路(Verkehr)而历史性、社会性地形成的意义形象,这决不是被时空和十二范畴所局限的东西"①。广松涉说,他的《世界交互主体性的本体结构》(1971)一书,正是为了回答这一问题的努力。这也就是说,对个人塑形现象的构序物相的先验构架本身也是交互主体的关系建构物,他特别指认这种主体际交往的历史性和社会性构序方式。不同生活场境中的个人生活和交往往往制约着概念构架发生作用的微观机制,比如,在农耕社会中,个人在凝固化的地点和循环式的时间中看到的自然现象,与后现代的远程登录的即时在场方式中个人所看到的自然现象,显然是异质性的结果。可以看出,消解一切实体,是广松涉不懈的努力方向。这也是进入后来广松涉哲学大厦的入口。

在这一点上,我与广松涉处理康德认识论的做法显然是不同的。我赞同广松涉将康德的先天观念综合构架指认为社会历史建构物的说法,也认可这种建构的直接来源为交互主体性,可是历史性的交互主体结构的真正现实基础并不是认知活动本身,而是在更大尺度上规制了交互主体活动的客观实践活动。这一点,也是马克思《关于费尔巴哈的提纲》中的新世界观的构境起点。在这一点上,索恩-雷特尔将康德的先天构架归基为经济活动中的

---

① [日]广松涉:《事的世界观的前哨》,赵仲明、李斌译,南京大学出版社,2002年,第45页。

商品交换结构①,以及斯蒂格勒②发现当代数字资本主义的网络信息综合创造了全新的先天综合构架的观点③,无疑都是深过广松涉此处结论的重要新见解。我原先曾经设想,广松涉应该在《存在与意义》的第二卷详细讨论这一重要问题,可是他并没有这样去做。

三、马赫:关系主义图像化的感性世界

从思想史线索上说,康德先于马赫,但从对广松涉思想构境的影响上来说,马赫的出场则远远早于康德。我们已经说过,马赫是令广松涉最早开悟的人,他的思想也是广松涉终身思想构境没有彻底摆脱的他性境像。在我看来,马赫哲学虽然不像列宁简单否定的那样贫乏,但也不会如广松涉在自己逻辑构境中供奉的那般显要。马赫的意义,在于他通过新物理学观念发现了我们周围世界的关系性建构特征。这当然也是马克思和海德格尔共同意识到并超越的问题。广松涉并没有深刻地认识到这一点。不过,马赫是以过于偏狭的主观唯心主义认知图景来描述这一重要新见的。列宁对他的唯物主义批判当然是正确的。可恰恰是在这一点上,马赫深深地影响了广松涉。

马赫首先是一位重量级的物理学家,他的科学事业造就了20世纪许多

---

① 参见张一兵:《发现索恩-雷特尔——先天观念综合发生的隐秘社会历史机制》,北京师范大学出版社,2018年。

② 贝尔纳·斯蒂格勒(Bernard stiegler,1952—),当代法国激进哲学家,解构理论大师德里达的得意门生。早年曾因持械行劫而入狱,后来在狱中自学哲学,并得到德里达的赏识。1992年在德里达的指导下于社会科学高级研究院获博士学位(博士论文:《技术和时间》)。于2006年开始担任法国蓬皮杜中心文化发展部主任。主要代表作有:《技术和时间》(三卷,1994—2001),《象征的贫困》(二卷,2004—2005),《怀疑和失信》(三卷,2004—2006),《构成欧洲》(二卷,2005),《新政治经济学批判》(2009)等。

③ 参见张一兵:《斯蒂格勒〈技术与时间〉构境论解读》,上海人民出版社,2018年,第八章。

重要的研究前沿。在"马赫数""马赫带""马赫二次微分式"的名头下,他在物理学、心理学等领域引导了众多学科的进展,称他为一位伟大的现代科学家的确是名副其实的。然而任何一个伟大的科学家,当他的科学造诣达到一个在具体科学的顶峰状态时,都会很自然地生成形而上学层次上的逻辑构境欲望。马赫的形而上学想象,依列宁的说法,就是有漂亮的花朵却没有真正的果实的唯心主义奇葩。可在广松涉这里,情况似乎有些不同。如前所述,还是小学生的广松涉就狂迷马赫,开始是科学,然后是马赫的关系主义(関係主義)哲学观念。这一迷,就是满满的一生。所以一直到1973年,广松涉仍然认为:"对马赫哲学彻底的探讨给我们提供了超越近代哲学的极好手段。"[1]在他看来,

> 马赫的哲学,有来自站在新康德学派立场上的海尼希斯巴尔特的批判、有来自站在现象学立场上的胡塞尔的批判、有来自马克思主义阵营的列宁的批判——它如同被十字炮火轰击一般,看上去几乎粉身碎骨。然而,从今天的问题域来看,对马赫哲学进行再探讨的诸多契机又开始出现了,这一点不容忽视。[2]

在看起来葬身于十字炮火下的马赫那里,唯独广松涉从中看到了新生的构序希望。广松涉对马赫的思想史定位,是将他视为近代"主-客"二元论世界观最重要的"反命题"在场来认识的。在广松涉的眼里,"近代哲学的世界观,自笛卡尔以来一直以'精神'和'物体'的二元论的构图作为根本性的基础。唯心论力图消灭作为实体的物体,世俗的唯物论力图灭绝精神"[3]。这基本

---

①② [日]广松涉:《事的世界观的前哨》,赵仲明、李斌译,南京大学出版社,2002年,第48页。
③ 同上,第50页。

上是思想史的现实。但到19世纪末20世纪初,在世界性范围内出现了一种"试图回到物心分离'以前'那种的状态"的思想走向。比如英国关系性的经验论哲学、法国柏格森那种强调居于物体和观念之间内在生命绵延的"非理性主义"哲学,以及日本西田几多郎从纯粹经验出发的关系性的场有哲学等等。这都是从主–客二分的传统认识论构架中游离出来的关系性构序的新视角。当然,在广松涉看来,马赫的"要素一元论"是居于这一思潮前列的"特别值得研究"的观念。这可能是不错的。

广松涉说,进入马赫的哲学构境,先不要从唯心主义、唯物主义一类的大道理出发对其进行定性判断,而要

> 试着用如同婴幼儿在意识中进行映现的方式预先对世界的构图在脑海中进行一番浮想,这看上去过于卑俗,但不失为一个捷径。对于婴幼儿而言,应该还没有主观的东西和客观的东西之区分吧,周围看到的所有东西都是色、形、音、气味等等的复合体,并且诸如心情以及感情之类的东西都是作为这一复合体的构成因素而出现。马赫所进行的定位就是这样的,即在主、客未分形态中的现象论的世界构图。①

这可能真是广松涉自己的亲身体会,上小学时的他第一次读到马赫时,兴许就是这样拼接世界图景的。其实,马赫的这个出发点与后来的皮亚杰②几乎是一样的,后者干脆就是从自己的孩子最初的心理图景建构开始科学研究

---

① ［日］广松涉:《事的世界观的前哨》,赵仲明、李斌译,南京大学出版社,2002年,第53页。

② 皮亚杰(Jean Piaget,1896—1980),当代瑞士著名儿童心理学家,发生认识论的创始人。1896年8月9日出生于瑞士的纳沙特尔。1918年在纳沙特尔大学获得科学博士学位,1921年获得法国国家科学博士学位,同年,任日内瓦大学卢梭学院"研究主任"。1924年起任日内瓦大学教授。1954年在加拿大举行的第十四届国际心理学会议上,被选为国际心理学会主席。1971年开始任日内瓦大学荣誉教授。代表作有:《儿童心理学》(1962)、《结构主义》(1970)、《发生认识论原理》(1970)、《生物学和知识》(1971)等。

的。①可不一样的地方是,马赫开启了一种主观唯心主义的感觉要素说,而后者则走向了接近马克思的实践唯物主义的发生认识论。

在广松涉的眼里,马赫自认为是接着康德往下说的,可是他要祛除康德逻辑构式中的实在论残余。所以他会将康德的那个作为实体论残余的"物自体置于幻象"之中,并认为,我们走向世界的"本体"就是感觉要素的复合。这是与黑格尔客观唯心主义构序相反的一条道路。

马赫提出,所谓的"本体"实际上是不存在的,实际上存在的只是要素复合体。在通常的考虑中,首先有称作物体的东西和称作自我的东西,物体作为自为之我产生一定的作用的结果,在此之后产生称作感觉的东西。马赫论述道,世人称作"感觉"的东西是基始性的存在,而诸如物体、自我这样的东西则是第二性的形成体。②

这是一种与实体论的主-客二元哲学完全倒过来的说法,真正作为世界基始存在的东西不是独立的物体或者主体自我,而是不同感觉要素之间关联复合起来的一元关系建构体。这恰恰是令广松涉兴奋的东西。在《感觉的分析》③一书中,马赫通过一幅左眼视图对我们遭遇的世界图景进行了说明,他将我们面前的外部对象性感觉要素用A、B、C等来表示,比如,木头、玻璃、金属制件;而我们身体的感觉要素则以K、L、M等来标注,比如视觉、听觉和触觉。当感觉A与感觉B等关联则塑形"物体"的现象复合体,我所看到木头、玻璃和金属制件关联而构序为正面墙上的窗户;而感觉K与感觉L相关联则形成"主体"式的复合体,比如放眼能看到(窗户投射进来的)光亮、身体能感到

①　参见张一兵:《皮亚杰发生认识论研究与历史唯物主义》,《学术月刊》,1986年第1期。

②　[日]广松涉:《事的世界观的前哨》,赵仲明、李斌译,南京大学出版社,2002年,第56页。

③　参见[奥]马赫:《感觉的分析》,洪谦等译,商务印书馆,1997年。

（所坐沙发的）柔软度、耳朵可听到（窗外的汽车马达）声，我能在这些感官经验之上思考问题，这即建构起"我"这个个人主体；当感觉A与感觉L相关时，即我为什么能看到窗户？我如何听到声音？我为什么听到声音会感到烦躁？这就会出现我们称之为"心理""认识"之类有现象复合体。由此，过去被看作物性世界和理念世界的石化本体论，则被解构为人所获得的不同关系性构序中塑形起来的感觉复合。

马赫《感觉的分析》一书中著名的左眼视觉图

　　不过不要以为广松涉会简单地赞同马赫上述这种过于肤浅的唯心主义唯我论，至少他在后来正式发表的论文中明确表示要批判性地超越马赫，因为他自己的哲学思考正是补上马赫哲学中的逻辑缺环的。广松涉的指证并不复杂,他认为,马赫的关系主义思路并不错,但当他把康德的现象界建构简单祛除了先验构架这样的东西后,直接宣判为感性要素的自我关联和复合就有问题了。广松涉说:"现实世界是(超出)要素复合体以上的东西!"①请一定注意,这个"以上"是广松涉哲学构境中的重要构序支点。其实,广松涉这个用关系相本体论赋型的"以上"的突现场境,也会是我的构境论的入口。广松涉调侃地说,在马赫的感觉要素复合世界中,一个漂亮的女孩子就成了骨头和皮肉的复合体(所与),可是她在我们面前为什么楚楚动人(审美意义)? 难道这种"动人",不是一种在感觉要素复合之上(所识)的东西吗? 丢掉这种东西,就必然会使马赫陷入自我欺骗和自我毁灭。广松涉说,马赫的问题出在他"没有意识到被赋予同一物之意义的所识与感性的直接对象的区别"②。你看,广松涉自己的思想构境(四肢结构中的前两肢:所与–所识)中的东西出来了,对他而言,一切思想资源都不过是同道上被超越的较低的逻辑跨栏。

我不否认广松涉对马赫哲学重大逻辑缺陷的 "自为化"(广松涉语),也不否认他对马赫哲学的正确批判和超越。但是我所明确指认的马赫哲学对广松涉哲学的他性支配,并不在这种表面的可以任意摈弃的逻辑构架,而是一种隐性的思想构境方式,即对现实世界的图像化微观建构。广松涉的哲学逻辑,之所以总是从经验图像和微观行为交往出发,马赫的逻辑幽灵功不可没。其实,依我的理解,更重要的构境层并没有被广松涉打开,他所提出的"以上"的构序缘由并非只是认识论中的意义所识,而是意义之现实基础,即马克思的物质劳作实践构序。还原到刚才那张马赫左眼视觉图中去,破境的具体指向一定会是作为A、B等关联物的"窗户"是如何被制作的,马赫身下坐着的沙发和手中的钢笔是如何生产出来的, 没有在一定社会历史条件下的

---

① [日]广松涉:《事的世界观的前哨》,赵仲明、李斌译,南京大学出版社,2002年,第66页。

② 同上,第69页。

生产劳动塑形和工艺构序,马赫根本不可能获得这种不同于自然存在A、B、C等作为工业生产结果的A'、B'、C'等感觉基质塑形的。并且A与L的相遇也并非为抽象不变的关联,农耕时代与后工业时代所构式的"我们看到""我们听到"一类的关联是完成不同的,有如我们只有今天才可能从智能手机微信上遭遇的数字化感性世界。这恰恰是广松涉没有深入的地方。

四、Für uns:从胡塞尔到海德格尔

不像对待康德和马赫,广松涉的讨论总是骂中夹爱、贬中溢褒。相比之下,广松涉显然不喜欢胡塞尔,所以固然他也同意现象学"回到事物本身(auf die Sachen selbst zurüeckgehen)"这样的提法,但广松涉总是说,胡塞尔的现象学不过是一种"物象化的谬误",因为现象学的基干性构图已经陷入某种意识幻觉之中。

在广松涉看来,胡塞尔确实看清了感觉经验论者马赫没有看清的"重大事态",即经验塑形体之上的东西,所以才会提出了类似"本质直观(本質直観)"这样的观念。这也就是说,在马赫错认为感觉的复合之上的东西,恰恰是本质直观,让我们可以从一个女孩的感性实在中直悟到的"楚楚动人"。广松涉认为,所谓"本质直观,在胡塞尔的思想中,是一种'能动性直观'",在马赫看到经验复合体的东西之上,胡塞尔发现任何意识都是有意向(志向)的,而任何进入意识的对象又都是面向我们的(Für uns)。意向性,是经验之上的"多"的原因,而这个"多"并不是存在于外部世界,只是关系性地指向意识主体。可是,

意识在每一次都必定是关于某物的意识(Bewußtsein von etwas)。这一命题是正确的。但是,将此作为对意识的原基性构造的把握是不充分

的。意识,并非是将对象仅作为该物自身(als solches)来意识,而具有在每一次都已经将对象作为单一的更高的某物（etwas Mehr）、作为单一的以外的某物(etwas Anderes)来加以认知的构造。①

这也就是说,胡塞尔通过"意识对象–意识内容–意识作用"这三项图式,反对近代哲学的"主–客"二元论的努力是有意义的,可他没有看到的是,通过"本质直观"所达及的现象,并不是单一的对象本身,而同时也是显现了比对象更高的某物:"现象(φαινόμενον),绝不是仅仅显示自己自身的东西(das, sich selbst zeigt),在每一次都已经显示了比单一的自我更高的某物。"这也就是说,"本质直观"中的现象仍然是被构序的。当然,这个"更高",不是想把现象学拽回到康德的先验构架,只是要从现象学那种理想化的单一还原进展到格式塔(Gestalt)②清晰分节态中的两肢双层结构。

为此,广松涉举了一个知觉视图中的例子,比如我们看到一个火柴盒,在看到具象的色彩、大小和形状等视像时,总会同时获得一个这些视像总合以上的"长方形"。其实,在胡塞尔特别喜欢举的那个总是"正面朝向自己"的桌子也是如此,人们看到长条桌子的时候,也总获得一个"长方形"。这个长方形,就是广松涉所说的比对象更高的某物。这个"知觉性视角(视座)以上的这个长方体的某物,它的真实的形态不能被观察到的这一意义的所知形态,决不是作为现实的知觉性形象所与的东西"③。显然,这个长方形不是由胡塞尔所说的本质直观中直接获得的。因为在胡塞尔预先设定的意识对象和可

① [日]广松涉:《事的世界观的前哨》,赵仲明、李斌译,南京大学出版社,2002年,第79页。
② 这个Gestalt在德文中为外形、形态之义,动词Gestalt则有塑造、形成、构成的意思。格式塔心理学形成之后,Gestalt一词又逐步生成"完形"之义,并通指一种整体性的突现场境。我在20世纪80年代之后已经比较普遍地使用此词。关于格式塔心理学,我们在下文关于广松涉的认识论讨论中还会进一步涉及。
③ [日]广松涉:《事的世界观的前哨》,赵仲明、李斌译,南京大学出版社,2002年,第84~85页。

以能动直观的意识本身中,这个"长方形"并不先验地实在于二元的所与对象或者意识构架之中。任何对象性意识——现象,都已经不是独立自在的东西,它在发生的那一瞬间会同时是一种格式塔清晰分节中的二肢建构物,即显相(现相)的所与和意义的所识功能性关联中被把捉的。这已经是广松涉四肢认识论中的前两肢。

首先,在广松涉看来,胡塞尔的错误就在于"忽略了意向性意识的两肢的构造,即所谓他将面向现实对象的经验性直观与面向观念自我的本质性直观分割开来",所以他无法真正理解现象世界的交互主体性或关系主义的本体论。也是在这个新的构境意向上,广松涉说:"人类的意识并不是物理-生理性地被线性决定的,而是在与他人的交往(Verkehr)中",以清晰分节的存在方式中介式地被规定。清晰分节导致的"多出来"的意向性,只能在主体的关系性交往存在中被构序。这才会出现,我们"现代人"如果和一个原始部族的人站在同样的旷野上,所看到的情景是完全不同的,在原始群族交往关系生成的意向性中,太阳和风暴会是神的力量,而在我们眼里,观察的意向性会是现代科学判断。这也像广松涉和不懂日本人交往主体性工具——日语的胡塞尔同时听到日语的发声,他们听到的音节、话语会是完全不同的,胡塞尔再憋足了劲运用"本质的直观"恐怕也无济于事。任何图景和话语的对象性意识,都只能是在特定主体交往中对象显相的所与和意义的所识二肢关系性建构的。

其次,广松涉认为,从上述两个例子中我们还可以发现一个新的方面,即胡塞尔同样没有意识到的问题是,当作为现象学还原了的相同"现象"展现在不同的我和他人面前时,情况也会不同,"作为现象的事实问题,往往发现我所看得见的东西而他人看不见,对我来说是一根绳子而对他人而言却作为一条蛇来认知,就这样,现象的存在方式,对他人而言体验到的是不同的事态(事態)"①。这完全是另一个意识主体维度了。更重要的是,这里给我们的启发是,我在面对意识对象的时候,"'我'并不总是作为站在我自身的立场上的我而存在",再仔细地清晰分节,我会分裂为"站在自我的立场的我与站在他人的立场的我",这就是自我和他我。比如,我在巴黎橙子博物馆观赏一幅自己并不是十分理解的莫奈的著名油画时,来博物馆前所阅读的专业评论(一个美术史主体交往构序的特定意向),会以一个外部他我的方式引导我生成自己的看法。所以一个人在面对对象的时候,这种双重视角会同时起作用,这就是能知的谁(何人)与能识的某人交互主体的二肢。与前面已经提及的显相的所与和意义的所识合起来,就是广松涉的建构性认识中的四肢存在结构。从这里,我们可以清晰地看到广松涉四肢结构论的构境之历史创化进程。

海德格尔的情况比胡塞尔稍好一些。广松涉当然知道,海德格尔是从胡塞尔那里走出来的,而且我们常常把海德格尔视为西方现代哲学中最重要的关系本体论的倡导者。可奇怪的是,广松涉仍然指证他犯了将关系存在物象化的错误。我们来看广松涉的分析。

广松涉承认,海德格尔已经自觉地试图超越近代哲学中的那种主-客二元分立的"世界图景时代",所以他才会将自己的理论出发点定为"存在"在现象学中的自我显现,不过,存在不再是一个意识指向的对象,"存在"(Sein)与传统形而上学中石化了的"存在者"(Seiendes)相区别,它是一种只能被追问的关系性的事情,因此,"回到事情本身"也成为海德格尔的理论目标。并且在这个世界上唯一能够追问存在的存在者,就是在一定的时间中活着的那个有死个人,即此在(Dasein)。此在不是独立的实体,而是一种关系性的去存在,所以此在总已经是"在世之中存在"(In-der-Welt-Sein)。显然,广松涉认为:"海德格尔批判了近代哲学的观点,极其明确地描绘了在者的本体构造,

---

① [日]广松涉:《事的世界观的前哨》,赵仲明、李斌译,南京大学出版社,2002年,第89页。

有着很多值得学习的东西。"①并且海德格尔是在每一个逻辑构境层面上都认真地贯彻关系本体论。②在这一点上,我不太赞同广松涉的判断,因为海德格尔基于关系论却超越了关系主义。

在我看来,如果说在胡塞尔的现象学分析中,他发现,所有意识的对象总是以一定的方式面向我们(Für uns),那海德格尔则从更加基础的方面建构了这种特殊的意向关系存在论,即世界存在本身的"面向我们"性。在这一点上,胡塞尔和海德格尔都异质性原先的关系本体论。在海德格尔这里,对象世界的现成在手性(vorhanden,物在性)由上手性(Zuhandenheit,用在性)所取代,其实,我们在意向性意识中遭遇的对象,通常都是我们在世生存中与之打交道的上手事物(Zuhandenes),所以对象性意识中往往内居着某种与物打交道的"操劳"(Besorgen)性,甚至还会有与他人打交道的"关涉"(Sorge)。海德格尔这里的关涉不是抽象的无意向的关系,而是有着明确功效的交道。显然,海德格尔是超越抽象关系论的。这一点广松涉显然没有认识到。这种新的存在论的构境,大大改变了康德、马赫和胡塞尔以来认识论构架的现实基础,因为康德、马赫和胡塞尔都还是将认识对象假设为人的存在之外的现成在手之物,先验构架、感觉复合体和意向性,都是在消除了物自体可以完全进入意识的假象。而在海德格尔这里,对象(世界)本身成了此在用在性在世和与他人共同此在(Mitdasein)的面向我们的关涉性存在。海德格尔说,用在性事物的

---

① ［日］广松涉:《事的世界观的前哨》,赵仲明、李斌译,南京大学出版社,2002年,第98页。

② 2009年,我关于广松涉的写作中断于此(此时加上后面已经完成的章节,稿子大约有十五万字)。因为我感觉到自己在驾驭对广松涉关于海德格尔哲学的理解上存在明显的弱势,于是花了两年多的时间重读海德格尔,完成了《回到海德格尔》第一卷(商务印书馆,2014年),之后,又先后完成关于阿甘本、斯洛特戴克、斯蒂格勒、维利里奥和奈格里等人的研究和写作,中间,在阿甘本研究中又中断转读福柯,完成《回到福柯》(上海人民出版社,2016年)。其中,阿甘本和斯蒂格勒的研究分别独立为两本专著。准确地说,我是在时隔八年之后重新回到广松涉的研究。从这里开始以下的文字(加上导言第五部分之后的内容、第四至十二章),已经是2017年6月22日之后开始的写作,所以下面关于海德格尔的观点已经有了一些大的改变。

本体论特征是因缘(Bewandnis),它总是在为我所用的意义上存在,它的"为何之故(ein Worum-willen)"总是面向我们的。与胡塞尔的意识意向性不同,海德格尔这里的因缘性是客观发生的用在的何所向。并且此在与物打交道中最重要的用在性事物就是工具,工具以它的功能构序相互指引,形成一个整体性的"环顾"场境,于是用在性的公共世界也就是"我们周围的世界"(马克思语)。在这一点上,海德格尔的观点更接近我的构境论。

广松涉认为,海德格尔已经"根本性地确立了推倒现代哲学流派的世界图景之格局,并已经建立起了把握世界的世界性的桥头堡"。这是值得肯定的方面。但是在广松涉看来,海德格尔建立在用在性的因缘世界,仍然没有逃出物象化的误认。为什么?因为海德格尔的用在因缘论,在日常生活中已经是极为深刻的存在论透视,可是一旦这种用在因缘论遭遇具体的资本主义颠倒的现实世界时,它立刻会坠入泥潭。这个批评倒是深刻的。广松涉举例说,"有一个叫作货币的用具,在因缘使用中发现该用具具有'可以购物的性质'",由此我们可以进入一种商品经济的周围世界,可是我们不知道,这种用在性因缘本身已经是"物象化的谬误"。这是说,海德格尔的存在论在面对通常的抽象化的锤子合手、讲台意蕴关联的日常生活时,已经是比胡塞尔意识密织王国要现实得多的在世存在现象的透视,可是当人与人的关系在商品交换的客观抽象中生成价值等值物,从工具性手段颠倒地生成一种拜物教(物神)式的物象化时,海德格尔的一整套存在论把戏就不管用了。广松涉反讽地说,

> 货币的上手状态并不是主观的一方金属片乃至纸片这样的上手事物投射"主观色彩"的东西。同时,即使将货币的上手状态视为"让存在",但那决不是在铸造过程中创造出来这样的意义下的让存在。货币的上手状态,看似已经先于一个一个人的寻视而存在,似乎一个一个人

只是揭示了已经存在的上手状态而已。①

　　依广松涉的构境,货币的上手,在海德格尔的存在论中已经是一个脱离了存在者状态的关涉性在世,可是他无法真正透视其中已经先在发生的物象化颠倒。这就比如在我们手中的人民币,现在许多人都不知道,为什么有些人会跪倒它的面前,为了获得它,去做拐卖孩子、抢劫害人的伤天害理之事。因为所有因缘性的"上手状态,并非是在因缘的使用中现成的存在被揭示,只有在因缘使用当时的现实性关联中才开始存在,这是问题的关键"②。这是很巧妙的破境,从胡塞尔的生成性显现构境中,海德格尔的上手存在的因缘性已经是对现成在手的存在者形而上学的解构,可是他并没有想到,这种深刻的因缘存在必须在一个具体的现实社会关联中才会落地,否则,它将是另一个意义上的"现成存在"。这种现成存在,回落到海德格尔已经面对资产阶级的经济交往现实中,它恰恰是复杂的事物化颠倒之上经济拜物教。这当然是马克思狭义历史唯物主义中的批判逻辑构境。③这里的事物化(Versach-lichung)也就是后来广松涉所指认的物象化。关于在这一问题上我与广松涉的异质性分歧,在下面的讨论中会具体展开。广松涉的结论是:

　　　　以上,我们非常固执地讨论了海德格尔的作为其"存在"论第一阶梯的"上手事物的存在"并指出由于物象化的谬误而对"能知"的自在化,这一物象化的谬误贯穿了他的"存在"哲学的全部。在这里要一并论定的是,他的所谓的"从事象内容而言是存在论",在方法论上是"现象学"式

　　①② 〔日〕广松涉:《事的世界观的前哨》,赵仲明、李斌译,南京大学出版社,2002年,第111页。
　　③　具体讨论可参见张一兵:《回到马克思——经济学语境中的哲学话语》(第四版),江苏人民出版社,2020年,第九章。

的存在论,在现象学的领域中立足在了物象化的谬误之上。①

显然,广松涉自己也承认,他对海德格尔的批判,主要集中在存在论上手因缘层面上,但他认为,海德格尔的物象化误认贯穿其全部哲学。我个人认为,这种判断是有些武断的。

首先,海德格尔并非不知道马克思的观点,他是将马克思的实践唯物主义转换为脱离社会现实的存在论,其中,"马克思所揭示的已经十分深刻的关系本体论转换为关涉(Sorge)论,一切旧哲学中居统治地位的对象性的表象认识论则深化为融入存在本身的内居论,逻辑解构为思想之境。物相式的客体对象消解为交道的物性逗留,抽象(个人)主体还原为时间中的此在"②。广松涉在此对海德格尔存在论哲学的讨论是不完整的,特别是他没有注意到海德格尔对认识论构式本身的彻底否定。但是固然海德格尔在很早就通过"那托普报告",达到了对马克思《关于费尔巴哈的提纲》实践哲学的最深处,但他的确没有意识到马克思历史现象学中的经济拜物教批判的哲学意蕴。在这一点上,广松涉的指证有其精准和深刻的方面。

其次,广松涉也没有来得及看到被海德格尔隐藏起来的秘密文献,特别是其中在"另一道路"上生成的《哲学论稿——自本有而来》等文本,所以他并无法知道海德格尔对存在论哲学的否定和真实的本有哲学构境。这种失误怪不得广松涉。依我现在的看法,海德格尔于"1932年开始生成异质于全部形而上学基础——存在论的本有思想,这恰恰是青年海德格尔本己之思的基始起点,只是在克服了形而上学对存在的遗忘之后,他开始清算暴力性存在本身,并在1936年开始进行本有思想的秘密生产,这一思想的明确生成,标志

---

① [日]广松涉:《事的世界观的前哨》,赵仲明、李斌译,南京大学出版社,2002年,第119页。

② 张一兵:《回到海德格尔——本有与构境》,商务印书馆,2014年,序言第4页。

着海德格尔的最终决断放弃人类已经走过的征服世界的第一条道路，而进入弃让存在的另一条归基于本有的道路"①。当然，我并非直接赞同海德格尔的本有论的观点，但是却为广松涉对海德格尔哲学完整认识的不足感到深深的遗憾。

五、现代自然科学图景中的关系本体论

其实，我在前面已经说过，广松涉哲学构境中最先锋的思考线索，并非来自西方经典哲学，而是当代自然科学方法论上的革命。依他自己的表征，就是当代科学观念革命所导致的"由物的世界图景向事的世界观的转换"②。这里的物的世界图景，指的是中世纪以来旧的自然观，而事的世界观就是现代科学图景中出现的关系本体论。广松涉说，

> 我原本是打算从事物理学的，对于相对论、量子力学等尽管不是真的很了解，但仍然还是比一般科学掌握得要好一点。于是在那样一种物理的自然观中，我的确曾持有非常强烈的关系主义世界观。因此那个时候，一方面我把马克思的"人的本质是社会关系的总和"几乎奉为经典，另一方面，与之相关的，更确切地说是在我的自然观中，我在思考着关系的第一性。所以，实际上那时我一直在思考着类似作为被物象化后的自然辩证法式的自然界的内在法则的关系性逻辑，或者诸如此类的东西。③

在广松涉看来，入境发生在今天现代科学观念上的世界观范式转换，可

---

① 张一兵：《回到海德格尔——本有与构境》，商务印书馆，2014年，第92页。

② ［日］广松涉：《事的世界观的前哨》，赵仲明、李斌译，南京大学出版社，2002年，第111页。

③ ［日］广松涉：《哲学家广松涉的自白式回忆录》，赵仲明等译，南京大学出版社，2009年，第83页。

以参照历史上"由中世纪经院派的自然观向近代科学的自然观转换的比较性考察",能够看到,现代科学观这种转换是困难重重的,虽然新的科学实验构序已经证明了新科学观念,而未必真的能消除旧的科学观筑模的统治地位。他以伽利略的斜面实验对亚里士多德经院派落体论的决定性的实验性反证为例,说明了这种世界观转换的难度。因为不同的科学理论框架构式先在地决定着实验的解读结果,这也就是说,广松涉极其深刻地意识到了不同科学观的公理系(也就是库恩所说的范式)的前摄引导作用,更重要的是,他还直接指明了公理系转换的现实基础是社会存在的改变。广松涉认为,

> 世界观的构造转换,本来就不是偶然的、突发性的。不过,与其说新世界观的真知是由传播、注入的方式带来的,还不如说它植根于生活体制的全面历史性状况的变化之中。世界观的历史性转换,决非是"纯粹思想界"的内部的"自律性行为",恰恰是社会、历史的总体性、现实性变化的一个契机,从根本上而言,"存在(历史的、社会的生活体制)决定了意识"。①

这当然是历史唯物主义的观点,科学理论筑模的转换基础是社会存在场境的根本改变。这也是广松涉的观点超出库恩范式论的地方。不过广松涉也指出,有时候新的世界观"难以定局"的时候,它"往往是让前一个时代的思想复辟,试图'借祖父的权威来批判父亲'"。有如欧洲的资产阶级文艺复兴,那是通过复活古代希腊罗马文化的方式吁请替代神的人之出场。

在广松涉看来,所谓的物的世界图景通常与人们的日常经验是接近的,而在近代以来的科学观中,牛顿的经典物理学是其最重要的基础。它将我们

---

① [日]广松涉:《事的世界观的前哨》,赵仲明、李斌译,南京大学出版社,2002年,第121~122页。

面对的世界视作一种物质对象的总和，其中，在时间和空间之中发生着各种各样的可见的位移运动，这似乎是我们每天在生活中已经适应的感性经验构序环境。在牛顿那里，"绝对时间、绝对空间、质量、力，更确切地说，时间的持续、空间的布置（配位和距离）、质量的物体、加速力，它们作为独立的、基始性的存在形成了具有复合要素的公理系"①。从哲学上看，这是一种物的世界图景，或者叫"要素复合的、机械论的自然观"。依广松涉的想法，他正是要证伪这一人们习以为常的自明性观念。这当然是胡塞尔的现象学伪证路径。

可是现代自然科学实践构序的新进展很快动摇了经典物理学的公理系基础。先进入广松涉法眼的问题是，"爱因斯坦的相对论相对经典物理学的自然图景而言究竟具有多大的'变革性'"。

第一，广松涉认为，原先在牛顿经典力学中被分立的时间与空间发生了根本性的改变，因为"相对论中的时间和空间已经不再是独立存在的东西，而成了互相被中介的规定"。这也意味着，时间与空间不再是独立的东西，而是一种关系性重新构序的存在。有如相对论中最著名的例子，当我们用步行丈量的几百米长的车站站台，在时速达到350千米/小时的复兴号高铁列车经过时，此处的空间长度变成了秒间的一瞬。时间与空间在不同的关系构序存在中，表现出不同的呈现塑形方式。作为物质对象属性的质量和能量也是如此。

> 时间和空间已不再是独立自在的东西，而是"相互渗透"的形态；我们还看到，质量被当作受制于运动状态，从而也受制于时空规定的某种东西来认知。就质量来说，相对论中所讲的质量和能量的"相互转化"、质量和能量本原上的同一性在此无须重复了。②

---

① ［日］广松涉：《事的世界观的前哨》，赵仲明、李斌译，南京大学出版社，2002年，第157页。
② 同上，第164页。

新的情况为,在爱因斯坦的科学公理系中,"曾经在经典物理学中被视为自在的、绝对的在者的时间、空间、质量等概念现在被认知为密切相关的形态"①。这也就是说,牛顿力学中那些独立实存的作为"构成要素"的东西,现在都成了相互依存的关系构序存在。

> 在经典力学中,只有"构成要素"才是基始性的存在,"关系"对"要素"来说被认为是外在的某种东西。虽然不得不说其在关于"要素"复合的存在方式、相对存在(Sosein)方面形成了一种形式的规定原理,但那毕竟不是内在地规定"要素"这一此在(Dasein)的东西。可是,在相对论中,时空和质量的相互制约"关系"在我们用哲学的眼光für uns看来,是先于构成要素的项的关系。②

广松涉特别想说的是,在爱因斯坦这里,关系不再是外在的东西,它就是赋型存在的方式。在一定的意义上,关系构序先于对象。比如作为牛顿力学中关键词的"力",现在也被重构了,因为"在相对论中,这样的'力'是结合时空'场'这一功能性、关系性的绝对存在的基始性来把握的,直至质量物质也被作为该关系乃至场的一个象面"③。关系构序和场存在成了本体论中的核心规定。这也导致在爱因斯坦认识论中,任何科学的"概念和概念体系只有当有用于一群体验的认识环境(Orientierung)时才是有效的"④。这就是所谓一切科学认识都只有在一定公理参照系中才具有合法的关系性构境意向的问题式。这应该是库恩范式理论最早的思考构境缘起。

---

① 转引自[日]广松涉:《事的世界观的前哨》,赵仲明、李斌译,南京大学出版社,2002年,第164页。
② [日]广松涉:《事的世界观的前哨》,赵仲明、李斌译,南京大学出版社,2002年,第164页。
③ 同上,第165页。
④ 同上,第160页。

　　第二,是爱因斯坦所指认的观测问题对交互主体性的确证。广松涉说:"观测问题如果从认识论上的根本构造来说,归结为在主观际(間主観)的意义的所知性上统一地把握关于所给的'同一'现象的为我形态和为他形态。"①这是很难进入的特定构境层。我来做一些解释。在广松涉看来,在传统的自然观中,支撑认识主体的是独立的为我性的观测者,即我直接观察到对象的经验主体,而在相对论的参照系理论中,则会出现一种由为我性观测和为他性观测(处于其他参照系中的观测经验)统合起来的新的交互性构序的观测主体。为此,广松涉列举了爱因斯坦讨论过的一个观测现象:"如果让物体在做匀速直线运动的火车中自由落下,那么在车里的人看来物体在做垂直落体运动,但如果从固定在地面上的坐标系来观测和描绘的话,物体则是在做抛物线运动。"②我再具体复构一下这个重要的例证,就好像我在飞驰的复兴号高铁列车上将一元硬币抛起让它落下,硬币从空中回到我手中时,我观测到的是硬币在空中完成的一个直线下落。可是另一个在站台上的观测者,假如他也可以看到我的硬币,却会看到它在空中却划出了一个从A点到B点的抛物线运动。如果我再假设同时还有一位脱离了地球引力的航天员也能看到这一现象,他可能观测到的这枚硬币在空中的运动现象既不是下落也不是抛物线,而是在地球自转中发生的奇怪的空中折返和曲线运动。依上述爱因斯坦的参照系理论,这三个观测构序结果,在地球引力系统中的运动中和静止两个不同的观测参照系,和脱离了地球引力的观测参照系中都是真实的。但广松涉想强调的是,一个观测主体对同一个现象的观察不可能同时处在相异的观测参照系,这也就是说,每一个观测者只能居有一个为我性的观测位,所以对一个客观现象在不同参照系中的观测,只能由一个为我性和多重为他性的交互主体性共同构序才能完成。在这个构境层中,"观测主

―――――――――

①②　[日]广松涉:《事的世界观的前哨》,赵仲明、李斌译,南京大学出版社,2002年,第167页。

体——即不是纯粹的为我观测者又不是纯粹的为他观测者——实现了作为交互主体性的认识主观的自我形成,从此站在那个视点来认识所给的对象"①。这是对的。我们记住,这是广松涉后来那个交互主体性在自然科学方法论构境中的缘起。

为了说明这个观点,广松涉还从难懂的科学中走出来,举了一个日常生活中的例子,比如我们观察一个茶叶筒,从上面看,它是一个圆形;从侧面看,它是一个长方形;再从不同的观察侧面看,还会显现不同的结果。可是,当我们在日常生活中一眼看到它就获得一个圆柱形的观察结果时,这并非仅仅是一个直接观察的结果,而一种不同视位的交互主体性的构序集合。广松涉说:这里我们直观中得到的茶叶筒是一个"比单纯的'所见形态'更高"的塑形建构物,

> 圆柱形是所见形态的无限集合,而且其形成也是以过去的经验为基础的,但一个所见形态以外只有作为"可能态"乃至"潜在态"的所见形态。它们通过从各个视角被实际观察而转化成"现实态",但只要圆柱形还是圆柱形,那目前只是可能的、潜在的(在未来是已在的)所见形态的无限集合乃至其算法。②

其实,广松涉这里的观点与现象学也是一致的,胡塞尔就说过,我们永远只能看到事物Für uns的正面。一个认知对象,你不管转到哪一面,都只能看到面对你的那一面。海德格尔也讨论过这一观点。海德格尔说,当每一个"我"在日常生活中面对一张普通的桌子的时候,它首先被看作处于"空间中的物(Ding),作为物质性的东西(materielles)",所以它有一定的重量、色彩和

---

① [日]广松涉:《事的世界观的前哨》,赵仲明、李斌译,南京大学出版社,2002年,第171页。
② 同上,第212页。

外观,一个长方形或圆形的桌面,它可以被拆散为一堆木头或烧毁。请一定注意,这个"我"是每一个在日常生活中处于经验常识中的非遭遇性的人(个人主体),而不是遭遇性的此在。而这个Ding总是假想中离开人而独立实存的物(物质)。当我从不同的方向去看它的时候,"它总是只从某一个确定的侧面(bestimmte Seite)来显示自身为此存在者,而且一个这样的侧面通过预先规定的物的空间格式塔(Raumgestalt des Dinges)展示出其他的侧面"①。这直接就是胡塞尔的例证。海德格尔是说,当我们看这个桌子的一个侧面时,总是有一个预想的物体空间格式塔被当下构境,因此当我在看桌子的一个侧面时,我会自然联想(实为无意识的场境建构)到它的另外几个不同的侧面。在我围绕一个事物走动时,当光线、距离等条件改变时,物的不同侧面会不断地以新的方式打开。在广松涉这里对茶叶盒的观察中,当我们获得圆柱体的格式塔统觉时,它已经是"所见形态的无限集合"的构序了,这就是交互主体性。他认为,"量子力学层面上观测对象的逻辑构成机制与此也完全相同",这也是玻尔互补理论的哲学构境意向。当然,这也是"事的世界图景与物的世界图景的对峙"。

第三,量子力学与测不准定律(不确定性原理)的关系本体论意义。广松涉认为:"量子力学的出现所引起的自然观的变化比相对论所引起的变化深远得多。这不仅是在物质观和规律观的层面上,在认识观上也极大地震撼了'现代的'既成观念。"②为什么? 在他看来,量子力学,尤其是海森堡的测不准定律是"以自觉地与'近代'的认识论诀别这一姿态为基础的",因为物质微观存在方式中的波粒二项性,由于观测者在进入微观世界时无法摆脱的仪器中介, 使我们对微观世界的观测构序中永远存在某种无法彻底消除的不确定

---

① ［德］海德格尔:《存在论:实际性的解释学》,何卫平译,人民出版社,2009年,第89页。中译文有改动。See *Gesamtausgabe*,Band 63,Vittorio Klostermann,Frankfurt am Main,1988,S.88.

② ［日］广松涉:《事的世界观的前哨》,赵仲明、李斌译,南京大学出版社,2002年,第172页。

性。广松涉说:"在经典的理解中,所谓观测认识就是把握对象本身的自然状态。"这里的自明性假想为,对观测结果的干扰总是可消除的,然而当我们进入到微观世界的观测时,情况就发生了根本的改变。当我们

用电子显微镜观察某微粒子时,看到的是电子和微粒子正在"冲突"的一个瞬间状态,微粒子本身自在之时的状态在理论上是观察不到的。看到的总是"认识的一方"(能知)和"被认识的一方"(所识)合为一体的状态。所谓观测,就是这种"能知的所识-所识的能知"的表现,这里看到的不是单纯的对象的所识,也不是单纯的认识的能知。玻尔说过"我们不仅是观众,而总是共同表演者",海森堡也说"自然图景不是自然本身的图像,而是相对于自然和我们的关系的图像",想必就是因为上述原因。①

海森堡这里所说的,"自然图景不是自然本身的图像,而是相对于自然和我们的关系的图像"一语,正是广松涉关系本体论在现代自然科学观上的构境支撑点。但是在旧的实体主义自然观中,这种关系性的图景却在我们手上物象化了。比如上述那个茶叶筒的例子,圆柱形其实是无数观测的关系性构序的"事"的集合,但在我们获得的认知结果中,它却表现为一个静止的对象物,这就是"'关系规定的连结'作为一个对象性被物象化地自在化的机制"②。应该承认,广松涉这里对物的世界观的批判是十分深刻的。

在广松涉看来,"近代科学的世界图景是以'实体'的构成要素的复合形态来看世界的观点中的一种,即'机械的世界观'",而现代自然科学的自然图景已经不再是以实体为中心的世界观,特别是非实体的"量子力学不仅震撼

---

① [日]广松涉:《事的世界观的前哨》,赵仲明、李斌译,南京大学出版社,2002年,第177页。
② 同上,第212页。

了经典物理学决定论–因果必然论的规律观,而且强行要求我们从根本上革新自然观、认识观",即"以建立在'关系的基始性'基础上的功能的、函数的关联形态为表现形式的世界图景"。①正是这种全新的自然科学观中显现出来的关系性构序的世界图景,才建构了广松涉事的世界观的科学方法论基础。

六、广松涉的问题式:马克思关系存在物象化后的事情

关于广松涉对思想史的贡献,吉田宪夫②教授有过一个概括。他说,广松涉的学术构境可以分为三个有内在关联的部分:

(1)关系第一性=以"四肢结构"论、交互主体性论为基轴的走向"事的世界观"、关于构筑广松自身独特哲学体系的领域,(2)以"从异化论到物象化论"为主题、直接显示出来的马克思学的领域,(3)关于马克思主义革命论的再建构的领域（这个领域还包括俄国革命论、现代世界论、适应各种政治局势的政治论等)三个领域。③

这是一个比较完整的思想构境概括。在本书中,我只是集中研讨了其中的第一和第二部分。在本导言以上的讨论中,我们先关注了第一部分的思想史和科学史构境线索。下面,我们将来看第二部分的构境线索。我说过,伴随广松涉自己交互主体性的关系哲学构境生成,马克思的科学方法论的辨识始终是一个重要的理论参照系。在广松涉看来,自考茨基以来的第二国际马

① ［日]广松涉:《事的世界观的前哨》,赵仲明、李斌译,南京大学出版社,2002年,第178~179页。

② 吉田宪夫(よしだ のりお、1945—　),日本经济学家,大东文化大学教授,广松涉生前好友。

③ ［日]吉田宪夫:《广松涉哲学与马克思》,《马克思主义与激进主义评论》,1994年11月25日特别号。中译文参见邓习仪译稿。

克思主义理论阐释,特别是在20世纪30年代后形成的苏联哲学教科书体系中,马克思主义哲学被武断地一分为二,即辩证唯物主义和历史唯物主义,物质实体为基石的辩证唯物主义被确立为第一哲学,它在自然界的运用是自然辩证法,在历史领域的运用是历史唯物论。①他认为,这种观点并不是马克思恩格斯最初创立哲学新世界观时的原像,而是一种带有旧唯物主义色彩、教条式的机械决定论诠释体系。而另一方面,在所谓"西方马克思主义"的人本主义思潮中,马克思主义哲学又被错误地理解为一种关注人类主体存在的人道主义。这一思潮在日本当时的马克思主义研究中引起的思想波动,即是所谓20世纪60年代出现的"主体性的唯物主义"。对此,广松涉指出:

> 我在批判所谓俄国马克思主义式的"科学主义的马克思主义"的同时,也对所谓西欧马克思主义式的"人文主义的马克思主义"进行了批判。想来,无论是科学主义的客观主义(objektivismus)还是人文主义的主观主义(subjektivismus),都的确是建立在近代思想体系的地平之上,而客观主义与主观主义二者正是近代哲学地平上相辅相成的两极形态。②

在他看来,这是对马克思主义哲学片面诠释伪境的两极。正是这些对马克思主义哲学的误解在今天产生了严重的消极影响,而马克思主义的敌人正是利用了这种错误来攻击马克思主义过时了、失败了,并企图以此来彻底否定马克思主义。广松涉认为,今天我们坚持和发展马克思主义的第一个前提就是要"回到马克思",恢复马克思主义的"初始理论地平"。在这一点上,20世纪末,我在中国马克思主义研究中做了相近的事情。

首先,广松涉明确反对用某种教科书体系去反注马克思恩格斯经典文

---

① 参见[日]广松涉:《物像化论的构图》,彭曦、庄倩译,南京大学出版社,2002年,第1页。
② [日]广松涉:《物像化论的构图》,彭曦、庄倩译,南京大学出版社,2002年,第190页。

本的做法，他主张以现象学（释义学）的方法来对待马克思。具体来说，就是以一种文献研究甚至"知识考古学"的方式来重现文本的初始视界。广松涉将其称之为还原真实的"马克思主义的原像"和"地平线"，这也是我们科学地研究马克思主义哲学的必要前提。关于这一点，我们可以从广松涉1974年在河出书房新社出版的《〈德意志意识形态〉——手稿复原、新编辑版》一书中的研究情境中看到。在本书的第一章中，我们将具体讨论这一重要的文献学事件。广松涉正是以这样一种研究情态，来寻求解读马克思主义的真实基础的。所以他以众多马克思恩格斯的经典文本为据，认真研究过青年马克思和恩格斯，研讨过马克思主义哲学的产生过程和理论本质，解读过《资本论》，从而提出了他自己对马克思主义哲学十分独特的见解。广松涉的这种做法，与我在20世纪末《回到马克思》一书中的方法论构式是完全同向的。我们都不是仅仅停留在文献的一般历史考证，而让这种文献学进展服务于原创性学术思想构境的深化。这一点，与西方马克思学中的所谓价值中立的去意识形态伪饰是根本不同的，也异质于中国国内有所抬头的可笑的"MEGA拜物教"逻辑构式。

其次，在对马克思主义哲学史的发生学研究中，广松涉十分特别地提出了这样一种观点：马克思主义的哲学革命发生于1845年，在时间断面这一点上，他形同阿尔都塞，但这不是后者所主张的什么抽象的意识形态与科学的"断裂"，而主要表现为青年马克思的人学实体论向历史唯物主义科学实践关系本体论的转变。在日本马克思主义哲学研究的当时思想逻辑中，他的这种观点有极大的现实针对性，即战后一定时期里，特别是在斯大林去世后生成的"反斯大林主义"的偏向中，一些日本共产党的马克思主义哲学家，尾随西方马克思主义人学思潮，以人本主义的异化观（《1844年经济学哲学手稿》）来诠释马克思，马克思主义哲学被确证为所谓"主体唯物主义"或"人（间）学唯物主义"（船山信一）。广松涉坚决反对这种理论倾向。在这一点上，他又在理论逻辑深层同构于西方马克思主义中阿尔都塞的逻辑反拨。应该承认,广松涉这里的思想史断代研究,与南京大学马克思主义哲学学科的观点也有接近之处。以他的分析,在马克思1844年的劳动异化理论中,虽然他已经开始以"人"(人本主义与自然主义相统一的类本质)去替代黑格尔主义"主体-客体"同一逻辑框架中的绝对观念,但这仍然是非科学的。因为异化理论的逻辑构式先验地预设了(A)=人未被异化的本真存在,(B)=异化的非本真人类存在,(C)=通过异化的扬弃恢复人的本真生存。历史成了A→B→C的人的异化与复归过程,这仍然还是隐性的黑格尔神学构架。①而此时作为青年马克思人类主体类本质的劳动,实质上还是一种先验的主观价值实体。广松涉认为,正是施蒂纳对人本主义的批判,给予了马克思的思想以重要的理论冲击。在他看来,马克思恩格斯正是在证伪了施蒂纳为了反对费尔巴哈类本质人本主义,而提出的"实际存在的个人"之后,才开始回到现实历史之中来。所以马克思恩格斯"必须克服一般的以人为实体即主体的'人本主义',这不仅是规定了类本质的费尔巴哈之流的'人本主义',而且也包括规定了个体存在的施蒂纳之流的'人本主义'在内"②。广松涉以为,在1845年马克思恩格斯写下的《关于费尔巴哈的提纲》和《德意志意识形态》中,他们是抛弃了一切旧的实体性(先验主体)的人本主义哲学构架,才创立了以实践(海德格尔的上手性,广松涉将其译为"用在性")为基础的关系本体论。关于这一点,广松涉的分析有其深刻之处,但仅仅从实体主义和关系论的视角来说明马克思哲学世界观的本质,是略显单薄的。

依广松涉之见,马克思恩格斯在这一重大的哲学变革中,从来没有刻意建构一个哲学逻辑体系,但他们的确创立了一种新的哲学方法论构境。在马克思新世界观最初的哲学原像中,旧唯物主义的物质实体、人类的类本质实

① 参见[日]广松涉:《物像化论的构图》,彭曦、庄倩译,南京大学出版社,2002年,第54页。
② [日]广松涉:《物像化论的构图》,彭曦、庄倩译,南京大学出版社,2002年,第35~36页。

体和唯心主义的观念实体，都不再被视为是第一性的，而实践（上手关系）是第一性的。哲学的对象在这里被根本改变了，原来那种旧唯物主义直观的理想化的自然物质或抽象的人都不再是哲学的主要对象，马克思恩格斯关注的已经是实践之上的"历史的生活世界"。在这里，广松涉的解释显然是有失误的。承认实践在马克思主义哲学变革中的重要地位是正确的，但这并不是通过简单地抬高实践的本体地位实现的。站在实践唯物主义立场上的马克思，从来没有否定自然物质存在的第一性，而是确定了同是第一性的自然物质存在和社会实践中，后者居有更重要的逻辑基始性。但这决不是传统本体论意义上的第一性。其实，这里存在一个自然的先在性，实践的首要性和物质生产的第一层级决定性的复杂关系构序层级问题。①

当然，广松涉强调实践的本体地位，并不是像早期西方马克思主义人学家和日本的主体唯物主义者那样是为了确证主体性，而是试图突现一种关系本体论。有如日山纪彦②的观点，"以'关系第一性'取代'实体第一性'，这是广松基于关系主义立场对世界总体理解"。这也就是说，广松涉以为，马克思主义哲学变革的真谛是一种从实体本体论向关系本体论的转变，这也使马克思主义哲学新视界决定性地超越了近代哲学"主－客"定式。实践构序是现实的关系存在，在新世界观中，马克思恩格斯是"从实践上扬弃和统一主观性与客观性……二元对立的"。马克思恩格斯自我批判性地扬弃了"实体－主体"这一自我外化和获得自我的"异化论"结构，与这种转变相一致，他们决定性地超越了立足于近代哲学之上的"主体－客体"图式的地平本身，直至提出了社会、历史理论的新范式，这就是马克思主义哲学的"世界观的新地平"。③这里的核心范式，就是人类生存实践基础的物质生产。正是生产（"产业"）构序，

---

① 参见张一兵：《先在的自然、基始的实践与第一级的生产》，《哲学动态》，1994年第3期。
② 日山纪彦（ひやまみちひこ、1943—　），日本学者，广松涉的学生，日本成德大学教授。
③ 参见［日］广松涉：《物像化论的构图》，彭曦、庄倩译，南京大学出版社，2002年，第76页。

这一人对自然及人与人之间的能动有序关系的建构中,才形成了历史化的自然和自然化的历史。马克思哲学的逻辑本体就是关系(相当于海德格尔的"此在"在一定历史时间中的"去在世")。在马克思的科学文本中,他总是把人们通常看作实体的东西(相当于海德格尔的"在者"),重新彰显为"关系"(存在)。如在马克思看来,商品、货币和资本不是物(实体存在),而是为颠倒的物象所掩盖的人与人之间的社会关系。这是因为,任何实体都不能离开关系而存在。物质实体、"自然首先是以与生存实践的关联相适应的表相出现在我们眼前",这也是海德格尔所谓的"上手(道具)性的存在"。而社会生活,也就是实践构序关系中的"历史的生活世界",即所谓"在历史世界之中的存在"。广松涉认为,与海德格尔一样,马克思就是要超越个人与类、唯物主义与唯心主义、摹写论与构成论的二元对立。①这就难怪有些日本学者要批评他是"海德格尔式的马克思主义"了。②当然,与我们国内的一些学者的做法不同,广松涉不是将海德格尔与青年马克思(《1844年经济学哲学手稿》)嫁接起来,而是将海德格尔与中晚期马克思(《德意志意识形态》和《资本论》)接合起来。这是值得我们注意的一个极为重要的理论构式意向上的差异性。

在广松涉的进一步匡正中,马克思恩格斯主要关注的既不是客观物质性,也不是实践的主体性,而是所谓作为社会存在关系性本体的"主体际性(間主体性)"。广松涉说,在马克思那里,生产首先是一种对象化构序活动(人与自然的关系),人类个体在自然的历史的各种条件制约下,通过"被投的抛入"性生产(匮乏性引起的被迫劳动),存在于自然的历史化构序之中。但生产同时还是一种"交互主体性的对象性活动",是分工性的共同劳动,是与同时代的人及以前人们共同进行的活动,这就是人与人之间的有序关系

---

① 参见[日]广松涉:《"现代超越"论》,朝日出版社,1975年,第249~250页。
② 参见[日]鲇坂真、尚晶晶:《现代的思想状况和马克思》,《前卫》,1983年1月号。

即交互主体际性了。①以他的观点，马克思恩格斯哲学新视界的本质就是对这种主体际性的自觉。甚至，他认为马克思恩格斯后来的论著中很少用"主体-客体"这一对范畴，因为这对概念本身就是近代资产阶级哲学构架的基本规定。在科学的哲学世界观形成之后，马克思恩格斯都尽可能地去克服旧哲学的二元模式，而确证社会实践关系基础上的交互主体际性。如马克思主义哲学的认识论就是一种关系本体逻辑。马克思从来不是主张主观对客观的简单直观，而是说："我对我环境的关系是我的意识。"马克思哲学认识论的本质不是面对物质实体的旧式镜像反映，而是基于实践关系的科学认识论！在此，我们再一次能感到广松涉马克思主义哲学观的所谓"超越近代哲学"的"现代性"。

前面我们已经提到过，广松涉本人并不是一个在书房里不闻窗外事的学究，他十分关心日本的左翼斗争运动。甚至我们可以说，广松涉的马克思主义的理论研究也正是为了他的革命实践服务的。所以他的关系本体论的一个重要理论旨归，就是所谓物象化论的批判历史观。在这一理论构境层面上，他认为1845年发生的马克思主义哲学变革，同时也是一个从劳动异化革命论向科学物象化论革命学说的转变。

对此，广松涉有过一个对比性的界定：在1845年以前，马克思也从异化论引出对现存的否定性批判，但其逻辑构序基点是人本主义的价值悬设和"当为性"（应该性）：资本主义不好，是因为它违背了人性，所以它应该被打倒。而在马克思新的科学物象化论中，他则抛弃了这种先验的逻辑预设，这种新的革命学说是确立于一条现实的客观实践逻辑之上的。如前所述，在马克思的科学文本中，社会历史的本体唯有人的"主体际（间主体）的共同活动"（关系），而在我们面前呈现的社会和历史现实不过是这种关系的物化，即社

---

① 参见［日］广松涉：《历史唯物主义与国家论》，论创社，1982年，第111页。

会关系本体的物相形态。这又是"存在"与"存在者"的异质性。在这里，物化概念被规定为以物与物的关系乃至物的实体与事物的属性来表象人与人的关系。实际上，这是在一定条件下人们日常的直接意识中出现的物相"错认"，即物象化。①对于一定的社会存在，物化（一定社会分工中地位和职位的固定化）并不是所谓人的本真存在的异化，而首先是一种具有深刻必然性的"普遍有效"的事态，人们就是对这一社会方式存在着物象化式的错认，其本身也是与这种生存模式相关的，这不是一种简单的错误和"谬误"。物象式的错认本身也是历史的。广松涉认为，马克思不仅批判性地阐明了经济现象中的物象化问题，而且对若干历史现象、社会权力、政治权力的物象化，对道德的制度的物象化，甚至对群众运动本身的物象化问题也做了科学的论述。依广松涉的看法，面对这种物象化状态，仅仅靠正确的认识是无法克服的，为了克服它，就必须重新构式出现实地改变这种物象化状态新的关系网络（"新组织态"）。这就是革命的出发点和主要任务。

广松涉的物像化观当然是有失误的。在马克思那里，从人本异化逻辑中新生的科学事物化规定的确是存在的（这一点广松涉有深刻之处）。但事物化决不是什么关系本体的外在化物相。如马克思在1844年"手稿"中就已经区分过对象化与异化一样，在哲学新视界以及后来他的经济学研究里，马克思进一步区分了资本主义生产过程中（不是一般社会生活）的两种客观化：一是"个人在其自然规定性上的物化"，这是一般意义上所说的人在生产中对自然对象的占有和对象化，这是社会存在和发展的基础。马克思将其称之为永恒的自然必然性。二是在资本主义生产中，人的客观化还表现为"个人

---

① 物象化，广松涉专门标注过德文Versachlichung。这是广松涉哲学中的一个极关键的重要范畴。此词德文原意为使之具体化，成为某事情。广松涉将其区别于verdinglichung（物化），专门译作"物象化"，并以此标注晚期马克思哲学思想的本质。关于这一概念的深入思考，我将在本书第三章中进行具体讨论。

在一种社会规定（关系）上的事物化，同时这种事物化对个人来说又是外在的"，即历史主体颠倒地表现为客体，人的关系倒立式地表现为事物之间的关系，并且人受到自己所创造的经济力量的奴役。这种不正常的历史物化现象，正是原来马克思在人学理论中称之为异化的东西。在这里，马克思只是在科学的历史唯物主义基础上，肯定前一种对象化，而批判后一种事物化。我们在下面的讨论中还会详细展开这一内容的分析，并通过否定后一种事物化，来确证资本主义生产方式的历史性和暂时性。与青年卢卡奇一样，广松涉没能科学地区分马克思科学文本中的不同的对象化、事物化和物化规定，前者走进人本主义逻辑，而后者则掉入更混乱的"物象化"理论误区中去了。这是胡塞尔加海德格尔式的泥潭。

可是不管怎样，广松涉是一位"错的有水平"（我的老师孙伯鍨教授语）的新马克思主义哲学家。

七、广松涉哲学：四肢交互构式的存在论

广松涉的哲学体系被自己命名为"事的世界观"。对这种新世界观，他曾经有过一个比较完整的表述：在认识论的视角中，它替代了以往的"主体-客体"的模式，以四肢构造的完整构式模型表现出来；在本体论的视角中，替代了对象界中的"实体的基始性"的认知，而以"关系的基始性"的自觉表现了出来。在逻辑的层面上而言，它意味着，与同一性为基础的假定相对，以差异性为根源性范畴，以及相对于构成要素性的复合型，这是一种建立在函数性关联型结构中的本体论。相对因果论式的说明原理而言，是一种相互作用式的描述原理。①

---

① 参见［日］广松涉：《事的世界观前哨》，赵仲明、李斌译，南京大学出版社，2002年，序言第1页。

在《存在与意义》一书的第一卷序言中,广松涉说明过自己哲学的否证性基础。他说,事的世界观,就是要抨击传统的日常性意识,以及在学理性反思中曾居统治地位的"物的世界像"。这是一种极强的针对性。在那种传统的旧唯物主义观念中("物的世界像"),诸多种类的直观中的"物"构成着世界——全部存在界。这是一种实体主义的世界观。依吉田宪夫教授的看法,这种实体主义即是"认为存在着作为对我们的经验不断变化而呈现的感性的各种性质根基中,将它支撑并保持自我同一性的不变的不依存其他任何东西的自存体=实体的观点"①。这个判断是准确的。马克思《关于费尔巴哈的提纲》的第一条,正是在批判这种将外部世界仅仅作为感性直观对象的物相图景。广松涉认为:

> 根据这一世界观的统觉,首先可以直认存在着独立自在的存在体(实体),这些实体具备着诸种性质,并且相互地关系着。此处形成这种描像,具有性质的实体初始性地存在,实体间第二性地结成关系:——实体观历来有许多种类,质料–实体论、形相–实体论、原子–实体论等。此外,还有一元论和多元论。②

广松涉正是要否定这种实体主义(実体主義)的物像观,而确立一种新的关系主义(関係主義)的"事的世界观"。我们在前述近代思想史、现代自然科学进展和马克思哲学的解读中,已经看到了这种事的世界观的构序背景。

其实,如前所述,这个"事"是从海德格尔那里来的。广松涉这里所说的"关系性的事",即海德格尔所说的此在去在世,在一定时间内的世界中存在

---

① [日]吉田宪夫:《广松涉哲学与马克思》,《马克思主义与激进主义评论》,1994年11月25日特别号。中译文参见邓习仪译稿。

② [日]广松涉:《存在与意义》(第一卷),彭曦、何鉴译,南京大学出版社,2002年,序言第1页。

的样态,它否定传统的实体性的物相(现成"在手"的存在者),存在总是关系性的"事件"和"事情"(以此在的上手为中心的功能环顾建构世界的过程)。广松涉认为,海德格尔是在哲学层面上说明白了马克思的实践关系本体论。不过,在海德格尔这里,马克思1845年以后的历史性的物质生产构序被伪装成形上的"上手"之类的玄学物。所以广松涉在使用日文汉字翻译海德格尔的"上手"(Zuhandensein为海德格尔的重要术语,中文版《存在与时间》译为"上手性")时,专门选用了"用在"二字,以反对物的世界观中虚假的现成在手的"物在"。这似乎是一种从海德格尔向马克思的"归属",其实这就是所谓实践之存在。关系性的用在是全部哲学的起点,即哲学本体论的基始。用在就是关系构序,所以广松涉直接说自己的哲学本体论就是"关系主义本体论",即事的世界观。其实,广松涉并没有意识到,在海德格尔这里,关系已经为有意向的"关涉"所取代。在这一更深的构境层中,他的观点恰恰是误认。

那么什么是他所说的事的世界观呢? 广松涉说,所谓"事",并非指现象或事象,而是存在本身在"物象化后所现生的时空间的事情(event)",并且如同通过这种结构性契机的物象化"物"(广义的"物")显现那样,关系性构序中出现的事情才是基始性的存在机制。①广松涉直接说,这就是一种关系主义(relationism)的本体论。关系主义认为,凡是被认定为"实体"的物,实际上都不过是关系构序的"纽结"。"根据这一本体论可以得知:实体不是自在后而第二性地相互关系,关系规定态恰恰是初始性的存在。"其实,这种抽象的关系本体论是存在问题的,与青年卢卡奇的社会本体论的毛病相近。依马克思的历史唯物主义观点,关系性存在只存在于一定历史条件下的社会生产主体性中,而主要是工业生产开始直接构序物质存在塑形方式和新的社会存在关系之后。这一点很深地与黑格尔的"有主体性的地方才存在关系"相关联,马

---

① 海德格尔有"存在不是一种东西,而是一个事情"之说。参见［德］海德格尔:《面向思的事情》,陈小文、孙周兴译,商务印书馆,1996年,第3~5页。

克思还有一句"我对我环境的关系是意识"。在人类社会历史发生之前,自然物质存在中是不存在这种意义上的"本体"关系构序的,并且有物的实体存在先在,再发生物体之间、动物之间的自然关系是完全可能的。而在农耕社会的自然经济生产中,人所依存的物质生活条件仍然是外部自然世界,人与自然对象的二元分立是客观的。只是当工业生产直接开始构序和塑形物质存在方式的时候,才创造了一种新的"本体"存在基础,即人与存在的双向内居关系。这也就是说,广松涉的"关系本体论"只是历史性的场境存在。将其变成一种非历史的普适性现象就会发生逻辑僭越。

广松涉认为,在科学上越走向现代,关系本体论就越获得一种合法性。这句话是对的。在现代知识中,曾是实体主义"最大根源"的物理学,也早就产生了从实体主义向着关系主义的彻底转变。反思以往,在近代物质精神二元论的实体主义中,实体主义的灵魂观早就表现出自我崩溃的兆头,无论如何细分各科自然科学,都受到物理学支撑,实体主义的物质观恒久坚固。然而如前所述,在物理学方面,当进入21世纪,正如相对性理论或量子力学所展现的那样,实体主义的本体论遭受自我否定,导致关系主义的本体论成为主流。可是,现代物理学不可能完全抹去实体主义,实体主义的范式与关系主义的范式依然混合并存,但所谓"现代物理学的危机"式的紊乱之发生确是事实。可以这样说,在进行认识论、本体论的分析时,关系主义的本体论变成主流趋势,这已一目了然。[①]在他看来,无论是马赫的关系式的要素说,还海森堡的测不准定律的主体(工具)中介论,都说明了人们面对世界的关系基始平台。一句话,当代科学观为关系本体论构式提供了第一手的科学基础。

当然,"关系初始性"这种本体论,在常人看来是难以理解的。这是因为,任何关系构序都是不能具象直观的,人只能获得对"关系"本身的"物"化所进

---

① 对于这一问题,可参见[日]广松涉:《科学的危机与认识论》,纪伊国屋书店,1973年;《相对性理论的哲学》,日本不列颠出版,1981年;《事的世界观前哨》,劲草书房,1975年。

行的表象。这就是所谓物象化。结果，人们却将物相中的关系错认为"物"。他延伸说，物的世界本身就是一个错认的视像。这很像黑格尔在《精神现象学》中一上来对物相的证伪。这是一个十分复杂的认识论问题。他认为，拒绝了人本主义异化理论的马克思，其历史唯物主义哲学核心就是在探讨关系存在如何被物象化地表现出来的。所以马克思的哲学就是物象化批判理论。这一点，上文已经有一些初步的讨论。这里，我们再来看广松涉的具体说明。

在马克思的物象化理论视域中，物象化不是常识观念中那种类似"水结成冰、毛虫化为蝴蝶、氧和氢结合变成水等等所谓客观的变化"，即与我们的认识"毫无关系地进行的客体过程"。换句话说，物象化不是某种"纯粹的客体变化"，而是指一定的关系（在一定历史中存在的具体事件），转化为对于我们而言的某种特定的为我性物象。这种物象

> 对于当事者来说，它可以直截被称为"以物象的形式而存在"。"以物象的形式而存在"不仅仅是认知事态（事態），对于当事者来说意味着以制约他的感情、意思，甚至行动的形式而"存在"。——因此，在称呼这一事态时，笔者采取了对于我们学识审察者来说的关系（Verhältnis für uns）"化为"对于当事者来说的物象（Sache für es）这一说法。①

比如，在传统哲学观中人们面对自然，总是会区分自然存在与对这种自在自然表象的"自然像"，而马克思则不然，他就直接提出"人们在日常生活中实际接触到的环境自然，决不是亘古不变的天然的大自然，而是通过人类历史的所为被变样过了的'被文明化的自然'、'被历史化的自然'"，这是说，我们今天所面对的自然总是处在人类社会历史存在之中的自然，或者说，"以

---

① ［日］广松涉：《物象化论的构图》，彭曦、庄倩译，南京大学出版社，2002年，第218页。Sache für es德文原意为客观呈现出来的事情，广松涉日文中译作"物象"。确切地说，可作为"为它之事物"。

自在的形式出现的自然界,不论是以'被哲学直观识破的形式'也好,还是以'对于肉眼来说明晰的形式'也好,实际上都是在'个人的全部活生生的感性活动'的物象化之后出现的'被历史化的自然'"①。这一表述有些问题。因为马克思说过自然界对人的历史存在永恒的先在性,一是因为在人类历史出现之前,以及将来有一天我们这个星球毁灭,自然物质存在总是自在的;二是即便在今天,在人类实践所不能达及的边界之外,比如数亿万光年之外的宇宙存在中,自然物质当然也是自在的,这二者都不会是所谓"物象化"的错认结果。

所以广松涉认为,与"现象的自然相区别的物在(在手,Vorhandensein)"的自然,恰恰正是通过历史的、社会的教育而被传达的,被交互主体化的"信息世界",说到底,"那仅仅是作为用在(上手,Zuhandensein)的自然"。这是由于,我们在现实中可以开拓的"自然环境",不论是田地也好,还是森林也好,都是被文明化的自然,换言之,是被加工过的"自然"。社会历史过程本身就更是如此。显然,这还是海德格尔加马克思。但我们可以注意到,广松涉无意识地谈及了这种关系本体论的历史发生问题。

当然,广松涉认为,马克思的物象化理论并不是某绝对凝固化的真理。他声称,要在马克思的理论基础上将这种关系本体论推向更新的层面。这就是他所创立的"交互主体性"的四肢存在结构论。据小林昌人先生的考证,广松涉是在1963年发表的论文中最早对交互主体性论、四肢的构造论进行了论述。②而广松涉自己说,形成这一观点可能会是在20世纪50年代末。这是他关系本体论的直接布展。那么何为面对世界的四肢结构呢?

四肢性,是广松涉自己独有哲学构境中的一种借喻。它缘起于认知心理学中的格式塔图景的清晰分节建构。在完形知觉建构中,人所面对的混沌经验体总是以一定的清晰分节相呈现出来。而在广松涉的认识论中,他则用动

---

① [日]广松涉:《物象化论的构图》,彭曦、庄倩译,南京大学出版社,2002年,第227页。

② 参见[日]广松涉:《论马克思主义认识论》,《唯物主义研究》,第15号,1963年9月。

物的四肢和植物的枝干来表示这种图景的分化和构式。

> 动物的四肢以及树木的枝叶等等,虽然并不是来自胴体以及树干上的物体的清晰分节,但应该是以可称之为"肢体性"的形态来清晰分节并被意识到的。其整体图像可以作为这一包含肢体的清晰分节的交错分子的形式显现。①

如前所述,在广松涉看来,从来就不存在抽象的独立实在(实在)的客体与主体,即现成在手的"物在"状态的二元断裂的自在物体与主体,主体对客体的主观认识。人们所面对的世界,始终是我们自己参与构序出来的交互主体性的关系世界。实际上,这一判断只是在人类工业生产所创造的现代性社会存在中才是成立的。四肢,正是认知现象世界的两个侧面中的四重关系。

首先是认知现象的与件层面,它由双重清晰分节性关联构成:一是现象的所与,这是说现象的呈现总已经是面向主体的,处于与主体的关系之中,而非物的世界观中那种假想的作为认识对象的独立实在。二是意义的所识,这是指被意识到的现象与件,这是被赋予意义的观念性存在。这二肢不是"独立自在的自足性的东西",而是一个不可分割的"所与–所识"的统一体中的关系"项"。②

其次是现象的主体侧面,这又是统一体中的二肢清晰分节结构:一是作为"能知的何人",二是"能识的某人"。前者是具体实在的个人主体,后者是观念性的主体性(他者),这二项始终共轭(共軛)出现。于是,在人的认识中,世界始终是以这种现象的、观念的二肢性成态构成的四肢存在结构发生的,

---

① ［日］广松涉:《事的世界观的前哨》,赵仲明、李斌译,南京大学出版社,2002年,第115页。
② ［日］广松涉:《存在与意义》(第一卷),彭曦、何鉴译,南京大学出版社,2002年,第35页。

这就是"事"的源发产生式。

这种四肢结构,也被布展到现实社会历史存在中。在这一点上,海德格尔对马克思的非历史挪用再一次"复权"(这是广松涉很喜欢用的词)了,存在论中的那个抽象的"在世界之中存在",被改写为"在历史世界之中存在",进而创造了一个"在商品世界之中存在"(In-der-warenweltlich)。①广松涉说,他是将马克思恩格斯在《资本论》中提出的物象化构图,"推及整个'历史世界'的物象化本体构造的构案"②。这是广松涉在《存在与意义》第二卷中要所做的"事"。在此,认识论中的四肢清晰分节结构的基础,被座架于实践中的"上手世界",即在实践的使用中构序出来的世界。依他的观点,

> 马克思在其有名的价值形态论中,对我们所说的四肢构造联系,即作为使用价值物的价值物,以作为具体的人格的抽象的人格,两者在二重的二肢性中相互作用的相对价值形态与等价价值形态的辩证关联构造,进行过具体的叙述分析。③

于是,马克思经济学中的商品的使用价值与价值,成了广松涉"用在"(上手)世界的"有用物态"存在的二肢,即后来他表述为用在的所与和意义的价值的二肢。人们的对象活动,不仅仅使对象具有工具的意义性,同时也具有社会意义,——使用价值的生产同时与价值的生产融合在商品世界的二肢的二重性之中。另一方面,主体活动的二重性成了主体的二肢性,即后来广松涉表述为能为者的何者和角色性格者某人的新的二肢。这又是一种对马克思

---

① In-der-warenweltlich德文意思为"在商品世界之中"。这是广松涉模仿海德格尔"在世中"所自创的一个概念。

② [日]广松涉:《物象化论的构图》,彭曦、庄倩译,南京大学出版社,2002年,序言第2页。

③ 同上,第149页。

《资本论》的"挪用"："具体的有用劳动的主体作为抽象的人的劳动的主体,即使在社会上与有效的(geltend)类比的构造中,也二重化而出现。而且,这个参与的物象化成为上述对象的二个主要因素并承担起二重的有意义性。"①于是,

就这样,人们每次都以已经"被拘束的存在"(seinsverhunden)方式,在历史地、社会地扮演作为某人的角色(役割)时,将已知的条件作为某种更多的(etwas Mehr),②在共同行动(zusammenwirkend)当中物象化地进行规定的做法上,在再生产共时、通时的上述动力学的过程的关联的同时,使历史世界成立。在历史世界中,自然而然的用在(上手,Zuhandensein)在自我对象上同时作为当为(Wit-gehalten-sein),个人的(persönlich)的对象活动作为非个人的(ent-persönlich)的物象化的共同活动,在二重的二肢性中出现。此时,当为不是作为所谓的"主体的事物的客体化",而是作为用在(上手)的相互作用的物象化的体现——更确切地说,当为之所以用在(上手)地出现,是因为人们参与了存在被拘束的协作关系中——而存在。③

广松涉的现实社会本体,也是实践论的四肢相互作用结构。物象化的错认,正是由于四肢结构的物化。这是一种十分复杂的历史哲学图景。我们将在下面的讨论中,遭遇这一原创性的思想构境。

---

① 〔日〕广松涉:《物象化论的构图》,彭曦、庄倩译,南京大学出版社,2002年,第165~166页。

② 读者也许感觉啰唆,但是我还是想提醒一下,这个二重的二肢的二重性是包含使用价值作为价值物,有用劳动作为抽象劳动,这样的现实的二肢的区别的二重性,而绝不是A作为B,B作为B这样的——为了表达不是无规定的东西的——反省的同义反复的二重性。——广松涉原注。

③ 〔日〕广松涉:《物象化论的构图》,彭曦、庄倩译,南京大学出版社,2002年,第166页。

到这里为止，就是广松涉在《物象化论的构图》一书，对自己的哲学思想的思想史背景、现代自然科学方法论中的深刻变革意义的说明，也是关于自己对马克思哲学的独特见解和原创性四肢哲学的概要描述。这可以成为我们入境广松哲学构境的一个来自他自己的构式入口。

在十多年前，我就已经向国内学界推荐广松涉和他的哲学。当时，我是在谈到自己的哲学研究与中国当代哲学的建构时说到广松涉。我说，希望自己今后有可能去实现一种真正的哲学创造："以民族文化为本，以马克思的方法为主导，以当代科学和哲学的成果为接口，找到今天我们民族走向现代化进程中属于自己生命跃动的精神。在这一点上，我很赞成刚刚去世的日本当代哲学大师广松涉的思路。他开始是一个熟知自然科学的学者，后来在关心日本左派反对当代资本主义的实践中成为一个马克思主义哲学家，他在70年代对马克思主义哲学文献学式的解读仍然是当代马克思主义哲学研究中的学术高点。后来，他以日本民族文化为基底，以马克思为逻辑中轴，广收当代自然科学和西方哲学的成果，创立了一个很具东方（大和）特色的广松涉哲学。"[1]

我一直以为，中国的马克思主义哲学研究早该有一些必要的深度理性磨难了。因为从流俗中走出，这可能会是科学的真正起始。让我们一起努力。

---

[1] 张一兵：《走向时代精神的深处》，《哲学动态》，1995年第9期。

上编　马克思与物象化

广松涉对马克思恩格斯哲学的研究,辉煌地开始于《德意志意识形态》文献学的研究,却移情构境式地完结于物象化理论逻辑的普适性泛化。在第一个研究语境中,作为20世纪众多马克思主义学者主要他性镜像的苏东的意识形态文献学构架,被广松涉毫不留情地骂得狗血喷头。广松涉的马克思恩格斯研究,起步于斯大林式教条主义大写意识形态他者的解构,这注定使他拒绝与理论意识形态上追随前苏东的日本共产党正统理论家的"教条主义"为伍,成为一代新马克思主义的开创者。虽然,他没有亲赴阿姆斯特丹国际社会历史研究所,直面马克思恩格斯的《德意志意识形态》手稿,但双联页排印、重现删改踪迹、再加马克思恩格斯文字的异体标注,产生了经典文献出版史上第一个复原构境式的经典文献物。所有第一次读到此书的人都不会不惊呼道:"书还可以这样编"!?这开启了日本新马克思主义思潮中一批有分量的研究成果理论激活和问世。在手稿性文献编辑的复原构境出版物的开创性这一点上,广松涉功不可没。广松涉夫人曾经对我说起过一件的趣的事情。1970年前后,广松涉因为关注马克思的文献学研究,与一桥大学的良知力①教授关系亲

---

①　良知力(らち ちから,1930—1985),日本著名社会思想史学家、马克思文献学家。1930年出生于东京。1952年东京商业大学毕业,后任日本法—一桥大学教授。主要代表作有:《德意志社会思想史》(未来社,1966年),《劳动阶级的生成》(平凡社,1970),《试论早期马克思》(未来社,1971),《马克思的批判者群像》(平凡社,1971),《个人与共同体》(政法大学出版局,1978),《1848年革命:共同研究》(大月书店,1979),《马克思的需要理论》(政法大学出版局,1982),《黑格尔左派与青年马克思》(岩波书店,1987)等。

密,后者是当时已经非常出名的马克思文献学专家,在他看到广松涉的《德意志意识形态》文献研究的成果后,不禁叹息道,对于广松涉而言,马克思的文献学研究只是一种"余技",但却达及如此精深的理论层面。①在第二个理解性语境中,形似于阿尔都塞,青年马克思的思想转变被精准地定位在1845年,但不同于阿尔都塞那种从人本主义意识形态向科学的历史唯物主义的简单"断裂说",广松涉把青年马克思思想中的人本主义异化论逻辑的批判性否定,与一个全新的逻辑诠释接合了起来,即物象化的逻辑。"物象化"是对关系本体论的外部物性错认和构图结果,这一点,又很深地与广松涉对现代自然科学的关系本体论、马赫和康德的哲学逻辑指认内在链接,以构成一种所谓"事的世界观"的基础。

---

① 作为日本著名哲学家的良知力教授,正是今天跑到中国来骂广松涉的那些日本学者的老师,这形成一种十分有意味的历史性人格对比。

第一章
文献学语境中的广义历史唯物主义原初理论平台
——《文献学语境中的〈德意志意识形态〉》解读

广松涉的《文献学语境中的〈德意志意识形态〉》出版于20世纪70年代，如上所述，这也是我组织翻译广松涉哲学著作系列中的一本。其实，当时（2005年）之所以选译翻译此书，还有一个重要的考虑，是到那时为止中国国内尚没有一本关于马克思主义经典文献版本考据方面的文献学研究论著，因此我十分希望这个译本的出版多少能补上这个空白。①本章，我打算主要简要介绍一下广松涉这本书复杂的学术构式背景和基本情况，并表明我自己的一些基本看法和批评性意见。

一、广松涉版《德意志意识形态》的历史语境

首先，我们先来看看1974年由河出书房新社出版的广松涉这本《〈德意志意识形态〉——手稿复原、新编辑版》的历史语境。②

---

① 其实，也正是因为译介上的不足，有些论者将版本研究误认作诠释学意义上的"文本学研究"。

② 参见[日]广松涉编：《〈德意志意识形态〉——手稿复原、新编辑版》，河出书房新社，1974年。中译本由南京大学出版社2005年出版，在译成中文时，书名改为《文献学语境中的〈德意志意识形态〉》。

众所周知,撰写于1845—1846年的这部名为"德意志意识形态"(此书的全名为《德意志意识形态——对费尔巴哈、布·鲍威尔和施蒂纳所代表的现代德国哲学以及各式各样先知所代表的德国社会主义的批判》)的重要哲学论著,在马克思恩格斯生前并没能公开发表,其中最重要的第一卷第一章手稿甚至尚未完成。《德意志意识形态》全书分为两卷八篇,约五十个印张。第一卷由一篇序言和三章构成,主要内容是对费尔巴哈、鲍威尔和施蒂纳等人哲学观点的全面批判,以及对马克思恩格斯自己的新世界观——广义历史唯物主义基本原则的正面说明。第二卷由五章构成,主要批判了所谓的"真正的社会主义"思潮。现在的《马克思恩格斯全集》(中文第一版)第三卷中,只留存由马克思恩格斯完成的第一章、第四章和第五章。可能没有包括赫斯等人撰写的手稿。从现有的资料来看,马克思恩格斯写作《德意志意识形态》时,本打算全面批判当时德国的哲学和社会思潮。第一卷主要批判青年黑格尔派,但重点指向费尔巴哈,因为根据马克思已经拟定的新世界观提纲,新的思想革命正是产生于对费尔巴哈哲学思想逻辑的直接否定之上。但是在撰写第一卷的初始,马克思恩格斯其实并不打算以单独一篇的篇幅来正面阐述自己的新世界观,后来那个第一卷的结构是在写作过程中,随理论逻辑的发展而自然形成的。必须看到,在马克思恩格斯共同创立哲学新视界的过程中(《德意志意识形态》一书的撰写本身也是这一思想革命的一部分),目前被马克思恩格斯设定为第一卷第一章的内容相当重要,因为他们认为只有费尔巴哈才值得被"认真对待",并且哲学新视界的确立主要也是针对费尔巴哈哲学的理论界定,或者说,是在"超越费尔巴哈"(列宁语)中创立的。

马克思恩格斯《德意志意识形态》一书的写作,大约是从1845年11月(《维干德季刊》第3卷发表后)开始,其主体部分于1846年4月基本结束。1847年1至4月,恩格斯又补充了第二卷的最后一章《真正的社会主义者》。从文本和最新的研究资料看,马克思恩格斯并不是一开始就打算写一本大部头的论著,而只是试图针对《维干德季刊》的德国哲学界的混战提出自己的看法,其主要目的是想界划他们已经获得的新世界观与被超越的"德意志意识形态"的根本异质性。所以第一部分手稿最初并没有分章节,而是一起作为批判费尔巴哈、鲍威尔和施蒂纳的内容而存在。不过随着写作的进展,马克思恩格斯决定另辟专章批判费尔巴哈, 于是他们从原来的手稿中抽出了有关费尔巴哈和历史的部分, 从批判施蒂纳的一章中抽出他们自己关于新世界观的正面表述的内容,重新组成了新的一章"Ⅰ.费尔巴哈"。①在这之后,马克思为全书起草了序言,也是在这个阶段,马克思恩格斯又两次重写了第一卷第一章的开始部分,这构成了后来第一章手稿中的第四、第五部分。最后,是第二卷。②

《德意志意识形态》在马克思恩格斯在世时并没有公开问世,直到恩格斯去世(1895年)三十七年之后,该书才于1932年在苏联首次完整出版。1899—1921年,《德意志意识形态》的部分章节曾得以发表。1924年,苏联马克思恩格斯研究所编译的《马克思恩格斯文稿》(Marx-Engels Archiv)第一卷,首次用俄文出版该书的第一卷第一章,即梁赞诺夫③版,梁版根据的是梁赞诺夫的编纂方针,由乔贝尔(Ernst Czóbel)加以复原。1926年,《马克思恩格斯文稿》又出版该书的德文版。1932年,苏联马克思恩格斯列宁研究所在MEGA1④第

---

① 此处文字第二版有所修订。——本书作者第二版注。

② 据马克思恩格斯的书信和其他文献,我们还知道手稿中的第五篇"库尔曼"的原稿是魏特迈誊清的,稿末写明该稿是赫斯撰写的。另外,赫斯作为此书的合著者,还撰写过批判"卢格"篇,出版计划受挫后稿子被退回给赫斯。

③ 梁赞诺夫(David Rjasanov, 1870—1938),苏联著名马克思主义文献学家。

④ 关于《马克思恩格斯全集》(历史考证版,MEGA)的基本情况,可参见张一兵《回到马克思——经济学语境中的哲学话语》(江苏人民出版社,2020年第四版)一书附录。

一部分第五卷中首次用德文发表《德意志意识形态》全部书稿,即阿多拉茨基①版,此版根据阿多拉茨基修改过的编辑方针,由威尔勒(P. Weller)具体编辑。次年,阿版又出版了俄文版。梁赞诺夫版和MEGA1版都是按照卷(Band)、篇(Abschnitt)、章(Kapitel)的结构来整理手稿的。

该书第一卷第一章,集中阐述了马克思恩格斯新世界观的正面观点,也就是说,《德意志意识形态》的第一卷第一章是马克思主义创立后,他们对自己哲学新视界的第一次也是唯一一次正面的系统表述。②所以这也是我们所真实认知的马克思主义哲学最重要的经典文本之一。可是,这部分手稿又恰恰是未完成的手稿,而且手稿在漫长的岁月中已受到损坏,其中有几张严重破损,第一章遗失十二页(第二章还缺二十页)。在1932年《德意志意识形态》全书的初版中,为了使这部分未完成的手稿变成一部完整的论著,苏联学者阿多拉茨基对这一章手稿进行了理论上的重新编排。这就是我们今天看到的《马克思恩格斯全集》(中文第一版)第三卷中第一章的文本样式。

在后来的研究中,人们逐步意识到,苏联学者1932年对第一卷第一章手稿的编排有诸多缺漏,并不十分令人满意。其一,1962年,巴纳(Siegfride Bahne)在阿姆斯特丹的国际社会历史研究所(IISG)整理资料时,在写有"国会议员伯恩施坦的印刷品"(Drucksachen für das Mitglied des Reichtages Herrn Bernstein)字样的封套中,发现了三张纸页,上面写着"已印刷发表于《社会主义文件》3卷、4卷的'圣麦克斯'"的字样,这正是《德意志意识形态》第一卷第一章遗失的十二页中的三页。同年,《社会历史国际评论》第七卷第一部分用原文将这三页手稿发表。其二,许多研究者开始注意到恢复马克思恩

---

① 弗·维·阿多拉茨基(B.B.AIOPATCKHH, 1878—1945),苏联著名的马克思主义文献学家。

② 这个表述主要是通过"清算"马克思恩格斯自己"从前的哲学信仰",即"以批判黑格尔以后的哲学的形式来实现的"。参见《马克思恩格斯全集》(第13卷),人民出版社,1962年,第10页。

格斯原稿中的初始构式逻辑线索的重要性问题。由此,1965年,苏共中央马列主义研究院在1965年的《哲学问题》10月号和11月号上,发表了该书的新修订版,以及巴加图利亚①的题为"K.马克思和F.恩格斯的《德意志意识形态》第Ⅰ章手稿的结构和内容"的论文。次年,又出版了该文献的单行本。这个版本是由苏联著名马克思主义文献学专家巴加图利亚制定方案,由勃鲁什林斯基(Vladimir Konstantinovich Brushlinskiy)编辑的。巴加图利亚将由两卷(Band)构成的《德意志意识形态》再次分为章(Kapitel)、节(Abschitt)。第一卷第一章这一次文献的编排,基本恢复了马克思恩格斯原稿的编码次序,并根据文献内容把原有的五份手稿分成四个部分,共二十七节,并以编者对手稿内容的理解拟定了二十五个小标题。其中第一节是原有标题,第二十六节以作者边注为题。1966年,东德《德国哲学杂志》第4期用原文重新发表手稿,其编排基本参照了上述俄译本,只删除了巴加图利亚等人所加上的二十六个节标题。1979年,中文版《马克思恩格斯全集》第42卷收入新发现的第一卷第一章三页手稿。② 1988年,人民出版社出版了《德意志意识形态》第一卷第一章手稿的新编译本——《费尔巴哈》。③这个新译本的主体参照了民主德国1966年的手稿,并将俄文版的二十七个小标题附在书后,这就是《德意志意识形态》第一卷第一章手稿的新版中文版单行本——《费尔巴哈》。④后来,1972年,由苏东马列主义研究机构主持《马克思恩格斯全集》国际版(历史考证第二版,

---

① 巴加图利亚(G.A.Bagaturija,1929—　),俄罗斯著名马克思主义文献学家和哲学家。

② 参见《马克思恩格斯全集》(第42卷),人民出版社,1979年,第368~372页。

③ 《德意志意识形态》的新编第一卷第一章手稿——《费尔巴哈》一书(中文新版),由人民出版社1988年首次出版。这一版本保留了巴加图利亚版中的部分文献学标识,而在中央编译局以后再版的这一稿本中,虽然保留了此版的文本结构,却全部删除了文献学标识。2008年8月巴加图利亚教授访问南京大学时,向我们介绍了这一版本的编辑整理情况。

④ 手稿原件上本来只有"I.费尔巴哈"。恩格斯在1883年重新阅读马克思的手稿时加了一个尾注:"唯物主义观点与唯心主义观点的对立"。

Marx–Engles Gesamtausgabe Ⅱ，以下简称MEGA2）发表《德意志意识形态》第一卷第一章的新译版（试用本）。作为MEGA2,1/5卷的试编本的编者，东德学者陶伯特①女士的编排基本上与1965年俄文版相同，只是将手稿划为七个部分，并以单面留白的形式保留了作者在稿边上的批注。②2004年，陶伯特女士和佩格（Hans Pelger）教授在《马克思恩格斯年鉴（2003）》上再次发表了MEGA2,1/5卷《德意志意识形态》第一卷前两章的暂定版(Vorabpublikation)。③

如前所述，广松涉对《德意志意识形态》手稿的研究，起始于20世纪50年代末。早在1959年就读东京大学研究生的时候，广松涉就参加了名为"理论集团"的学习会。会员们在这个学习会上轮流阅读了《德意志意识形态》，广松涉便是从中意识到该书当时的两个版本（梁赞诺夫版和阿多拉茨基版）在编辑上皆有问题。同年春天，广松涉又设法借到了法政大学田代正夫教授收藏的梁赞诺夫编辑的MEGA1的德文原版；第二年春天，通过城塚登助教授的介绍，又从东京大学教养系淡野安太郎研究室借来了《马克思恩格斯文库》第一卷(Archiv I)。依小林昌人先生的考证，广松涉写下了题为"关于《德意志意识形态》的编辑问题"的手稿。④以此为基础，广松涉在次年参加了东京大学研究生院伦理学科的金子武藏教授所担任的"精神史的方法"讨论课（研讨正好以《德意志意识形态》做教材）。作为听课的作业，广松涉完成了以探讨《德意志意识形态》已经存在的两个不同版本的异同，以及在编辑上的问题的报

---

① 陶伯特(Inge Taubert, 1928—2009)，东德文献学家。

② See *MEGA2*, Probeband, 1972, S.33–119, 399–507.

③ See *Marx–Engels–Jahrbuch*, 2003. 这一版本已经由南京大学出版社于2014年翻译出版。

④ 此手稿由序言、正文(四节)以及附录构成的该草稿共八万四千字，分两本装订。每二百字就标记了页码，两分册有编号。"序言"的末尾写的日期是"1959.11.18"。从内容和形式来看，估计"序言"是在正文完稿之后撰写的，所以1959年11月18日表示的是整篇草稿完成的日期。[日]小林昌人:《广松物象化论和〈德意志意识形态〉》，《社会理论研究》，2005年第6期。

告。1965年,此文在日本《唯物论研究》春季号上发表,引起广泛的关注。韩国著名马克思学学者郑文吉[①]曾经仔细考察过广松涉这一研究的影响。[②] 1966年3月,广松涉又针对新出版的巴加图利亚版,发表了《关于〈德意志意识形态〉苏联新版》一文,此文刊登于《图书报》3月26日上。1967年6月,广松涉再次针对新德文版,在《思想》杂志上发表了《关于〈德意志意识形态〉的编辑问题——有于东德新版的出现》的文章。

---

①　郑文吉(CHUNG,Moon-Gi,1941—2018),1941年11月20日出生于韩国庆尚南道陕川郡。1960—1964年就读于大邱大学(现岭南大学)政治系,1964—1970年为首尔大学政治学研究生,获博士学位;1971年起,任教于高丽大学,1975年任副教授,1978年开始任教授至今;2007年,从高丽大学的教职上退休。此外,郑文吉在1979—1980年为哈佛大学燕京研究所客座研究员;1984—1985年为德国伯弗姆大学客座研究员,其间,曾两赴阿姆斯特丹国际社会历史研究所(Internationales Institut Für Sozialgeschichte,以下简称IISG)访学;1991—1992年为日本东北大学客座研究员。1998—2000年,郑文吉任高丽大学政治科学与经济学院院长。代表性论著有:《异化理论研究》(1979)、《青年黑格尔派与马克思》(1987)、《马克思的早期论著及思想生成》(1994)、《韩国的马克思学视域》(2004)、《尼伯龙的宝藏》(2008)等。

②　郑文吉甚至查到一份1969年依据广松涉方案提出的编辑稿本。编辑者为一位20多岁的坂间真人。坂間真人/F.エンゲルス、K.マルクス著/『廣松渉編輯案、『ドイツ・イデオロギ−』,第1卷第1篇「フォイエルバッハ」唯物論的な見方と觀念論的な見方との對立,付錄フォイエルバッハに關するテ−ゼ』(慶應大學 經濟學部内 解放ゼミナ−ル準備會,1969.12/改訂版1970.9/改訂3刷1972.6),ワ・プロ打印稿,64pp.恩格斯、马克思著,广松涉编辑案,《德意志意识形态》第一卷第一篇"费尔巴哈"唯物主义观点和唯心主义观点的对立。附录:《关于费尔巴哈的提纲》(庆应大学经济学部)。参见[韩]郑文吉:《〈德意志意识形态〉与MEGA文献研究》,郑莉等译,南京大学出版社,2010年,第177页。

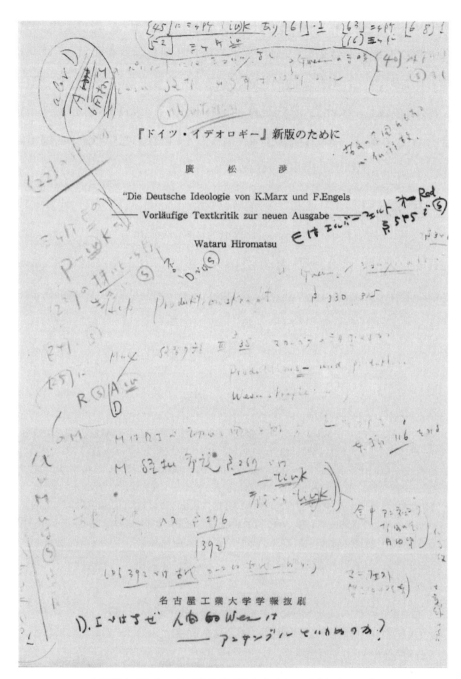

广松涉在《马克思和恩格斯的〈德意志意识形态〉新版研究》
一文校样上所做的修改

经过这一系列艰苦而认真的努力，1974年，广松涉终于在河出书房新社出版了自己这本《〈德意志意识形态〉——手稿复原、新编辑版》。这可以说，是广松涉针对《德意志意识形态》手稿所开展的长达十五年的研究的最终成果。

二、《德意志意识形态》第一卷第一章手稿的历史版本

那么广松涉这个新版《德意志意识形态》手稿的文献学研究版论著，在当时（20世纪70年代）学术界的过人之处到底在哪里呢？为了弄清这个问题，我们不妨先看看这五个不同版本的共同基础——《德意志意识形态》第一卷第一章手稿的具体情况，而后再来逐一研究一下广松版之前问世的该书另几个不同版本的情况。

如前所述，《德意志意识形态》第一卷第一章是马克思恩格斯生前尚未完成的手稿。1962年以后，该书三个新版本所处理的文本基本上由以下三个部分构成：一是由马克思恩格斯最初完成的作为第一章手稿主体部分的三份手稿；二是马克思恩格斯在完成书稿主体之后撰写的全书序言和修订稿的内容，这里实际包括多次写作、修改构成的多层份手稿；三是1962年新发现的三页手稿中的一个无法归属的残页。

为方便中国读者，我们以人民出版社，1988年的《费尔巴哈》单行本为参照展开分析（以下简称中文版）。依照广松涉的看法，马克思恩格斯的手稿可分为两个主要部分：第一部分是马克思恩格斯分几次完成的第一章手稿的主体部分，它们被广松涉称为"大束手稿"（第一、二、三手稿，即中文版第一章正文中的第二、三、四部分和"国家和法同所有制的关系"）；第二个部分是马克思恩格斯直到最后还在修改并未定稿的全书绪论和部分重新改写的手稿，被广松涉称为"小束手稿"（第四、五手稿，即中文版中的第一卷序言、第一篇序言和第一部分的主体内容）。上述手稿都写在大约20厘米×30厘米的

大开纸上,纸张大小略有差异(四种)。①作者在写作时,先将大开纸中心对角一叠为二,使一张大开纸成为正反四页(面)手稿。对这些手稿,恩格斯的做法是在每一大张纸上标注纸张序号,而马克思则是在每张纸的四页上加上页码序号②,但大纸张上的空白页和全文删除的部分都没有编页码。所以后世人们拿到的原始手稿上就有两种不同的编号。③在写作中,马克思恩格斯通常将正文写在每一页中心线的右面,而中心线的左面则供修改和插入文字使用(这一点可以从本书所附照片中看到)。另外,全部手稿的主要笔迹是恩格斯的,属于马克思的笔迹只有为数不多的插入内容和文字修改。

从这个情况来看,"大束手稿"一共十七张大纸,包含三份手稿(广松涉称为"三个部分")。第一手稿共五张大纸,计二十二页,恩格斯的纸张序号从第六张开始,一直到第十一张(用{6}到{11}表示),马克思的页码从第八页一直到第二十九页,其中,第十张纸和第十一张纸中有两个空页;第二手稿两张大纸计六页,恩格斯的纸张序号为第二十、二十一张(用{20}和{21}表示),马克思的页码从第三十页到第三十五页,其中每张纸都有一个空页;第三手稿,共九张大纸,计三十二页,恩格斯的纸张序号从第八十四张到第九十二张(用{84}到{92}表示),马克思的页码序号则是从第四十页到第七十二页,其中,第七十二页正好是第九十二张纸的第一面(其余三面空白)。"大束手稿"的内容,在中文版中是从现在我们看到的单行本第十九页第二自然段开始,一直到第八十二页。"小束手稿"则由七张大纸组成,其中五张大纸只有恩格斯

---

① 中央编译局的文献学专家在中文版中,对这些纸张使用了"印张"的概念,因为"印张"一语为出版业务中一个特有的专业术语,通常是指一张整开纸正反印足文字的计量。而经过我们反复讨论,确认这里应该使用"纸张"概念来说明马克思恩格斯书写文字所使用的不同大小的用张。"印张"一语的使用可见马克思、恩格斯:《费尔巴哈》,中共中央马克思恩格斯列宁斯大林著作编译局编译,人民出版社,1988年,第95页注2,第96页注9,第99页注33,第100页注39。

② 1988年出版的中译本,只保留了马克思的页码编号。

③ 这里还有一个文献学细节是,马克思一开始是用[6b][6c][6d][6e]这样的方式来标记恩格斯标记的第{6}张纸,后来才改为[8][9][10][11]。

的第一至五张的序号(用{1}到{5}表示),其中第四张纸只用了第一、二两面,另外两页既没有纸张号也没有页码序号,其中第二张只写了一面。广松涉将这两张纸标注为"{1?}"和"{2?}",并用{1?}的第a、b、c、d页和{2?}的第a页加以列数。这一部分的内容,在中文版中是第一至十七页。最后是一份手稿的片段,即1962年发现于其他文稿中的三页手稿中的两页(另一页为第手稿中的第二十九页),此张纸的文字写在第三、四两面上,上有马克思标注的第一、二页。此内容为中文版的第十八页和第十九页的第一自然段。广松涉将其标注为手稿"Ⅰ"。

对这些文本的手稿,广松涉之前的四个版本分别做了如下编辑:

一是梁赞诺夫版(以下简称梁版,此版文本中没有1962年新发现的三页手稿)。根据广松涉的说法,梁版的编排方针是"将手稿中的文章如实地编成铅字"。①所以文中被删除的部分用小号字排出并加以括号,马克思所增写的内容、边注和其他信息在脚注中进行了说明。梁版的文本编辑是先排印小束手稿中的{1?}的第a、b两页,内容重复的{1}被看作它的修改稿,然后是{2}、{1?}的c、d页和{5};接下去排印大束手稿的三个部分,即{6}到92};最后是{3}和{4}。②

---

① 参见[日]广松涉:《文献学语境中的〈德意志意识形态〉》,彭曦译,南京大学出版社,2005年,第124页。

② 此版的基本情况,可以参见[苏联]梁赞诺夫:《梁赞诺夫版〈德意志意识形态·费尔巴哈〉》,夏凡编译,张一兵审订,南京大学出版社,2008年。据韩国学者郑文吉的考证,这一版本1926年出版不久,在日本就陆续出现了多个译本:1)栉田民藏和森户辰男译,『獨逸の觀念形態』,第1篇「フォイエルバッハ論」,『我等』第8卷(大正15年/1926年)5,6月号《德意志意识形态》,第一篇"费尔巴哈论";2)河上肇/森户辰男/栉田民藏译,『ドイッチェ·イデオロギ-』《德意志意识形态》,我等丛书4(我等社,昭和5/1930.5.25);3)竹沼隼人阅/由利保一译,『ドイッチェ·イデオロギ-』,リヤザノフ编梁赞诺夫编《德意志意识形态》,永田书店,后由希望阁出版(永田書店,後希望閣,昭和5/1930.6.15);4)リヤザノフ编/三木清译,『ドイッチェ·イデオロギ-』《德意志意识形态》,岩波文库663(东京:岩波书店,昭和5/1930.7.15)5)森户辰男/栉田民藏译,『ドイッチェ·イデオロギ-』,『マルクス·エンゲルス全集』《德意志意识形态》,《马克思恩格斯全集》第15卷(改造社,昭和5/1930.12.20),第285~498页。

二是阿多拉茨基版(以下简称阿版,此稿同样没有1962年新发现的三页手稿)。①广松涉对这个版本持否定态度,用他的原话评价就是"先把手稿拆得七零八碎,然后用糨糊和剪刀进行剪贴":

> 阿多拉茨基的剪贴,并不是以段落为单位来重新编排,而是将一个段落拆开,将剪切下来的部分与在完全不同的行文逻辑中撰写的,在手稿中相隔几十页的文章一部分连接在一起,从而构成新的段落。其做法可以说到了肆无忌惮的地步。而且,在手稿的剪贴难以巧妙地进行时,竟然擅自插入连接的词句!②

所以广松涉认为阿版简直就是一个"赝品"。他认为,"现行阿多拉茨基版无视'手稿中的新旧'的层次区别,而且擅自进行剪贴。因此,如果盲信阿多拉茨基版的话,或许围绕《德意志意识形态》的解释的对立抗争就像不知道自行车比赛设有骗局而骑车拼命往前冲一样"③。广松涉说的这个"赝品",实际上概括了我们沿用几十年的那个《马克思恩格斯全集》中文第一版第三

---

① 这一版本的基本结构,就是目前《马克思恩格斯全集》中文版第一版第3卷中《德意志意识形态》一书样态。据郑文吉的考证,这一版本在日本的译本多达六个:唯物论研究会(代表:森宏一)译,『ドイツ・イデオロギ-』《德意志意识形态》(3分册:东京:ナウカ科学书店,1935-36/全卷合本,东京:白杨社,1937);森宏一译,「ドイツ・イデオロギ-」《德意志意识形态》,『マルクス・エンゲルス選集』《马克思恩格斯选集》,1卷上(东京:大月书店,1950),第10~114页[包括"Ⅰ.费尔巴哈"的全译和《德意志意识形态》第3部("圣麦克斯")中的"政治自由主义"];伊藤勉/山崎章甫译,『ドイツ・イデオロギ-』《德意志意识形态》第1分册(东京:国民文库社,1953)③[仅收录"Ⅰ.费尔巴哈""Ⅱ.圣布鲁诺"的第2分册];古在由重译,『ドイツ・イデオロギ-』《德意志意识形态》(东京:岩波书店,1956)["Ⅰ.费尔巴哈"的全译和"圣布鲁诺""圣麦克斯"的抄译];真下信一译,「ドイツ・イデオロギ-」《德意志意识形态》,『マルクス・エンゲルス全集』《马克思恩格斯全集》第3卷(东京:大月书店,1963);真下信一译,『新譯ドイツ・イデオロギ-』《德意志意识形态》,国民文库6(东京:大月书店,1965)[只收录5)项的费尔巴哈]。

② [日]广松涉:《关于〈德意志意识形态〉编辑中存在的问题》,《唯物论研究》第21期(1965年春季号)。

③ [日]小林昌人:《广松物象化论和〈德意志意识形态〉》,《社会理论研究》,2005年第6期。

卷中《德意志意识形态》第一卷第一章的情况。可是,没有第一手文献学研究基础的我国学者对此却浑然不觉。

阿版只收入最终改定的文字,对那些删改、加写的内容,他只在尾注中做了个一次性说明。在手稿排印上,它将"小束手稿"全部排在前面(其中还插入了从"大束手稿"中抽出的内容),开头部分基本是按照{1}、{2}、{1?}c~d、{2?}、{3}、{4}、{5}的顺序排列的,而"大束手稿"(被抽取的内容除外)则被切成了几十个片段,在东拼西凑之后,形成了我们在《马克思恩格斯全集》(中文第一版)第三卷中能看到的篇章结构。广松涉认为:"要想以《德意志意识形态》作为凭据之一来探讨历史唯物主义,首先必须对之进行文献学的研究。但现在我没有听说有人对阿多拉茨基版提出过异议。我必须从这里开始。"①

三是1966年由东德当局出版的新德文版。②在上文中我已经交代过,这个版本其实就是我们手中那个《德意志意识形态》第一卷第一章手稿的新译中文版的被译对象。因此,它的基本情况我们大略是了解的。在此,我只想简单地提示三点:第一,这个版本实际上是1965年巴加图利亚俄文版③的一个复制本。第二,广松涉认为,这个版本"采取的是将手稿的最终文形按页码顺序活字化的基本方针"④,之所以这么说,主要是因为该版编辑者采用了以马克思留下的文本页码顺序来对手稿进行排印的做法。所以文本中没有保留恩格斯在纸张上所做的序号,而只是将马克思的页码序号以加括号的方式

---

①　[日]小林昌人:《广松物象化论和〈德意志意识形态〉》,《社会理论研究》,2005年第6期。

②　据郑文吉的考证,这一版本的日译主要为两个:ベ.カ.ブルシリンスキ布鲁西林斯基(音译)–监修/ゲ.ア.バガトゥ–リヤ巴加图利亚编集/花崎皋平譯,『新版ドイツ・イデオロギ–』《德意志意识形态》(東京:合同出版,1966),第238页;中野雄策譯,「ドイツ・イデオロギ–」《德意志意识形态》,『マルクス經濟學・哲學論集』《马克思经济学、哲学论集》,世界の大思想世界的大思想,Ⅱ–4(東京:河出书房,1967),第199~273页。

③　此版的基本情况,可以参见[俄]巴加图利亚主编:《巴加图利亚版〈德意志意识形态・费尔巴哈〉》,张俊翔编译,张一兵审订,南京大学出版社,2011年。

④　[日]广松涉:《文献学语境中的〈德意志意识形态〉》,彭曦译,南京大学出版社,2005年,第126页。

插入文本之中(这一点,我们在中译文本中能够看到)。第三,新德版对被删除的字句、增写内容、修改,以及马克思和恩格斯的不同笔迹等几乎没有记载,但在脚注中,对重要的删除文、被大幅度修改过的语句的原形却进行了注释。

正如我们在中文版中已经看到的,从手稿排印上看,新德版一开始是作为序言的{1}、{2},接下来是编为第一部分的{1?}c~d、{2?}、{3}、{4}、{5},然后作者将手稿片段"Ⅰ"插入第一部分的开头,而后再接排{6}~{92},最后才是马克思的附录。

最后一个版本,是陶伯特版的MEGA2。①广松涉当时手中的文本,是1972年前苏东当局发行的MEGA2部分样卷的试印本,那主要是一个用于征求意见的稿本。这一版本,首次将正文排列在分为左右两栏的各面的左栏,右栏则将草稿中出现的修正、插入、边注等排列、刊登在手稿所标注的位置,而且对马克思、恩格斯两人的笔迹进行了区分。对该版本,广松涉的评价是:"登载手稿的最终文形,而将关于修改过程、增补以及笔迹等的信息在'异文详情'中一次性进行记载的方针。"②由于是历史文献考证版,所以这个版本应该说是在文献学意义上最为完整的一个版本,其主要特点为:一是将没有指定插入位置的边注以及笔记类的文章排印在栏外,被删除的语句都用"〈 〉"括起,并标注了其所在的位置;二是对那些被修改过语句的处理方法是将原来的语句和修改后的语句一并记载,并标明在正文中的页码和行数;三是将删除、修改、加笔等前后的文形以上下对应的形式记载。后来插入的语句、马克思撰写的语句亦即马克思删除的语句等的区别,也用各种符号在卷末的

---

① 此版的基本情况,可以参见[德]英格·陶伯特编:《MEGA:陶伯特版〈德意志意识形态·费尔巴哈〉》,李乾坤、毛亚斌、鲁婷婷等编译,张一兵审订,南京大学出版社,2014年附录。

② [日]广松涉:《文献学语境中的〈德意志意识形态〉》,彭曦译,南京大学出版社,2005年,第127页。

"异文详情"中做了标注。

手稿的排印顺序为:先排印{2},然后是{1}、{1?}、{2?}、{3}、{4}、{5},在插入手稿片段"Ⅰ"后,再接排{6}~{92},最后是马克思的备忘录。

三、广松涉版的编辑原则

现在,我们可以来看看广松涉对自己新编版本的说明了。关于该书的编辑方针,广松涉做了一个颇为详尽的说明,我们照录如下:

> 本版采取的是将手稿中每页的状态(包括删除、修正、增补、笔迹、栏外笔记等等)以及手稿的内在构成(大小束手稿之间的内在关联、基底稿及其异稿、"大束手稿"的缺损部分和"小束手稿"的誊清稿之间的关系、栏外的增补文章与原来的文章的呼应关系)能在直观上一目了然地体现出来的编辑方针。①

具体而言,广松涉力图使他的版本排印与原手稿"逐行对应",但由于排印技术所限,这个愿望(我们的中译本也未能做到这一点)最终并没能实现。他说,如果能"将各页像照相一样排印出来是最理想的。但是,由于存在着印刷技术、经费方面的制约,不得不放弃将写在手稿行间的文字也排印在行间这样的完全对应的方式"②。

但十分难能可贵的是, 广松涉在自己的版本中对前人的做法进行了如

---

① ［日］广松涉:《文献学语境中的〈德意志意识形态〉》,彭曦译,南京大学出版社,2005年,第128页。

② ［日］广松涉:《〈德意志意识形态〉在文献学上的诸问题》,参见［日］广松涉:《文献学语境中的〈德意志意识形态〉》,彭曦译,南京大学出版社,2005年,第256页。

下重要改进:一是完整采用双联页排印的方式,正文排列在偶数页,将草案、异稿、边注排列在与正文相对应的奇数页中,将被竖线以及横线删除的部分全部用小号字体复原,将马克思的修改、插入部分用粗体(bold体),将恩格斯的修改、插入部分用斜体(italic体)表示①;二是用不同字体将恩格斯与马克思所写的内容区别开来(中译本中马克思的文字用楷体字,恩格斯的文字用宋体字),这使读者能更直观地了解原手稿在文本写作上的真实情况;三是将被删除的内容用小号字体排出,并直接存留在原删除的文本位置上,并且标注了马克思恩格斯用横线与竖线删除的差异;四是用不同标记明确注明马克思恩格斯增写与改写的文字;五是关于不同版本的各种信息,被如实反映在手稿的排印中(我们的中译本又增加了日本学者小林昌人先生和涩谷先生的两个最新版本的信息);六是广松涉在自己的日文版后,以独立成书的形式排印了按照他自己的理解结构的德文原稿,这就提供了文本研究上的一个直接来自母语文本的比较参照系。②毋庸置疑,这些做法都使广松版具有了更高的文献学价值。小林昌人先生用了三个"一目了然"来表征广松涉版的特点。③

在对手稿结构的理解上,广松涉的看法与以前的版本有较大差别。依他的构想:

---

① 郑文吉认为:"广松版采用两面排版这一特色鲜明的编纂体系,似与1972年出版的MEGA2试行版《德意志意识形态》'Ⅰ.费尔巴哈'的二栏排版有关。马克思恩格斯:'德意志意识形态。第一卷第一章。费尔巴哈',MEGA2试行版,柏林:狄茨出版社,1972年,第33~119页[Karl Marx/Friedrich Engels, *Die Deutsche Ideologie. I. Band, Kapitel I. Feuerbach*, MEGA2 Probeband(Berlin:Dietz Verlag, 1972), S. 33~119]。但MEGA2试行版的二栏排版使文本显得十分狭促,异稿明细的对照式增删法十分复杂,接触过这一版本的读者会觉得广松版的两面排版十分醒目。"参见[韩]郑文吉:《〈德意志意识形态〉与MEGA文献研究》,郑莉等译,南京大学出版社,2010年,第178页注2。

② 也因为广松涉有很好的德文基础,所以在德文手稿中他才能发现马克思与恩格斯在"缀字法"上的不同,以更多地获得文本研究中所需要的重要信息。另外,广松涉在河出书房新社1974出版的这个版本,采用了一个硬纸封套合装两个精装本(日文书与德文书)的方式。此书的装帧设计获了出版奖。

③ 参见[日]小林昌人:《广松版〈德意志意识形态〉要编辑史上的意义》,载《社会批判理论纪事》(第一辑),中央编译出版社,2006年,第33页。

在"大束手稿"的开始和途中有缺损部分,但是那不是真正的佚失,而是应该用"小束手稿"中的改订新稿来填补的内容。"小束手稿"的剩余部分,是与"大束手稿"的某处(正文的开始部分)相对应的改订异稿。因此,笔者主张采取将"大束手稿"按照马克思标记的页码排列,用"小束手稿"中的改订新稿填补缺损部分,另外将"小束手稿"中的改订异稿与"大束手稿"的对应部分对照排列(按双联页的形式,即左页为大印张,右页为与之相对应的"小束手稿"中的异稿)的方式。①

请注意,这是广松涉对手稿结构最重要的一个独特理解,他根本不认为手稿真的有所遗失,在他看来,手稿中看似遗失了的部分,实际上正是马克思恩格斯后来对手稿结构所做的调整。广松涉认定,如果将"小束手稿"中改订文本重新调整穿插进"大束手稿"的缺失处,我们就能获得基本完整的第一卷第一章手稿的主体。广松涉认为,"通过这样的处理,第一卷第一章的遗稿不再是零散片段的拼凑,而是具有一定的连贯性"的完整文本。正是出于这种理解,在手稿排印上,广松涉首先将马克思为《德意志意识形态》第一卷所写的绪论置于全书的起始部分,其实,这个文本并不直接属于第一章手稿。②对此,广松涉解释道,这是第一编绪论的"关联性"文本。接着,是作为第一编绪论的"小束手稿"中{1},与其他版本十分不同的是,广松涉将{1?}的a~b页作为{1}的誊改手稿,以双联页的形式并排刊印在主文本的双联右面。再下来的手稿排印,就是极为复杂的编辑工作了。广松涉先是在右页正文中排印了

---

① ［日］广松涉:《〈德意志意识形态〉在文献学上的诸问题》,参见［日］广松涉:《文献学语境中的〈德意志意识形态〉》,彭曦译,南京大学出版社,2005年,第261页。

② 作为相关文本,还有作为附录二的恩格斯的"关于费尔巴哈"手稿。此("费尔巴哈")稿已被收录在《马克思恩格斯全集》(第42卷)(人民出版社,1979年)的第360~363页上。

第一篇序言的｛2｝（文本中的A，他不同意MEGA2将｛2｝放置到｛1｝之前的做法），然后直接排印作为主要手稿正文的"大束手稿"中的｛6｝~｛92｝。与原先大多数版本不同，广松涉将｛1?｝c~d、｛2?｝、｛5｝作为一个文本整体，视为"大束手稿"中马克思恩格斯下面阐述历史唯物主义原理的｛11｝~｛16｝改写异文，所以他将这部分文本直接连续排印在｛11｝~｛16｝正文的双联右页上。而关于"小束手稿"中的｛3｝、｛4｝，广松涉则大胆地推断此文本就是"大束手稿"中那个遗失掉的第36~39页①，因而他又直接将这一部分文本直接排印在"大束手稿"左页正文中的第四十页的前面。最后，对那个根本无法归属的手稿片段"Ⅰ"，广松涉则干脆将其作为附录处置了。

这就是我们目前可以看到的广松版中译本中的手稿结构，比起1988年中文版来说，在手稿结构上显然已经有了较大的改变。

四、对广松涉版《德意志意识形态》的评论

鉴于读者可以在阅读这本书时，直观地看到这份广松涉稿本的全部内容，所以我就不打算在此过多地纠缠于具体细节。详细研究过广松涉这个文献版以后，我有一正一反两点看法，不妨在此抛砖引玉，求教学界同人。

首先，广松涉的这个文献版，是整个马克思主义经典文献研究域中最重要的版本比较研究的成果。因为它毕竟是第一次以这种方式呈现马克思恩格斯创立历史唯物主义的原初语境。它在直面文献原初语境的条件下，对已经出版的《德意志意识形态》第一卷第一章手稿的不同理解逻辑和排印构架，进行了有深度的文献学分析，并进而得出了自己全新的处理模式。这个文献学成果，第一次让读者了解到文献学在"回到马克思"过程中的关键性

---

① 这个推论，与我在20世纪80年代末研究此手稿中的想法完全一致。当时，我还没有看到广松涉的这个版本。

作用,也廓清了一些存在于文献学/文本学研究中的理论迷障。这一版本中译
文的问世,无疑将成为我们进一步深入开展马克思主义哲学经典文本学研究
的十分重要的新基础。作为中国的马克思主义哲学研究者,我们大概也是第
一次在文本中直观地看到:

> 马克思是怎样修改恩格斯的文章的,以及马克思、恩格斯自身是如
> 何推敲自己的文章的,通过了解这样的行文过程,可以在历史唯物主义的
> 确立过程以及在该过程中两人所承担的工作量等方面,得出种种见解。①

毋庸置疑,这对我们深入了解历史唯物主义的创立过程,了解当时每一
个重要原理的提出、确定和修订的完整过程,以及马克思和恩格斯作为历史
唯物主义的共同创始人这个历史事实,具有重要的意义。尤其值得一提的是,
这个版本使我们在证伪西方马克思学所制造的"马克思与恩格斯的对立"之
谬时,终于具有最重要的直接证据。当然,这种文献学意义上的重要研究,对
那些不习惯于认真阅读马克思主义哲学经典文本的人来说,可能毫无意义。
如同广松涉已经指出的那样:

> 即便参照了被删除的文章和语句,考虑删改、修正的过程,或者是区
> 别马克思和恩格斯撰写的部分,"也不会有什么大不了的不同"。对于习
> 惯于随心所欲地引用只言片语,并以之来谈论马克思、恩格斯思想之类
> 的人来说,基干部分的多处最终文形经历过差不多已经看不出其原形的
> 大幅度删改——马克思、恩格斯是如何呕心沥血地确立了历史唯物主义
> 以及以之为基础的共产主义理论的,两人之间至少在当初存在过哪些不

---

① ［日］广松涉:《〈德意志意识形态〉在文献学上的诸问题》,参见［日］广松涉:《文献学语境
中的〈德意志意识形态〉》,彭曦译,南京大学出版社,2005年,第256页。

一致和微妙的差异——这些事情也许算不了什么。①

　　然而对对象文本严肃、认真和客观的态度,是日益步上正轨的中国文科学术研究所不可或缺的,这一点已经越来越成为学界的共识。因此,我认定,这一文献学的研究成果必将对马克思主义哲学的基础研究产生巨大且深刻的影响,并且对文本学研究正方兴未艾的当代中国马克思主义哲学研究领域来说,它尤其意义深远! 我认为,广松版的《德意志意识形态》时至今日也有它极为重要的文献学价值。在我看来,广松版的价值是一种重要的文献结构的变革,而不仅仅是文本细节的精确性。

　　其次,对广松涉从自己这个研究成果中得出的一个结论,我却不敢苟同。上文曾经提到,从广松涉这一文献学成果中,人们将看到,在创立历史唯物主义科学的全程中,马克思与恩格斯的合作何其紧密和团结! 这固然是真实历史情境的一种揭示,可遗憾的是,广松涉从中得出了一个惊人的判断:"在确立历史唯物主义以及与之融合为一体的共产主义理论之际,拉响第一小提琴的,限于合奏的初期而言,毋宁是恩格斯。"②其实,在前面那段引文中,广松涉的这个判断已经表露无遗了——他说,马克思"修改恩格斯的文章"。那么广松涉何出此言呢? 这是由于他认定,《德意志意识形态》第一卷第一章中阐述历史唯物主义基本的最初文本是由恩格斯独立完成的。此外,通过对这一版本的研究,他发现:

---

　　① [日]广松涉:《〈德意志意识形态〉在文献学上的诸问题》,参见[日]广松涉:《文献学语境中的〈德意志意识形态〉》,彭曦译,南京大学出版社,2005年,第271页。

　　② [日]广松涉:《青年恩格斯的思想形成》,参见[日]广松涉:《文献学语境中的〈德意志意识形态〉》,彭曦译,南京大学出版社,2005年,第272页。

如果将恩格斯的文章与马克思修正、加笔的文章进行比较的话，能够发现两人的见解中还存在相当的距离。直截了当地说，可以清楚地看出马克思明显落后于恩格斯，历史唯物主义主要是出自恩格斯的独创性见解，而马克思则向恩格斯进行了学习这些情况。①

根据广松涉的言下之意，在历史唯物主义创立之初，恩格斯独立提出了这一科学的基本观点，而马克思不过是向恩格斯学习和弄懂了这些道理而已，所以真正拉响"第一小提琴"的是恩格斯！倘若广松涉所言不虚，那马克思主义必须改名作"恩格斯主义"了！为此，广松涉还专门写过一篇著名的《青年恩格斯思想的形成》。②

对广松涉这个失之轻率的判断，我十分不赞成。根据我目前的考证，广松涉之所以得出这一判断，原因主要有二：

第一，是广松涉对1840年前后青年恩格斯与青年马克思之间关系的判定。广松涉认为当时恩格斯的思想始终走在青年马克思之前，后者反而只是前者的追随者或者说学生而已。必须承认，这个分析倒不无道理。因为在1842—1843年，特别是在1843年夏天以前，已经走上共产主义立场并着手经济学研究的青年恩格斯与赫斯的思想都深刻于青年马克思。③可是，这种状况在1843年夏天以后却逐步改变了。那个阶段，青年马克思先是在《克罗茨纳赫笔记》中通过对欧洲历史的系统研究，获得了全新的思想认识；其后不

---

① ［日］广松涉：《青年恩格斯的思想形成》，参见［日］广松涉：《文献学语境中的〈德意志意识形态〉》，彭曦译，南京大学出版社，2005年，第280页。

② 参见［日］广松涉：《文献学语境中的〈德意志意识形态〉》，彭曦译，南京大学出版社，2005年，附录。

③ 参见张一兵：《回到马克思经济学语境中的哲学话语》（第四版），江苏人民出版社，2020年，第一章第三节中的3和4两目。

久,到了1844年,当他开始经济学研究之后,青年马克思即在理论逻辑和政治观念上超越了赫斯和青年恩格斯。而广松涉显然没有注意到1843年前后马克思思想的发展和演进,其实,在1845春天之后的历史唯物主义和全部马克思主义科学理论的缔造中,马克思虽然与恩格斯始终保持着相当紧密的合作,但前者显然才是真正的主导性创始人。这是一个确凿无疑的历史事实!

第二,是广松涉在整理《德意志意识形态》这一手稿的过程中所得出的直接结论。我们已经知道,这一手稿的主体部分,或者说绝大部分文本的笔迹都出自恩格斯,马克思的笔迹只限于少量的插入文字、栏外注释和对文本的修改。实际上,这个情况早在该手稿的第一个版本整理问世时开始,就已经是所有版本的编辑者们周知的了。最初的编辑者梁赞诺夫曾经提出了著名的"口述笔记说":

> 手稿基本上是出自恩格斯的手笔。出自马克思的手笔的只有修正、插入以及若干的栏外补充。但是,从这一点不能得出应该将恩格斯视为著者的结论。毋宁说正好相反。特别是第一章尽管是两人共同的劳作,但给人留下的是马克思让恩格斯将口述笔记(in die Feder diktierte)下来了的印象。与此不同的是,第二章看来是马克思单独撰写的,而不是对口述的笔记。①

另一个判断来自1962年发现那三页新手稿的巴纳。他也注意到文本主体部分呈现为恩格斯笔迹的事实,可他得出的结论是:"恩格斯的字易读而且

---

① [苏联]梁赞诺夫:《马克思恩格斯论费尔巴哈》,编者导论,《马克思恩格斯文库》(第1卷),参见[日]广松涉:《文献学语境中的〈德意志意识形态〉》,彭曦译,南京大学出版社,2005年,第287~288页。

写得快……他每次都主动承担誊写工作。"①我个人更倾向于后者的观点,因为在第一卷第一章手稿的正文中,"恩格斯的笔迹像钢笔习字帖那样一目了然"②(广松涉的说法)的情况,看起来并不像是口述的记录,因为如果是马克思的口述,便不可能没有大的错误和修改,"誊写说"可能更合情合理一些。另一个证据是,这份手稿并非只有恩格斯一个人承担誊写,魏特林也参与了这一誊写工作。倘若让我来揣测的话,现在我们看到的主要文本,都是马克思原先字迹潦草,无法看清的初始手稿的抄写稿了,或者说已经是直接送交出版商的最终手稿了,可是精益求精的马克思恩格斯在这个最重要的第一卷第一章手稿上,又进行了大量的修改和增写。

十分有意思的是,虽然第一卷第一章手稿的笔迹是恩格斯的,但这个细节从来没有使人们另做他想,只有广松涉从中得出了与众不同的分析。他认为,手稿文本主体中的恩格斯笔迹证明了历史唯物主义是由恩格斯首先提出的。我想,广松涉这个判断十分牵强。我们不妨来看看广松涉自己在文本分析中的一个草率做法,即他对一个手稿写作中的例外的处理:

> 存在着这样一个值得关注的事实,那就是马克思在{10}c=[25]的后半部紧接着恩格斯的文章之后写了一段文字。马克思的文章一般写在栏外,而在此处却例外地紧接在恩格斯的文章之后在栏内写了一段文字,然后恩格斯又接着马克思的文章继续往下写。③

这个事实,本来正好说明了马克思与恩格斯在文本写作中保持的紧密合

① ［德］巴纳:《马克思恩格斯的〈德意志意识形态〉》,参见［日］广松涉:《文献学语境中的〈德意志意识形态〉》,彭曦译,南京大学出版社,2005年,第288页。

② ［日］广松涉:《〈德意志意识形态〉在文献学上的诸问题》,参见［日］广松涉:《文献学语境中的〈德意志意识形态〉》,彭曦译,南京大学出版社,2005年,第124页。

③ 同上,第266页。

作关系,可是广松涉却仍然得出相反的结论。他武断地说:"这一点不能成为主张第一部分从开头起就是两人直接合作产物的证据。从行文来看,在最初的撰写过程中主要是恩格斯在展开自己的论述。"这显然是毫无道理的推断。

另外,我认为在历史唯物主义科学是谁创立的这个问题上,不能主要根据《德意志意识形态》手稿的笔迹来推断,而必须依据整个马克思恩格斯思想发展史的完整情况,以及他们各自内在的理论逻辑的具体形成过程来加以判断。在这一方面,我在《回到马克思——经济学语境中的哲学话语》一书中已经进行了具体的讨论,在此不再赘述。一句话,全部青年马克思和青年恩格斯思想发生学的研究表明,马克思主导性地创立了历史唯物主义和马克思主义的科学方法论。广松涉之所以得出这种错误判断,与他对马克思恩格斯思想发展史的理解不够准确有一定关系。在对手稿进行分析时,为了证明马克思的思想落后于恩格斯,广松涉挑选了一个文本片段,即在第一卷第一章手稿第十七页上(中文版第二十九至三十一页),原来恩格斯笔迹的文本中描述了,"共产主义社会不仅仅是作为基于财产共有制的社会,而是作为没有被固定化的分工的社会来被描述",可是

马克思在提出上述论点的恩格斯的文章中,在加上了"批判的批判者""晚饭后从事批判"等语句,将该部分的文章改成故意开玩笑的语气之后写道:"共产主义对我们来说不是应当确立的状况[社会体制],不是现实应当与之相适应的理想。我们所称为共产主义的是现实的运动,那种消灭现存状况的现实的运动。"马克思的栏外补笔证明当时的马克思还没有把共产主义作为一种应该建立的社会体制、最终的社会体制来思考。①

---

① [日]广松涉:《青年恩格斯的思想形成》,参见[日]广松涉:《文献学语境中的〈德意志意识形态〉》,彭曦译,南京大学出版社,2005年,第281页。

　　广松涉的判断是,此时马克思关于共产主义的理解远远落后于恩格斯,因为后者已经在将共产主义当作一种最终的体制来思考,而马克思则在设想共产主义仅仅是一种"运动"。其实,这是马克思非常著名的一句话,此处,他根本不是在思考自己经过恩格斯抄写的原稿中关于共产主义社会的体制问题,而是突出批判了那种将共产主义仅仅作为一种价值悬设(现实应该与之符合)的抽象理想。显然,广松涉自己的理解出了问题,却武断地批评马克思。

　　我认为,广松涉这本文献学的著作,第一次完整地向我们呈现了马克思主义经典文本的文献学语境。借此,我们能看到早在20世纪70年代,我们的国外同行已经掌握的研究方式和持有的科学态度。这对我们一定是大有裨益的。我们可以不同意广松涉的具体观点,但是我们十分有必要从广松涉及其文献版的研究上反省自己走过的和将走的道路。

第二章
广松涉：物象化与历史唯物主义
——《历史唯物主义的原像》解读

　　《历史唯物主义的原像》是广松涉的一部重要学术论著,该书出版于1971年。以广松涉自己的思想史定位,当时出版此书的原因,是他已经意识到,"需要尽快地打破俄国马克思主义的畸形化'体系'和西方马克思主义的'狂想曲'两相互补的现状,为此,我通过这一著作,用我的蛮勇做一次投石问路"①。这是对广松涉自己的双面作战形势的战略定位。与我20世纪90年代写作《马克思历史辩证法的主体向度》时,同时反对苏联教科书体系和西方马克思主义的双向纠偏心态几乎完全一样。此书面世之后,即凭其独特的学术价值和无法取代的历史地位,成为当代马克思主义哲学思想史上的一个重要站点。我在此言其重要,亦是因广松涉在此书中讨论的大量关于马克思思想发展史和历史唯物主义基本观点的问题,也恰是今时今日中国马克思主义哲学界关注的焦点。以下,我仅就其中的部分重要观点作一评介,以期读者更加深入的思考。

---

　　① ［日］广松涉:《哲学家广松涉的自白式回忆录》,赵仲明等译,南京大学出版社,2009年,第90页。

一、马克思：从"人"到"社会"的转变

这部《历史唯物主义的原像》，是一本讨论马克思历史唯物主义思想原初构境形态的研究论著。广松涉在日文中并未使用历史唯物主义一语，而是用了"唯物史观"。但他这个"唯物史观"，指的并不是斯大林教条主义体系中那个作为部门哲学（"将辩证唯物主义运用和推广到社会历史领域的结果"）的唯物主义的历史观，而是作为马克思全部新世界观的历史唯物主义。①不过，我们在此书中译本翻译定稿时还是保留了日文中"唯物史观"一词。

全书共三章：第一章是一个发生学意义上的说明，主要探讨了历史唯物主义的理论构序逻辑的生成；第二章从正面讨论了历史唯物主义最重要的基本观点；第三章是关于历史唯物主义与无产阶级革命之间的关系的论述。在我看来，这其中的第一章和第二章是最具特色的，因为广松涉在这两部分中阐发的理论观念可以说是自成体系，形成了一个关于马克思哲学思想发展的独特的解释模式，即在哲学思考的客体向度的构式中，从哲学人本学向社会存在论的转变，在主体向度的构式中从异化论向物象化论的转变。但在广松涉那里，他恰恰没有区分这两个不同的重要理论构式维度。与几乎同时期出现的阿尔都塞的准结构主义解读模式相比照来看，二者的思考路径有其相近之处，但也存在较大的异质性。尤其值得关注的是广松涉提出的物象化理论，我认为，这是对马克思新世界观中科学的社会批判理论的一个全新理论构式的定位。所以这也将是我在本章中论说的重点。在第二章的第一节中，广松涉又对马克思的历史唯物主义中一些基础性概念进行了正面评论

---

① 广松涉指出，"唯物史观并不是狭义的所谓'历史'观。也不尽'同时也是社会观'。在某种意义上，它可以说是马克思主义的世界观本身"。参见［日］广松涉：《历史唯物主义的原像》，邓习仪译，南京大学出版社，2009年，第25页。

和研讨。以下,我们权且先来看看广松涉在第一章中指认的马克思思想中的一个观念构境转变。

广松涉的第一个重要理论判断是:"马克思是从'人'的问题到'社会'这样的问题进行深入思考,由此而确立历史唯物主义的。"①在20世纪70年,阿尔都塞关于马克思哲学思想史发展的断代法已经产生很大的影响,他那个人本主义问题式与科学问题式之间的断裂说,也是一个从"人"到"社会"的转换。我预备在后文中再来说明二者的区别。广松涉认为,我们固然也可以将孟德斯鸠和卢梭视为"从人到社会"研究视轴的起始者,但如果要深入理解青年马克思身上发生的这一逻辑构式转换,就必须从黑格尔的"人"的概念着手。这是我们中国论者不大注意的方面,通常我们会多从费尔巴哈的人本学那里寻求理解入境的钥匙。在广松涉看来,黑格尔的"人"的概念实质是一个伦理意义上的人。这个人并不是作为"激情"在场的个人,因为"个人的具体存在属于他与他人及世界一般之间形成的各种关系的总和。正是这个总和,形成了个人的现实性"②。这是广松涉专门引述的黑格尔《小逻辑》中的一段著名表述,很显然,这段话十分巧妙地与马克思《关于费尔巴哈的提纲》第6条中,那个关于人的本质的定义的深层构境暗相呼应。这是说,在黑格尔的思境中还有一个与个人相对的,作为应有意义上的大写的类人,即超拔于个人存在("激情")的普遍性的大写的人,而这个类人的本质,则体现了普遍性理性的"民族精神"。遁于民族精神背后的,当然就是"黑格尔哲学整体的主体=实体的'绝对精神'的原型,以及这种泛神论性质的神=绝对精神与宇宙万物的关系的原型,可以说就在于'伦理'这种应有状态中的人的存在"③。这个说法是新奇且言之有理的。

---

① [日]广松涉:《历史唯物主义的原像》,邓习仪译,南京大学出版社,2009年,第4页。

② [德]黑格尔:《小逻辑》,贺麟译,商务印书馆,1980年,第350页。

③ [日]广松涉:《历史唯物主义的原像》,邓习仪译,南京大学出版社,2009年,第7页。

可是广松涉又进一步指认说,后来德国的青年黑格尔派,正是将黑格尔的这个"绝对精神"重新还原为"人的过程",然而此处的"人"并"不是启蒙主义所理解的作为个人的人,而始终是早期黑格尔所理解的作为伦理的人"。这也是一种新说法。在他看来,施特劳斯等人正是通过重释黑格尔的"神人"概念,而开辟了通向费尔巴哈人本主义的道路。这个观点,倒有些暗合于后来施蒂纳对费尔巴哈人神观念的批判。费尔巴哈算是第一个将黑格尔唯心主义重新颠倒回来的人:只不过,在伦理意义上存在的类人,已经不再是黑格尔那种作为民族共同体的精神了,它成了"人们通过现实的相互作用而形成的统一性"。广松涉认为,费尔巴哈其实已经是在主张:"人的本质是共同社会的存在"①,而这种观点又恰好为青年马克思所接受。根据广松涉这里的逻辑分析,他实际上也是在指认,作为青年马克思关于"人"的问题的思考点,从一开始就已经是伦理的类人和共同社会中的人们之间的相互关系。所以马克思在《黑格尔〈法哲学〉批判》一书中就基于青年黑格尔左派的立场,在费尔巴哈观念的影响下,形成了一种与英法社会主义的"构想"完全不同的"人的解放"的新口号:

> 青年马克思——通过与英法启蒙主义、英法社会主义不同的逻辑——是从"人"的问题到直面"社会"的问题。对在"人的本质是共同体""社会性"的思考中的马克思来说,要探究人就必须探究社会。为了具体地论证"人的解放"的现实性,探究人的本质=社会性也就成为课题。②

似乎唯有如此,才可能离马克思后来的"社会存在"概念更近一些。然而在我看来,这种分析思路带着明显的目的论逻辑构序强暴的色彩。

---

① ［日］广松涉:《历史唯物主义的原像》,邓习仪译,南京大学出版社,2009年,第8页。

② 同上,第10页。

所以对广松涉的这段思想史分析,我真的是有不同的看法。

首先,因为他的分析方法并非建立在对实际存在的第一手文献历史链的逐一精读的基础上,所以必然会跃过一些他自己认为不重要的内容,从而不可避免地将在逻辑分析中出现一些理论构序上的裂缝或者缺环。譬如,青年黑格尔派对黑格尔哲学的批判与继承,首先就不是那个伦理意义上的类人,而恰恰是作为类人定在的激情化的个人,即与绝对观念相对的自我意识。在被广松涉略去的青年马克思关于德谟克利特与伊壁鸠鲁原子论自然哲学之差别的博士论文之中,后者的能动的偏斜运动在场的原子,即是这种青年德意志布尔乔亚的(个人)精神的体现。之后,在卢格对黑格尔国家理念的批判中,才出现了政治学意义上的类人。这一点又影响了青年马克思。

其次,广松涉在此依然袭承了恩格斯和列宁的说法,即青年马克思"一度为费尔巴哈所倾倒",然后又超越了后者。在《回到马克思》①一书中,我已经具体论说过这种判断过于简单,因为青年马克思并不是因为了解了费尔巴哈的哲学唯物主义而发生外因驱动的思想转变,而是在批判黑格尔《法哲学》的过程中,通过自己的历史学研究(《克罗纳赫茨笔记》②),发现所有制结构决定国家与法这样一个重要史实,从而认同和改造了费尔巴哈的哲学唯物主义,内在地实现上述转变的。可见,青年马克思的这个思想改变不是一个单纯的哲学逻辑演进。对这一点,广松涉显然未得深解。

最后,在广松涉的这一思想史研究中,青年马克思思想中的第一次转变被大大地弱化了,即哲学逻辑中的从黑格尔式的唯心主义向哲学唯物主义的转变,政治立场上的从民主主义者向无产阶级革命者(共产主义)的转变被忽视了。这后一种政治立场上的转变,是在《黑格尔〈法哲学〉批判导言》中实现的。由此,我们就很难看到青年马克思的原初思想起点。在这个问题上,广松

---

① 张一兵:《回到马克思——经济学语境中的哲学话语》,江苏人民出版社,1999年。
② MEGA2第四部分第二卷,德国狄茨出版社,1981年。

涉与阿尔都塞算是同质的。后者,是通过粗线条的"意识形态"向"科学"的问题式构境转换来断代的。

二、《1844年经济学哲学手稿》的构境背景

广松涉的第二个值得认真思考的理论观点,是他对青年马克思《1844年经济学哲学手稿》(以下简称《1844年手稿》)中"经济哲学"的分析和讨论。以我的眼光来看,这可以算得上是自青年卢卡奇以后,关于马克思哲学思想生成中对经济学语境的最重要的研究成果之一了。与此相近的研究成果,还包括德国法兰克福学派的施米特的一些研究论著。从广松涉的分析中我们发现,早在20世纪70年代,他就开始关注青年马克思的《巴黎笔记》和《1844年手稿》之间的内在关联了,特别是对经济学研究在青年马克思哲学构境发展和变化中的基础性地位问题给予了特别的关注。能够有如此独到而敏锐的前瞻性眼光,真是一件十分了不起的事情。

首先,广松涉精准地发现,青年马克思最早的经济学话语质性,参照的并不是李嘉图,而是斯密。有趣的是,"后期的马克思较之于斯密而更接近李嘉图的立场,但早期马克思并非不知道李嘉图,而是在《1844年手稿》时期就已经知道"①。可是早期马克思却钟情于斯密,为什么?广松涉给出的答案是一条深刻的构境线索,即"斯密的体系及黑格尔'法哲学'的性质"。在他看来,古典经济学家斯密与古典哲学家黑格尔二者之间,存在某种内在的理论构序关联性。斯密的经济学实为"广义的法学",其中也内含了广义的伦理学。这是有道理的,斯密的《国富论》与《道德情操论》在逻辑构境中是相通相连的。而"黑格尔的'法哲学',可谓是斯密'广义的法学体系'的德国版",因

---

① ［日］广松涉:《历史唯物主义的原像》,邓习仪译,南京大学出版社,2009年,第11页。

为在一定的意义上说,黑格尔的思想"不过是在需求和劳动的体系及其逻辑这种哲学化的形式中的展开"。广松涉认为,黑格尔那个狭义的"市民社会论"的构境正是直接缘起于斯密,而他的"法哲学",其实就是斯密那个广义的"法学"之"德国的定在形式"。①我以为,广松涉此处的破境是十分深刻的。故而,除掉来自赫斯和青年恩格斯的经济学研究的外部"冲击"之外,马克思自己也已经在《巴黎笔记》中接触了大量经济学文献,但在马克思此时内心理论构境中,"最有魅力"的依然还是斯密。

> 从马克思当前的目的来看,由于他不是关心作为经济学的经济学、作为理论经济学的理论经济学,因此较之于作为经济学的被纯化的李嘉图的学说,反倒是斯密的学说更够格。虽然在材料上也能够从一系列的国民经济学书籍中收集现象的知识,而实际上这也正在着手做。但不管怎么说,斯密的《国富论》,作为黑格尔法哲学"原版"的斯密"法学体系"的这个"第二部",正是这部著作,正是其中的讨论,对目前的马克思来说是最具魅力的。②

对这一点,我和唐正东都注意到了,可我们还没有想到广松涉提及的这种关联向度。可以说,广松涉此处的分析颇具启发性。与广松涉不同,我们认为,斯密经济学对马克思哲学观念的影响,主要不是因为黑格尔的这种法哲学的中介和关联,更重要的是斯密经济学的非现代性大生产性质所导致的理论局限性。这种影响一直持续到《德意志意识形态》一书中。我以为,唐正东对斯密经济学的历史构境之定位是更为深入的。③

---

① ② [日]广松涉:《历史唯物主义的原像》,邓习仪译,南京大学出版社,2009年,第12页。
③ 参见张一兵:《回到马克思——经济学语境中的哲学话语》,江苏人民出版社,1999年;唐正东:《从斯密到马克思》,南京大学出版社,2002年。

其次,广松涉认为,《1844年手稿》中马克思的经济学思想"极不成熟"。这也是前苏东学界和国内很多马克思主义经济学研究学者讳莫如深的问题层面。依他之见,《1844年手稿》中的经济学思想"与其说是马克思的思想,还不如说是基本上是由各种经济学著作的引用而形成",当然,这种引用也来自马克思特定理论问题式的座架。并且,"《1844年手稿》的'经济学'与其称作'经济学',毋宁说是相当于黑格尔的体系中的狭义的'市民社会论'性质的东西"①。显然,这还是上述那个观点的逻辑推演。广松涉还认为,相对于这种不成熟的经济学思考而言,在一个更大的理论尺度上去分析的话,费尔巴哈式的人本主义异化逻辑是更为重要的构式。

> 《1844年手稿》中的马克思,是通过作为类的存在的人,作为自我活动的主体的人的劳动的异化和自我获得这种图式(図式),而达到基于庞大的历史哲学的远景。当时,National konomie即作为事实的国民经济,是对作为那个对象的学问的国民经济学来说构成中枢的"私有财产",而根据异化论的逻辑对它加以"概念的把握"begreifen,则是其关键所在。②

这个判断是正确的。广松涉深刻地看到,在青年马克思撰写《1844年手稿》的时候,他是在将"'世界史的整体'置于人的本质、人的自我活动的自我异化和自我获得这一逻辑中进行论说",但是这种人本主义的异化逻辑构式并不能根本上解决这一问题,并且这种立论性构序中内含着"逻辑的自我破裂的必然性因素"。与那种简单地将青年马克思的《1844年手稿》中的异化史观直接指认为马克思主义哲学的观点相比,广松涉的判断无疑是深刻的。有意思的是,在当前的中国马克思主义哲学研究中,这种将马克思主义人本主

---

① ［日］广松涉:《历史唯物主义的原像》,邓习仪译,南京大学出版社,2009年,第13页。

② 同上,第16页。

义化的理论倾向重又有所抬头。我认为,这显然是在开历史的倒车。

此外,从文献史的意义上分析,广松涉还指认了青年马克思《1844年手稿》思想的一些重要的理论支援背景,例如,W·舒尔茨①的《生产的运动》一书②和傅立叶的"商业论片段"对其产生的影响。特别重要的是,他明确指认了赫斯③交往异化理论对马克思的影响,也交代了这种影响甚至在后来的《德意志意识形态》一书中还曾零星在场。广松涉的说法为:马克思《1844年手稿》和《德意志意识形态》两个文本的观念,"在某种意义上与赫斯的思想相重叠"④。这些,都是被苏东学术界的意识形态话语有意无意地遮蔽起来的非常重要的思想史构序线索。

以我的看法,如果就这一主题来看,广松涉的分析比阿尔都塞那个"意识形态"问题式的理论裁定要更加接近史实一些,总体而言算是基本正确,也十分深刻。可是又因为他没能更精细地去解读《巴黎笔记》的具体内容,特别是没有详尽地讨论《詹姆斯·穆勒〈政治经济学原理〉一书摘要》的交往异

---

① 弗里德里希·威尔海姆·舒尔茨(W. Schulz,1797—1860),德国近代社会活动家和学者。1920年在基森大学学习法律,并于1823年通过了法律专业考试。1831年末他在埃尔朗根大学以"论当代统计学同政治学关系"(über das zeitgemäβe Verhältnis der Statistik zur Politik)为题获得博士学位。1848年进入法兰克福国民议会,属于议会中的左派。学术代表作有:《生产的运动》(*Die Bewegung der Produktion*,1843)等。

② [德]舒尔茨:《生产的运动》,此书已经由李乾坤从德文译成中文,由南京大学出版社于2019年出版。

③ 赫斯(M.Hess,1812—1875),德国近代社会主义理论家。主要论著有:《人类的圣史》(1837)、《欧洲三同盟》(1841)、《行动的哲学》(1843)、《论货币的本质》(1844)等。关于赫斯的思想对青年马克思的影响,可参见张一兵:《回到马克思——经济学语境中的哲学话语》(第四版),江苏人民出版社,2020年。

④ [日]广松涉:《历史唯物主义的原像》,邓习仪译,南京大学出版社,2009年,第21页。

化理论。他只是遵循了拉宾①的假设,将《穆勒笔记》置于《1844年手稿》之后,并简单地提及其中的观点。②因此,他对青年马克思《1844年手稿》中复杂构境和多重逻辑的分析,终究还是缺了一点深层理论力度,没有发现"逻辑的自我破裂"中存在的双重话语逻辑,即人本主义的劳动异化史观构序逻辑与从现实出发的客观历史逻辑的并存。③这自然就给他后面讨论马克思的人本学思想向物象化话语的转换,带来了一定的难度。

三、异化、物化与物象化

第三个重要的理论思考点,就是广松涉著名的物象化理论了。当然,此处他重点论说的就是我们在导言中已经指认的方面,即青年马克思思想发展进程中从异化论向物象化论转换的过程。关于这一点,广松涉后来在1983年又专门出版了进一步思考物象化论的《物象化论的构图》一书,对此,我们将在下一章中深入讨论。

我注意到,关于思想史的研究方法,广松涉始终处在理论自觉的清醒状态之中。他借用了黑格尔的一个挺有意思的词,叫"自为化"。早在20世纪60

---

① 尼古拉·伊万诺维奇·拉宾(Лапин Николай Иванович,1931—),俄国哲学家和社会学家。1953年毕业于莫斯科大学哲学系后,在该校哲学院外国哲学史系跟随奥伊则尔曼从事研究生学习,1957年毕业,此后在《哲学问题》杂志社工作。1962年在苏共中央下属社会科学院完成论文《卡尔·马克思向唯物主义共产主义转变的开端》答辩,获硕士学位。1968年在苏联科学院哲学研究所完成论文《卡尔·马克思形成完整科学世界观的最初阶段》答辩,获哲学博士学位。1984—1988年历任苏联科学院哲学研究所副所长、执行所长、所长。1988—1998年任俄罗斯科学院哲学研究所"社会(社会-文化)转型的哲学问题"课题组负责人,1998年起任俄罗斯科学院哲学研究所"社会-文化转变研究中心"负责人,2005—2012年任俄罗斯科学院哲学研究所"价值论与哲学人类学"部门负责人,2013年起任俄罗斯科学院顾问。代表作有:《青年马克思意识形态遗产的探索》(1962)、《青年马克思》(1968)等。

② 拉宾的观点,参见[苏联]拉宾:《马克思的青年时代》,南京大学外文系、俄罗斯语言文学教研室翻译组译,生活·读书·新知三联书店,1982年。

③ 参见孙伯鍨:《探索者道路的探索》,南京大学出版社,2002年;张一兵:《回到马克思——经济学语境中的哲学话语》,江苏人民出版社,1999年。

年代,广松涉就已经注意到了马克思思想史研究中的几个不同的解读模式。特别是在处理"早期马克思"与"后期马克思"的关系上,不同的研究者之间形成了一个明显的观念对立:首先,一些学者认为,"站在《1844年手稿》的马克思才是真正的马克思的立场。并且, 其中一些人认为后期马克思是堕落与倒退,其他一些人主张《1844年手稿》的思想在本质上与后期是贯穿一致的"①。这前一种观点显然是西方马克思学的论调,而后一种观点则为弗罗姆为代表的人本主义西方马克思主义的观点。广松涉认为,这些观点也被日本20世纪60年代出现的反斯大林运动中的一些人所赞同。②其次,还有一些学者则判定《1844年手稿》是不成熟的,并强调只有《德意志意识形态》之后的马克思思想才是真正科学的。这显然是阿尔都塞的观点。其实,此处的争论还暗含了一个更深的构式问题,即"把马克思的思想看作是始终一贯的、完全连贯的东西,还是认为存在阶段性的飞跃,如果是,那么又在什么时点、分为几个阶段的飞跃的问题"。这是一个不同理论问题式的分界点。进而,在上述关键性构式问题之中,"将《1844年手稿》中提出的经典的异化论思想,放在马克思的思想体系及其历时性的展开过程中的一个什么样的位置, 及如何进行评价"?这是一个更重要的理论焦点,甚至,对它的定性会导引出完全异质的理论构序意向。我以为,这当是十分准确的思考点定位。对于这一点,我还真是有些感慨,因为直到今天中国国内的一些马克思的研究者那里,在讨论思想史的文本和理论观点时,从来没有方法论自觉,既不知道自己站在何种立场上言

---

① [日]广松涉:《历史唯物主义的原像》,邓习仪译,南京大学出版社,2009年,第20页。

② 依小林昌人先生的考证,当时的日本共产主义同盟机关报《共产主义》第2期(1959年4月)上的佐久间元的《什么是无产阶级的世界观——对〈哲学教程Ⅰ〉的批判》一文中,已经在鼓吹以"异化论"与苏联的哲学教科书=斯大林主义哲学体系规定为"客观主义"相对峙。而《共产主义》第3期(1959年6月)上的森茂的《对异化论的探讨之一》一文,则提出"'异化论'是斯大林主义丝毫没有言及过的问题,而且青年马克思、恩格斯的共产主义论是以此为中心建构起来"。参见[日]小林昌人:《广松物象化论和〈德意志意识形态〉》,《社会理论研究》,2005年第6期。

说,也不知道前人已经完成的先期学术成果,在一种盲目的自说自话中自以为发现了什么新东西。真是可悲。

显然,广松涉赞成关于马克思思想发展中确实存在重大转折的判断。在这一点上,他关于马克思的思想史构式接近阿尔都塞,与南京大学马克思主义哲学学科的观点也是形似的。广松涉指出,我们固然可以承认在《1844年手稿》与《德意志意识形态》之间,甚至在《1844年手稿》与《政治经济学批判》之间,都存在不少共同的基本命题,而在不同时期之间,马克思的问题意识和论题以及各种论点之间也都存在某种连续性,可这并不妨碍我们去发现,马克思思想发展中的"问题研究的结构及构想的结构本身是否存在转换"这样一个更深的思考点。这里的"问题研究的结构和构想的结构",就是阿尔都塞的理论生产方式——问题式。①广松涉认为:

> 以1845年左右为界线,可以看到马克思的思想视域,世界观的"结构的把握方法",都有着飞跃的发展。但是,这不单是在马克思这一个思想家而具有的飞跃这种意义,从思想史来看,在与先前的笛卡尔可谓开拓了近代哲学的视域作为类比的意义上,是具有作为开拓了新世界观视域的划时代意义的事件。可以说马克思不单真正超出了黑格尔哲学的框架,而且确实通过它超越了笛卡尔以来的近代世界观的视域本身,开拓了应该取而代之的真正的近代世界观的视域。②

这是一个很重要的评价。在关于马克思主义思想史的传统研究模式中,马克思思想变革的意义,通常被锚定于唯物主义战胜唯心主义的"皇位"复归

---

①　关于阿尔都塞的问题式概念的讨论,可参见张一兵:《问题式、症候阅读与意识形态——关于阿尔都塞的一种文本学解读》,中央编译出版社,2003年,第一章。

②　[日]广松涉:《历史唯物主义的原像》,邓习仪译,南京大学出版社,2009年,第21页。

上,可广松涉的判断却是,马克思的哲学革命意义是超越了整个近代世界观的视域。这是一个复杂的逻辑指认。根据广松涉自己的界定,所谓的近代世界观,即是那种将主体客体分裂和对置起来的"二元论"认知构架。这是海德格尔所批判的形而上学思考域,也是在这个构境意义上,海德格尔才指认马克思是第一个颠覆形而上学的人。广松涉认为:"我们可以把这种从'早期马克思'到'后期马克思'的世界观的结构的飞跃,用'从异化论的逻辑到物象化论的逻辑'这一观点作为象征性的表达。"至此,就说到话语转换中的主题上了。

那么什么是广松涉所说的物象化呢? 他先对通常理解的物化(Verdinglichung)和物象化(Versachlichung)做了一个一般描述:

在人们谈到物化或物象化的场合,一般包括以下三层含义。

(1)人本身的物化。例如,人作为奴隶(商品)而被出卖,单是成为机械的附属品这样的状态。在这里,人不是作为"人格",而是被看作在陷于与物同样的状态这种意义上的"人的存在变成了物的存在"。

(2)人的行动状态的物化。例如,火车站内的人流和满员的电车中的人们的状态等,在各人已然不能控制自己的行动这种惰性态意义上的"人的行动变成了物的存在"。

(3)人的心身能力的物化。雕刻或绘画等艺术作品,以及在通俗的劳动价值学说中所思考的商品的价值等。这里,本来是人的主体的能力的东西,可以说作为体外流出的成为物的定在的"主体的东西转化为物的东西"这种构想的物化得以表现出来。①

请注意,此处讲的并不是人本学意义上的异化(Entfremdung)范畴,而是

---

① 〔日〕广松涉:《历史唯物主义的原像》,邓习仪译,南京大学出版社,2009年,第21页。

物化或对象化。广松涉分别讨论了传统物化论中人的物化、人的行为的物化，以及人的身心能力的物化。然而他却认为："后期马克思所说的'物象化'，不再是主体的东西直接成为物的存在这种构想，而和将人与人的社会关系宛如物与物的关系，乃至宛如物的性质这种颠倒的看法有关。"①请一定注意这个宛如。因为依广松涉的看法，"主体的东西直接成为物的存在"的物化观，实际上还是近代世界观中那个二元分立的"主体–客体关系"的理解域，而马克思则是从根本上超越了这种二元对立的模式，他的物象化理论的实质是："人的主体间性的对象性活动的某种总体联系，宛如物与物的关系、乃至物的性质这样的假象。"②他认为，这是一个来自马克思的重要理论质性定位。在后来的《物象化论构图》一书中，他又进一步将其定位于"关系基始性"，并"立足于面向他们（für es）和面向我们（für uns）这一构图之上"。"面向我们的事态，就是马克思的所谓'物象化'"。③这显然是胡塞尔–海德格尔的话语。我认为，广松涉将物化诠释为物象化的思路是将马克思与海德格尔连接起来的重要一步。关于这一点，我们后面还会进一步讨论。

　　广松涉认为，理解马克思物象化论的关键，是要将之与马克思早期的人本主义异化论逻辑界化开来。换句话说，就是要说明二者的异质性。那么什么是异化逻辑呢？

　　　　"异化"这个词，随着其成为流行语，具有广狭义的多义的用法，有些人在前面（1）（2）（3）的意义上，一般地，把主体的东西表现的"非本真的状态"全部用异化一词来称呼。还有一些人认为这是不恰当的扩张，而将其限定在如下场合中使用"异化"这个词，即自己（主体）的产物不单是

①　［日］广松涉：《历史唯物主义的原像》，邓习议译，南京大学出版社，2009年，第21页。

②　同上，第22页。

③　［日］广松涉：《物象化论的构图》，彭曦、庄倩译，南京大学出版社，2002年，第70~71页。

对象的定在,它还反过来限制自己(主体)这样一种状态。①

以上一段表述,大体说清了异化概念的主旨:一是主体处于非本真的状态,二是主体的产物反过来支配和奴役自己。关于异化问题的概念史研究,可参见作为这本书附录的广松论文《异化概念小史》。广松涉认为,青年马克思《1844年手稿》中的"三重异化说"(工人及其劳动产品的异化、工人劳动活动的异化和人的类本质的异化),基本上依从了异化逻辑的经典理路。可是异化论并不等于物化论,作为一种人本学的批判逻辑,异化论并不关心主体与客体的对象性关系,而只是激愤于由对象性关系引发出来的非本真和自反性的现实结果。更不要说,异化论会同质于马克思后来发现的资本主义经济关系中的那种独有的"人与人的关系作为物与物的关系的假象"一说。请注意广松涉在表述马克思的这一观点时的用词,前面他使用了"宛如",而此处则用了"假象",这都是一种主观错认性的指证。后面我将辨识出,我的观点与他是根本不同的。

广松涉认为,在马克思恩格斯合作于1845年写下的《德意志意识形态》一书中,异化论其实已经处在一个被审判的地位了。这是对的。据小林昌人先生的考证,广松涉在1960年3月金子武藏教授"精神史方法论"研讨会上提交的"关于《德意志意识形态》中的'人类异化论'的处理"的报告中第一次提出了马克思恩格斯在《德意志意识形态》中"超越"了"自我异化论"观点。他指出,在《德意志意识形态》中,1844年的马克思的'人的自我异化论'完全被扬弃了"②。并且他在1963年第一次在公开发表的论文中表达了这

① [日]广松涉:《历史唯物主义的原像》,邓习仪译,南京大学出版社,2009年,第22页。
② 此报告正文约四千八百字(四百字稿纸十二张)。封面上写着"金子武藏教授'精神史方法论'报告",正文末尾的日期是1960年3月10日。参见[日]小林昌人:《广松物象化论和〈德意志意识形态〉》,《社会理论研究》,2005年第6期。

一观点。①从时间上看,广松涉的这一断代观点,甚至早于或同行于阿尔都塞的"断裂说"。此间,广松涉还基于《德意志意识形态》中的历史唯物主义构境,进行了一个对比性的分析:第一,在《1844年手稿》中,"整个历史过程是作为人的自我异化和自我回复的运动过程来把握。现在这种异化论的逻辑被取代,而出现物象化论的逻辑"。这也就是说,广松涉将马克思物象化理论的出现时间,锚定在1845开始写作的《德意志意识形态》一书中,将其视作对人本主义异化史观的取代。依我的判断,这是一种逻辑前置。第二,分工与私有财产逻辑关系的颠倒:在《1844年手稿》中,

> 分工被看作"关于作为类活动的人的活动这种异化的和外化的形式",②甚至企图证明"分工和交换以私有财产为基础"③。现在,逻辑逆转,是以分工作为说明性原理,来说明私有财产的形成,进而国家的形成。④

在这一观点上,我与广松涉的构境意向基本一致。因为我自己也认为,分工在《德意志意识形态》一书中,恰恰占据了原来《1844年手稿》中异化逻辑所居的重要位置。⑤

更进一步,广松涉通过马克思恩格斯在《德意志意识形态》中的两段著名表述,来说明这两种重要的理论逻辑构式转换。第一段即马克思所指出的:只要分工还是处于自发状态,人本身的活动就会成一种"异己的、与他对立的力量",这种力量驱使人,而不是相反。⑥请注意,这是马克思恩格斯在《德意志意

---

① 参见[日]广松涉:《马克思主义和自我异化论》,《理想》,1963年9月。

② 《马克思恩格斯全集》(第42卷),人民出版社,1979年,第144页。

③ 同上,第148页。

④ [日]广松涉:《历史唯物主义的原像》,邓习仪译,南京大学出版社,2009年,第23页。

⑤ 参见张一兵:《回到马克思经济学语境中的哲学话语》(第四版),江苏人民出版社,2020年,第六章第三节。

⑥ 参见《马克思恩格斯全集》(第3卷),人民出版社,1960年,第37页。

识形态》中的一段非常重要的表述,它是指认一种人对自己创造出来的客观经济力量的失控和逆向奴役,这都是在斯密"看不见的手"的构境中发现的客观关系颠倒,而不是"宛如"式的假象。我将其指认为"物役性"现象。①第二段表述的意思也十分接近:马克思发现,当我们的社会活动被自发的分工所固定化时,"我们本身的产物聚合为一种统治我们的、不受我们控制的、与我们愿望背道而驰的并抹煞我们的打算的物质力量"②。显而易见,此处分工范畴所起的作用,正是《1844年手稿》中劳动异化在人本主义逻辑中的驱动力。并且与异化论中那种从"单个个人或人与主体的关系"出发的思路完全不同的是,现在的马克思,是从"从各个个人的社会交互关系的自发形成的存在状态"出发来思考奴役问题。十分遗憾的是,广松涉没有继续指认出,这种新逻辑思考在《1844年手稿》中的隐性生成和非主导性在场。他也没有指出,马克思恩格斯这里没有区分社会分工与劳动分工的根本性差异的问题。

广松涉认为,这种重要的理论逻辑转换,标志着马克思的思想构境逻辑,已经"从异化论的视域到物象化论的视域的飞跃"。他说:

> 所谓人的独立的物象的力或作为物象的现象的东西,实际上是各个个人的自发形成的交互力或交互关系的曲折反映,然而它又曲折地具有物的根据,而不单是幻影,缘于这种物象化,在所谓"必然王国"中的历史规律性的存在这一点上,这种认识大体上得到明了的说明。③

对广松涉来说,这里还有一个重要的界定,即在《德意志意识形态》之

---

① 关于物役性理论,可参见张一兵:《马克思历史辩证法的主体向度》(第三版),武汉大学出版社,2010年,第三章。

② 《马克思恩格斯全集》(第3卷),人民出版社,1960年,第37页。

③ [日]广松涉:《历史唯物主义的原像》,邓习仪译,南京大学出版社,2009年,第24页。

中,马克思的物象化理论就已经形成,或者说,人与人的社会关系宛如物与物的关系这种社会批判理论已经确立。

对这一点,我倒不愿苟同。我认为,广松涉是前移了马克思的"物象化"理论。依我的判断,马克思恩格斯在《德意志意识形态》一书的写作过程,正是现象学批判逻辑的缺席时期,即使他们确实论及了人的产物或社会关系的固定化外在化为一种奴役人的物质力量,那也只是在实证的原则下指证物役性现象,而不是自觉指认一种物的关系颠倒地假象式地表现为物的关系的"物象化"(用我的观点,即历史现象学)观点。或者说,在这里取代异化逻辑是广义历史唯物主义构境,而并不是广松涉自己指认的"人与人的关系宛如物和物的关系"的物象化理论。后者,只是1857年之后,马克思在狭义历史唯物主义之上对资本主义经济关系客观颠倒的新的批判性认识。事实上,这种重要的社会批判理论的提出,是在马克思《1857—1858年经济学手稿》和《资本论》中才最终完成的,即便真的存在一种"物象化"理论,那它也是与马克思的三大拜物教理论同体完成的。关于这一点,我们在下一章中还会具体讨论。

四、历史唯物主义的基本观点

广松涉《唯物史观的原像》的第二章,是从正面讨论马克思历史唯物主义哲学新构境中的基本原则和基本范畴的过程,其中有不少重要的理论观点。

在这一章里,广松涉敏锐地注意到,历史唯物主义超越19世纪资产阶级社会理论之处,就在于前者看到了,社会"被作为与各个个人的意志行为俨然相似的、独立的、固有的、实在的现象来把握"的地方,而马克思恩格斯则进一步看到了"各个个人的交互的行为被物象化和被形象化,以及其具有怎样的机制相对",这也是马克思拜物教批判理论的真正所指。在广松涉看来,

"唯物史观,确实在对社会现象的物象化及其机制的自为化中,开拓了对社会的存在结构和历史规律性作学理的把握的视域"①。这是他的一个重要理论判断。

这也正是我要分析和讨论的第一个重要问题,即广松涉的物象化理论与历史唯物主义的关系。从上述观点中我们不难看到,广松涉将历史唯物主义的基本理论原则与物象化观点做了一个等质性连接。根据他的思路,似乎在马克思那里,全部历史唯物主义就是物象化理论及其展开。我不同意广松涉的这种判断和做法,这是对物象化理论的一种逻辑泛化。这里,有几个复杂的相关问题需要剥离开来。

一是历史观中对社会场境存在的实体化直观,与马克思的社会活动构序和关系筑模透视的异质性。前者,不仅是广松涉指认的19世纪资产阶级社会学家的观点,甚至也是全部第二国际理论家和斯大林教条主义哲学解释构架对"社会存在"(实为社会定在,Gesellschaftliches Dasein)②的理解。在这种理解中,社会存在成了人口和自然地理环境之类的实体性的物质实在,这显然是对马克思的误读。关于后者,我倒赞成这样一种看法,即马克思眼中的社会存在是基于一种特定历史条件下人们的客观社会生活、社会活动构序,特别是相互作用的基础之上的客观关系场境,而这种客观关系场境又不是实体性的东西,而是功能性的构序活动。这一点也正是海德格尔存在论的基本思考点,即从现成在手性到上手性的转变。在后来的《物象化论构图》一书中,

① [日]广松涉:《历史唯物主义的原像》,邓习仪译,南京大学出版社,2009年,第29页。
② 在传统马克思主义哲学研究中,"社会存在"概念被视作历史唯物主义理论中的关键词,但是如果我们回到马克思的原始文献中,我们却发现他却极少使用"社会存在"(gesellschaftlichen Seins)这个概念,在创立历史唯物主义之前和他后来在经济学和历史学研究中表述历史唯物主义方法论的时候,在德文原文中,他通常使用了一个更加精准的科学概念:社会的、历史的关系性定在(Daseins),以及定在方式(Daseinsweise)。参见张一兵:《bestimmt和Dasein:从黑格尔到马克思的定在概念》,《中国社会科学》,2019年第8期;《马克思:历史唯物主义中的社会定在概念》,《哲学研究》,2019年第6期。

广松涉曾直接指认了这一点。他说,马克思恩格斯对存在作了"用在"形式的理解,社会生活是"由生产活动这样积极的因素来规定编制构造"的。①并且他明确提出了从近代"实体的基始性"向"关系的基始性"的转换问题。②关于这一点,我与广松涉的看法基本一致。

　　二是现代性社会生活的关系性构序本质,与这种关系性社会存在场境的布尔乔亚物化视域的关系。后面我还会提出,资本主义经济关系颠倒的客观结果——伪场境的问题。我也赞同,在现代性商品–市场经济中,人的关系性的社会存在被颠倒为物的关系,而马克思提醒我们透过市场中介的物性关系去洞悉社会活动和社会关系的直接性。广松涉将其称为物象化的构境思路倒也是可以接受的,可这并不意味着,我们就可以把物象化理论泛化为整个广义历史唯物主义的一般观点。至少在马克思那里,也并非全部人类社会历史生活都会出现这种特殊的经济关系颠倒之"物象",比如原始部族生活,再比如,马克思理想中那个消除了商品–市场中介的未来共产主义。

　　三是物象化理论与历史唯物主义的关系。我以为,在马克思的思想进程中,历史唯物主义可以被区分为广义历史唯物主义与狭义历史唯物主义。广义历史唯物主义是《德意志意识形态》中对社会历史存在和运动现实基础和一般规律的描述,例如,全部社会历史存在的基础是物质生活的生产与再生产,人与自然的关系和人与人的关系的历史构序方式决定着社会生活的基本性质等。这些表述,固然还是建立在并不太深入和准确的经济学研究和历史史实的了解之上,但作为历史唯物主义最重要、最一般的理论原则,却是正确的。关于狭义历史唯物主义,作为对资本主义社会本质与特殊运动规律的批判性理解,马克思的确提出了一个特殊的历史现象学和历史认识论的基本理论逻辑。马克思说明了,在资本主义这一特定的历史时期中,经济力量如何成

---

① ［日］广松涉:《物象化论的构图》,彭曦、庄倩译,南京大学出版社,2002年,第43页。
② 同上,第46页。

为社会的决定性基础,人的社会历史过程又如何变成一个盲目的"自然历史过程",人是如何变成经济动物,人与人的直接劳动关系再又是如何颠倒地表现为市场交换中的物与物的关系的,其中最重要的内容是三大拜物教批判理论。在我看来,这也是被广松涉指认为物象化理论的东西。在后来的《物象化论的构图》一书中,广松涉对此做了更加具体的讨论。①他甚至讨论了世界历史和自然界的物象化问题。②在此书的跋文中,他已经开始将这种物象化论通过海德格尔而与自己以后的广松涉哲学的建构链接起来。与广松涉的观点不同,我认为"物象化理论"只是历史唯物主义构境的一种特殊层面而已,即狭义历史唯物主义基础之上的社会批判理论。我感到,如果混同了这一点,将可能造成一定意义上的逻辑混乱。

显然,广松涉关于历史唯物主义的理解,多半是建立在这种物象化理论构境泛化的基础之上的,当然,这也使他对马克思历史唯物主义基本理论的看法构序出尤其独特的地方。我们不妨对他眼中的几个重要范畴做些分析。

一是生产概念。首先,广松涉认为,马克思的物质生产概念"在本源上是'对象性活动'gegenständliche Tätigkeit。生产劳动是实践的谋划Entwurf,是对象改变=自我改变的一种创造性活动"③。这是很哲学的一种说法。从逻辑构境层上看,广松涉此处的表述倒十分接近青年马克思在《1844年手稿》中对对象化的理论构序。我觉得,被广松涉忽略了的一个重要的思想史细节是,在马克思那里,《关于费尔巴哈的提纲》中作为哲学总体范式的实践,与《德意志意识形态》中作为社会存在和运动初始基础的物质生产,并不是同一个东西。物质生产是人类总体实践中"第一层级"的东西,它是其他社会实践的基础。此外,生产构序也不完全等于劳动,马克思将生产区分为人的生产与物质生

---

① 参见[日]广松涉:《物象化论的构图》,彭曦、庄倩译,南京大学出版社,2002年,第二章第一节。

② 同上,第三至四章。

③ [日]广松涉:《历史唯物主义的原像》,邓习仪译,南京大学出版社,2009年,第30页。

活条件的生产,而劳动只是物质生产过程的主体构序活动方面。

广松涉进一步说:

> 生产活动,不是与神的创造无异的从无产生出有,而是受到"创造的活动"的样式、自然条件和历史条件的制约。劳动对象、劳动手段和劳动样式,归根结底受到自然的、历史的制约,然而从生产劳动的谋划本身来看,与其称之为内发的志向,毋宁是为了生存而不得不如此这样一种被动的、被决定的生存状态中而进行的创造。但不管怎样,人们是通过这个作为被投的、谋划的生产这种对象性活动,通过不断进行自然的历史化、"历史的自然化"的"创造"这种方式而此在地存在。①

我觉得,这是一个正确的观点。生产活动总是在一定的社会历史先验基础上去从事创造和构序的。但可以看得出来,广松涉刻意将焦点投射在主体性的劳动活动上。这与马克思的生产观念的主体-客体向度有一定的差异。

其次,生产在本源上是交互协动(Zusammenwirken,也可以译为共同活动)。这是过去人们在传统研究中不太关注的问题,我们通常只是讲人与自然的关系和人与人的作用关系, 而很少提及生产活动内部的主体际交互协动。广松涉说,生产中交互协动并非仅仅指劳作关系中的分工协作之意,

> 生产,就这样作为主体间性的、历史的交互协动的对象性活动,通过这种对象性活动本身,人一方面将自然历史化,另一方面也进行着改变自己的生产与再生产。生产,不单是为了取得面包的手段这种层次上的东西,而是对作为人的应有状态、历史赋予的东西的谋划性回应,将现在

---

① ［日］广松涉:《历史唯物主义的原像》,邓习仪译,南京大学出版社,2009年,第30页。

推向未来的实践的中介的人类生存世界的关系,表现为这个存在论的关系方的根本结构本身。具有这一存在论意义的"生产"这种实践,不外是马克思恩格斯的社会观及其世界观所定位的视域。①

走到这里,广松涉显然又过渡诠释了。至少,马克思并没有像海德格尔关注共在那样去关注生活活动内部的主体间性,马克思是在《德意志意识形态》一书中提到"人们的共同活动本身就是生产力"的,可他显然不会想到物质生产除去取得面包这种实用功能性之外,还有什么"作为人的应有状态、历史赋予的东西的谋划性回应,将现在推向未来的实践的中介的人类生存世界的关系"。后面我们还会看到,作为交互协动或共同活动出现的生产力概念,是赫斯的话语。其实,在广松涉这里,面包之外"应有"的东西就是生产作为人的本质。必须声明,我不能同意广松涉将生产视为人的本质的观点。用他自己的话讲,这叫"生产攸关人的本质"。物质生活的生产与再生产是全部社会历史的基础,但它并不是人的本质。就像劳动不是人的本质一样,物质生产同样不是人的本质。马克思将的人的本质从现实性上定位于社会关系的总和,生产及其生产关系至多是历史地建构这种"关系总和"的构序基础。我觉得,研究历史唯物主义的生产范畴,倒的确需要一种更精细的态度和更深到的功力,但切不能一厢情愿地将我们自己的现代话语强加于历史文本之上。

二是与生产直接相关的生产关系与生产力概念。在广松涉看来,生产关系首先是一种客观的东西,"不同于社会契约论等主张——不是各人通过自由意志而缔结的,而是通过自己意志之外的独立的条件,各人才开始内在地存在于它"②言下之意,生产关系具有不以人的意志为转移的客观性。这个说

---

① [日]广松涉:《历史唯物主义的原像》,邓习仪译,南京大学出版社,2009年,第30页。
② 同上,第32页。

法是对的。在这里,广松涉明确反对传统哲学解释框架对生产力、生产关系以及生产方式的理解,即那个说生产力是人对自然的关系,生产关系是人与人的关系,然后这二者的"辩证统一"则是生产方式的理解。他坚持认为,这种理解"与马克思恩格斯思想是相异质的"。为什么?

且让我们将思路拉回到前一构境层上去。生产即是交互协动,马克思将生产作为"在本源上是交互协动的社会的对象性活动"①。广松涉认为,这一点,连斯密和李斯特都已经理解了,他们都看到了"基于分工协作的结合劳动的生产力"的意义,赫斯也不例外。生产和生产力都已经内含了人与人之间的相互合作和作用,把人与自然和人与人的关系割裂开来的做法是近代资本主义的知性认知构架的产物。这一点,是十分深刻的看法。在先前关于生产和生产力的传统研究中,很少有人会想到这一点。

在广松涉看来,生产力与生产关系这对范畴的前身是生产力与交往关系。

"生产力"Produktionskraft和"交往形式"Verkehrsform这对概念,原本是赫斯的术语,在他那里,上述概念叫作"交互协动"Zusammenwirken、"关联与境"Zusammenhang,这又与《德意志意识形态》中随处借用的概念具有紧密的联系。所谓"关联与境",乃是"交互"中的人们之间的关系之谓,在某种意义上,可以解释为同一事态在活动上的结合的时候是"交互",而其中关系上的结合的时候就称为"关联"。②

赫斯对马克思的影响,是当代马克思主义思想史研究中的一个重要问题。广松涉是比较早地深入探讨这个问题的学者。侯才博士和我,也都对这一

① ［日］广松涉:《历史唯物主义的原像》,邓习仪译,南京大学出版社,2009年,第32页。
② 同上,第33页。

问题进行过研究和讨论。①最近,韩立新博士将赫斯的"交往异化"概念标定为马克思新世界观的触发点,这是一个值得注意的理论新动向。②这个判断大致是准确的。广松涉认为,在赫斯那里,生产力是以交互协动(共同活动)来把握其能力的,而交往关系则更复杂一些,"赫斯那里的'交往',如常说的斯密的commerce已经具有这种含义一样,不只是指商品流通的层次,也每每包含生产的场面中自然与人之间的代谢过程这样的层次"③。言下之意,赫斯的交往是以小商品生产者的简单商品流通为逻辑视域而生成的表象,其中,流通当然就是重点,而马克思则强调斯密那里建立在工场内部劳动分工基础上的交往,一开始就包括了生产协作层面的"人与自然的代谢"和劳作之间的交往。所以广松涉会说,"在这个简单商品流通社会的模型中,该交往形式简直就是社会的分工=协作的定在形式"。其实,青年马克思在《1844年经济学哲学手稿》中,将赫斯基于流通领域得出的交往异化(《穆勒笔记》)推进到生产领域的劳动异化,就是意识到这个局限的表现。然而一些论者竟然将这个理论逻辑上的进步完全逆转了,因为他们无法从马克思的经济学研究进程中来具体透视这一点。广松涉正确地看到,马克思在历史唯物主义的创立过程中,将赫斯的交往关系"扬弃为'生产关系'",从而确立了全新的生产关系(Produktionsverhältnis)这一范畴。

---

① 从20世纪初开始,赫斯与马克思的关系就一直是西方学界关注的热点,基本论点是肯定赫斯前期思想对青年马克思的重要影响,甚至提出,马克思恩格斯在早期都是赫斯式的"真正的社会主义者",而苏东学者则是这一观点的否定派。国内学者近期也开始关注这一问题。参见哈马赫:《论真正的社会主义的意义》,《社会主义和工人运动历史文库》,1911年,莱比锡;济尔伯奈:《赫斯传》,1966年,莱登;拉德马赫:《赫斯在他的时代》,1977年,波恩;米特:《真正的社会主义》,1959年,莫斯科;费尔德尔:《马克思恩格斯在革命前夕》,1960年,柏林;侯才:《青年黑格尔派与马克思早期思想的发展》,中国社会科学出版社,1994年;张一兵:《回到马克思——经济学语境中的哲学话语》,江苏人民出版社,1999年。

② 参见韩立新:《〈穆勒评注〉中的交往异化:马克思的转折点》,《现代哲学》,2007年第5期。

③ [日]广松涉:《历史唯物主义的原像》,邓习仪译,南京大学出版社,2009年,第33页。

这里,我必须再交代一个重要构境线索,即马克思的生产概念和生产方式的范畴,已经不仅仅是传统哲学中的关系话语,这里广松涉指认出的"交互协动"(Zusammenwirken)、"关联与境"(Zusammenhang),已经包含着复杂的场境观念,即社会生活的本质上是一个多重关系建构起来的客观场境。这一点,广松涉显然是没有很好注意到。他没有意识到,海德格尔已经对抽象的无意向关系概念进行了彻底的证伪,交道式的关涉和世界性的共在都在呈现一个新的构境层。

第三章
广松涉的物象化范式
——《物象化论的构图》解读

广松涉在1983年出版了《物象化论的构图》一书。此书是他从1969—1983年公开发表的有关"物象化"问题的相关论文的一个结集。1982年,广松涉阐释自己哲学体系的主要论著《存在与意义》的第一卷已经问世。这本文集的出版,至少明示出物象化范式也是进入"广松涉哲学"的真正入口。他自己说:"《物象化论的构图》是作为《存在与意义》第二卷的前提性著作而付梓的。"①这也就是说,此书是作为广松涉哲学实践论的理论逻辑构序前提。在我看来,这本文集中部署为第二章,也是写于1983年的《物象化论的构图与适用范围》②一文是全书的核心,广松涉也说,此文为本书的"主干部分"。本章将讨论和思考广松涉提出的这一重要理论构序范式。

一、关系本体论:对实体主义的超越

广松涉在自序一上来就说道:"'物象化(Versachlichung)论的构图(Ver-

---

① 〔日〕广松涉:《存在与意义》(第二卷),彭曦、何鉴译,南京大学出版社,2009年,序言第8页注2。
② 〔日〕广松涉:《物象化论的构图与适用范围》,《思想》,1983年3月号,岩波书店。

fassung)'，对笔者来说，既是理解马克思的后期思想的重要钥匙，同时也是作者本身所构想的社会哲学、文化哲学方法论的基础。"①这有两个重要的理论构序定位：一是物象化概念是他用来指认马克思后期思想（准确地说，是1845年历史唯物主义创立后）的科学方法论的范式，这是取代人本主义异化论构境的方法论转换的质性定位；二是这种对马克思的方法论解读构成了他自己全新哲学构境的基础，这是一个他与马克思总体构式逻辑的历史性关联的定位。在这里，我们先重点分析第一个定位。

在广松涉看来，马克思的"历史的唯物主义观(materialistische Auffassung der Geschichte)"不是狭义的历史观，即斯大林所理解的辩证唯物主义在社会历史领域的推广结果的唯物主义的历史观，而是作为历史科学的整个马克思主义的科学世界观。其中，这个"历史的"(Geschichte)规定不是指与自然存在相对立的人类历史领域，而是一切存在的时间性质。这是精准的。广松涉在解释历史唯物主义的革命意义时，将其特别指认为对近代"主体-客体模式"(Subjekt-Objekt-Schema)的根本超越。请注意，这显然是认识论视位，虽然在唯心主义逻辑构架中，认识论就是本体论(辩证法)。在他看来，马克思恩格斯吸取了黑格尔哲学的教训，在黑格尔自以为用绝对唯心主义一元论根本弥合了费希特"自我"与"非我"的二元分裂的缝合处，马克思和恩格斯引进了中介性的现实社会关系构序。我注意到，为此广松涉主要谈及了马克思的《关于费尔巴哈的提纲》中第六条中那一名句："人的本质并不是单个人所固有的抽象物，在其现实性上，它是一切社会关系的总和(In seiner Wirklichkeit ist es das Ensemble der gesellschaftlichen Verhältnisse)。"②依广松涉的解释，马克思的这一观点，直接受到了赫斯的影响，即从那个将交往关系视作人的类本

---

① ［日］广松涉：《物象化论的构图》，彭曦、庄倩译，南京大学出版社，2002年，自序第1页。
② ［德］马克思：《关于费尔巴哈的提纲》，《费尔巴哈》，人民出版社，1988年，第89页。See Karl Marx, *Manchester-Hefte*, *Gesamtausgabe*(*MEGA2*), Ⅳ/3, Berlin: Dietz Verlag, 1998, S.20-21.

质的观点,转向"一定的社会生活"中的现实的人的本质观点。后面我们还会看到,广松涉刻意指认了这一观点在黑格尔哲学中的缘起处。

首先,在广松涉看来,马克思这一表述的构境意义,在于否定了费尔巴哈和施蒂纳共同居有的实体主义。细一点说,我发现广松涉竟然明确指认,实体主义在费尔巴哈那里的具体表现是普遍的类本质(第二实体),而在施蒂纳那里则是现实的个人(第一实体),这是一个有趣的理论透视。这也是过去我们在解读这段思想史时漏掉的东西。只是,令人生疑之处有二:一是费尔巴哈的人的类本质,在底根处也是人与人的自然关系,因为这一构境基点,也才有可能生出赫斯将人的交往类关系重构为人的类本质,以及青年马克思后来的关系性劳动类本质。二是在这一构境层中,广松涉忽略的细节是,青年马克思自身在唯物主义立场上的转换,即他1843年已经站在费尔巴哈式的哲学唯物主义观念上,直到市民社会决定国家与法的"法权唯物主义"(姚顺良教授语)①的立场,如果1845年发生了对实体主义的超越,那也应该是青年马克思对自己的超越,即从哲学唯物主义向历史唯物主义的转换。而广松涉认为,马克思则是说,任何个人的现实本质都是他在社会存在(活动)中赋型起来的关系总和。这样,作为第一实体的个体实体与作为第二实体的类实体同时消解为关系构式。这奠定了马克思关于人的看法的非实体性基础。这一点,除了对费尔巴哈和施蒂纳的实体主义指证有些奇怪,基本是有道理的。

其次,更深一层看,广松涉刻意指认,马克思的这一重要观点的真正缘起是黑格尔的关系本体论。因为在《精神哲学》中,黑格尔曾经这样写道:"在个人的具体存在中,他属于与别人以及世界一般之间形成的诸关系的总体。

---

① 参见张一兵:《马克思哲学的历史原像》,人民出版社,2009年,附录一。

这个总体性内在于个人,这个(诸关系的)总体性构成个人的现实性。"①这也是我们不曾注意到的方面。这指明了马克思《关于费尔巴哈的提纲》中对人的现实本质规定的原初思想渊源。

并且,更进一步,

> 马克思、恩格斯在宣布批判地超越黑格尔左派意识形态整体的《德意志意识形态》②中,将视轴定在"内部存在"于历史诸关系中的人们,"人们的对自然的以及相互的诸关系"③上来重新建构理论。——在《提纲》中,还停留在"一切社会关系的总和(社的诸係の一総)"这样的一般性的提法上,而现在将所说的诸关系以"生产关系"④为基轴构造地来重新进行规定。⑤

广松涉的观点是,如果《提纲》第六条中那个"社会关系的总和",还是一种一般性的哲学提法,而在《德意志意识形态》中,则已经深入到以生产关系为基轴来说明整个社会定在的关系本质了,即人与自然的关系、人与人的关系的双重基轴和结构。这也是我所指认的马克思恩格斯在1845—1846年创

---

① 广松涉原注:《黑格尔全集》(第10卷),第133页。另外,如果引用所谓《小逻辑学》的某个补遗部分的话,黑格尔甚至说道:"自我,既是单纯的自我关系,同时更是对他者的关系。"(第8卷,第283页)

② 这一点,从马克思在《德语布鲁塞尔报》等上所告知的《德意志意识形态——对费尔巴哈、布·鲍威尔和施蒂纳所代表的现代德国哲学以及各式各样先知所代表的德国社会主义的批判》这样的题目以及手稿的构成和内容都可以得知。

③ 广松涉原注:前注所提到的广松涉编《德意志意识形态》(河出书房,1974年,以下简称为广松版《德意志意识形态》)第50页。1983年的新版中订正了旧版的排版错误。

④ 广松涉原注:在《德意志意识形态》中,此概念作为专门术语虽然尚未固定,不过笔者仍冒昧地加以使用。值得注意的是,在《德意志意识形态》中,此词广义地被使用,甚至有下列句子:"直到现在存在着的个人的生产关系也必须表现为法律的和政治的关系。"德文版《马克思恩格斯全集》(第3卷),第347页。参见《马克思恩格斯全集》(第3卷),人民出版社,1960年,第421页。

⑤ [日]广松涉:《物象化论的构图》,彭曦、庄倩译,南京大学出版社,2002年,第36页。

立的广义历史唯物主义构架，亦即用新的实践唯物主义哲学观念说明整个人类社会定在本质的一般世界观。只是，广松涉明确将其突显为关系本体论。相对于传统教条主义教科书的解释构架，这已经是足够深刻的认识了。

而且广松涉也标识了马克思眼中的关系本体论构境中的意识本质："我对我的环境的关系是我的意识。凡是有某种关系存在的地方，这种关系都是为我而存在的。"①在马克思那里，意识的本质也是关系，但不是黑格尔式的观念实体和逻辑关系，而是现实社会关系构序和赋型在观念中的为我性(für uns)内化，这是对的。对此，广松涉进一步分析道：

> 马克思、恩格斯不是从内在的实体，或者机能等等来观察"精神"和"意识"，而是从根本上将之当作"关系"来理解。而且，作为人们被自为化的"对自然的、相互的"的关系，用今天的话来说，正如"以语言交流使之成为现实态"那样，将之理解为只有在"主观际性(間主観性)"中才存在的事物。②

这一段表述是重要的，因为广松涉在这里阐明了历史唯物主义中意识问题的最核心的观点，即意识本身是没有历史的，它不过是人类社会历史面对自然构序(物质生产和再生产)和主体之间互动活动中发生的诸多关系场境的主观内化结果。由此，意识的本质是映照现实活动关系构式的赋型，由语言交流重现的间主观性。

值得我们特别关注的是，广松涉拼贴了马克思的一段文本建构物：

---

① 《马克思恩格斯全集》(第3卷)，人民出版社，1960年，第34页。
② 广松涉原注：关于这一点，参见《事物、事情、语言》(劲草书房，1979年刊)，第98页。详细内容请参见《存在与意义》第一卷第一篇第三章。[日]广松涉：《物象化论的构图》，彭曦、庄倩译，南京大学出版社，2002年，第45~46页。

　　人的诸个体之所以"是什么样的,这同他们的生产是一致的——既
和他们生产什么一致,又和他们怎样生产一致"①。之所以这样是因为
"个人怎样表现自己的生活,他们自己也就怎样"②,那也是"这些个人的
一定的活动方式、表现他们生活的一定形式、他们的一定的生活方式"③
的原因之所在。

　　我们知道,这是马克思恩格斯在《德意志意识形态》里阐述广义历史唯物
主义观点中最关键性的一段表述。广松涉这里试图说明,作为第一实体的现
实的个人,在马克思这里被进一步消解了。可是他并没有注意到,马克思的
历史唯物主义的最深构境层中,"关系本体论"是被更深入的生产塑形和功能
化筑模——生产方式所突破,这是马克思恩格斯所专门指认的"怎样生产"
"个人的一定的活动方式、表现他们生活的一定形式、他们的一定的生活方
式"的深义,这个怎样生产的一定历史性的构序方式,决定了人们的特定存在
方式和生活方式。显然,广松涉没有在这一重要理论观点上驻思。

　　广松涉告诉我们,马克思在处理人与自然的关系时,并没有依从"主体-
客体"的二元模式。他引证了马克思恩格斯如下一段重要表述:"关于人对自
然的关系这一重要问题……在工业中向来就有那个很著名的'人和自然的统一
性',而且这种统一性在每一个时代都随着工业或快或慢的发展而不断改变。"④
这个引号中的"人与自然的统一性",可能有黑格尔绝对观念的同一性逻辑和
费尔巴哈式的人化自然逻辑,而马克思则是要指认这种所谓的统一在历史性
的资本主义工业生产中的实际改变。在广松涉的解释构境域中,这里的工业

---

①②③　《马克思恩格斯全集》(第3卷),人民出版社,1960年,第24页。
④　同上,第49页。

是解除人与自然独立的实体性的依存关系,也是在此处,他突然引证了海德格尔的一对重要概念:Vorhandensein(在手存在)和Zuhandensein(上手存在)。①这是海德格尔从胡塞尔现象学中引申出来的一个方法论意义上的差异性范式,Vorhandensein可理解为对象性的现成实体,意指实体主义中的实体自然物,而Zuhandensein则是指正在发生的功用性的非实体存在状态。依广松涉的看法,

> 人将工业场合的人与自然统一这样的"自然",如果仅仅以物理学的自然,按照海德格尔式的说法,以作为"物在"(在手存在Vorhandensein)②的自然物的形态来理解的话,那么那种情况下的自然,大概只能覆盖地球表面的区区一小块吧。不过,基始的自然是以海德格尔的所谓"用在"(上手存在,Zuhandensein)的形式出现。例如,太阳在成为物理、化学的客体之前,作为照亮世界、抚育草木、温暖身体……的事物;月亮作为照亮夜路……的事物。基始的自然以呼应活生生的实践关心的形式而出现。③

广松涉是深刻的。虽然他没有读到过后来出版的海德格尔写1922年的《那托普报告》④,但他极为准确地透视到,自然(φνσις,涌现)在海德格尔那里

---

① Zuhandensein和Vorhandensein为海德格尔的重要术语,中文版《存在与时间》分别译为"上手性存在"和"现成在手性存在",广松涉日译为"用在性"(用具的存在性)和"物在性"。我认为,广松涉所使用的"用在"和"物在"比"上手存在"和"在手存在"在广义本体论的意义上要更精确。

② 德文版海德格尔《存在与时间》,第69页;[德]海德格尔:《存在与时间》,陈嘉映等译,生活·读书·新知三联书店,第81页。

③ [日]广松涉:《物象化论的构图》,彭曦、庄倩译,南京大学出版社,2002年,第41页。

④ 青年海德格尔于1922年完成的《对亚里士多德的现象学阐释——解释学情境的显示》一文,为了争取马堡大学的副教授一职,海德格尔将此报告寄给马堡大学的那托普教授,简称"那托普报告"。

是一种"用在性"出场,即他所说的"基始的自然以呼应活生生的实践关心的形式而出现"。被实体主义假定为外部自然物质的存在,实际上,不过是在不同时期的工业中"呼应活生生的实践关心的形式"而在场的事物。

不过广松涉没有细致辨识的是,实体主义并非仅仅是一种认识上的主观错误,而是特定历史条件下的产物,因为在农耕文明中,人对外部自然的关系的确是表面的和对象性的。也就是说,在一定的意义上,主体–客体二元模式在特定的历史中,恰恰是人类生活中真实存在的现实实体关系,也只是在资本主义工业生产中,自然才真正成为我们生活存在的关涉塑形物。主体–客体二元模式才丧失其历史的合法性。

也基于上述的讨论,广松涉说,正是马克思关系性的历史唯物主义超越了实体主义的人本学,建立了"以生产的场合为轴心而被建制成的生态系的'人与自然、人与人的'关系态,定位于这个面向'历史世界'内的存在中,并规定人的存在"①。这是一种强调关系基始性的新世界观。在这一点上,吉田宪夫教授的理解是对的。他认为,广松涉强调了"以实现对'人'和'自然'的二元对立的超越,从'工业'上定位'人与自然的统一'、'主观性(=主体性)和客观性(=客体性)的二元对立的扬弃,是作为对照性活动的生产实践,定位于'工业'才能够达到为'唯物主义'的构想"②。广松涉认为,也由此,我们才有可能理解海德格尔1947年在《关于人本主义的书信》一文中对马克思的重要评介:仍然陷在实体论人本主义之中的萨特为什么没有资格与马克思对话。这是极其精准的评论。

---

① [日]广松涉:《物象化论的构图》,彭曦、庄倩译,南京大学出版社,2002年,第46页。

② [日]吉田宪夫:《广松涉哲学与马克思》,《马克思主义与激进主义评论》,1994年11月25日特别号。中译文参见邓习仪译稿。

二、从异化论向物象化论的转换

与通常我们所看到的解释不同，上述广松涉对马克思历史唯物主义的诠释，其核心构境点是关系本体论，我们不难发现，从人本学的实体主义构式到关系第一性（関係の第一次性）的转换，还只是我所指认的广义历史唯物主义中历史客体向度的观察视位，即将实体对象化的社会现象透视为社会历史的建构性关系本质。在这一构境层中，显然缺席了马克思的批判立场。广松涉似乎也看到了这一点，他必须要讨论一个更重要的方面，即与上述马克思哲学革命同步发生的批判理论中的重大理论构境转换——从人本主义异化（疎外）论向历史唯物主义的物象化批判的转变。从逻辑构序关节来看，人本主义异化史观恰恰是主体性人学，而基于历史唯物主义的物象化论批判却并非仍然处于主体向度之中，可是广松涉所关注的却是，这个所谓物象化正是对上述历史唯物主义关系本体论的遮蔽！社会历史的关系本质，在资本主义生产方式中被重新伪构成实体性的物象。依据我们上述的解读，关系本体论如果是广义历史唯物主义中的客体向度，那么物象论批判到底依托于什么视位？我们具体来看广松涉的破解。

依广松涉的观点，青年马克思在《巴黎笔记》中的《穆勒笔记》和《1844年经济学哲学手稿》中所赋型的劳动异化史观，其实质仍然是依从了人本主义的价值悬设逻辑构境的经典三段论，这是从宗教故事中的神话逻辑开始的某种演绎：

1."〈a〉乐园，〈b〉失乐园，〈c〉复归乐园"；

2.(A)"人们尚未被异化的本真态的时代"，(B)"人们被异化，处于非本态的时代"，(C)"扬弃这样的非本来的异化态，实现不被异化的

本真态的时代";

　　3.(a)还没有出现私有制的历史阶段,(b)存在私有制这样的"异化"的历史阶段,(c)这种"异化"被扬弃,私有制不复存在的历史阶段。①

　　首先是人天生应该具有的本真存在状态——未被罪恶侵入的天堂乐园,然后是在被魔鬼引诱后失真的世俗凡界现实,最后是在神的引领下离开世间苦海重新进天堂。这是一种价值悬设问题构式中"应该"与"是"的批判辩证法。所以广松涉说:

　　　　异化、复归这样的设想,在黑格尔的情况下,被定位于基督教中的"神"→"人(化)体"→"神"这样的宗教表象的构图中,因此理所当然地伴随着实体的主体的自我异化和自我复归这样的过程。只要是以这样设想性构图为前提、将现状论定为异化态的话,异化态的自我扬弃,也就是说,对本真态的复归的意思自然也包含在里面了。②

　　这里有一个重要的逻辑链接,即异化论与主体-客体二元模式的内在关联,因为在此,上帝与绝对观念是主体,而世俗堕落和观念物化是主体向客体状态的外化和异己化,扬弃异化则是复归于主体。其实,从历史中并不存在的本真性价值悬设出发的异化逻辑, 显然是唯心主义问题式之下的历史理论,可以说,异化史观是近代资产阶级人本主义话语中最集中地体现这种批判逻辑的理论传统。广松涉出色地指认,1844年青年马克思的劳动异化论,仍然是深陷这种人本主义的逻辑伪境泥坑之中的,而在1945—1846年的思想变革中,马克思恩格斯创立历史唯物主义的前提,就是根本摈弃了这种人本

---

　　① ［日］广松涉:《物象化论的构图》,彭曦、庄倩译,南京大学出版社,2002年,第54~55页。
　　② 同上,第55~56页。

主义的异化史观,确立了物象化论批判的构图。

在历史唯物主义的视域中,马克思恩格斯都不再从本真的、应该存在的非历史、非现实和非具体的理想逻辑规定出发,而开始从一定历史条件下的具体社会现实出发,于是在马克思的眼中,"社会不是由诸个人构成的",但是"社会是诸个人的诸关联,诸关系的一个总和"(Die Gesellschaft besteht nicht aus Individuen,sondern drückt die Summe der Beziehungen,Verhältnisse aus)。①请注意,这里广松涉显然使用了非常规的文献插入,因为这一表述是马克思在十多年之后的《1857—1858年经济学手稿》中的论述。广松涉没有再依循对人本主义的异化逻辑的批判,而转向他所关心的历史唯物主义对非实体关系存在的现实指认。在此,既没有了作为第一实体的个人,也没有了作为第二实体的应该居有的类本质(劳动),那个在人本主义异化史观中被批判性地呈现的坏的"是",被消解为现实存在的社会诸关系的总和。显然,广松涉意在将其与上述《关于费尔巴哈的提纲》中的第六条中那个"关系总和"说相呼应。然后,广松涉再跳回到《德意志意识形态》的语境中,他引述说,马克思和恩格斯现在反倒开始揶揄异化论者们:"哲学家,不直接说你们不是人。这位哲学家不直截了当地说:你们不是人。他说:你们从来就是人,可是你们缺乏你们是人的意识,正因为如此,所以你们实际上不是真正的人。所以你们的现象与你们的本质不符。你们是人又不是人。"②人本主义的异化论构境,现在直接成了被马克思恩格斯调侃的对象。这可以反证历史唯物主义的新构境。

我觉得要再次特别指出,广松涉否定掉异化论构图后的构境意向十分明

---

① See Karl Marx, *Grundrissen*, *Gesamtausgabe*(*MEGA2*)Ⅱ/1,.Berlin:Dietz Verlag,1976,S.188.(Dietz Ausgabe. S.176.)文中的重点号为广松涉所加。——本书作者注。

② 德文版《马克思恩格斯全集》(第3卷),第233页;参见《马克思恩格斯全集》(第3卷),人民出版社,1960年,第505页。

确,即让他标定为物象化论的构图出场:

　　但是,此时构成"诸关系"的东西当然不会独立自在。那是将分支的
诸个人视为"项"的诸关系,存在的是将诸个人视为"项"的关系态。不过,
该诸关系在一般情况下,在当事的诸个人的意识中,不作为他们自身的
相互间的诸关系而被意识到。在日常的意识中,那毋宁说是以独立自在
于诸个人的客体对象的形式,或者是以对象属性和对象物彼此之间的关
系形式呈现出来。不过,这也正是"社会"全体之所以能够被人错误地认
为似乎是固有的实体的原因之所在。①

　　首先,需要注意的细节是,广松涉在思考马克思从异化论向物象化论转
化的过程中,他的聚焦点并不是人本主义价值悬设批判的方法论隐性唯心主
义前提,而仍然是反对实体主义幻象。显然,在这一点上广松涉有很强的目
的论色彩。这与阿尔都塞"断裂说"的具体所指完全不同,广松涉并没有进一
步深刻分析那个异化史观的经典三段论——(A)"人们尚未被异化的本真态
的时代",(B)"人们被异化,处于非本真态的时代",(C)"扬弃这样的非本来
的异化态,实现不被异化的本真态的时代"的主观悬设的逻辑出发点、远离现
实的逻辑推论与批判张力,以及非历史的伦理道德宣判尺度,而是紧紧抓住
的是作为社会存在本质的被建构起来的"诸关系",在他看来,真正取代人本
主义异化史观的是"关系主义"的本体论,或者社会本体论。或者用孙伯鍨教
授的话来说,即历史唯物主义的物不是实体性的东西,而是关系性存在。这
当然已经是一个很难入境的理论构序层面。
　　其次,这也是一个不同构境意向中突然的转向。如前所述,广松涉这里

_____

①　[日]广松涉:《物象化论的构图》,彭曦、庄倩译,南京大学出版社,2002年,第62~63页。

在文献基础上出现了一个很大的跳跃，他一下子从1845年马克思恩格斯的早期哲学方法论变革时期创立的广义历史唯物主义客体向度的观察，突然进入马克思1857—1858年甚至更晚近的经济学研究之中，他直接将1845年的哲学革命，与马克思后来在狭义历史唯物主义基础之上建立历史现象学中的经济拜物教批判（"物象化"）链接了起来。在上一章的讨论中，我已经指认出这种逻辑前置的不合法性。因为这会非历史地模糊许多重要的思想构序边界。

再次，在广松涉的诠释下，取代异化论的物象化主要是指这样两个构境层：一是在马克思的历史唯物主义中，关系性存在不会独立自在，它们不是个人实体之间的"项"，因为个人实体本身就不是历史唯物主义构境中的对象，个人如果有某种本质，它只是作为功能性的现实社会关系总和的建构活动。二是这种建构性的关系存在对于人的意识来说，通常不被意知为人与人的关系，而被误认为"独立自在于诸个人的客体对象的形式，或者是以对象属性和对象物彼此之间的关系形式呈现出来"。在这一点上，构成社会实体现象的物象错觉。我发现，如果说第一构境层是广义历史唯物主义之上的社会客观存在中的关系本体论，第二构境则是这种关系本体论在认识论中生成的主观物象幻觉。广松涉没有意识到的事情是，他所引述的马克思历史现象学中透视出来的经济拜物教批判，只是狭义历史唯物主义所面对的资本主义生产方式中的特定历史现象，而不是普适性的历史现象。

紧接着，广松涉再将其与异化史观做了这样一个链接："在马克思、恩格斯的历史唯物主义的视域上，在原理的层面上，已经不能采用主体的客体化和再主体化这样的所谓'主体-客体的辩证法'的理论，也就是主体的人的自我异化、自我获得这样的构图。"①这也就是说，广松涉认为，只有在主

---

① ［日］广松涉：《物象化论的构图》，彭曦、庄倩译，南京大学出版社，2002年，第63~64页。

体–客体二元模式的视域中,才可能发生作为实体存在的主体–客体异化颠倒的现象。

在这一点上,我并不赞同广松涉的这种理论演绎。因为在我看来,实际上,从费尔巴哈和赫斯那里,异化逻辑早已经是作为关系存在的类本质的异化了,前者那里是人的自然关系,而后者则升格为人与人的类交往关系,在青年马克思的《1844年经济学哲学手稿》中,马克思也是特别指认了非实体的劳动活动的异化、工人与自己劳动产品的所有(Eigentum)关系的异化,以及劳动与不劳动者支配关系的异化。虽然费尔巴哈在哲学唯物主义的客体向度上,仍然停留在感性直观的对象实体存在上,但在关注主体向度的异化批判尺度上,在一定的意义上,整个费尔巴哈式的人本主义异化逻辑已经是关系本体论的话语。而赫斯与青年马克思,也早就分别转换到关注社会关系异化的经济异化和法权所有异化的构序层面上来了。这个复杂构境中的悖反,是广松涉估计不足的。由此,主体–客体二元模式中的实体本体论与异化逻辑并非有必然关联,而关系本体论也未必不能生成新的异化理论。

为了彻底消除人本主义在历史唯物主义中的可能性残余,广松涉还对个人主体的原动性(Agent)问题进行了意图明确的解构。依我所见,广松涉这里显然是针对萨特用存在主义补充历史唯物主义中所谓的人学空场地的回击。在《辩证理性批判》第一卷中,萨特明确指认个人主体的存在是社会历史发生、发展的真正原动。在那里,萨特写下了一句著名的断言:在今天的马克思主义哲学的中心,尚"有一块具体的人学的空场",当然,他也说,"这不是在第三条道路或唯心主义的人道主义名义下抛弃马克思主义,而是把人恢复到马克思主义内部之中"。[1]当然,在萨特眼里,他的存在主义就是填补马克思主义空白的唯一利器。在萨特看来,个人的实践是不可还原的,这是历史创造的

---

[1]　[法]萨特:《辩证理性批判》,徐懋庸译,商务印书馆,1963年,第63页。

真正原动。实践就是谋划的现实,它通过否定现存的关系来肯定未来的东西。

> 人是他产物的产物:通过人的劳动而自行创造出来的一个社会的各种结构,对每一个人规定了一开始的客观状况:人的真实性在于他的劳动和工资的性质。但是人的真实性又是在他经常以他的实践扬弃这种真实性的情况之下被规定的。这种扬弃只能被理解为一种现存性对可能的关系。①

萨特认为,当我们说一个人存在着时,意味着一种双重性:既是指一个人面临限制他的活动可能性的特定物质条件,同时也是说一个人能够做什么。人的现存条件就是一种可能性的疆域,它一方面被社会历史的现实性所决定,另一方面又是能动的人超越其既定状况的前提。对此,广松涉的看法则正好相反,他说:"将作为个体的人视为原动主体来论述,说他将'内在的东西'外化,他的主体活动被客观化之类的话。只要是这样的话,将难免不以异化、获得的构图来叙述'小循环'。"②这个所谓的异化"小循环",是相对于作为类主体异化为客体那个宏观异化三段论大循环逻辑的微观构境层,即萨特通过个人实践来强调的历史原动性。在广松涉看来,萨特作为历史原动的"个体的主体不是自我完结的、自在的原动的主体,即使其个体中有一定限度的能动的主体性,但真正的能动的主体只能是社会关系态的一个整体"③。总体来看,广松涉的批评是合理的。

---

① [法]萨特:《辩证理性批判》,徐懋庸译,商务印书馆,1963年,第70页。

②③ [日]广松涉:《物象化论的构图》,彭曦、庄倩译,南京大学出版社,2002年,第65页。

三、何为广松涉所指认的马克思的物象化概念？

那么究竟什么是广松涉所说的物象化呢？依他的解释，"物化"（Verd-inglichung），或者是"物象化"（Versachlichung）的概念，在马克思的文献中并没有很高的使用频次，应该说，是青年卢卡奇在1923年的《历史与阶级意识》中第一次"再澄清"了马克思的这一重要观点。①这是对的。广松涉也提到，物化概念较早的形成史考古，可以上溯至谢林的条件（Be-dingung）概念，以及黑格尔的制成此物（das-zum-Dinge-Machen）的观点，其中，都有物（Ding）这个基词，在马克思之后，也经"新康德学派的李凯尔特、韦伯，再加上席美尔、卡西尔"等人在不同的语境中使用，最终由青年卢卡奇重新在马克思的语境中"再发现"了批判性的物化（Verdinglichung）概念。②依广松涉的推测，估计是因为青年卢卡奇"在海德堡与李凯尔特的交往中获得了触发"。可是依我的判断，韦伯将马克思的历史现象学批判指认为"价值合理性"之后，将颠倒的资本主义经济关系直接指认为祛魅化——Versachlichung（事物化）之后的真正中立的社会事物（Sache），青年卢卡奇却再次颠倒老师韦伯的资产阶级立场，反将事物化（世俗化）否定性地贬斥为Verdinglichung（物化），并在马克思那里找到了拜物教构境中的支持。关于这一点，我们在附文中会做进一步

① Georg Lukacs：*Geschichte und Klassenbewuβtsein*，*Georg LukacsWerke Gesamtausgabe*，Band 2，Hermann Luchterhand Verlag，1968，Darmstadt.S.257-397.青年卢卡奇的这一解读影响甚远，我发现，后来的海德格尔、阿多诺竟然都是在Verdinglichung这一概念上推进马克思的观点的。而海德格尔则更精细一些，早在1919年的讲座中，他就已经区分了物化（verdinglicht）和事物化（versachlicht）。［德］海德格尔：《哲学观念与世界观问题》，载《形式显示的现象学：海德格尔早期弗莱堡文选》，孙周兴译，同济大学出版社，2004年，第4页。See *Gesamtausgabe*，Band56/57，Vittorio Klostermann，Frankfurt am Main，1987，S.66.

② 1962年，日文版的卢卡奇《历史和阶级意识》的译者平井俊彦将"Verdinglichung"这个词译作物象化，这造成了最初的转译构境中的混乱。参见［匈］卢卡奇：《历史和阶级意识》，平井俊彦译，未来社，1962年。

的讨论。

但广松涉认为,"卢卡奇有时候甚至将'物化'的概念与'异化(疏外)'以及'外化'这样的概念基本上以相同意义来使用,他在概念上没有明确地区分'异化'与'物化'"①。这基本上是对的。青年卢卡奇并没有完成自觉地区分和严格界划这些概念的具体内涵,然而我也注意到,在早期的《心灵与形式》等书中,青年卢卡奇使用过异化概念,但在《历史与阶级意识》中,他在1922年9月以前的论文中曾经少量使用过Versachlichung一词,而在《物化与无产阶级意识》一文中则集中地使用了Verdinglichung概念。②应该说,青年卢卡奇这里在批判语境中对Verdinglichung一词的使用,不是来自他的老师韦伯和席美尔,而直接来自他所阅读的马克思的《资本论》及相关经济学论著,因为他直接引述了马克思一些关键性的文本。③当然,韦伯反转马克思的Versachlichung历史现象学构境,将Versachlichung直接指认为去除主体价值合理性的形式合理性的可操作、可计量的事实基干,比如政治权力中"克里斯玛的事物化"(Versachlichung des Charismas),对青年卢卡奇也起到了相反的刺激作用。

广松涉明确反对将物化等同于异化,这是对的。因为这会使物化(物象化)重新降格为实体主义视域中去。在这里,他重复了我们在上一章已经看

---

① [日]广松涉:《物象化论的构图》,彭曦、庄倩译,南京大学出版社,2002年,第67页。

② 青年卢卡奇在此书中七次使用Versachlichung一词及其相关词。其中,在《历史唯物主义的功能》一文中,青年卢卡奇有一处将Versachlichung与Verdinglichung直接混用,指认资本主义的"社会生活条件的事物化与物化(der Versachlichung,der Verdinglichung der sozialen Lebensbedingungen)"。See Lukacs, *Geschichte und Klassenbewuβtsein*, Gesamtausgabe *Band* 2.Hermann Luchterhand Verlag GmbH & Co KG.1968,S.407.在全书中,青年卢卡奇共计一百七十五次使用Verdinglichung及其相关词。

③ 我已经指出过,青年卢卡奇在《历史与阶级意识》一书中的物化理论构境中,无意识地存在着严重的逻辑断裂和错误缝合,即将马克思所指认的存在于交换领域的劳动关系颠倒和物化与韦伯式的现代流水线上的生产物化和心理物化缝在一起。参见张一兵:《文本的深度耕犁》(第一卷),中国人民大学出版社,2004年,第54~58页。

到过的学识语境中的物化三表象：一是"人本身的'物'化"，二是"人的行动的'物'化"，三是"人的能力的'物'化"。在广松涉看来：

> 在这些"常识性的"物象化-物化的想法中，有着主体(人)与客体(事物)这样的二元区分的图式这样一个大前提，"物象"被"主体的东西转化为物的东西"这样的想法所表象。也就是说认为在(1)当中，实体的主体的人的存在转化为商品、机械的附属品之类的物的存在；在(2)当中，人的主体行动转化为惰性形态的物的存在；在(3)当中，人的主体能力物性地被对象化，转化为物的存在。那些想法即使没有把物象化-物化当作字面意义上现实的转成，但在概念上可以说仍然是在以"主体的东西""转化"成"物的东西"这一方式来把握。①

并且广松涉认为，在青年马克思那里，的确存在着这种将"主体的东西""转化"成"物的东西"的做法，但在马克思的晚期思想中，

> 所谓"物象化"，不是立足于主体的东西直截了当地转成物的客体存在这样的"主体-客体"图式的想法(如果是那样的话，物象化终究是"异化的一种形态")，如果用我们的话来说，那是在定位于"关系的基始性"这样的存在理解的同时，立足于为他(für es)和自为(für uns)这一构图②的规定形态。③

---

① ［日］广松涉：《物象化论的构图》，彭曦、庄倩译，南京大学出版社，2002年，第69页。

② 广松涉原注：关于这个问题，请参见《辩证法的逻辑——辩证法中的体系构成法》(青土社，1980年)的相关部分。

③ ［日］广松涉：《物象化论的构图》，彭曦、庄倩译，南京大学出版社，2002年，第69页。

其实我觉得,青年马克思那里的劳动异化理论,也并不是将主体的东西转化为物性的实体的东西,因为作为理想化类本质的自由自主的劳动活动不是物,青年马克思的劳动异化逻辑构境中的三种颠倒都是关系性的异化。所以用客体向度中关系本体论来反对主体向度中人本主义异化逻辑的理由是不充分的。而且马克思在晚期经济学研究中还真说过这样的话:"事物的主体化、主体的事物化(die Versubjektivierung der Sachen,die Versachlichung der Subjekte)。"①只是他后来在《资本论》第三卷中,更精确地表述为"事物的人格化和生产关系的事物化(diese Personifizierung der Sachen und Versach-lichung der Produktionsverhältnisse)"②。

按广松涉的理解构境,

马克思的所谓物象化,是对人与人之间的主体际关系被错误地理解为"物的性质"(例如,货币所具有的购买力这样的"性质"),以及人与人之间的主体际(間主体)社会关系被错误地理解为"物与物之间的关系"这类现象(例如,商品的价值关系,以及主旨稍有不同的"需要"和"供给"的关系由物价来决定的这种现象)等等的称呼。③

广松涉所指认的马克思关于"物象化"概念的两个思想构境层,的确是马克思在晚期经济学研究中所生成的历史现象学批判语境里直接阐释"物化"(Verdinglichung)和"物象化"(事物化,Versachlichung)概念的内容。在马克思那里,Versachlichung是指在资本主义生产方式中,人与人的直接社会关系颠倒地表现为事物与事物之间的关系,Versachlichung是一个客观发生在

---

① [德]马克思:《剩余价值理论》(第三卷),人民出版社,1975年,第548页。
② 《马克思恩格斯全集》(第46卷),人民出版社,2003年,第940页。译文有改动。
③ [日]广松涉:《物象化论的构图》,彭曦、庄倩译,南京大学出版社,2002年,第70页。

资本主义商品-市场经济过程中的关系颠倒事件;同时,他还进一步将这种物的关系(社会属性)被人们错认为对象的自然属性的认知误认现象称之为Verdinglichung。由此,经济拜物教的三个主观构境层,分别对应商品的社会属性向自然物性的假性转移——商品拜物教（这是广松涉所指的主观错认Verdinglichung）、人与人的直接劳动关系在商品交换(事物与事物的关系)的历史进程中现实抽象为独立主体化的价值形态——货币拜物教(它面对的价值形态不是主观错认,而是客观的Versachlichung的社会存在)、G—G'中达到事物化关系的再神秘化——资本拜物教的最高点。似乎,广松涉并不关注"物化"(Verdinglichung)的内容,而专注于他所特别指认的"物象化"。因为在青年卢卡奇《历史与阶级意识》一书中,恰恰是Verdinglichung被日译为物象化,广松涉倒是遮蔽了这一误译,而直接将Versachlichung重新构境为物象化。这是一个十分重要的译境转换。然而在他看来,Versachlichung的两个层面的事件都是一种主观的"错误理解",即将关系性的存在重新实体化误认的物象错觉。对此,日山纪彦概括为:"'物象化'在马克思恩格斯那里,首要的是人与人的社会关系,是以对事物与事物的关系、物所具有的性质和独立的物象之相显现的事态的批判为基础的理论构架。"①这是对的。我觉得,广松涉的物象化构境与马克思的Versachlichung视域并不是直接一致的,这是广松涉走向自己哲学建构的一种特设性理论构境。关于马克思的Versachlichung与Verdinglichung观点,我将在后面具体讨论。所以他才说:

　　人们的主体际的对象参与活动的某个总体关联形态,在当事人的日常意识中(另外,即使对于仅仅停留在系统内在水准的体制内"学识"来

① ［日］日山纪彦:《读〈物象化论的构图〉——代解题和解说》,《情况》,2002年7月号,第108~119页。中译文参见邓习仪译稿。

说),犹如事物彼此之间的关系,或者像物的性质,甚至像物的对象性一样地映照出来。这样的自为(für uns)的事态,就是马克思的所谓的"物象化"。①

这也就是说,广松涉所理解的物象化,是指人的主体际关系在当事人的日常意识中犹如事物之间的关系或物的性质,这是在主观意识中发生的错认。那么到底什么是广松涉物象化概念的具体所指呢? 依他的观点,所谓"化为物象的某一事物"既不是所谓的"心象",也不单纯是"主体的东西"。也就是说,物象化首先会拒斥"近代哲学甚至近代常识式的'物的东西'与'心的东西'、'客体的东西'与'主体的东西这样简单的二元对立性"②。物象化不是对象化为一种东西,准确地说,物象化是一种特殊的关系存在的物性误认。

> 说到物象化时的"化为",这在日常的观念中被表象为水结成冰、毛虫化为蝴蝶、氧和氢结合变成水等等所谓客观的变化,即与能知认识毫无关系地进行的客体过程的形式。但是,马克思、恩格斯所说的物象化以及笔者所说物象化不是这种"纯粹的客体变化"。那是对于学理审察者的见地(für uns)来说,作为一定的关系规定态在直接当事意识中(für es)以物象的形式映现出来的情形。③

你看,物象化不是一个客观的变化,而对一种关系存在的非关系物性错认。我前面已经说过,广松涉没有仔细区分事物化与物化的差别,所以他会排除事物化中发生的人与人的关系颠倒地表现为事物与事物的关系的客观

---

① [日]广松涉:《物象化论的构图》,彭曦、庄倩译,南京大学出版社,2002年,第70页。
② 同上,第217页。
③ 同上,第217~218页。

变化。他这里的物象化,正是将事物化关系颠倒误认为物的自然属性的物化。
可是有趣的是,广松涉自己恰恰说,物象化是指面向我们的"关系(Verhältnis
für uns)'化为'对于当事者来说的物象(Sache für es)这一说法"①。广松涉在
这里,将德文中的Sache(事物)直接指认为物象本身,这正验证了马克思的事
物化。

广松涉认为,他所指认的物象化恰恰与历史唯物主义的发生是一致的,
"从形成史的角度来看,从异化论地平到物象化论地平的飞跃,这的确与历史
唯物主义立场的设定是融为一体的"②。他的目的还是要回到那个广义历史唯
物主义的关系本体论中去。依他的看法,马克思和恩格斯真正超越近代的
主–客二元世界观的,是将人的本质转入关系赋型(《提纲》第六条)开始的,
进而在历史唯物主义中依据人与自然关系中"被历史化的自然""被自然化的
历史"而确立的物质生产基础,建立了一种"对自然的且人际的动态关联态"
的建制基轴,并且确立了"综合了自然史和社会史的单一性体系知识"的作为
基本构造(Grundverfassung)的新世界观的唯物主义,并以此根本超越了"物
质与精神、主观与客观、类与个、本质与存在……自然与人等等的二元对立性
的地平"。

马克思、恩格斯所开拓的历史唯物主义的地平,正是扬弃了近代世
界观的现代世界观的新地平,这也是我们宣扬作为展示新范例的划时代
的观点(Auffassung)的缘由之所在。这样的历史唯物主义是能够将"自为
的自然"(Natur für uns)、"被历史化的自然"的存在机制,以及社会的、历
史的、文化的诸形象,也就是说,"被自然化的历史"的存在机制,进行统

---

① [日]广松涉:《物象化论的构图》,彭曦、庄倩译,南京大学出版社,2002年,第218页。
② 同上,第73页。

一把握的机制,这正是"物象化论的构图"。①

这就是广松涉提出物象化的目的,即为下一步自己的哲学构想划定一种全新的关系本体论的思想构境背景。我们一定要记住这一特定背景。

1983年,广松涉在《思想》3月号上发表《物象化论的构图及其适用范围》一文。这是他对"物象化"理论的一个新的泛化尝试。在这篇文章中,广松涉承认,"马克思、恩格斯没有对'物象化'进行过定义式的论述,也未必频繁地使用过这个概念",但是在他们的后期经济学研究中,"人与人的社会关系(这种关系中,事物的契机也媒介性地、被媒介性地介入)是以'物与物的关系',或者是以'物所具备的性质'、'自立的物象'的形式体现出来的事态"②。显然,广松涉是故意将马克思在Versachlichung与Verdinglichung两个概念所指认的东西统统归到他的"物象化"理论中来。我觉得,这个"物象化"并不是马克思Versachlichung原初的构境,而是广松涉所重新抽象的关系存在被错认为实体存在的主观假性幻象。

在我看来,马克思所说的Versachlichung,是特指人与人的关系颠倒为事物与事物的关系,是历史性地发生在资本主义生产方式中的一种特定历史现象,所以按其原始语义译作事物化,事物化并不是一般生活常识里人的认识中发生的错认。在这一点上,吉田宪夫教授意识到了。他说,"但决不能说,物象只是幻影或只是误视的产物。因为不可否认,人们是依据那种物象,不光是意识而且行动也受其制约,这确实是现实的存在"③。这个说明是深刻的。然而广松涉则坚持要将被重新构境了的Versachlichung(物象化)置于一般认

---

① [日]广松涉:《物象化论的构图》,彭曦、庄倩译,南京大学出版社,2002年,第76页。

② 同上,第79页。

③ [日]吉田宪夫:《广松涉哲学与马克思》,《马克思主义与激进主义评论》,1994年11月25日特别号。中译文参见邓习仪译稿。

识论视域之中。为此,他还专门解释道:

> 人与人的关系以外观相异的,物质的关系、性质、形态的形式表现
> 出来的这个事态,从学理反省的见地看来,的确是错视、误识,然而那
> 决不是偶然的、肆意的妄想性的幻觉。说那是在所给条件下理当出现
> 的错视,是人们的日常意识"必然"陷入的误识,也不过分。这一点也应
> 该铭记在心。①

其实,广松涉所说的"给定条件",恰恰是马克思所说的资本主义市场经济现实客观发生的事物化关系颠倒。然而依广松涉的解释,"关系的物象化,并不是指有关系的事物像字面意义上那样生成转化为物象的存在体",不是真的关系变成实体,而是关系存在被误识为实体。

> 物象"化"的这个"化成",不是在当事人的日常意识中直接体现的过
> 程,眼下,是在学识反省的见地上审察性地被认定的事情。在当事人的
> 日常意识中,以物质的关系、物性、形态的形式出现的事物,如果从学理
> 反省的见地看,是人与人的关系的折射映现、假现现象,实际存在的首先
> 是这个共时的、结构的事态。②

我与广松涉发生歧义的地方,一是马克思的Versachlichung概念,究竟是一个客观发生的社会现象,还仅仅是一种主观认识中的幻象;二是马克思所说的人与人的直接社会关系(劳动交换)颠倒地事物化为事物与事物之间的关系(商品与商品、货币与商品等),究竟是真正发生在资本主义商品交换进

---

① ［日］广松涉:《物象化论的构图》,彭曦、庄倩译,南京大学出版社,2002年,第80页。
② 同上,第82页。

程的客观历史现象,还恰恰是一种普遍发生的主观错认的幻象。或者换一种说法,马克思的三大经济拜物教究竟是一个普通主观幻象,还是对资本主义复杂的、多重颠倒的经济关系的真实写照?

对于第一个问题,广松涉举出的例子是马克思明确说过,"在商品体的价值对象性中连一个自然物质原子也没有"①,价值是"超自然的属性(übernatürliche Eigenschaft)"。这是对的,但问题在于,商品的价值不是劳动产品的自然物质属性,但在劳动交换关系中现实抽象出来的价值仍然是一种客观存在的社会关系,它是原来劳动之间的直接社会关系事物化为一种经过市场交换中介的事物与事物之间的非直接关系,即Versachlichung,使之成为事物(关系)——das-zum-Sache-Machen。事物化本身不是主观发生的认知错误,而事物化之后的颠倒社会关系再在主观认知层面中被误认为商品的自然属性,这则是马克思所说的物化现象,即Verdinglichung,使之成为物——das-zum-Dinge-Machen。当然,这不是真的关系被制成为物,而是关系被错认为物,商品的社会属性被错认为物的自然属性。

前面我说过,广松涉的物象化理论,构成了从马赫关系主义、经过马克思进入他自己的四肢结构理论重要环节。依日山纪彦的观点,

> 广松宣扬的"物象化论的理论",不仅是展示近代思想的整体超越的地平的《德意志意识形态》以来的马克思恩格斯的思想的划时代的视座和逻辑机制的象征性表白,它还是朝向与广松的马克思主义研究相关所形成的他自己独特的哲学理论(关系主义的存在认知和四肢结构论的存在认识论乃至职责行动论的实践论等)基干的扩充。要言之,"物象化论"

---

① 德文版《马克思恩格斯全集》(第23卷),第62页;《马克思恩格斯全集》(第23卷),人民出版社,1972年,第61页。

既是包括广松思想的理论原理、方法论视角、逻辑-体系构制等在内的
具有决定意义的概念，也是给予20世纪后半叶日本思想界持续影响和
冲击力的独创性问题提起本身。①

我们不需要刻意地责怪广松涉对马克思事物化理论的重构，因为物象
化论与前述关系本体论的思考一样，都是一位原创性思想家走向自己的哲
学构境的通道。我能理解这种理论冲动。

---

① ［日］日山纪彦:《读〈物象化论的构图〉——代解题和解说》,《情况》,2002年7月号,第108~
119页。

附文:
事物化与物化:从韦伯到青年卢卡奇

　　自广松涉的《物象化论的构图》一书2002年在中国出版以来,马克思经典文献的德文汉译中曾经发生的一个深层构境的遮蔽事件终于大白天下:马克思晚期经济学研究中所创立的历史现象学中经济拜物教批判的真实基础,实际上是一个从未被关注到的重要理论赋型域,即Versachlichung(事物化)-Verdinglichung(物化)相关批判视域。①

　　按照我的理解,在马克思中晚期写下的《1857—1858年经济学手稿》中,马克思第一次区分了客观发生的人与人的社会关系(直接的劳动交换关系),事物化(*Versachlichung*)和颠倒(*Verkehrung*)为资本主义经济活动中商品经过货币与其他商品(事物与事物)的构序关系,以及这种颠倒的事物化关系本身,在市场直观中所呈现出来的一种仿佛与人无关的物相(物理的自然属性)之主观错认赋型, 后者则是马克思区别于客观事物化的物化(*Verdinglichung*)主观错认论。进而,资本主义社会中人们无意识地将市场交换关系之下特定

---

　　① 在《马克思恩格斯全集》第一版的中文翻译中, 马克思晚期经济学研究的重要文本中的Verdinglichung被译成物化,Versachlichung也被翻译成物化,而物化更多地还占位性替代了重要的Vergegenständlichung(对象化)概念。所以在我们过去对马克思晚期经济学文本的研究中,如果精细一些则会出现对马克思物化观点的不同层面的理解。其实,这只是由于德文转译俄文,再转译成中文中发生的译境遮蔽和人为文本幻象。在《马克思恩格斯全集》中文第二版的校译中,这一问题正在逐步得到校正。

事物的社会属性错认为与人无关的自然属性的物化(Verdinglichung)主观错认论是马克思拜物教批判的前提。这里的真实逻辑构序关系应该是:客观发生的事物化是主观物化错认的现实前提,而关系物化错认又是整个经济拜物教(Fetischismus)观念(商品、货币和资本三大拜物教)的基础。这也意味着,马克思的历史现象学批判由三个异质的构境层所构形:一是客观发生的社会关系之事物化颠倒,二是将这一事物化结果误认为是与人无关的物的自然属性之主观物化误识,三是由此发生的资产阶级意识形态基础性内容——经济拜物教观念。

实际上,"物化"(Verdinglichung),或者是"物象化"(Versachlichung)的概念,在马克思整个文献群中并没有很高的使用频次。[①]他也没有在自己的研究中直接和明确标识这两个概念与相关批判理论的内在有序关联性,所以在相当长的一个历史时期内,人们并没有注意到马克思这一隐匿在经济学分析中的历史现象学批判构境层。这是正常的情况。依广松涉的观点,是青年卢卡奇在1923年的《历史与阶级意识》中首次"再澄清"了马克思的这一重要观点。而按照我的看法,青年卢卡奇并非真正澄清了马克思的这一重要历史现象学问题,他只是敏锐地发现了,这一被第二国际理论家遮蔽的马克思基于经济学研究的批判性观念,在一定的意义上,他倒真是让这一问题产生深层次混乱的始作俑者。依广松涉的推测,估计是因为青年卢卡奇"在海德堡与李凯尔特的交往中获得了触发"。可是依我的判断,青年卢卡奇的物化理论更主要地是对韦伯事物化(Versachlichung)理论的故意颠倒后的逻辑赋型。

---

① 据我的不完全文献数据统计,Verdinglichung一词在《德意志意识形态》《1857—1858年经济学手稿》《1861—1863年经济学手稿》和《资本论》第一至二卷中使用频次都为零,只是在《资本论》第三卷中才出现过两次。而Versachlichung在《德意志意识形态》中出现两次,在《1857—1858年经济学手稿》使用过六次,在《1861—1863年经济学手稿》中出现过三次,在《资本论》第一卷出现过一次,第三卷使用过三次。

众所周知,韦伯的合理性思想和法理型社会机制,是当代全部资产阶级主流学术的根本性构序基础。与我们这里所关注的问题线索相关,韦伯倒真的区分了马克思所描述的资本主义经济过程中的"对象化"与"异化",不过,费尔巴哈–青年马克思那种具有价值悬设尺度的"异化"批判,在他力主建构的"价值中立"化中被作为主体性的目的合理性"去魔"了,他只是肯定可见的生产和经济过程中对象化构序的形式合理性。在他看来,属于传统型社会运转的目的(价值)合理性关注人的存在,追求主体的质性价值(舍勒语);而形式合理性(工具理性)则关注生产或社会本身的客观赋型进程,在走向财富增长的社会的客观经济运转和法理型官僚体制建构面前,人的主体性的欲求恰恰是无关紧要的和有害的,所以人(主体)必须被量化为客观构序要素以便具有可计算性(*Kalkulierbarkeit*)和可操作性。这便构成韦伯独特的事物化(*Versachlichung*)概念的核心,在他的思想构境中,马克思所批判的经济关系事物化颠倒,恰恰成了资本主义工业进程必然的客观要求。据我的不完全词频统计,韦伯在《经济与社会》一书中二十次使用了Versachlichung一词。因此,在这个意义上可以说,作为批判性的现象学理论在韦伯那里根本不存在,而他正好拥护生产对象化和全部社会关系物性化中的量化构序和可计算性,所以说与马克思的事物化批判相反,韦伯的Versachlichung概念是非批判和肯定性的。这种事物化(世俗化)理论,恰恰是青年卢卡奇物化理论力图在更深一层构境层中否定的隐性对象。

依我的理解,韦伯正是将马克思基于事物化–物化–经济拜物教的历史现象学批判指认为"价值–目的合理性"之后,将马克思批判的事物化颠倒的资本主义经济关系赋型结构,直接肯定性地指认为走向现代性的祛魅化:由此,上帝之城的事物化才会有资本主义的新教伦理,神性教义的事物化才会生成工具理性,宗法亲情等圣性物的 Versachlichung(事物化)之后才有真正中立的社会事物(Sache,事实),传统法律中负载价值取向的事物化才会有注重可见Sache的形式法;更重要的还有,"克里玛斯(魅力)的事物化"(Versachlichung des Charismas)①之后才会建构出在人之外客观运转的法理型官僚制机器。由此,整个传统社会存在的事物化才会有全新的资产阶级世俗化构序现实,等等。其实,在韦伯看来,这一切重要的改变都在资本主义经济关系本身的非人格化和事物化:

> 在市场社会化基础上的经济的事物化(Versachlichung der Wirtschaft),完全遵循着它自己的事物规律性(sachlichen Gesetzlichkeiten),不注意事物性规律会导致经济失败的结果,从长远看会导致经济衰退的后果。
>
> 合理的经济的社会化总是在这个意义上的事物化(Versachlichung),而且人们不可能通过向具体的人提出慈善的要求,来控制事物合理的社会行为的世界(Kosmos sachlich rationalen Gesellschaftshandelns)。尤其是资本主义的事物化了的世界(versachlichte Kosmos des Kapitalismus),根本没有为此提供任何场所。②

这是一段韦伯关于事物化理论的非常重要的文本片段。在韦伯那里,布尔乔亚新世界的真正基础,正是对马克思历史现象学所反对的人与人的关系颠倒为事物与事物关系的事物化之重新肯定。Versachlichung是资本主义社会经济自身客观建构起来的"事物性规律"(不是与人无关的Ding的规律),人创造了经济事物的规律,但它除却了一切法理性工具理性之外的亲情("慈善")和价值合理性。在这个构境意义上,资本主义就是完全事物化了的全新有序世界。

---

① 韦伯在此书中九次使用Versachlichung des Charismas这一重要表征。
② [德]韦伯:《经济与社会》(上卷),林荣远译,商务印书馆,2006年,第653页。中译文有改动。See Max Weber, *Wirtschaft und Gesellschaft*, J.C.B Mohr, Tübingen, 1922, S.335.

我发现,1923年,走向马克思主义进程中的青年卢卡奇当然会站在自己老师的反面,他有意识地再次颠倒韦伯的资产阶级立场,青年卢卡奇所做的最重要的事情,即是将韦伯直接使用的事物化(世俗化)戏剧性地反指和否定性地贬斥为Verdinglichung(物化),虽然他并没有在马克思那获得这两个概念的直接文本证据,但他极其聪明地在马克思那里找到了经济拜物教批判构境中的间接支持。这本身就是非常了不起的学术原创。一个重要的理论事实是,当青年卢卡奇在20世纪20年代撰写《历史与阶级意识》时,既没有读过青年马克思建构人本主义劳动异化史观的《1844年经济学哲学手稿》(问世于1932年),也不曾读到马克思后来具体建构自己事物化理论的《1857—1858年经济学手稿》(首次出版于1939年)。显然,青年卢卡奇完全是从马克思的《政治经济学批判》和《资本论》等大量经济学批判中,感悟到马克思的拜物教批判理论的,这需要非凡的理论洞察力! 广松涉认为,"卢卡奇有时候甚至将'物化'的概念与'异化'以及'外化'这样的概念基本上以相同意义来使用,他在概念上没有明确地区分'异化'与'物化'"①。这基本上是对的。青年卢卡奇并没有完成自觉地区分和严格界划这些概念的具体内涵。我也注意到,在早期的《心灵与形式》等书中,青年卢卡奇曾经使用过异化概念,但在《历史与阶级意识》中,他在1922年9月以前的论文中曾经少量使用过Ver-sachlichung一词,而在《物化与无产阶级意识》一文中则集中地使用了Verd-inglichung概念。

应该承认,在《历史与阶级意识》中,青年卢卡奇敏锐地看到了"商品拜物教(Warenfetischismus)问题是我们这个时代,即现代资本主义的一个特有的问题"。②然而他并没有真正弄清在资本主义市场的商品交换中,马克思言下的人与人的关系是如何历史地颠倒为事物(Sache)与事物的有序关系的,

---

① [日]广松涉:《物象化论的构图》,彭曦、庄倩译,南京大学出版社,2002年,第67页。

② [匈]卢卡奇:《历史与阶级意识》,杜章智等译,商务印书馆,1995年,第144页。

但他却异常大胆地直接套用了马克思的事物化批判的观点，并且将马克思的物化错认幻象直接变成了现实对象化，所以当他在韦伯的影响下，将对资本主义的全部愤怒一股脑儿地倾泻在劳动生产塑形过程的可计算性的量化过程之上时，他的物化批判逻辑实际上恰恰来自韦伯，而不是马克思！当然，他又正好颠倒了韦伯的肯定逻辑。换句话说，青年卢卡奇的所谓Verd-inglichung（物化），描述的不是马克思面对的19世纪的资本主义市场交换中的社会关系的事物化颠倒状况的主观错认，而是韦伯所描述的自泰勒制以来的20世纪工业生产对象化技术赋型和构式进程中的合理化（量化的可计算的标准化进程）。这是一个比较复杂的交叉和颠倒的思想构境。我认为，青年卢卡奇物化理论中存在着的双重逻辑导致了一种理论悖结：表面语义构境上的马克思意义上商品交换结构（生产关系）之上的"事物化"，与深层批判构境中与韦伯意义上生产过程（技术）对象化的无意识链接，以建构出他自己思想构境中的物化批判理论。

所以卢卡奇的物化（Verdinglichung）不是传统人本主义话语中异化（Entfremdung）逻辑，也不是马克思历史现象学中的事物化（Versachlichung）批判，青年卢卡奇自以为他是在马克思的"经济学分析"之上，去探求"在商品关系的结构中发现资本主义社会一切对象性形式（Gegenständlidikeitsfor-men）和与此相适应的一切主体性形式（Formen der Subjektivität）的原形"①。这是一个十分思辨但并不明晰的表述。请注意这个Gegenständlidikeitsformen（对象性的形式），这不是指生产过程中的对象化（Vergegenständlichung），而是商品交换关系中的对象化（物化）。②我觉得，这是青年卢卡奇物化理论表

---

① ［匈］卢卡奇：《历史与阶级意识》，杜章智等译，商务印书馆，1995年，第143页。

② 在《马克思恩格斯全集》中文第一版的翻译中，由于是从俄文转译，马克思一些重要文本（如《1857—1858年经济学手稿》）的中译文将Vergegenständlichung译作"物化"，在第二版的重新校译中，逐步改译过来。

层赋型中的正确出发点。由此，他再进一步引出主观上由商品拜物教（Waren fetischismus）特性所产生的问题。①青年卢卡奇认为，资本主义商品结构的本质：

> 它的基础是，人与人之间的关系与联系（eine Verhältnis，eine Beziehung）获得物的（Dinghaftigkeit）性质，并从而获得一种"幽灵般的对象性（Gespenstige gegenstandlichkeit）"，这种对象性以其严格的、仿佛十全十美和合理的自律性（Eigengesetzlichkeit）掩盖着它的基本本质，即人与人之间联系（Beziehung zwischen Menschen）的所有痕迹。②

我们不难体知到，青年卢卡奇此处的观点直接引述了马克思的物化批判观点③，但卢卡奇并没有注意到，马克思对资本主义的物化现象批判，是一种对商品–市场交换中人与人的关系所发生的客观事物化颠倒后的主观错认。这导致了青年卢卡奇自主性地提出，这种物化现象有客体与主体的两个层面："在客体方面是产生出一个由现成的物以及物与物之间联系构成的世界（Welt von fertigen Dingen und Dingbeziehungen，即商品及其在市场上的运

---

① ［匈］卢卡奇：《历史与阶级意识》，杜章智等译，商务印书馆，1995年，第144页。

② 同上，第143~144页。中译文有改动。See Lukacs, *Geschichte und Klassenbewußtsein*, Gesamtausgabe *Band* 2, Hermann Luchterhand Verlag GmbH & Co KG, 1968, S.257–258.

③ 卢卡奇此处所引的马克思的原文为："商品形式（Warenform）所以是神秘的，不过因为这个形式在人们眼中，把他们自己的劳动的社会性质（gesellschaftlichen Charaktere），当作劳动产品自身的对象性质（gegenständliche Charaktere），当作各种物品的社会的自然属性（gesellschaftliche Natureigenschaften dieser Dinge）来反映，从而，也把生产者对社会生产总劳动的社会关系，当作一种不是存在于生产者之间而是存在于客观界各种对象之间的社会关系（gesellschaftliches Verhältnis von Gegenständen）来反映。"中译文原来将此处Warenform译成"商品形态"，我改译为"商品形式"。［德］马克思：《资本论》（第1卷），人民出版社，1953年，第48页。See Karl Marx–Friedrich Engels–Werke, Band 23, "*Das Kapital*", Bd. I, Dietz Verlag, Berlin 1963, S.86.

动的世界）"，这是他所说的资本主义经济世界中生成的"第二自然"界。我们可以留心，卢卡奇这里悄悄地将马克思使用的"事物与事物之间的关系（*Verhältnis der Sachen*）"替换成了"物与物的联系（*Dingbeziehungen*）"，这也意味着，他是将黑格尔的作为事物自身（*Sache selbst*）的"第二自然"重新替换成了康德的自在之物（*Ding an sich*）。这是一个很深的退步。而"在主体方面——在商品经济充分发展的地方——，人的活动同人本身相对立地被客体化，变成一种商品，这种商品服从社会的自然规律的异于人的客观性，它正如变为商品的任何消费品一样，必然不依赖于人而进行自己的运动"①。不难看出，在分析资本主义经济现象的时候，青年卢卡奇并没有意识到，马克思是从商品交换关系抽象到价值等价物–货币，从会升值的货币再到资本统治关系，层层递进，最终揭露资本主义生产方式剥削的本质的。青年卢卡奇这里主–客层面的物化理论，并不是马克思完整的事物化–物化–经济拜物教的历史现象学批判，而仅仅是外在化了的商品拜物教观念，它只是三大拜物教（商品、货币、资本）中第一层次上的并没有被准确理解的东西。其实，在《历史与阶级意识》的文本中，青年卢卡奇与马克思历史现象学构境的关联，到此也就为止了。

并且我注意到，在《历史与阶级意识》一书第149页（原文第176页最后）上，青年卢卡奇的物化批判构境中发生了一个无意识的逻辑越轨式构序与非法的理论拼合赋型。这就是青年卢卡奇从对马克思商品拜物教批判理论的表层援引，突然转向完全异质的韦伯的事物化逻辑。依我的观点，马克思对生产过程中的对象化（使用价值的形成）是持充分肯定态度的，而对交换过程中社会关系的事物化颠倒及其物化错认则提出了批判与否定。如前所述，韦伯的 *Versachlichung*（事物化）理论则完全否定了对社会关系（价值层面）的关注，将生产对象化塑形中的工具合理性和事物化颠倒，直接确定为资本主义经济

---

① ［匈］卢卡奇：《历史与阶级意识》，杜章智等译，商务印书馆，1995年，第147~148页。

社会存在的根本性基础。在Versachlichung中,主体性的消除和生产对象化构序中的量化导致的可计算性、可操作性,是韦伯站在资产阶级意识形态立场上充分肯定的东西。青年卢卡奇刚刚进入的马克思主义的阶级立场,决定了他不可能不从正面肯定韦伯,而是将韦伯再次颠倒过来,并将Versachlichung一词特意重新构境为否定性物化(Verdinglichung),以形成他自己独特的物化批判视域。我认为,这种物化批判与前面青年卢卡奇表层引述的马克思的商品拜物教立刻失去了直接关联,这不能不说是一个严重的理论逻辑混乱。

从文本中可以看到,青年卢卡奇在描述了资本主义经济赋型造成的"第二自然"后,直接采纳了被颠倒地使用的韦伯的资本主义合理性(Rational-isierung,工具理性)的事物化理论。他明确说:"如果我们纵观劳动过程从手工业经过协作、手工工场到机器工业的发展所走过的道路,那么就可以看出合理化不断增加,工人的质的特性,即人的——个体的特性越来越被消除。"①不难发现,这里问题的实质,是韦伯式的合理性以及这种工具理性导致劳动主体性在生产过程中的丧失。显然,这已经不是在直接面对马克思所讲的市场交换中人与人的社会关系颠倒为事物与事物之间的事物化,而是在反对韦伯眼中物质生产对象化过程否定主体性和价值质性的"祛魅"的"可计算性(Kalkulierbarkeit)"的量化、标准化和世俗化(事物化)进程。有趣的是,对于这一思想赋型中的逻辑错位,青年卢卡奇竟然完全无意识。

青年卢卡奇说,在资本主义现代物化进程中起关键作用的原则,是"根据计算,即可计算性来加以调节的合理化的原则(das Prinzip der auf Kalkula-tion,auf Kalkulierbarkeit eingestellten Rationalisierung)"②。或者说,"数量化是一种蒙在客体的真正本质之上的物化着的和已经物化了的外衣"③。显然,这里的Verdinglichung理论原则并非来自马克思,而是来自韦伯的Versach-

①② [匈]卢卡奇:《历史与阶级意识》,杜章智等译,商务印书馆,1995年,第149页。
③ 同上,第250页。

lichung的理论构境。①他把韦伯正面论述的东西倒转过来反对资本主义,这恰恰是青年卢卡奇物化批判的本质。这个古怪的反向逻辑接续关系颇类似于马克思与李嘉图的关系。需要认真指出的是,马克思与韦伯理论构序中关键的异质性在于,马克思对事物化—物化的批判分析是从特定的资本主义商品-市场生产关系着眼的,而韦伯则是从20世纪资本主义生产力发展本身入手的。这一点十分重要。马克思对资本主义社会关系事物化-物化批判构境主要是商品交换过程中,人与人的直接劳动交换关系通过商品交换中客观抽象生成的交换等价物再到货币关系和资本关系,颠倒地表现为事物与事物的关系,然后这种颠倒的事物化关系本身所呈现出来的一种仿佛与人无关的物相(物理的自然属性)之主观错认即是物化幻象,再由此,建构起整个资产阶级经济拜物教意识形态。这是马克思事物化、物化和拜物教批判的原意。而青年卢卡奇讲的却是,生产过程中工具性对象化导致的量化和可计算性的对象化,用他自己话说是"资本主义社会的人们受生产力奴役的情况"②。人受生产力的奴役,这决对不是马克思能够接受的观点。这倒是鲍德里亚以假想的原始生存反对历史唯物主义"生产之境"的核心论调之一。

在这里,我想为卢卡奇争辩几句的是,马克思的事物化-物化-拜物教批判的复杂构境,也有一个需要思考的层面,即资本主义商品-市场世界中人与人的劳动交换关系,在市场交换的现实抽象中魔幻地颠倒为事物与事物(商品-货币-资本)之间的有形关系,这种颠倒之所以会产生物化误认,不仅仅只是因为人们没有意识到无法直观的关系转换,而是这种颠倒的关系在现实生活中重新建构了一种可直观的伪境,即金钱万能的客观存在机制。这一

---

① 青年卢卡奇在这里专门加了一个注:"这整个过程在《资本论》中被历史地、系统地加以表述。这些事实本身——当然没有涉及物化问题——毕歇尔、桑巴特、A.韦伯、高特尔等人的资产阶级国民经济学中也有。"[匈]卢卡奇:《历史与阶级意识》,杜章智等译,商务印书馆,1995年,第149页注1。

② [匈]卢卡奇:《历史与阶级意识》,杜章智等译,商务印书馆,1995年,第120页。

点,是马克思并没有认真讨论的方面。在我们今天的现实生活中,一个3岁的孩子知道钱是最重要的,并非是他不懂事物化(其实,成人也不会懂),而他在每天发生的生活事件中看到,没有钱就不能吃肯德基,没有钱就不能买比其他小朋友更好的文具,是现实伪境赋型了存在,而不是物象化错误误导了生活。况且发生在资本主义泰勒制流水线上劳动者变成生产工具的物化,不是假象,而是现实。在网络信息化生产的今天,这一切颠倒的客观社会生活伪境则以更新的魔幻方式实现出来,这是我们以后需要认真思考的问题。

必须说明的后续事件还有,1962年,青年卢卡奇的《历史和阶级意识》的日文版在日本出版,正是在这次文本翻译构境中,此书译者平井俊彦将"Verdinglichung"这个词意译作物象化,这造成了最初的转译构境中的混乱。①而广松涉则明确地在自己的学术研究中,正确区分了马克思的Versachlichung与Verdinglichung两个概念,并将马克思的Versachlichung(而不是平井俊彦从卢卡奇文本中Verdinglichung一词构境出来的物象化)这一概念专门转译并重新构境作物象化,以区别于马克思的Verdinglichung(物化)概念,并以物象化作为马克思1845年思想变革的重要落脚点,以异质于之前的人本主义异化史观。其实,广松涉并不关注"物化"(Verdinglichung)的内容,而专注于他所特别指认的"物象化"。

我们可以注意到,在对卢卡奇物象化理论的评述中,广松涉指认:"卢卡奇式的理解未能看清后期马克思的独特的物象化论的构造。"②不过,他"并

---

① 参见[匈]卢卡奇:《历史和阶级意识》,平井俊彦译,未来社,1962年。日本学者榎原均在2013年6月20日给《情况》出版社,社长大下先生的信中写道:"马克思的《资本论》原本将物象(Sache)和物(Ding)用于不同的意思。在这两个用词的区别之上,还有物象化(Versachlichung)和物化(Verdinglichung)的区别。然而在翻译文化盛行的日本,日文版的《资本论》除了长谷部文雄的译本外,二者皆被译作物和物化,没有加以区别。大月书店的全集版、新日本出版社的新书版,还有筑摩书房的马克思珍藏本、中山元重新翻译的日经BP社版,在这点上无一例外都不合格。接下来只能寄希望于以敬体(即'です''ます'体)来翻译的大谷祯之介了。"

② [日]广松涉:《存在与意义》(第二卷),彭曦、何鉴译,南京大学出版社,2009年,序言第11页。

没有从根本上否认卢卡奇在马克思研究史上所发挥的作用"，因为

> 在他弘扬马克思的"物象化"概念的当时，早期马克思的手稿还未公开，而且在马克思派当中，因为对黑格尔以及黑格尔左派也缺乏了解，因而马克思研究者对"黑格尔马克思"关系的理解是非常浅薄的。身处其中的卢卡奇，对黑格尔和马克思的关系进行了更加紧密的把握。不用说，在那个时候，他没有将黑格尔和马克思视为一体。但他陷入了将黑格尔与黑格尔左派的"异化论"的思路以及构造与马克思的物象化论的思路和构造在相当程度上加以重叠的弊病之中，而忽略了"后期"马克思通过自我扬弃黑格尔学派式的范式好不容易开拓出的独自的境地。①

广松涉的结论是："在卢卡奇那里，异化论和物象化论没有完全分离"，所以虽然他在提出物象化问题是有功劳的，可是他对物象化问题本身的理解是存在较大偏差的。

广松涉在1983年出版了《物象化的构图》一书。此书是他从1969—1983年公开发表的有关"物象化"问题的相关论文的一个结集。广松涉在自序一上来就说道："'物象化（Versachlichung）论的构图（Verfassung）'，对笔者来说，既是理解马克思的后期思想的重要钥匙，同时也是作者本身所构想的社会哲学、文化哲学方法论的基础。"②这有两个重要的定位：一是物象化概念是他用来指认马克思后期思想（准确地说，是1845年历史唯物主义创立后）的科学方法论的范式，这是取代人本主义异化论的方法论转换的质性定位；二是这种对马克思的方法论解读构成了他自己全新哲学构境的基础，这是一个他与马

---

① ［日］广松涉：《存在与意义》（第二卷），彭曦、何鉴译，南京大学出版社，2009年，序言第11页。
② ［日］广松涉：《物象化论的构图》，彭曦、庄倩译，南京大学出版社，2002年，自序第1页。

克思的历史性关联的定位。我认为,广松涉的这个"物象化"并不是马克思Versachlichung原初的构境,而是广松涉所重新抽象的关系存在被错认为实体存在的主观假性幻象。广松涉所理解的物象化,是指人的主体际关系在当事人的日常意识中犹如事物之间的关系或物的性质,这是在主观意识中发生的错认。在广松涉看来,Versachlichung的两个层面的事件都是一种主观的"错误理解",即将关系性的存在重新实体化误认的物象错觉。我觉得,广松涉的物象化构境与马克思的事物化(Versachlichung)视域并不是直接一致的,这只是广松涉走向自己哲学建构的一种特设性理论构境。

中编　交互主体建构的世界
——《世界交互主体的存在结构》解读

1969年，是广松涉自己原创性的哲学构境开始生成的重要时刻。广松涉先是在《思想》2月号上发表《世界交互主体性的存在结构——关于认识论的新生》一文，这是他亮出交互主体性全新哲学构境的起点。依我的判断，这是他很早从马赫的关系主义哲学获得启发之后，逐步开始生成的独特关系哲学的最初构序逻辑。他又连续在日本哲学会《哲学》3月号和《思想》7月号上，发表《历史性世界的存在结构》和《语言性世界的存在结构——对意义的认识论分析的认识》。显然，这两篇文章是上述交互主体论在语言学和历史理论中的延伸和泛化。次年，广松涉在《思想》8月号发表《历史性世界的交互性持存结构——对物象化论哲学的基础认识》一文，应该说，这是他将自己在对马克思思想史研究中的获得的物象化理论构序与自己的交互主体哲学进行了一种重要的链接。可以看出，这是他一段时间以来完成的一个完整思想实验的系列成果。1972年，广松涉将自己的这些重要论文续集出版，这就是本篇将要解读的《世界交互主体的存在结构》一书。1991年，广松涉将自己的这本书称为在他已经出版的三十多书册中，表达他"独立的哲学观点"论域最广，也是最基础性的文本。这是对广松涉自己哲学原创构境的专门标注。在这个意义上，他把此书指认为创建自己哲学体系最具有"实质性的主要著作"。甚至这本书必须作为《存在与意义》三卷本的逻辑"前梯"，可见，此书对于广松涉自己原创性哲学构序的重要性。

应该说,此书是广松涉自己四肢哲学观念最早的独立思考,我们也可以看到,这一原创性的思考,正是与本书上篇所讨论的他对马克思理论的关注处于一种平行线的状态。不过,除去《存在与意义》对此书主题的展开和深化外,从1972以后的十多年中,广松涉先是通过不同的专题研究一个一个问题的具体研究,不断廓清了理论地平。他自己说:

在本书原版(劲草书房,1972年初版)问世之后,笔者公开出版了详述本书中提示的认识论关系的论点的论著,以及主题性地展开本书中启发性地留下的论点的著作,例如,《科学的危机与认识论》(纪伊国屋书店)[《广松涉著作集》第3卷]的认识论,《物·事·语言》(劲草书房)[《广松涉著作集》第1卷,第283页以下]收录的语言论,《辩证法的逻辑》(青土社)[《广松涉著作集》第2卷]中的判断论,《物象化论的构图》(岩波书店)[《广松涉著作集》第13卷]中的物象化论,《表情》(弘文堂)[《广松涉著作集》第4卷]中的表情论和符号论,《身心问题》(青土社)[《广松涉著作集》第4卷]中的身体论,《交互主体的现象学》(世界书院)[《广松涉著作集》第6卷]中的角色行为论,《事的世界观的前哨》(劲草书房)第Ⅰ部[《广松涉著作集》第7卷]所收的康德论、马赫论、现象学论和海德格尔论自不待言,同书第Ⅲ部[《广松涉著作集》第2卷]的人论、历史论和时间论等,全都是以本书的论述为前梯而详细地展开的东西。①

我们不难看到,广松涉从这本书延伸出去的专题分别有:认识论、语言论、判断论、物象化论、身体论、角色行为论、表情论、符号论、人论、历史论和

---

① [日]广松涉:《世界交互主体的存在结构》,邓习议译,南京大学出版社,2020年,第1~2页。

时间论等，可以感觉出来，他的构境意向并非传统马克思主义哲学的社会存在论构序线索，而更接近西方语言哲学和社会学。所以他也坦言，这是将论点具体化到"社会学、语言学、法（哲）学、经济学、精神病理学、数学基础论和科学论"中。这种构序倾向也直接表现在后面我们将要讨论的《存在与意义》中。

此书的结构是松散和不对称的，一个绪论和内外两篇。绪论是对主-客二分的传统认识论构架的批判。第一部（内篇）是一个完整的三章结构，主体是广松涉已经在"《思想》杂志连载"发表的那三篇论文的结集。分别从认识论的构境中讨论了现象世界的四肢结构、语言交往中出现的事象化和历史物象化的问题。这应该是后来《存在与意义》第一卷的主要构序线索。第二部（外篇）并不是完整的学术构境层级，只是集中讨论了他眼中四肢结构在"存在论"中的体现，但思想构境却偏离到角色论的社会学论域中去了。这也是他的《存在与意义》第二卷的基本构意意向。在我看来，广松涉哲学构境最有价值的部分，恰恰是他站在康德、马克思、胡塞尔和海德格尔的哲学认识论革命的基础上，对现代科学方法论前沿线索的精准把握，在哲学认识论构序中的进展。这一点，在此书中表现得尤其突出。

本篇没有按照广松涉此书文本的具体构序逻辑进行解读，而只是选择了书中值得深入的问题进行了拷问。

第四章
交互主体性:从关系本体论到关系认识论

按照广松涉自己的说明,他后来的四肢体系构境的最初雏形,出现于1969年发表的《世界交互主体性的存在结构——关于认识论的新生》一文中,可以看出,他的思想构序起点是哲学认识论。我们也不难看到,这也是贯穿《世界交互主体的存在结构》一书的一条主线。依我的观点,这是广松涉从马克思的关系本体论向关系性的认识论的过渡。这种构境意向的重大转换,首先就表现为他对传统主体-客体二元认知图式的批判和超越。

一、主体-客体分立:资产阶级意识形态?

在广松涉看来,20世纪开始的三分之一时段,西方科学的确有一些辉煌的成就,被他列举的方面,包括了相对论和量子物理学,精神分析学[①]和格式

---

① 精神分析学(psychoanalysis),主要代表人物是弗洛伊德、阿德勒和荣格。弗洛伊德指出,精神分析是"研究和治疗"癔症(神经症)的方法。精神活动包括意识、下意识和潜意识三个层级。人格结构包含本我、自我和超我三个部分。性心理发展分为口欲期、肛门期、性蕾欲期、潜伏期和生殖期五个阶段。

塔心理学,更早一些的还有心理学中的条件反射理论①,结构语言学②,涂尔干③学派的集体表象理论,韦伯④在管理学上的业绩,凯恩斯⑤的国家干预的经济学。这是一个十分宏大的构境背景。可是在20世纪中叶之后,科学似乎进入了停滞期。其实,广松涉的这种判断还是有些问题的,因为正是在他写这篇文章前的20世纪第二个三分之一(40年代至70年代),美国人成功爆炸了第一颗原子弹(1945),标志着人类进入原子能时代;苏联人发射了第一颗人造卫星(1957),象征着人类进入了太空时代;第一台电子计算机(1946)和互联网(1969)也出现在这个时期,只是信息化和互联网时代的到来要到20世纪下半叶。这实在不能说是科学技术发展的停滞。

实际上,广松涉是想说明,如果说20世纪40年代开始出现了"科学的停滞",那么其中很重要的原因之一就是与"哲学的混乱"相关,具体说,即是由于传统认识论构架的过时,才导致科学发展的停滞。这里的主观构境色彩太浓了,认识论坏了,所以科学停滞了。因为在他看来,"哲学,作为直接表明各个时代人们的理智行为的根本'构图和构想'的东西,无论喜欢还是不喜欢,都敏锐折射着人类思想史的转换局面"⑥。这个观点倒是对的。实际情况是,

---

① 条件反射理论(conditioned reflex)是巴甫洛夫的高级神经活动学说的核心内容,指在一定条件下,外界刺激与有机体反应之间建立起来的暂时神经联系。

② 结构语言学(structural linguistics)兴起于20世纪30年代,基本理论源出于索绪尔的《普通语言学教程》,反对对语言现象进行孤立的分析,主张系统的研究。该学派内部又分为布拉格学派、哥本哈根学派及美国结构语言学派(也称美国描写语言学)三大学派。

③ 埃米尔·涂尔干(émile Durkheim,1858—1917),法国社会学家。主要著作有:《社会分工论》《社会学方法的准则》《自杀论》和《宗教生活的基本形式》。

④ 马克斯·韦伯(Max Weber,1864—1920),德国社会学家、政治学家、经济学家、哲学家。主要著作有:《新教伦理与资本主义精神》《中国的宗教:儒教与道教》《印度的宗教:印度教与佛教的社会学》《古犹太教》和《政治作为一种志业》等。

⑤ 约翰·梅纳德·凯恩斯(John Maynard Keynes,1883—1946),英国经济学家。主要著作有:《就业、利息和货币通论》《论货币改革》和《货币论》。

⑥ [日]广松涉:《世界交互主体的存在结构》,邓习仪译,南京大学出版社,2020年,第6页。

科学方法论上的重大进展才会导致哲学方法论的变革，而不是倒过来的逻辑。精确地说，在一个特定的历史阶段上，旧有的认知构架有可能成为科学进步的障碍。在广松涉看来，今天的哲学，特别是认识论并没有折射整个思想史已经到来的重大转换。他明确指认："今天，我们遇到过去与古希腊的世界观的衰落期、中世纪欧洲的世界观的崩溃期相类似的思想史的局面，即近代世界观的全面解体期。"①在他看来，这里的近代世界观就是资产阶级意识形态，从哲学认识论的构序方式来看，就是仍然陷在实体主义泥潭中的所谓主体与客体分立的"主体-客体图式（Subjekt-Objekt-Schema）"二元构架。真是念念不忘。他说：

> "主体""客体"的概念，是到了近代才形成的东西。将传统的"sub-jectum""objectum"一词的意义内容脱胎换骨为"主体""客体"这一术语的今天的用词法的确立，经过了相当长的时代。在古代和中世纪，原本不存在"主体-客体"之类的构想。②

这里的意思是说，主体-客体构式是中世纪结束之后由资产阶级在工业文明之后建构起来的认识论构架。在前面的导言中，我只是介绍了广松涉对主-客二元构架的证伪，但并没有如实表达我自己的真实想法。实际上，我对此持保留了质疑的态度。

首先，将客体的存在界划于主体活动作用之外的二元对置状态，恰恰是农耕时代自然经济筑模的必然产物。在农业社会自然经济中，人的物质生产的本质还只是依附于自然生命生长运动之上的辅助性劳动，生产结果只是经过加工和获得优选后的自然产品，人类主体还是边界清晰地处于自然对

---

① ［日］广松涉：《世界交互主体的存在结构》，邓习议译，南京大学出版社，2020年，第7页。
② 同上，第8页。

象外部,这是客体-主体二元认知模式产生的根本性基础。而在工业生产发生之后,特别是在现代资产阶级社会商品经济中,"经济世界已经成为人的工业生产的直接创造结果,工业实践活动及其实践结构已经成为我们周围世界客体结构的重要构件,自然物质对象第一次成为人类主体全面支配的客体,财富第一次真正摆脱自然的原初性,而在社会实践的重构中成为'社会财富'。我们不再在自然经济中简单直观地面对自然对象,而是能动地面对工业实践和交换市场关系的产物。物相第一次直接成为人类实践的世界图景,人们通过能动的工业(科学技术)实践,更深刻地超越感性直观,掌握周围物质世界越来越丰富的本质和规律"①。只是,资产阶级近代哲学认识论中被不断强化的主体-客体二元认识论构架,并没有真正意识到现实基础中的这种深刻变化。这正是马克思哲学革命的一个重要构境新质性。广松涉也是从马克思和马赫的关系主义视角进入这一构境域的。

其次,在海德格尔和福柯新的构境意向上,将整个自然变成被整治的客体对象,从而生成一个张牙舞爪占有世界的现代性主体,的确是一个"晚近发生的事情"。但这种现代主体的生成的本质恰恰不是主-客分立,而是强暴性的同一性存在历史。这种主体性的构序逻辑,也正是反对主-客二分的。这可能与广松涉的判断正好相反。

不过,我当然赞同广松涉这里想要说明的一个重要观点,即主体-客体二元构架所标识的认识论图式已经过时了,我与他,只是对认识论发生学上的历史断代问题和构境意向上不同层级上存在一定的分歧。我的意思是,主体-客体二元认知结构在特定的历史条件下是有其合法性的,由此,广松涉所主张的关系存在论,在人类认识史进程中也是历史发生的。这是我与广松涉在基本判断上的不同。但这并不影响我们在认识论研究中同向的基本构境努力。

---

① 张一兵:《回到马克思——经济学语境中的哲学话语》(第三版),江苏人民出版社,2016年,第366页。

二、主体–客体图式的臆想及其危机

在广松涉看来，欧洲近代以来仍然在哲学认识论研究中居主导地位的主体–客体图式存在着严重的问题，对于今天的科学发展和人类思想史来说，这种历史性的"主体–客体图式现在已经成为桎梏"，到了"穷途末路"，不得不被打破的境地。这个判断是对的。在他看来，这种二元图式的自明性臆想在于三个已经成为常识性的观点：

一是意识的个人性恒在假定。广松涉说："人格的'向来我属性'①(Satz der Jemeinigkeit od. Persönlichkeit)。主体，与所谓近代的'自我的自觉'相联系，终究是作为意识作用，总是理解为诸个人的人称性意识，向来我属的我的意识。"②这是过于学术化的表述。通俗一些讲，与海德格尔原初使用Jemeinigkeit一词的存在论构境意向不同，广松涉特意将此词专指意识的个人人称(你、我、他、她)的专属性。在他看来，这是一种非反思的意识观，因为它假定了个人"意识的背后，具有不灭的灵魂、人格的自我同一性的精神实体，认为意识是这一精神实体的属性或作用"。显而易见，这是一种非历史的抽象意识观。

二是对意识的三项图式(Schema der Triarität)的假定。广松涉说，一谈及意识，人们总会通过"意识作用–意识内容–客体自身"三个子项来讨论，往往主体的"意识内容"与"客体本身"在空间上都是分离的，并且在认知关系中

---

① Jemeinigkeit(向来我属性)是海德格尔在《存在与时间》中自创的一个词，在《存在与时间》的英文译本里一般将其翻译为"mineness"。按照海德格尔的观点，人不是传统人本主义中那种理性主义的类存在，也不是新人本主义的个人实体，作为在一定时间中出现的生命此在，具有"去存在"(zu sein, to be)和"向来我属性"(Jemeinigkeit, mineness)的规定，它预示着此在始终面向可能性境域筹划自身的状态之中。

② ［日］广松涉：《世界交互主体的存在结构》，邓习议译，南京大学出版社，2020年，第9页。

用反映和摹写一类观点来指证二者之间的关系。承认客体的自身存在,这多半是唯物主义的意识观,

　　三是与件①的内在性(Satz der Immanenz od. Satz des Bewußtseins)的假定。这是说,在主体与客体分立的二元图式中,我们意识所获得的构境结果,或者说,"直接现前②于认识主体的与件被理解为'内在于意识'的知觉心象、观念、表象,等等,即只是被看作'意识内容',客体自身经过意识内容的中介而至多是间接知道的东西"③。这当然是唯心主义的意识观念。

　　广松涉说,与这些命题形影相伴的正是传统认识论中的"主体–客体"构式,并且一直到今天,这还是人们在"认识现象"时默认地奉为"常识"的前提。

　　广松涉告诉我们,一方面,在19世纪末和20世纪第一个十年中,"新康德学派、经验批判论学派④和现象学派等,正如'百花齐放,百花争艳'的字面所表达的,呈现一派可谓'认识论的时代'的盛况",因为它们多少触碰到了主–客二元分立逻辑的问题, 认识论的变革性思考一度成为哲学研究的最前沿。可是到了英美大陆的逻辑实证主义和分析哲学登场的时候,在"拒绝形而上学"的口号下,大陆哲学不再讨论现象背后不可直观的"本质"和"规律",由此,传统的质性认识论构境就开始步入绝境。相反,随着认识论研究的衰败,在欧洲哲学界取而代之的则是远离认知理论和方法的存在论、哲学人类学、存在主义等人文历史哲学。这一点,恐怕也是今天中国哲学研究中发生的现实趋向,哲学认识论研究被奇怪地边缘化。另一方面,虽然在自然科学内部,以相对论、量子力学中的测不准原理和物质存在方式中的波粒二象性等方

---

　　①　与件(Data),意为数据、材料,源自拉丁文"datum",意即"给予的事物"的复数形式。

　　②　现前,即"出现于眼前"。如净空法师说:"极乐世界是自性圆满的现前","自性是大而无外,小而无内"。

　　③　[日]广松涉:《世界交互主体的存在结构》,邓习议译,南京大学出版社,2020年,第10页。

　　④　这里的经验批判论指的是20世纪初马赫主义在俄国的理论变种,即阿芬那留斯和波格丹诺夫的经验批判主义。

面的进展,在实质上已经打破了旧式认识论的幻象,但这并没有将革命性构序传递到哲学认识论反思之中,故而根本没有真正触动旧哲学本身的地基,甚至包括从科学革命中并不成功地转移到哲学战场上的马赫主义和后期现象学研究,在哲学内部虽然也对认识论中存在的主-客二元图式有过质疑,但并没有最终打碎这种传统认识论构架。这不能不说是一种巨大的遗憾。

广松涉认为,新的哲学认识论观念革命的契机已经出现在思想史的地平之上。在他看来,至少针对上述支撑着主体-客体二元图式的那三个自明性观念都受到了挑战。

其一,是"通过原始人的精神结构和精神病患者的意识结构的研究而得来的见解",它直接打破了意识个人性恒在的幻象。广松涉说:

> 文化人类学和精神病理学,明确了原始人和精神病者的意识结构,与正常的"文明人"的意识结构完全是"异型"的。尽管脑髓或感觉器官是生理结构、基本心理过程是"同一"的,文明人与原始人——正好与各民族尽管具有并无显著差别的生理结构,但具有完全相异的语言体系。相类似——所谓高等的意识自不待言,甚至知觉的体系,也具有完全相异的精神结构。①

广松涉举出的反例为,从文化人类学对远古时代人类意识体系的研究和精神病理学的研究结果看,我们的意识发生的物理机能,在生理上几乎同质于原始人和精神病患者,可是原始人和我们却居有完全不同的文化和语言系统,而精神病人虽仍然居有与我们一样的大脑和神经系统,却完全破坏了生成意识活动的精神结构。由此,广松涉想证明的意识观点是,根本不可能存

---

① [日]广松涉:《世界交互主体的存在结构》,邓习仪译,南京大学出版社,2020年,第14页。

在一种由不变的个人灵魂支撑的专属个人（人称化）的意识实体，因为任何个人意识活动中出现的"'知性能力'，甚至'感性能力'，也明显是历史的、社会的交互主体化的产物"。这是完全正确的观点。在这里，他直接引述了马克思和恩格斯关于意识本质的一系列说明，其中最重要的是《德意志意识形态》中"意识[das Bewußtsein]在任何时候都只能是被意识到了的存在（das bewußte Sein），而人们的存在就是他们的现实生活过程"①。所以"意识一开始就是社会的产物"②，根本不可能存在一种不变的灵魂和独立的个人意识实体。

其二，是"由格式塔心理学提出的构想，及其知觉研究的见解"，它打破了刺激–反应那种主–客二元关系的幻象。广松涉说：

> 格式塔心理学，推翻了对一定部位的刺激总是对应一定的感觉（刺激若是同一的，其对应的感觉也同一的）的"恒常假说"③，并且，明确了知觉在本源上呈现格式塔的分节化。认识论，关于认识的事实过程，只要采取逻辑主义的立场，就一般是立足于要素的意识内容是源于主体作用而形成的现实形象这种统觉心理学的假设。然而，这一假设，现在根据格式塔理论而难以维持。④

这是说，因为格式塔心理学的出现，已经可以证明心理意识的显现并不是因简单的客体刺激而生成的主体对应反应，一切心理意识都是由特定整合式发生的互动场境突现结果。格式塔心理学甚至证伪了已经比较复杂的统

① 《马克思恩格斯文集》（第一卷），人民出版社，2009年，第525页。
② 同上，第533页。
③ "恒常假说"（constancy hypothesis）主张相同的刺激总会导致相同的感觉。强调无论环境因素如何，物理刺激和感觉之间存在着严格对应的关系。这一观点为亥姆霍兹和冯特等人所接受。但格式塔心理学家认为，在不同的意识活动模式下，相同的刺激会产生不同的感觉。
④ ［日］广松涉：《世界交互主体的存在结构》，邓习仪译，南京大学出版社，2020年，第16~17页。

觉①的观念，因为格式塔突现导致的显相分节是与非线性整体场境相关联的。这是对的。然而广松涉并没有深化这一重要的认识论场境观点。在下面的讨论中，我会提出自己的看法。

其三，是"法国社会学派，尤其是其'集体表象'的理论的构想和见解"，它直接证伪了意识内容中关于物性对象的假定，因为那不过是一种物象化的表象。广松涉认为：

> 集体表象的理论，不仅指出了人们的意识是集团化的交互主体化——关于这一点是(1)讨论的问题——而且进一步阐明了人们具有的"意识内容""表象"可谓是一种物象化，是将社会事实(fait social)作为这一意义上的物(chose)来处理。正如道德现象或"语言"所表明的，"集体表象"绝不是诸个人所具有的表象的总和，而是特殊的综合(synthèse sui generis)，获得新的存在性格。②

依广松涉的理解，法国人类学和社会学中的集体表象理论③，已经接近他自己的交互主体的构境。因为在原始思维中，与当时的社会生活关系一致，根本没有主体与客体的分立关系，原始人的思维，是一种以人与人之间交互活动为基础的集体表象为形式、以互渗为规律的前逻辑式神秘思维构境。这直接否定了那种将意识的内容内在化的传统认识论观点。

---

① 统觉(Apperception)是指人的心理认知不是直接对事物属性的感知，而同时蕴含着人们已有的经验、知识、兴趣、态度的整合作用。

② ［日］广松涉：《世界交互主体的存在结构》，邓习仪译，南京大学出版社，2020年，第17页。

③ 这里的集体表象(Collective representation)理论，主要是指法国人类学家吕西安–莱维–布吕尔、社会学家涂尔干和莫斯等人关于原始人的思维方式的研究成果。这种思维相信人与外界事物之间有着部分或整体的关联，二者可通过神秘的方式来彼此参与、相互渗透，形成极为独特的认识过程。在原始思维的互渗律中，原始人既无主体与客体之间的区别，又无想象与现实之间的差异，这一特征乃成为原始社会法术与图腾崇拜的思维基础和认识前提。

在广松涉这里,正是这三个方面的重要学术进展,构成了对传统认识论中的主体–客体二元构式提出了根本性的挑战。但是如何去深化这种挑战所造成的革命性思考呢? 这就是广松涉自己要正面回答的问题了。

三、从社会历史性的交互主体关系本体论到关系认识论

广松涉告诉我们,近代以来的欧洲哲学,已经在传统认识论的废墟上苦苦挣扎了许久。第一阶段,从洛克和康德的认识论开始,就已经在努力"推翻前近代的形而上学的独断论",这当然是指从经验论开始的认识论反思和康德的先天综合判断所带来的"哥白尼革命"。第二阶段,这之后的新康德主义的认识论,有意识地开始"调和'近代'构想中宿命性的主体主义(Subjektivismus)和客体主义(objektivismus)的相互作用(Wechselspiel)[毋宁说是拉锯战],承担这一近代的地平的守夜人的使命"。这是说,新康德主义在认识论上仍然是主–客二元图式的守护者。第三阶段,

> 与"自由主义时代"的结束、"帝国主义时代"的开始相适应的马赫主义、后期康德学派、广义的布伦塔诺学派等,认识论也都一齐重新思考"近代"构想的古典图式,进行自我批判和修正,但并未触及"近代"构想法的基本结构,而以修残补缺延其寿命之贡献而告终。①

广松涉虽然那么推崇马赫的哲学,但他还是认为,与已经十分新进的布论塔洛的心理哲学一样,他们虽然已经对近代认识论进行了自我批判和修正,但并没有根本触及主体–客体的二元构式的真正病根。他甚至认为,"与

---

① ［日］广松涉:《世界交互主体的存在结构》,邓习仪译,南京大学出版社,2020年,第19页。

布伦塔诺学派的系谱相关"的海德格尔,曾经给予了战后马克思主义很高的评价,他涉及了"近代世界观"的地平本身的"自我批判",但也没能最终超越主体–客体二元图式。广松涉说,最可悲的情况是,前苏东的教条主义的马克思主义解释构架,则对此无动于衷。

在广松涉看来,传统认识论中主–客二元图式的真正被超越,当然首先是在马克思的哲学革命中实现的。在这一点上,许多当代资产阶级哲学家并没有意识到。因为在马克思的哲学视域中,意识的社会历史本质第一次得到科学说明。然而马克思没有明确突出强调的方面是,"人的意识在本源上是社会化、交互主体化的与件"①。这后面的关系性的交互主体化,正是广松涉自己原创性的全新认识论构境激活点。我们来看他的分析:

> 人们的意识实态(知觉的在场的世界)取决于当事人在怎样的社会交往的场合中实现自我形成。因此,"认识"不能理解为各个主体与客体的直接关系。传统认识论,将"认识"理解为主体–客体关系,基于他人的存在这一事实在原理上可作无视的处理这一假设。但是,现在已必须将他人的存在这一事实理解为认识的本质的一契机。而且,这种他人,同时不能光是理解为各个他人,理解为处于一定的社会的历史的相互关系中的人,只能作为中介性存在于当中的那种共在。②

这里的构序新质逻辑为:马克思讲,意识总是社会的产物,意识的本质是"我对我环境的关系",可是马克思也说过,人们一定历史条件下的交互活动水平就是生产力,然而马克思没有深化这种交互发生的生产力水平与意识本质二者之间的关联。马克思和恩格斯在《德意志意识形态》一书中的原话,是

---

① ② [日]广松涉:《世界交互主体的存在结构》,邓习仪译,南京大学出版社,2020年,第20页。

引述了赫斯关于生产力的定义,即作为人们共同活动(Zusammenwirken)的生产力,但广松涉将其突显为交互活动。

广松涉自己觉得,马克思的哲学革命,解决了旧哲学中那个抽象的物质与意识何者为第一性的问题,因为从来就不存在抽象的物质和意识,人的意识活动总是基于一定历史条件下的社会生活,所以马克思说"意识没有历史",根本没有什么离开了具体的社会定在的抽象的物质决定意识,只有特定的社会生活之上的特定意识,这恐怕是历史唯物主义中那个社会定在决定观念原则的本意。如果意识并不对应实体性物质,而是对应于人改变世界的活动关系,对应于人们交互活动建构起来的复杂生活,那么传统认识论中的那个主体-客体二元图式就没有立足之处。可是这还不够,因为它并没有解决"意识的社会的历史的被制约性,其本源的交互主体如何可能"①,这是一个更实质性的构式机制。在广松涉看来,人们社会生活的基础正是人与人共同建构起来的关系性"共在",如果这是一种新的交互性客观场境存在,那么意识活动的本质则会是我与他人意识共同建构起来的交互性主体活动。这是广松涉所说的"人们的意识实态(知觉的在场的世界)取决于当事人在怎样的社会交往的场合中实现自我形成"的真实含义。从一定的意义上说,广松涉这里是指认了,如果说马克思的历史唯物主义的基础是一种深刻的关系本体论,那么进一步说,马克思的认识论必然就是基于这种人与人交互共在的关系认识论。当然,广松涉此处的"共在"并非海德格尔那个常人化的沉沦生存状态,而是正面肯定的交互主体关系。正在这个构境意向中,广松涉才会说:

可以说"我思"(cogito)在本源上具有"我们思"(cogitamus)的性格。

① ［日］广松涉:《世界交互主体的存在结构》,邓习仪译,南京大学出版社,2020年,第20页。

意识主体,不是天生同型的,而是通过社会交往、社会的交互活动(才形成交互主体的,只有在作为这种交互主体的"我们思"(cogitamus)的主体那种"我作为我们"(I as We)、"我们作为我"(We as I)所实现的自我形成中,人才成为认识的主体。①

这里对主-客二元图式的根本性突破在于,笛卡尔"我思"的个人主体本质上是交互性主体共同建构起来的"我们思",人的意识主体不是天赋自成的,而是"通过社会交往、社会的交互活动,才形成交互主体的",个体意识的"我思"只是在作为社会交往的交互活动(关系本体论)中生成的"我们思"里才是成立的,所以叫"我作为我们"。这个我们思不是个体意识的量的总和,而是不同个人意识活动交互生成的交互主体性。在这种全新认识论构境之中,这也会生成真正的非主-客分立的关系认识论构架,这才是由广松涉主张的真正消除主-客二元分立的认识论革命。然而在广松涉自己关于认识论的具体讨论中,大多数例证却都是从个人认知主体的经验出发的,这种精彩的交互关系场境认识论并没有得到深入的探讨。

这样,前述格式塔心理学所揭示的意识整体场境结构的观点,也可以重新立基于这一重要观点之上,或者说,"格式塔的分节化的样态为历史、社会的、交互主体化的展相所决定"②。如果我没有理解错,广松涉这里的意思是说,格式塔心理学已经看到了心理意识活动的整体整合功能,但这一观点必须放置到人们社会生活的共同交互活动建构的交互存在场之上,它才能符合广松涉所提出的关系认识论中的全新交互主体性。与此相关,上面提及的集体表象概念也不例外,原始思维中的集体表象必然是当时人们社会生活之间的交互活动所决定的,"集体表象的物象化这一与件,通过与作为'意识作用'

①② [日]广松涉:《世界交互主体的存在结构》,邓习仪译,南京大学出版社,2020年,第20页。

之本源的交互主体的相即不离"。并且这种物象化式的表象却慢慢延伸为整个认识论的基础。这是广松涉对马克思独有的批判认识论构境的重要理解层。当然，这里面包含着一种更深的逻辑悖结，我们下面再来进行分析。依广松涉之见，传统认识论的视域中，人的

> 认识过程，在本源上是交互主体的物象化的过程，而这种交互主体（Intersubjektivität=主体间性=交互主体性）既然是在历史的、社会的交互活动中存在，认识就是交互主体的对象性活动，是作为历史的实践（praxis）而存在。换句话说，认识决不只是以"意识内容"为与件的"主体内部的事情"，而是作为具有物象化结构的东西，直接参与对象。①

这是一个十分复杂的构境。我理解，应该有这样两个不同构境层面：一是社会存在的基础是人们一定历史条件下社会的交互活动，这也是上述马克思那个关系本体论中的历史性的共同实践构成的客观共在；二是在人们通常发生的认识过程中，这种交互主体活动消失了，却被以主体–客体分立的方式物象化地表象出来。这是一个十分难以进入的构境层。为了说明这一观点，广松涉给我们列举了一些具体的例子，比如在传统认识论常识中的客体——自然物质存在和现实世界，都是物象化的错认结果。他说：

> 作为自然的那个"本真"自然，现在已是"除去在澳洲新出现的一些珊瑚岛以外今天在任何地方都不再存在的"②、现实地呈现于我们面前的世界是历史的自然③。然而，这个现实世界，因为是通过那种交互主体的、

---

① ［日］广松涉：《世界交互主体的存在结构》，邓习议译，南京大学出版社，2020年，第22页。

② 《马克思恩格斯文集》（第一卷），人民出版社，2009年，第530页。

③ 参见《马克思恩格斯文集》（第一卷），人民出版社，2009年，第529页。

历史的"对象性活动"而开拓的,认识论,已不光超越了放弃"意识命题"的论域,同时拥有作为存在论的权利,作为奠定历史的实践结构的"历史哲学"的预备门,成为其一契机。①

这里又生发出来两个对客体物象化表述的证伪:一是讲,我们所面对的自然存在,自人类社会历史发生之后,就始终是历史性的自然存在,他引述了马克思批评费尔巴哈旧唯物主义中的感性直观错觉,因为在我们这个星球上,没有人作用过的纯粹自然,"除去在澳洲新出现的一些珊瑚岛以外今天在任何地方都不再存在"。二是说,我们每天所面对的现实世界,并不是与我们无关的外部客体,而恰恰是建立在我们每天发生的劳动生产活动之上的,马克思的原话是说,费尔巴哈"没有看到,他周围的感性世界(umgebende sinnliche Welt)决不是某种开天辟地以来就已存在的、始终如一的物(Ding),而是工业和社会状况的产物(Produkt der Industrie und des Gesellschaftszustandes),是历史的产物(geschichtliches Produkt),是世世代代活动的结果"②。所以广松涉才讲:"这个现实世界,因为是通过那种交互主体的、历史的'对象性活动'而开拓的交互主体而开拓的。"然而在传统认识论的主-客二元构架中,无论是我们周围世界中的自然存在,还是我们身边的现实生活,都被物象化地表象了。能感觉得出来,广松涉这里的"物象化"只是指实体主义的误认,而不是以一定的方式改造过的社会物质系统,因为这有两个不同的方面:一是这个在对象化的意义上出现的新的特质系统,比如自然界没有的城市、公路和各种生活条件,的确是客观实在的,它本身并不存在"物象化"的问题。或者说,这首先不是一个认识论的问题,而是存在论构序问题。二是我们在已经被实

---

① [日]广松涉:《世界交互主体的存在结构》,邓习仪译,南京大学出版社,2020年,第21~22页。

② [德]马克思、恩格斯:《费尔巴哈》,中共中央马克思恩格斯列宁斯大林著作编译局编译,人民出版社,1988年,第20页。

践中介过的社会物质系统的基础上,建构起与动物生存完全不同的社会生活,而所谓物象化,是在人们认识社会生活的本质上,将社会定在的场境本质重新误认为对象性的实体存在。

广松涉说:"交互主体的对象性活动是如何将自己物象化,它的结构,但同时必须从认识论上解明所谓'物象化的秘密'。"①在广松涉看来,这正是马克思在《资本论》及其手稿中完成的重要工作,但这一重要工作的认识论意义却至今都没有被揭示出来。其实,问题没有广松涉想得那么简单。

①　[日]广松涉:《世界交互主体的存在结构》,邓习仪译,南京大学出版社,2020年,第22页。

第五章
认识活动的四肢显象结构

在广松涉看来,传统认识论研究始终停留于"岸上学游泳毫无意义"的伪境中,如"究竟什么是认识?什么是真理?如何赋予认识的有效性以权利?"这样一些哲学认识论的基本问题上的抽象讨论中,然而仅仅停留于这种概念式的演绎或素朴实在论的经验层面,认识论研究是无法获得真正的进展的。他认为,依现象学已经进入的深一层构境思考,我们必须将认识论的考察从简单的对象化事实指认式的"什么",转到深究一种方法赋型的"元层(meta-level)的探究"上来,即胡塞尔和海德格尔都已经意识到的"怎样"("the How","das Wie")中来。①他专门提到,这些正是之后自己四肢哲学体系重要的方法论变革的"序曲(präludien)"。本章中,我们重点来看广松涉在共时性语境中对"现象(phenomenon)的'认识论'的存在结构"的批判性思考,特别是作为认识对象出现的复杂显象结构。

一、童心中的现象界:前反思意识构境的真伪

广松涉说,传统的主体-客体二元认知构架往往成为人们日常生活中的

---

① 参见[日]广松涉:《世界交互主体的存在结构》,邓习仪译,南京大学出版社,2020年,第23页。

常识,作为"我"的主体,对象性地认知我之外的客体,这似乎是无须学习和训练得来的经验惯性构架,显然,这并非是人故意要犯错,这也就是说,传统认识论的基础性存在结构中必然有其误认之成因。依他之见,当代哲学对这一问题已经进行过较为深入的讨论,从康德以后,人们已经意识到了先验综合观念构架对感性现象的塑形作用,在后来的现象学运动中,甚至已经提出了证伪常识中充当虚假自明性的"如实呈现于前反思意识中的世界",试图在前反思构境中努力探索呈现认识论真实对象——原初认知"与件"的可能。然而广松涉的疑问是,

> 所谓前反思,说是如实呈现,但那种情况果真可能吗?那种与件果真存在吗?现在值得怀疑的是,即使慎重地采用方法还原的程序,但其中所抽离的"纯粹世界"——即使已避免学派的先入之见——也许不过是出乎意外地赤裸裸地表达了全部"意识形态"的东西。严格地说,它没有超出充其量表明了排除一切"学派"的先入之见以如实地发现与件之实相的思想准备的范围。①

在广松涉看来,胡塞尔的现象学是目前在认识论中的最重要的进展,就是通过加括号、悬置先见、先验的还原,在本质的直观中回到意向活动的始初,还原式地提出了"现象学的剩余"。这也是后来萨特和梅洛–庞蒂等人前反思概念的重要认识论基础。可是广松涉认为,胡塞尔等人的这个"回到事情本身",仍然是一个对"虚构(fiction)的与件"的假定,因为它并没有真正脱离资产阶级意识形态的伪构境,不过它多少可以作为认识论研究向前走的批判性讨论的一个片面深刻的前提。

---

① 〔日〕广松涉:《世界交互主体的存在结构》,邓习仪译,南京大学出版社,2020年,第24页。

广松涉说,这种所谓的"如实呈现于前反思意识中的世界",也可以简单地看作一种假想中"如实呈现于童心中的世界"的"现象的(phenomenal)世界",显然,这是广松涉用了一个比喻式的易懂的说法。也就是说,胡塞尔的纯粹现象,是假定了一种在还没有生成概念系统的孩子们的天真眼睛中的世界,特别是"将形成它的各个'分肢'称作'现象(phenomenon)"。把孩子在前反思认识活动中获得的现象视作各种由不同感官的分肢,这与下面广松涉四肢认识论的最初意蕴构境相近。在他看来,

> "现象的世界"——绝不是像灰色屏幕的影像——自在地分节,其中,反思的意识称之为事物的东西,的确有如具有手感,汇集某种形姿,附着颜色、气味……的格式塔的统一体在空间上分节地并存,颜色、气味、触感这些"性质"自不待言,漂亮、气味之香、臭这些"性质",没有主体的东西和客体的东西这种区别的意识,可谓是外在的存在。同时,在那里,反思的意识称之为"符号"的东西或"他者的意识"的东西,是作为朋友的悲伤、母亲的高兴、你的恶意、犬的狂怒这种"直接的与件"而在场。①

这是假想中孩子童心里的现象世界。它一分为二:一是感性事物的现象,孩子们手中的玩具有手感、五彩的颜色,一些他们所见到的饼干、蛋糕散发着诱人的香味,这是外在于他们的东西;二是妈妈和亲人的喜怒价值意向的传递,小伙伴走路跌倒时哭泣中的悲情感染,当孩子去拉扯小动物的尾巴时,后者不开心的叫声,这些都是后来发展为有意义的"符号"(道德律令和知识)和"他者的意识"的东西。也是在这里,广松涉用一个尾注加写一段重要的异质

---

① [日]广松涉:《世界交互主体的存在结构》,邓习议译,南京大学出版社,2020年,第25页。

性理论构序线索。他说:"现象世界,原本就显现于实践的、对象性活动的有意义性(Bewandtnis)的关系中,然而在那里,可以说'信息世界'的东西实际上成为重点,在本章中我想暂且从认识论的(erkenntnistheoretisch)视角予以妥协式的考察。"①这是非常重要的一个构境层级辨识。广松涉是告诉读者,其实哲学认识论的基础是历史性的实践结构,按照马克思历史唯物主义的观点,主观世界中的意义关系只能来源于一定的对象性活动(生产劳动)塑形和构序的意义关系。只是在此处,为了进入认识论的视域,他先跟着传统学界的观点"妥协式地考察"。

也是在这里,广松涉发现,"前反思的认识论"也通过主体的纯化、聚焦显现的程序和被显现的东西,以进一步生成所谓原初与件、显现本身和被显现的内容三元素,这多少对应胡塞尔现象学所谓"意识对象-意识作用-意识内容"的三项图式。在广松涉看来,这种认识论的构序逻辑本身就是一种错误的"问题式(problematic)",所以如果要进入认识论研究的元层,就必须"将那种三项图式'加括号',再次正视现象所显现的实相"②。在胡塞尔的现象学方法论中,加括号就是将一个虚假的自明性理念悬置起来,以证伪它根基上的伪谬。从根子上看,要证伪胡塞尔自己的三项图式,也就必须把传统认识论那个作为构境基础的主体-客体二元认知结构先悬置起来,即加上括号放在旁边。这是一个大的批判性构境前提。

二、"认知对象"显现中的二肢性

广松涉提出,为了讨论的需要,对于传统认识论中的主体-客体二元构架,他先"将所谓主体方面'加括号',着眼于现象(phenomenon)的对象方面,

---

① ［日］广松涉:《世界交互主体的存在结构》,邓习仪译,南京大学出版社,2020年,第26~27页。
② 同上,第26页。

考察其二肢性结构"①。请注意,这是广松涉自己哲学构序中二肢性结构概念的第一次出场。这是先讨论传统认识论中的对象或客体之伪像。这很像黑格尔《精神现象学》证伪物相的开端,不过,更加复杂了。

首先,是认知对象中感性现象生成中的二肢性。在传统的认识论中,我们面对的认识对象,仿佛是在我们外部的独立实存,事物的现象如同我们在多维的经验中感觉到它们一样,通过我们自己感官的看到、听到、闻到,一个感性的对象世界即呈现在我们面前,这是认识活动的发端。对此,广松涉说,实际上发生的事情并非如此,

> 现象,每每自在地已是作为"感性"的所与之上的某物而显现。现在所听到的声音乃是作为汽车的喇叭声,从窗外所看到的乃是作为松树,而直觉地显现。当我看到现在桌子上滚动的东西时,正是将其作为"铅笔"来意识。这支铅笔,"应该"不仅被看作平面图形,还被我作为有形状、厚度的"物"(en Ding)来意识。它不仅是作为映现,而且作为形状的格式塔而被意识。当闭上眼睛而睁眼再看到它时,则伴随再认的意识。即,作为"同一铅笔"而被意识。②

显而易见,这是一个从常识和传统认识论视域很难进入的全新认知构序逻辑起点。我一点点来解释。作为马克思主义者的广松涉当然知道,客观物质世界的确在人之外客观存在,但是当我们从认识中去看到、听到一个产生于外部世界的现象时,事情就并非常识和传统认识论构架所假定的那样了。因为我们认识中呈现的现象,并不是简单的镜像式的外部信息,它总已经是一个多于外部给予经验的"某物",这个我们看到和听到的"某物",并不等于一

---

①② [日]广松涉:《世界交互主体的存在结构》,邓习议译,南京大学出版社,2020年,第27页。

维(一肢)的客观对象,它已经是一个由主体活动(另外一肢)参与建构的结果了。其实,这正同质于马克思在《关于费尔巴哈的提纲》第一条那个"从主体出发"的构序意向。比如,我们总是听到汽车鸣笛声,之所以它不是噪音,而是汽车的喇叭发出的声音,是因为这个"听到"中,已经含有我们另一肢附加出来的意义辨识;我们总是看到自然风景中的松树或者街上的行人,这不是混乱的视觉光点,而是清晰分节出来的植物和人,看到这些图像,也都内含着我们另一肢附加于上的意义辨识。这是过去康德摆放先天综合判断构架的地方。

松树(张一兵摄于海德格尔小木屋背后的黑森林,2010年)

广松涉用自己眼前"看一个铅笔"为例,在桌子上的一支铅笔,无论从哪个角度看,它都是一个一维的几何面,可为什么我们却可以直觉到它是一个六面的柱状物体呢? 即胡塞尔所说的,在认识中,我们总是看到一个面对主体的"正面"。因为当我们看到它时,同时发生的不仅仅是当下的一个视觉,而同时会突现一种以往所有相关经验集聚起来的格式塔整合,我们的一个简单的"看到",在发生的瞬间已经是一个多于所与经验的复杂的心理感知场的格式塔突现。在这里,广松涉并没有指认这个最简单的认知觉识的突现场境特征。而当你闭上眼睛后,视觉图像消失,而你再睁开眼睛看它时,刚才的格式塔突现仍然会瞬间建构起它的"物相",并且联想为同一个铅笔。依我的构境论观点,这恰恰说明,认识觉识也如同生活事件场境存在一般,都是当下建构和瞬间解构的。这个认知心理学的实验说明,已经呈现在我们感知中的现象,并非仅仅是外部对象——客体的一肢性(孤立的视觉、听觉或嗅觉等)映象(反映),而已经是一个有我们的意义辨识参与的二肢性认知结构。这是对传统认识论基础的颠覆性破境。

其次,是观念认知对象中的二肢性。广松涉认为,不仅仅是我们对感性现象的认知,"不光知觉和再认,采取'判断'的形式的与件在上升为意识的场合,仍然可发现与件'作为单纯之外的某物'的结构。即,主语指称的与件,通过谓语而表明的之外的某物(etwas Anderes),作为之上的某物(etwas Mehr)而被意识"①。比如刚才我们在上面讨论的"加括号"三个字,我们在使用这三个汉字的时候,并不是简单地被给予一个词组,而是同时获得一个多于这个词组"之上"的某物,即意指构境深处中胡塞尔批判性的悬置构序法。有如一本海德格尔隐匿起来的中文版的《哲学论稿——自本有而来》,可能从头到

---

① [日]广松涉:《世界交互主体的存在结构》,邓习仪译,南京大学出版社,2020年,第27页。

尾的汉字我们都能读出,可是多于文字之上的本有哲学观念,却并非所有人都能入境。广松涉总结道:

> 意识具有未必将某个东西作为某物而意识的结构。即,并非将所与"原汁原味"地理解为此物本身(als solches),而是将所与作为单纯的所与之外的某物(etwas Anderes),作为所与之上的某物(etwas Mehr)而意识。①

在我们的认知和意识活动中,真实发生的事情,并不是镜像式地映照外物原像,而已经总是在同时建构出一个给予经验现象之上的他物,一个比经验事实多出来的东西,即意义塑形和构序。在广松涉的新认识论中,传统认识论视域中的一肢性的对象(客体)就成了经验所与和意识赋义的二肢性关系存在。这是将康德认识论革命的秘密,以更加简单的话语表述出来了。这是后来广松涉那个著名的"所与与所识"的观念雏形。

广松涉认为,在一切认识活动中,成为认知对象的现象中永远都已经内含着一种他性赋型。有如康德座架混沌经验的先天综合判断的他性立法。因为在认知对象中,任何显象和观念在表征某物时,同时还会是一个不是自身的他性指认。他说:

> 现象,岂止海德格尔所说意义上的用在性(Zuhandenheit,上手性),它还显示着全部符号(象征)的存在方式。现象,在表现自身的东西($\varphi \iota \nu \alpha \mu \varepsilon \nu \upsilon \nu$ das,was sich selbst zeigt)时,每每已同时是"表现某种他性的东西"(das,was etwas Anderes zeigt)。②

---

①② ［日］广松涉:《世界交互主体的存在结构》,邓习仪译,南京大学出版社,2020年,第28页。

我觉得,这是内含着一个"认识论断裂"的深刻思想构境。在这里,广松涉明显不满意康德的认识论,他先是从胡塞尔的意识现象学构序逻辑中跳跃到海德格尔的存在论,因为一切意识的意向活动的背后,并不是直接对应外部原初物性实在,而都已经是在此在与世界打交道的关涉性上手状态中被遭遇的,意识中意义赋型的基础是关涉性的、有着"何所向"的用在。这已经是一个巨大的逻辑飞跃。然后广松涉进一步指认,在意识活动发生的时候,它还同时发生着一种符号象征关系,这种象征关系是通过将事物或现象指认为不是它自身的他性界定来实现的。比如,海德格尔特别喜欢提到的:"这是一把上手的锤子"。当我们说这句话的时候,用了不是手上这个物件的他性概念"锤子"来规定它的属性。对存在而言,概念总是他性的,所以拉康才说"语言是存在之尸"。正是在这个构境意义上,广松涉发现了作为认识对象观念在场时的自动发生的双重性,即他所指认的二肢性。

广松涉进一步发问道,这个将我们遭遇到的东西赋义的他性之物到底是什么? 或者说,"在现象中,'所与'将之作为那种来自意识的'某种他物'(something else,etwas Anderes)是什么? 另外,这个某物(something,etwas)与'所与'究竟有着怎样的关系"?①

当然,这个他性的某物并不是联想产生的其他表象。比如刚才广松涉所提及的看到桌子上滚动的铅笔,瞬间发生的事情不是"联想式的浮现于心中的表象",即联想到另一个曾经看到的别的铅笔,而就是对这个感性所与的"铅笔"概念赋义。所以广松涉说,在这个看到铅笔的认知活动中,"当将这个'某物'其本身特意抽取出来时,它呈现出哲学家们所谓的理念(ideal)的存在性格。现在作为问题的某物,呈现出与所谓的现实(realitas)完全不同的、超现实(irreal)的存在性格"②。当我们在感性现象中遭遇桌子上滚动的东西这一

---

① [日]广松涉:《世界交互主体的存在结构》,邓习仪译,南京大学出版社,2020年,第28页。

② 同上,第29页。

经验所与的时候,瞬间发生的了一个超出现实存在的他性观念赋型,即"铅笔"的理念赋义。

广松涉发现,当我们在经验中遭遇一个事物的时候,作为认识对象的显现,它总是伴随着某种他性理念的赋义。为此,他特意又举了一个我们看到"树"的例子。

> 窗外能够看到的东西而将之作为那种东西来意识的"树"这一某物,那棵松树和那棵杉树,全部种类的树木,乃是同为那种东西的"客体"的某物,不光是"shù"这一声音。可是,作为实在物的各种树木,这个是这个那个是那个,各自是个别对应的,而"树"则一样每一种都不具有特定的什么(普遍性)。同时,作为实在物的树木成长下去,不久就枯死(那时作为树木的本质规定性的实在性质也消失!),作为某物的"树",则既不伴随其成长也不伴随其枯死,与实在物生成流变的相貌相反,作为某物的"树"是不变的(不变性),等等。①

这是不难理解的。当我们向窗外看去,会看到不同各类的树,在传统认识论的二元构架中,是我们作为认识主体直接看到了客观存在的对象,而在广松涉这里的认知构境中,我们看到具体的有生长也会有死亡的松树或杉树时,正是一个不会死亡的理性概念的"树"的本质规定,让我们统摄性地看到了认识对象。这个让我们看到认识对象的"树",就是作为他性赋义的某物。实际上,这一点在传统的唯心主义认识论中普遍都被意识到了,只是哲学唯物主义的直观认识论似乎刻意回避。广松涉是在马克思主义的观念中,重塑这一认识论的构序层。

---

① [日]广松涉:《世界交互主体的存在结构》,邓习仪译,南京大学出版社,2020年,第29页。

广松涉说,在传统哲学中,"将与件作为那种东西而被意识的这种'客观'的某物(etwas Objektives)统称为'意义',将它呈现的特殊存在性格称作'Ideal'(理念、理想)"①。在胡塞尔的现象学中,这一事件被表述为"'意识总是对某物的意识'(Bewußtsein von etwas)这一十分著名的'意识的意向性'的命题"。可广松涉认为,这显然是不够的。因为这并没有真正跳出主体–客体二元认知构架。

在广松涉看来,"这种理念的某物与现象的'所与',不是空间上各自分离的存在",不是呈现个东西,"理念的某物,现实的'所与'方面可谓是身体化(inkarnieren)地显现"②。这里的身体化,并非简单地意指人的肉身,而指的是非主体–客体二元对立的一体化。也就是说,在我们遭遇现象的那一瞬间,这是一个突现式的关系性的共在。在这一点上,广松涉是在刻意界划自己与康德以来的唯心主义认识论的边界。广松涉举例说:

> 在将黑板上描绘的图形作为"三角形"来意识的场合,作为某物的"三角形"既不是存在于理念世界也不是存在于别的场所,而确实是"居于"黑板上的那个地方。这个所与形象是"三角形"这种纯粹数学的理念对象"身体化"的东西,可谓是"几何三角形"的具象化的一个范例(ein Exemplar)。黑板上的图形作为"几何三角形"而存在。③

当老师在黑板上画出一个三角形时,我们都会看到这个"三角形"。这个三角形并非只是一种理念或者在他处实存的东西,而就是我们在看到它时,已经具象化于黑板视图上的现象一体关系性存在。广松涉是想强调:"现

---

① [日]广松涉:《世界交互主体的存在结构》,邓习议译,南京大学出版社,2020年,第29页。

②③ 同上,第30页。

象——我们当初将其处理为某物本身(als solches)的直接性所与——，已经自在地中介地设定为之外的某物、多出的某物，是位于'作为'(als，として)的两极的两个契机的中介性统一体。"①显而易见，广松涉是要将原来的主体-客体二元构架(主体看到对象)改写为现象显现的一体二肢性。也是在这个意义上，广松涉才说，"现象的这种对象的二契机、二因素的自在的中介性统一，我们暂且确认的是这种理念-现实的二肢性统一结构"②。在这里，广松涉将作为认识对象的现象显现的二肢性，规定为"理念-现实的二肢性"。这还不是后来他提出的所与-所识关系。

　　于是作为认识对象的现象，只能是"在作为'现象的意识的直接的与件'之外的某物之自在的'对象二因素'的现实-理念的二肢性结构的统一中显现"③。对于我们这些熟悉了传统认识论构架的人来说，这真是够绕人的。简单一些说，就是旧式唯物主义认识论中的直观镜像和唯心主义的观念制作物相一类二元认知构架，已经为一种在认知活动发生的当下突现出来的一体化二肢性关系所取代。这里，广松涉没有真正摆脱二元构架，因为他没有看到这种突现的认识论场境本质。

三、面对现象的主体二肢

　　在上述的讨论中，我们先将过去在认识过程中居主导地位的主体"加括号"悬置起来，孤立地讨论了现象呈现中的二肢性，其实，一切认知活动的发生当然不可能离开现象面对什么(für uns)的问题。具体来说，就是上述桌上的铅笔和窗外的汽车喇叭声是谁在看，谁在听？在传统认识论中，这个正在看和听的"人"被假定为一个独立的认识主体，可广松涉却发现，原来被假定

---

①②③　[日]广松涉:《世界交互主体的存在结构》，邓习议译，南京大学出版社，2020年，第31页。

为一个意识主体的认识论前提是错误的。因为这个主体本身也是一种二肢性关系存在。

广松涉说,现象面对的可以是我,比如现在正在写作的电脑屏幕是面对我个人的;但也可以是面对任何一个他人,比如现在我从窗口看到刚刚亮起来的清晨中的城市所面对的上班人群。这是我与另外的主体(他人)的不同。可是广松涉这里想要讨论的主体的二肢关系性存在并非如此,它不是指认主体的外部多元性,而是认知主体自身的二肢性关系。他说,这是一种被遮蔽起来的"自我分裂和自我统一的二重化",或者说,原来在主体-客体结构中假定为单一主体实在会被分裂为一种双重关系存在,即都是我的"作为我的我"和"作为某人的我"。在后来的《存在与意义》中,这对概念被重新定义为"作为能知的主体"和"作为能识的主体"。他说:"这当中的两个我,在某种意义上既是不同的我,同时又是同一的我。"①对于传统认识论来说,这又是一个复杂的全新思想构境。

> 现象的"面对"者,所谓"主体"方面,由于具有这种"作为某人的他我"的二重化的结构,使得个人单独终究无法赋予的现象变得能够赋予。用普通的说法来说,人们开始具有传播的"知识"。作为现象世界而呈现于人们面前的"世界",其实,就是通过这种"传播"而形成的。②

这里的意思是说,人们之所以可以看到世界,并非是主体个人直达现象本身,而恰恰是因为在主体之间得以传播的知识让我们能够看到世界。在认知的发生过程来看,我在看,但却是一个作为某人的他我(主体间共有的传播的知识)在让我看到。我在全校博士生公共课堂上经常举一个例子为,在素

① [日]广松涉:《世界交互主体的存在结构》,邓习仪译,南京大学出版社,2020年,第32~33页。
② 同上,第33页。

朴实论的认识论中,通常会把"黑板是黑色的"作为直接的视觉经验来证明外部的实在性,可是如果当我抱着自己可爱的刚刚足月的外孙女幸儿到黑板前,她却根本看不到黑板!因为要看到黑板,就必须有关于黑板的概念,也必须有关于颜色黑白红绿的分类,在婴儿那里,那个能够让我们看到的由可传播的知识建立起来的"他我"还没有被建构起来,所以没有进入交互主体关系的小小的婴儿是看不见"黑板"的。

可能读者会觉得,这种认识论的观点不是康德的先天综合判断观吗?是的,广松涉这里的认识论思考与康德的先验构架论的构境意向是同向的,其不同在于,广松涉这里想指认的主体二肢性中的传播性知识,不是外在于个人主体的理性构架,而就是内化于个人认知活动中的个人主体存在,并且这种作为某人的他我不是凝固化的知识构架,而是通过主体之间交互作用不断功能性体认的共识。或者说,康德并没有具体说明的先天综合判断构架的本质,在广松涉这里,被直接定义为人的交互主体知识。这是从天上到地下的构式转换。这一点,广松涉在下面的讨论中还会进一步深入。广松涉明确说,真正面对对象世界的,"是处于自我分裂的自我统一中存在的'主体'——作为单个的我之外的我——可谓是'作为我们的我'"①。这个"作为我们的我"不是黑格尔、康德那种在个体之外的观念逻辑构架,而是在个人主体之间通过相互认知活动的功能性上手关联建构起来的作为我的"某人",这个"某人"正是我的另一肢主体性存在。这个某人,正是广松涉认识论主体二肢论中的关键词。所以他对此进行了进一步的分析:

> 在谈到窗外所看见的是松树的场合,我,并非只是我个人的私念,而是对谁都是作为松树而存在,自在地抱有这种"普遍有效性的要求"。当

---

① [日]广松涉:《世界交互主体的存在结构》,邓习仪译,南京大学出版社,2020年,第34页。

对"万人"都是"普遍"的,即,在可谓"万人"的立场上我自在地意识到这一点时,这个"某人",就不是个别之类的人物。那是与各个人物的生死无关,作为其自身而言既不是男人也不是女人,既不是老人也不是小孩。但是同时,那人必须是哪个人物,在此意义上,在上一节中阐述的"树"之类也同样是"超个别的、函数的、超时空的"理念的"某者"。①

这是一个感性的认知实例,我从窗口看到外面的松树,当然,我们已经知道看到松树是有前提的(比如前述我刚足月的小外孙女并看不到)。广松涉强调,这个"看到"不是我自己独有的"私念",而是对所有人(正常成人!)都普遍有效的"看见"。这个让我看见的主体性一肢,就不仅仅是我你他这样的认知个体,而是一个理念性的某人。为了界划自己的观点与康德认识论的差别,广松涉反复说,"理念的'某人'不能离开现实的各个'主体'",它就存在于作为我的我的肉身化之中,"理念的某者,只有在这'肉体化'中,才具有现实的存在性"。②某人,不是我之外的"上帝"般的先天综合概念,也不是一个实在的他人,而就是我的主体在关系性理念存在上的另一肢。这就是他我关系中的我。这样,在传统认识论中那个唯物主义和唯心主义争论不休的能动或受动认知主体,就成了一种二肢关系的复杂主体性。

可能广松涉觉得这个"某人"是难以理解的,他另外又增加了两个例子来加以说明。

例如,外语老师,对于学生们而言,只要其作为该外语的"语言"(langue)主体而通用、有效(gelten,认可),那么就是"老师",他的个性的、人格的规定性就只有次要的意义。关于这当中的情况,最显著的表现是

---

① [日]广松涉:《世界交互主体的存在结构》,邓习仪译,南京大学出版社,2020年,第35页。

② 同上,第36页。

女巫的场合。这里,已变得与她的一切个人性格无关。她,只具有作为神谕的"肉体化"而具有"场"的意义。当然,在其他角度中"主体"的现实规定性占有中心意义,不能因为作为理念的"某人"而显现,而完全脱落现实的规定性。但尽管这样,只要主体是作为"某人"而显现于意识,那么承载中枢意义的就是作为理念的"某人"。①

他是说,这里的外语老师,在讲授一门德语或英语课程的时候,他就是作为一个非个体的通用外语教学功能话语的某人出现,而老师自己的个性则是次要的;而女巫的肉身则次要的,她就是巫术化身的某人。其实,我倒觉得广松涉这里的讨论是存在问题的。比如,在我自己的哲学教学中,往往我的个性化教学方式与肉身性构境,却使我所讲授的通用哲学话语发生根本性的改变。广松涉的这里的例子中的逻辑构序方向是对的,但这应该不是绝对的。

这样,现象的二肢关系存在再加上认知主体的二肢关系存在,即广松涉对"对象二因素"和"主体二重性"的分析,也就构成了此时广松涉认识论中的所谓四肢结构论的讨论前提。可是广松涉告诉我们,上述"对象的二因素"和"主体的二重性"分析,都还只是在"妥协性"构境中的讨论,因为对象和主体这两个概念,都已经是在物象化的构境中使用的实体主义观念。

首先,传统认识论中假定的认识对象,并非真的是一个离开人而实存的物性现象,因为现象从一开始就是für uns的。当我们觉得看到"某物"(树、黑板),这个我们之外的"某物",往往已经"每每被物象化地意识"。这是由于,在认识活动中呈现的"所与"(质料)绝不是纯粹的现实形象,而是已与"形式"(意义)相结合的现实–理念的东西。"现象世界,可谓是在'所与面向作为

---

① 〔日〕广松涉:《世界交互主体的存在结构》,邓习仪译,南京大学出版社,2020年,第36页。

之上的某物和作为某某的某人而存在'(Gegebenes als etwas Mehr gilt einem als jemandem)的四肢结构关系中存在"①的。这是说,传统认识论假定的可以独立实存的客体是根本不成立的,它必定是一种关系性存在。当我们将其视作一种独立存在的对象物时,已经是无意识的物象化误认了。

其次,"认识论的主体"也绝不是一个孤立的实体。在广松涉看来,传统认识论中的主体,"不过是将交互主体地形成的功能性同型化,错误地作为先验同型性的物象化的东西。所谓'主体',是在历史的、社会的、交互主体的'同型化'中实现自我形成的"②。这也就是说,我们在认识论中假定的主体根本不是一个实体性的东西,而是一个在历史的社会交往中生成的交互主体性,只是我们将其物象化地对待了。用马克思的话来表述,即所谓主体不过是现实社会关系的总和,只是我们将其看作可以孤立生存的鲁宾孙了。广松涉认为:"我们所说的'交互主体'不过是'主体际'(intersubjektiv)这一意义上的具有关联主体(zusammensubjektiv)及共同主体(gemeinsubjektiv)的意义之谓。"③当然,这里应该包括两个构境层:一是作用于个体认知活动的理念主体性(前述那个他我)本身是由交互关系建构起来的,二是交互主体活动本身也生成超出个人主体性的共同主体。而当我们眼中出现了一个个孤立的个体或作为数量集合的集团主体时,这恰恰是非关系论的物象化错认。

最后,意识现象也不是主体对客观的简单映象或者先验观念构架赋型物。一方面,在旧唯物主义认识论那里,意识不过是客体在主体主观现象中的反映,而广松涉则主张意识流动本身的二肢双重关系。另一方面,如果说康德将"现象世界看作'真实在'的幻影的二元世界说"是错的,那么胡塞尔"将现象的与件看作只是'作为实体的物本身'的映现像(aparentia)的'意识

---

① [日]广松涉:《世界交互主体的存在结构》,邓习仪译,南京大学出版社,2020年,第46页。
② 同上,第43页。
③ 同上,第44页。

内容'之类的三项命题"也是不对的。这些唯心主义的错误,恰恰是由于"将'理念'的'某物'、交互主体的'形式'(形相)物象化地立足形而上学真实在这种拜物教(Fetischismus)的颠倒的念头——即使它被称作科学的实在"①。这是说,唯心主义认识论的问题在于将关系性的理念和作为交互主体性的知识结构——先天构架实在化了,这同样是拜物教化的表现。

---

① [日]广松涉:《世界交互主体的存在结构》,邓习仪译,南京大学出版社,2020年,第38页。

第六章
社会历史存在显相中的双重交互结构

在《世界交互主体的存在结构》一书中，广松涉第一次在自己独特的交互主体性构境中讨论了社会历史存在的交互结构，在海德格尔的上手存在概念的基础上，广松涉通过三重意义关系，表征了他眼中社会存在与意义的二肢关系结构，并将其视作自己四肢认识论的现实基础。我们也能看到，马克思的物象化批判构境，在这里成为广松涉原创哲学构序的一个重要的建构层面。这一讨论，在后来的《存在与意义》一书的第二卷中，并没有更加深入的展开。本章重点来分析广松涉的这一重要观点。

一、什么是历史世界的本质？

广松涉告诉我们，在以上的讨论中，他已经分别说明了"世界的被中介性存在结构"和认识论中的"四肢的存在结构"，不过这些讨论都还没有超出认识论的视域，而在这里，"我想试着通过直接将马克思所说意义上的'对象性活动'纳入讨论范围，既联系'对象'的契机也联系'活动'的契机，以更为具体地重新把握'在历史—之中—存在'的存在方式"①。请注意，这里前面一

---

① ［日］广松涉：《世界交互主体的存在结构》，邓习仪译，南京大学出版社，2020年，第61页。

个世界的中介性存在,是指被人的用在性中介了的自然界,相当于海德格尔所指认的自然向我们(für uns)的"涌现";而现象的二肢性关系与主体的二重属性,则建构了四肢认识论结构。在这里,广松涉则要讨论上述交互主体结构的社会历史存在本质,他提出,马克思的对象性活动将是自己构序的入口。我体会,这也是为胡塞尔的意识意向性活动奠定一个现实存在的基础。但他没有意识到,海德格尔已经将马克思无意向的实践概念替换为有着功利操持性的关涉活动。

在广松涉看来,"近代=资产阶级的世界观,与物质和精神的二元性分离相联系,'自然'与'历史'——自然与文化,自然与人,等等——被二元性地、而且领域性地区分"①。这是那个被证伪的主体-客体二元认知构架在社会历史观中的延伸。

首先,广松涉指认,实际上根本不存在着抽象的非历史的自然存在。因为"古希腊的自然(φύσις)和中世纪欧洲的自然(natura)与'近代'所观察的'自然'"当然有着根本的历史异质性。这也是马克思在《关于费尔巴哈的提纲》中,否定旧唯物主义抽象感性对象的实指。在常识中,我们一般会觉得,"'自然',就是与人为无关而通过其自身而存在的东西(das An-sich-vorliegende),'文化'(历史)则是通过人们的行为而形成的人工的产物"②。这是对的,中国的自然一词,就是自然而然的意思。可是每一个时代中的人遇到的自然存在,都不会是康德反讽式的人之外的自在之物(Ding),并且虽然从生物学史的角度看,自从"新人"之后,"不同时代的人们的知觉器官在生理学上几乎是同型的",但每一个时代中人所看到听到的自然图景都会是不同的,因为如同上述广松涉在讨论显现的二肢结构一样,这必定"是被历史的、社会的交互主体化"的结果。我觉得,这是广松涉在此书中对历史唯物主义原则最重要的运

---

①② ［日］广松涉:《世界交互主体的存在结构》,邓习仪译,南京大学出版社,2020年,第85页。

用,当然,其中也有他自己的新观点。也是在这里,广松涉精准地引述马克思和恩格斯在《德意志意识形态》中对费尔巴哈的旧唯物主义的批判:"'感性世界'即科学家和常人所说意义上的感性地赋予的'现实世界',实际上是'工业和社会状况的产物,是历史的产物,是世世代代活动的结果'。"①我认为,广松涉此处将马克思恩格斯的语境转换到此处的交互主体构式中,其隐喻构境是极为深刻的。

其次,看起来抽象的社会文化现象也是历史的。这同样也是历史唯物主义的观点。从来就没有抽象的文化现象,文化总是一定历史条件下出现的特定民族和群族的社会生活文化。广松涉在这里列举了原始文化的现象,他说:

> 在原始文化的神话·巫术的世界观这种场合,这种文化形象的神话·巫术的世界,并非存在于原始人的想象力中,而是他们原始人就居住在这种神话·巫术的世界中。那正是在他们眼前知觉地展开的世界,以万物有灵(animistic)的相貌在日常显现的这种"神话·巫术的世界"内存在着他们原始人,进行与此相关的对象性实践的事务,在他们眼前展开的世界(这种意义上的他们的"大自然")已是他们的文化。②

这是说,原始文化中并没有出现后来历史生成的"自然"与"文化"的分裂,原始人就生活在一个统一的世界之中,万物有灵的世界就是自然存在,也是他们的文化存在。在广松涉看来,往往被人们当作外部自然的东西,已经都是特定文化中自然显相的产物,"已是历史的、社会的交互主体化的文化形象"。说得完整一些,一切人类生活周围的自然现象,都是在历史性的"用在

---

① [日]广松涉:《世界交互主体的存在结构》,邓习仪译,南京大学出版社,2020年,第87页;参见《马克思恩格斯文集》(第一卷),人民出版社,2009年,第528页。

② [日]广松涉:《世界交互主体的存在结构》,邓习仪译,南京大学出版社,2020年,第86页。

性"方式上向我们(für uns)呈现的,在这一点上,所有自然现象都是已经是文化现象。强调这一点,并不是否定自然存在本身的"物在","也并非主张人类诞生之前的世界是空无",广松涉当然知道,马克思在《德意志意识形态》中所说的"自然的先在性"。

所以在这个构序意义上,广松涉认为,必须摈弃资产阶级认识论构架中同样是历史生成的那种自然–历史(文化)二元结构,只有一个世界,这就是我们存在于其中的经过实践中介过的历史性的交互主体世界。正是这种交互主体世界在不同的历史时期,由特定的实践显相为不同的世界图景。

> 我们对内在于其中的世界,不光有着对认识的关心,还有着对作为生命整体的关心来正视,把世界看作人们的实践这一交互主体(inter-subjektiv)的行为的与件,并且通过这一行为而作为被中介性地设定的东西,重新把握当中的问题。①

如果我没有理解错,这也是广松涉对历史(世界)交互性本质的认识。所以他说,历史–世界,"不外是表示——不仅包括狭义的'历史'也包含'自然'——在本原上是在基于主体间性的实践的被中介性中存在这一理解——用马克思恩格斯的话来说,那是'历史的自然'"②。这里有两个不同的构境层:一是说广松涉所指认的交互主体性的现实基础是历史性的社会交互实践,这是一个非常重要的逻辑确认;二是我们生活其中的世界和历史的本质,正是由实践历史性中介过的存在。也是在这一构境基础上,广松涉就顺势提出"历史形象(Gebilde,构成物)的一种独特的存在性格"问题,特别是由他解读马克思哲学而赋型的物象化表象的问题。这是一个极其重要的逻辑构序链接。

---

①② ［日］广松涉:《世界交互主体的存在结构》,邓习仪译,南京大学出版社,2020年,第87页。

二、事物存在中的工具性用在−物在二肢性及其物化的世界

广松涉说,在常识中,人们往往会"将艺术作品或宗教仪式这类'高级'的精神文化形象,与工具或农耕这类物质文化形象严格区别开来",这正是二元构架中的构序逻辑延伸,这都是近代以来的认知观念,因为在原始的部族生活中,很可能"原始人在洞窟的墙壁上雕刻的绘画,不仅是艺术而且带有巫术的意义,而且作为狩猎活动的一部分,它还带有工具的意义"①。请注意这个工具性意义概念,这是广松涉哲学中一个关键性构序支点。在那里,世界是一个存在性的整体。这个说法有一定的道理。而面对今天资产阶级的主体−客体二元构架,广松涉要引导我们"先从现象世界的用在性(Zuhanden-heit,上手性)谈起",这是一种全新的异质入境。他举例说:

> 现在在我眼前的裁纸刀,不光是具有具体形状和颜色的物体,还是"裁纸的东西",它目前并非以金属或塑料这种物在性(现成性、自在性)显现在我的意识。对象之所以并非只是作为这种物在而是还作为用在性而显现,在于不光是狭义的工具。户外的水稻并非具体的禾本科植物之类的东西,而首先是"米的植物",月是"照亮夜路的东西",对面的河川也是作为"游泳或钓鱼"的地方,即便是"自然物",对我们而言在第一性上是用在。②

放在我桌子上前的一把裁纸刀,它并非只是由上述感觉经验统摄构境中一个金属物件,而是作为一个裁纸的用在性上手工具而在场。显然,这是

---

① [日]广松涉:《世界交互主体的存在结构》,邓习仪译,南京大学出版社,2020年,第87页。
② 同上,第89页。

海德格尔在《存在与时间》中那把著名的上手锤子的延伸。我走到郊外,可以看到田里的水稻、夜空中的明月和流淌着的河流,在我们的生活世界中,除去它们的物性实在(物在性),它们第一位的在场性都围绕着人的存在而发生的用在性的,即可以吃的粮食、可以照亮夜道的光亮、可以游泳和钓鱼的场所。这也是马克思和海德格尔都意识到的,我们周围的世界恰恰是由我们的劳动或关涉性交道建构起来的社会定在(世界)。

广松涉新的结论就是,在我们的世界中出现的东西,除去主-客二元构架中假定的它的物性存在,也同时呈现它们向我们存在的功用性,这就是一个存在中的二肢性。这个功用性,也是这些物性存在面向我们(für uns)的关系性工具意义。我们可以将这里的工具性意义认定为广松涉哲学构境中"存在与意义"关系中的意义Ⅰ。它极为深刻地表明了马克思、海德格尔和广松涉共同关注的存在本身的关系性维度。依我的理解,海德格尔差异于存在者形而上学假象的整个存在论基础,就是这种工具意义的占有世界,这与他遮蔽起来的非存在的本有世界是不同的。这可能是广松涉不可能意识到的构境层。广松涉提出:

> 现象对象的与件,作为单纯"知觉与件"之外的某物,作为带有对于生活的关心的工具的有意义性而自在地显现。若在反思的意识中重新把握这一事态,现象的与件,就不是单纯的与件(als solches),而是作为某种工具的有意义的东西,作为具有二重性的规定性的东西,作为二肢性的被中介性统一体而存在。①

显而易见,广松涉这里的讨论是为上述四肢认识论提供进一步的现实支

---

① [日]广松涉:《世界交互主体的存在结构》,邓习仪译,南京大学出版社,2020年,第89页。

撑,也是为下一步他的《存在与意义》开辟深一层构境的纵深道路。但遗憾的是,这一主题后来在《存在与意义》的第二卷中并没有得到很好地发挥。这是说,呈现于我们面前的事物,总会内嵌着一种多于本有实存(认识论中的"知觉与件"的基础)或之上的东西,这就是来自生活存在功用性的工具意义,我们生活世界中的事物出场从来都是二肢性在场的,即物在性与用在性共在的方式。往往,物在性总是通过历史性的实践用在性中介后向特定的人类存在涌现的工具性意义。这正是海德格尔那个自然即是"涌现"的深层构境意义。

当然,广松涉提醒我们,承认事物的二肢性,并非是要将历史发生的用在性简单归属于事物的自然属性,就如"在常识的想法中,刀具具有切物的性质,铁锤具有敲钉的性质,货币具有购物的性质! 它与水具有冷的性质,玫瑰具有红的性质是同样的! "可是,这真的是一种误认。请一定注意,这是广松涉构序逻辑中的重大转向,即引出马克思物象化批判的构式。广松涉说:"想特别提请铭记的是,工具的有意义性这种'性质',实际上,从一定的功能关系来说是作为凝结、归属于物的无意识过程的结果而存在,因此,它是以该功能关系为中介,只有在此意义上才具有存在性。"①显然,此处广松涉所讲的"一定的功能关系"凝结为物的观点是极为深刻的构境层,这恰恰是上述那个用在性存在本质的进一步确证。显然,广松涉此处直接运用了马克思在《资本论》及其手稿中提出的物化批判理论(广松涉的"物象化"),在那里,马克思批评了将社会关系之下特定事物的社会属性错认为与人无关的自然属性的物化(Verdinglichung)主观错认论。关于这一点,我们在上述第三章中已经做过初步的讨论,此不赘述。为了说明这个问题,广松涉以多次提及的刀具为例:

---

① [日]广松涉:《世界交互主体的存在结构》,邓习仪译,南京大学出版社,2020年,第90页。

小刀的切物的"性质",人们通过将小刀推碰物体进行适当的动作而切断物体这种功能关系,——这里,由于作为活动主体的人和切断的物体都是可变的、不定的,不管是谁都行也不管是什么都行,这两个变项就被消除——该可能的关系乃凝结、归属于小刀,结果被当作小刀的性质。既然负载这种主体的实践关系的凝结这一机制,那么脱离一定的人们的实践活动及其条件的物本身就不具有工具的有意义性。[①]

这是说,一把刀的切削功能,取决于使用刀具的人的活动和被切削的对象存在,这种用在性的"主体的实践关系",通过刀具的锻造和制作预存于成品刀具的物性可能中,如果一把刀具被丢进了深海中,根本脱离了这种实践功能,切削性质则不再起任何作用。所以用在性的工具意义不能归属于物质实在,用在性不简单等于物在性。这个观点是对的。再比如,"对于我们日本人而言有意义的筷子而对欧洲人来说只不过是两根短木棒"。罗兰·巴特[②]在《符号的帝国》一书中,曾经谈及东方的筷子与西方的刀叉在文化构序上的差异。广松涉这里的构序意向为:用在性本身是历史的产物,物性存在的工具意义也只能存在于一定的历史条件之中,"所谓有用物及其有意义性,即便以物的

---

① ［日］广松涉:《世界交互主体的存在结构》,邓习仪译,南京大学出版社,2020年,第90页。

② 罗兰·巴特(Roland Barthes,1915—1980),法国文学批评家、文学家、符号学家和后现代哲学家。1915年11月12日出生在法国诺曼底的瑟堡。1935年到1939年于巴黎大学学习,获得了古典希腊文学学位。1952年他进入了国家科学研究中心从事词汇学与社会学的研究,20世纪60年代初在社会科学高等学院从事研究。60年代晚期到日本和美国旅游,在约翰霍普金斯大学发表演说。于1967年发表了他最著名的论文《作者之死》,这篇论文标志着他向结构主义思想告别的转折。巴特还持续在飞利浦·索雷尔斯所主编的前卫文学杂志《原样》(Tel Quel)上发表文章,该杂志也相当赞赏和支持由巴特作品所发展出的其他各类理论。后来,他被选为法兰西学院文学与符号学主席。1980年2月25日,当他从密特朗主办的一场宴会离开返家时,在巴黎的街道上被卡车撞伤,一个月后因伤重不治,于3月26日逝世,享年64岁。主要代表著作有:《写作的零度》(1953)、《神话学》(1957)、《S/Z》(1970年)、《明室》(1977)等。

存在为基础,也正是历史的、文化的形象"①。这是深刻的历史唯物主义观点。

更重要的是,如果我们身边的一切事物和现象,都是以这种用在性和物在性的方式连接起来,那么我们就会获得一个新的有意义的世界图景。

> 作为这种历史的、文化的形象的有用物,形成复杂的连环,而保持固有的秩序。铁锤之所以有用是由于敲钉而有用,敲钉之所以有用是由于建房子而有用,房子之所以有用……是作为这种总体的关系的一契机,在此意义上的有意义性是存在的,这种分级(Hierarchie)是以不同于"自然变化"的秩序(order)而变化、维持。②

这里构序线索,既是依从了马克思那个历史唯物主义构境中的生产劳动活动之上的"周围世界",也是海德格尔从关涉性交道活动的上手功能连接建构起来的环顾世界。对此几乎同步挪用和互文制作的构境话语,还有写作《物体系》的青年鲍德里亚。这里,广松涉指认了一个深层次的问题,即社会历史存在本质中所出现的不同于"自然秩序"的社会历史构序的异质性。其实,即便是在人的周围世界中,自然还是存在着自身的秩序,比如金属可以导电,鱼在水中生存,人必须呼吸氧气,这些都是不以人的意志为转移的外部自然秩序,而在社会历史生活中,人的生活存在的各种有用性功能关系连接成复杂的功能意义链,建构起一个非自然的社会历史有序,并且依每一天人们继续重建生活而持续构序。用我的构境论观点来看,这就是人类社会历史存在的独特构序本质,正是这种特殊的构序,建构了社会存在突现的特殊场境意义。

---

① [日]广松涉:《世界交互主体的存在结构》,邓习仪译,南京大学出版社,2020年,第90页。
② 同上,第90~91页。

三、交互主体存在中的非工具性用在–物在二肢性及物象化

广松涉认为，不仅我们周围物性存在具有用在和物在的二肢属性，在这个周围世界中，我们所必然遭遇的其他人，特别是我们与他人的交互活动关系中也有着不同于一般物性存在的特殊用在性。在他看来，这种特殊的交互主体存在中的用在性，从意义构境层面有二：第一构境层中，"它具有一般的单纯工具意义性之上的，或不同于此别的有意义性"①。这就是后来"存在与意义"构境意向中出现的意义Ⅱ。广松涉也将这种特殊的意义称之为"有规定的意义"。那么什么是这种异质于工具意义的意义呢？广松涉告诉我们，

> 朝我点头的他人的行动是作为我也应点头的事物，对方的笑脸是作为我也应报以笑脸的事物而自在的、前反思的存在。对我挥舞拳头的人是作为我也应握紧拳头的事物而存在。这种事态不限于只是以人为对象。"神体"②和"佛龛"乃是作为在它面前应低头的事物，狂吠的犬乃是作为应握紧拳头的事物。③

不同于物品单向度地被使用中发生的工具意义性，在人与人和人周围的动物交往关系中，存在着一种特殊的有应答的关系性交往和交互主体意义。人与人之间的会意一笑，泪眼相迎，一个不开心的白眼，当我受到攻击和伤害时，我在情绪和行为中都表现出回击式的愤怒和"握紧拳头"，这些只是人的生命存在中独有的交互意义，通常它不应该是工具性的。然而人的笑容和眼

---

① ［日］广松涉：《世界交互主体的存在结构》，邓习仪译，南京大学出版社，2020年，第91页。

② "神体"指神灵寄居的物体，是作为神自身、神的本体而祭拜的对象。

③ ［日］广松涉：《世界交互主体的存在结构》，邓习仪译，南京大学出版社，2020年，第91~92页。

泪,也可能异化为交际场境和权力场境中的工具性伪笑和假哭。广松涉特别提醒我们,也有一些非主体的事物存在中会出现意义Ⅱ,比如日本供奉于家中的佛龛,人在生活中向它单向度地祈祷,西方的教堂中的神像也是如此。然而在中国的文化传统中,一些类似家庭神龛式的供奉物,如财神爷、求子观音,却是功利性的,甚至一些学生在考试之前、女人在渴求生男孩子之前去庙里烧香,都是异化为工具性的行为。这说明了意义Ⅱ的构境复杂性。有趣的是,不久前我在日本一家神社①前看到了一堆功利性祈祷的小木牌,上面写满了求财祈福的各种愿望。因为神社不同于寺庙。其实,还有我们身边的宠物与我们的亲密意义关系或不友好的攻击所致的恐惧。在广松涉看来,这些意义关系都不是工具性的。

日本神社前用于祈福的小木牌(张一兵拍摄,2019年)

① 在日本,神社区别于贡奉神灵的寺庙,它是崇奉与祭祀神道教中各神灵的社屋。神道教与老百姓的日常生活更加密切。神社一般都不设香火,人们到神社去,一般是先在神社前的水池边用一个长柄木勺净手,然后到屋脊两边翘起的神社拜殿前,往带木条格的善款箱里扔点零钱,把手拍几下,合十祈祷。有的拜殿前还挂有很粗的麻绳,祈祷者摇动两下,撞得麻绳上的风铃发出响声。

在第二构境层中,依广松涉的说法,在人的社会总体行为发生中的更复杂的场境层面上,还存在着一种由特定历史条件下的文化、传统和制度建立起来的用在性意义,他将其表征为"有价值的意义"。这也是广松涉"存在与意义"构境逻辑中的意义Ⅲ。可是在我们生活存在之中,我们并不能直观这种特殊的价值意义,因为它通常会颠倒地表现为一种物性存在。这是一种新的构序意向,即交互主体活动价值关系的物象化。显然,这里开始将引入马克思的非直观的社会生活关系本质和经济拜物教批判构境。广松涉告诉我们:

> 习惯的东西、制度的东西作为像是一种物(chose)的存在似的那样而显现。但是,那不是物体,不是几何图形之类的那种理念的存在。习惯或制度,若将其作物在化的考察,失火或河川这种发生的事象,即,作为其自身来说虽然不是物质但在物理上却也许是现实过程的事象(Vorgänge)。可是,与失火或河川这种格式塔作为直觉的对象而呈现相对,习惯或制度这种东西,并非单纯的知性构想物,只能通过省察结成格式塔。①

这是说,作为人的社会存在中的价值意义出现的传统和制度,因为它们只是人与人规范行为的关系性实用功能结构,我们可以看到记载它的文字记载物,可是它们并不是物或者观念,甚至不是事物的发生现象,有如突发的火灾,有如奔腾的河流,我们可以通过一个知性整合的格式塔心理场来动态把握,传统和制度的价值意义存在根本不在感性知觉场中呈现,它的认知,需要通过一种内省生活本身的价值惯性存在,才能生成更加复杂的格式塔觉识。

---

① [日]广松涉:《世界交互主体的存在结构》,邓习仪译,南京大学出版社,2020年,第92~93页。

可以发现,广松涉这里无意识地触碰到意义的格式塔构境问题。这是其一。

其二,历史上存在的传统和制度中的价值关系已经是物象化的结果,它必须被重新归基为交互主体性的活动结构才能透视。这很像海德格尔将石化的形而上学视域中的存在者,重新归基于存在的构序努力。对此,广松涉说:"习惯—制度这种维度的历史的、文化的形象,在本源上是主体间性的功能性交互活动关系却作为以物象的相貌而显现的东西,形成有别于单纯心的现象和物的现象的另外领域的存在。"①这才是这第三种价值意义存在最难入境之处。这是说,文化传统和各种社会制度的实用性本质,是一定历史条件下不同人们相互之间"功能性交互活动关系"的结构,但它的在场往往以一定的物象化方式呈现,这是一种特殊的区别于观念形态和物性对象实在的价值意义存在。当我们总是在物象化的方式面对传统和制度时,我们都必然误认它们的本质。我认为,这是广松涉有意识地泛化马克思的事物化和物化批判理论的哲学构境结果。对于这一点,他是自觉的。因为他说:"我们通过援用马克思的商品价值论的逻辑,能够解明文化价值或文化财富的'拜物教性质(Fetischcharakter)及其秘密'②",以"确认其作为'超感觉的物'③(übersinnliches Ding)的文化财富的拜物教性质。"④在这一点上,广松涉的思想构境达及了极为深刻的层面。

可以感觉到,广松涉这里作为社会生活中出现的用在性存在的意义Ⅲ,显然是在讨论社会历史现象中的一般价值的概念。然而他却直接套用了马克思的劳动价值论逻辑,这有一定的非法性挪用的嫌疑。因为马克思的劳动价值论是在特定资本主义商品经验构架中发生的历史现象,无论是价值还是使用价值都不同于通常意义上的有用性关系。可广松涉认为:

---

① [日]广松涉:《世界交互主体的存在结构》,邓习仪译,南京大学出版社,2020年,第94~95页。

②③ 《马克思恩格斯全集》(第44卷),人民出版社,2001年,第88页。

④ [日]广松涉:《世界交互主体的存在结构》,邓习仪译,南京大学出版社,2020年,第96页。

　　价值即使是"直觉认识的对象"，——人的五官能够直觉颜色、形状和声音等等而不能直觉价值——也不可能是经验直观的对象。这样看来，价值不是现实的经验的实在(realitas)。在这一点上，关于商品价值，马克思指出了"连一个自然物质原子也没有"①，是"超感觉"②的物，可原封不动地套用。③

　　就像我前面所声明的那样，广松涉不加限定地将马克思的事物化(物象化)批判泛化到所有存在论层面上时，必然存在着某种不精准性一样，这种在一般意义上的价值关系概念上，对马克思劳动价值论"原封不动地套用"，总不是那么的准确。当广松涉说，"价值意识的交互主体正是通过历史地社会地存在的被拘束的交互主体的交互活动而形成的，这种交互主体的交互活动的总体关系是经过价值意识的折射而被'物象化'的东西，它不外是文化财富的价值对象性"。④这种说法并不完全错。可是一定历史条件下出现的价值关系属于一定的社会生活质性，虽然它们也会通过一定特性的物性存在表现形式出现，但这与商品–市场经济中出现的物性颠倒和拜物教还是根本不同的。比如，在我国20世纪50年代至70年代中，人与人关系最有价值的东西是革命理想，价值概念的主体际交互概念是"同志"，而今天人与人交互主体关系则被商品–市场价值关系所渗透，于是"老板"的称呼使流行起来。这是意义Ⅲ的特定历史显现形态与观念的关系。

---

①　《马克思恩格斯全集》(第44卷)，人民出版社，2001年，第61页。

②　同上，第88页。

③　[日]广松涉：《世界交互主体的存在结构》，邓习仪译，南京大学出版社，2020年，第98页。

④　同上，第100~101页。

第七章
历史世界的主体间性与四肢结构

广松涉说,当我们了解了社会历史存在中由交互主体性建构起来的"工具的、规定的、价值的有意义性的环境世界"之后,还有一个重要的方面,就是在我们生活中真实出现的交互主体性是一个相互依存的协同存在体,并且个人主体通常还会是以一定的"地位与角色(status and role)"进行的他我性的表演。这是广松涉四肢哲学中社会活动论的核心构序。我以为,在这一构境意向中,他深受西方英美社会学中行为论学派的深刻影响,逐渐偏离了马克思历史唯物主义方法论中的历史实践性。这也成为他《存在与意义》第二卷的主要构序线索。

一、人的协同存在:交互主体性的本质

广松涉说,面对传统认识论二元构架中的客体对象,在我们上面的讨论中,已经通过一种二肢关系构序将其消解为关系本体论中三重意义构序的用在性存在,

> 我们论断了历史的、文化的形象的工具的有意义性,规定的有意义性,价值的有意义性——总之,指出了历史世界的自在的用在性,它是

交互主体的交互活动的"物象化"的一位相。但是,对象与件的用在性,以及其二肢性,是在与主体的二肢性的关系中,且只有在这种关系中存在的东西。①

这是说,从旧认识论中的假想的自在实体性对象物,到我们存在周围für uns的用在性存在,工具意义(意义Ⅰ)、规定性意义(意义Ⅱ)和价值意义(意义Ⅲ)关系,都是交互主体活动的物象化结果。这也就是说,这些意义并不是自然存在的客观属性,而只有在"我"的主体性的关系结构中,面向我们的用在性关系存在才会是有效的。这是广松涉已经讨论的构序线索。在此,广松涉进一步提出,这种主体性的用在关系结构还是一种交互主体活动中发生的协同存在。这里,我们不难想到前面广松涉对马克思历史唯物主义构境中"交互协动"观点的格外关注。

在广松涉看来,被传统哲学视作二元对置的主体与客体关系中的主体,从来就不是一种孤立的实体存在,从一开始,人类社会生活的本质是一个相互依存的交互主体性的协同体,这恰恰是人类存在与自然界动物生命存在的根本异质性。他认为,人类社会生活正是在一种"自为的交互活动中,通过共同地计划的角色遂行这种主体间性的实践的相互关系,当事者们成为'一心同体'"②。这也就是说,社会生活和社会存在就是交互主体关系性存在的协同体。这一点,是容易入境的。然而也是从这里开始,我们可以看到广松涉的讨论越来越偏向社会学的经验分析。

首先,是一个人与他人的配合协同关系。这是抽象出来的我们的社会生活最基础性的开端。为了说明这一点,广松涉先从在东方社会中传统日常生

---

① [日]广松涉:《世界交互主体的存在结构》,邓习仪译,南京大学出版社,2020年,第115页。

② 同上,第164页。

活中经常会出现的捣年糕①的二人协作开始自己的讨论。这可能是他从童年开始就熟知的生活片段。他形象地回忆说：

> 在捣年糕的场合,在我扬起杵的当中,捏糕人将手伸入臼中去捏。我不光把将周围部位的糕饼移至中心部位的对方的手看作处于那里的手,还期待地预想接下来的瞬间那只手缩回,在捏糕人将手缩回之后才迅速把杵捣下去。在捣下去的瞬间已由桶中冷水沾湿的对方的手,在举起杵的瞬间又迅速将手伸入臼中,这次将周围部位的哪部分的糕饼往中心部位挪移,接下来被期待应捣的地方是那个部位,我对这类的情况在瞬间就有所了解。②

这是东方社会的乡村生活里最普遍的新年食品制作了,在中国的许多地区,这种食品制作现在仍然存在。能看到,广松涉从这个最简单的二人劳动生产场景,生动地说明了一种最基础性的人与人的协同交互依存关系。在捣年糕的过程,除了二人的分工和协作,更细密的事情是在两个人内心里那种相互之间的默契。这是一种非言传的意会协同。

其次,我们的现实生活并不仅仅是二人世界,它也是一个集体协同关系的活动体。广松涉列举的第二个例子,是马克思在《资本论》及其手稿中援引斯密在《国富论》中讲述的制作铁钉的劳动分工与协作生产的故事。当然,这已经是在进入资本主义工业生产前期的工场手工业之中了。在那里,斯密已经看到,在传统手艺工匠中原来由铁匠一个完成的工作,现在在工场手工业的作业场内,是由不同的劳动工人分工协作进行的,"由局部工人组成的总

---

① 捣年糕(餅つき)为日本新年食品一种,通常会在每年的12月25—28日进行。这一风俗在中国和其他一些东亚国家也存在。

② [日]广松涉:《世界交互主体的存在结构》,邓习仪译,南京大学出版社,2020年,第162~163页。

体工人,用他的许多握有工具的手的一部分拉针条,同时用另一些手和工具把针条拉直、切断、磨尖等等"①。这已经不是二人劳动协作,而是发生在一个较为复杂的集体劳动分工基础之上的协作和协同活动存在体。

最后,人类生活的协同共在,还表现为一个更复杂的格式塔建构场境的共同体。在此,广松涉以管弦乐乐团的演出为例。这个跳跃有些大,前两个例子都是生产性的劳作,那是存在论基础中的构序关系,而这一下子到了文化生活。他说,首先,一个管弦乐团的演奏绝不是一个个独立的乐手各自演奏的量的相加结果,而是一个协同整体。"管弦乐当然不是肉体的单一主体。但是,通过奏音(空气振动),同时,通过指挥棒的运动(反射光线),队员进行着生理、物理的接合。"②这是对的。在整个乐团的常规过程中,并非每一个乐手都会直接看着指挥棒的起落,但他们都用余光意会着音乐的节奏、速度、轻重和急缓,甚至相互之间感情交流。在这个艺术创作的独特构境中,所有乐手都处于一种相互理解、相互交流和相互配合的构境空间中。每一次我坐在音乐厅中,都会仔细在观察每一个乐手、每一个乐器组合在演奏中的交流和互动。一个好的乐团,你在现场能感觉到那种独一无二的动态气场,它是用不同艺术灵魂共同建构起来的相近音乐情境。它让你感动,让你为之落泪和失声叫好。其次,乐团指挥建构的音乐协同整体。广松涉生动地描述道:

当管弦乐队的指挥者自在地操纵众多的演奏者、乐器时,对他来说,目前在前一小节所述意义上,可以说乃至演奏者们的身体和乐器都成为他身体的自我的分肢。他"体感"着小提琴的音色,鼓的声音。这一点,不光是指挥者,对于每个乐团成员也都可以这么说。通过各人直接份额的乐奏,通过指挥棒通过声音(类似于新生儿以哭声操纵乳房这一"分肢")

① 《马克思恩格斯全集》(第44卷),人民出版社,2001年,第399页。
② [日]广松涉:《世界交互主体的存在结构》,邓习议译,南京大学出版社,2020年,第136页。

而操纵他的乐手。①

这是说,乐手的非实体性协同整合之境是通过音乐指挥建构生成的。指挥家,是一场音乐演出的构境灵魂,他对音乐作品重新构式决定了一种独特的音乐呈现韵味。2017年8月6—7日,我连续两天现场聆听了指挥大师祖宾·梅塔(Zubin Mehta,1936年出生,世界著名指挥家)指挥以色列爱乐乐团的演奏,那是一个令人心灵颤抖的音乐圣宴。两天晚上,乐团先后演奏了的韦伯、舒伯特、柴可夫斯基、贝多芬、门德尔松、柏辽兹、莫扎特、布鲁赫和圣-桑等人的作品。能看到,他对音乐家作品理解的深刻度,他对作品总谱的理解和独特的分节,通过他现场对全部乐团弦乐、管乐和其他乐器组合中的角色分配,再加上他对节奏和音响轻重的细微把握,当下的音乐再现成为一种独一无二的协同构境。那天,是我至今为止音乐构境所达及的最高峰。

应该说,虽然广松涉此处为了生动地说明社会协动的复杂性,特意选取了艺术表演中的西方交响乐演奏,而实际上,在社会生活的各个层面上,生产活动、社会交往和日常生活的每一个瞬间,都会是一个复杂的协动场境发生。在官场上的权力角逐、在经济生意场中的力量较量和平衡,生活中的情爱家庭关系,以及所有文学艺术和学术思想的领域中,无一不是人们之间不同活动和意识当下建构起来的复杂场境存在。这一点,远远超出了广松涉这里的简单例证,是值得我们认真深究的问题。实话说,这正是我的社会场境-构境论的主要思考意向。

---

① [日]广松涉:《世界交互主体的存在结构》,邓习仪译,南京大学出版社,2020年,第135页。

二、他我:角色与表演中的交互主体二肢性

在广松涉看来,不仅生活的本质是交互主体的协同共在,而且我们所有人在现实生活的关系性存在,还会生成一种新的二肢性,即"作为我的我"和"作为一个社会角色的我"的双重存在。与我们上面已经看到的认识论中的交互关系主体一致,这是一个在现实社会生活中出现的特殊的二肢关系存在。

广松涉认为,"作为我的我"就是通常意义上的自我,这是容易入境的,然而什么是作为社会角色的我呢? 他说:"从我们的立场来看für uns(对于我们),人的行动总是作为某种角色扮演——作为老师的行动,作为管理者的行动,作为父亲的行动,等等——必定作为单是身体动作之上的某种东西(etwas Mehr,etwas Anderes)而在场。"①过去我们在引述康德–胡塞尔的für uns的时候,通常是指物性存在对主体意向性的特定存在应答,而在此,广松涉将其延伸到社会生活的主体际关系存在中来了。也就是说,我们每一个人的生存也都是面对一个大写的"我们",在这个特定的für uns中,我们充当一定的社会角色(老师、管理者和父亲)而进行表演,从而生成一个区别于自我的他我。这个大写的我们,后来在拉康批判哲学构境中生成为大写的他者。而在瓦内格姆②

---

① [日]广松涉:《世界交互主体的存在结构》,邓习仪译,南京大学出版社,2020年,第102页。

② 拉乌尔·瓦内格姆(Raoul Vaneigem,1934—　　),法国作家,情境主义国际成员。1934年生于法国埃诺省的莱幸市。1952—1956年在布鲁塞尔自由大学修习罗曼语语文学,学士论文的研究对象为法国诗人洛特雷阿蒙(原名伊齐多尔·迪卡斯),随后在比利时尼伟勒当地学校教书至1964年。当他读了列斐伏尔的《总和与剩余》和《日常生活批判》等书之后,为此深受震动,于是他写信给列斐伏尔,附上了自己关于诗意的零碎思考,由此结识列斐伏尔。1961年,经列菲伏尔介绍,与德波相识并参与了国际情境主义的活动,1970年11月14日退出。主要代表作有:《日常生活的革命》(*Traité de savoir-vivre à l'usage des jeunes générations*,1967)、《快乐之书》(*Le livre des plaisirs*,1979)和《关于死者统治生者及摆脱这种束缚给生者的致词》(*l'Adresse aux vivants sur la mort qui les gouverne et l'opportunité de s'en défaire*,1990)等。我已经完成了关于瓦内格姆《日常生活的革命》一书解读的论著初稿:《革命的诗性:浪漫主义的话语风暴》。

等人的诗性批判构境中,社会角色本身是生命存在的异化式苟生。请注意,广松涉这里作为社会角色的他我,却是非批判的构式,基本属于实证社会学的分析。这真是一个奇怪的构境转向。为了说明这一观点,广松涉以自己的多重角色身份开始这一讨论,

> 所谓角色和表演,从学会的主持人这种特殊的具体的角色来说,因可从中分析出诸如学者、男人这种一般的、抽象的东西而呈现复杂多重性,若将这一概念扩大,像作为经营者的实业活动的实行,作为工薪人员的劳动方式,作为革命家的活动方式……自不待言,连打招呼这种社会习惯的行为方式,以及表情的做法、走法,等等,乃至"筷子的拿放",可以说人们的社会行为的一切都是作为"表演"而进行。①

这是说,在上述所有生存于有意义的世界中的人之间,并非只是发生一种抽象的交互主体协同关系,个人主体也不是仅仅作为一个孤立的个体的自我而出现,而永远都会同时作为一定的社会角色,承担一定的社会责任的关系性的他我生存其中,并以这种具体的生活和社会位置生成自己的特定存在作用,广松涉将这种角色活动形象地称为"表演"。他列举的现象为:一是一个学会的主持人就是一个角色,比如我现在担任江苏省哲学学会会长,当我出现在每一年的年会活动中时,我就是作为一个学会主持人的角色发挥作用。二是一个企事业家、一个革命家、一个老师等,都是以不同的社会角色进入相对应的社会存在位置中,以特定的方式进行交互活动,这个交互活动通常是存在应答式关系对象的活动,企业家对应劳动者,革命家对应于群众,而老师则对应学生。三是一个人自己的表情和言行方式,甚至小到"筷子的拿

---

① [日]广松涉:《世界交互主体的存在结构》,邓习仪译,南京大学出版社,2020年,第101页。

放",也都会是以一种特定的方式发生。比如,运动员和舞蹈演员平时的走路方式与我们常人明显是不同的,我们中国西北地区的一些老乡会蹲在地上吃饭,等等。广松涉说,这一切都是作为"表演"而进行。

显然,这个表演只是隐喻,因为我们每一个人在生活中对角色(面具性存在)的认同在大多数情况下都是无意识的。这一点广松涉也是承认的,他说:

> 人们在日常生活中经营的角色扮演(role-taking),一般是自在的、不自觉的,并且适应其场面,极为自然(natural)而顺利(smooth)地展开。虽说人们有时会感到自己与角色的分裂,"作为我的我"与"只是扮演角色的我"的分裂,但若将自己作对象化的考察,就不难发觉自己进行着上述那种普遍的角色扮演。①

其实,在作为哲学学会会长讲话的时候,我真的偶尔也会在一些客套话和不客观的学术评价中意识到自己的这种本真的"我"和"角色我"的分裂,但大多数情况下,我们对这种角色"表演"是无意识的。这与另一重意义上的故意表演是根本不同的。如南京大学的杰出校友关露②女士,作为一名中共党员奉命打入日伪76号魔窟,为抗日力量获取重要情报,在公开场合,她的"汉奸文人"的身份就是故意表演性的。这又可以联系到,我在《回到海德格尔》一书中提出了"表演性文本"的他性表征。

广松涉进一步指出,"角色我"的他性表演其实也是有前提的:

首先,这种"角色我"的表演,必定受制于一定的存在条件,成为被约束的

---

① [日]广松涉:《世界交互主体的存在结构》,邓习议译,南京大学出版社,2020年,第102页。

② 关露(1907—1982),中国著名女作家。原名胡寿楣,又名胡楣,祖籍北京延庆。1927年至1928年,先后在上海法学院和南京中央大学文学系和哲学系(现南京大学文学院和哲学系)学习。1930年年初,她的第一篇短篇小说《她的故乡》发表于南京《幼稚周刊》,是20世纪30年代著名作家,与潘柳黛、张爱玲、苏青并称"民国四大才女"。20世纪30年代上海被日寇占领后,成为中共秘密特工。

存在。不是异化式的被拘。广松涉认为：

> 人们的活动，一般已在他每当扮演一定的"角色"时，受到舞台、背景和道具，以及角色、剧情和编舞这种既在性的拘束。角色扮演这一人们活动的普遍的存在方式，在这种存在被拘束性中存在，在那界限内，使既在的与件产生物的、意义的某种程度变样，使剧作为剧而再生产地维持下去。①

显然，这里的"舞台、背景和道具"也都是一种比喻，是指我们进入一种特定的环境和存在条件之中，特定的时空、用在性的世界和主体际交互关系使我们进入角色扮演的状态。比如，我到女儿家看自己的小外孙女，在这个特定的情境之中，我成为"外公"；当我进入课堂，面对全校的文科博士生进行授课时，我成为"张老师"；当我进入南京大学北大楼的办公室主持学校的会议，我成为一名"管理者"，等等。所以广松涉说，"各个人每每只能在角色中实存"，我们总是在一定的具体存在方式中成为"被拘束的存在"——角色表演。

其次，在广松涉看来，角色扮演看起来是个人的存在，但在实际上，"角色这种东西，因而以及扮演这种东西，在本源上，是交互主体的交互活动的一个投影，一个位相"②。这也是说，你作为一个角色出场，一定会有他人的其他角色共在，才可能让你的角色成为有相位的存在。所以他我的角色表演本身也是一个关系性配合的交互主体存在。这是广松涉特别想突出强调的方面。为此，他列举了一堆实例：

---

① ［日］广松涉：《世界交互主体的存在结构》，邓习仪译，南京大学出版社，2020年，第103页。
② 同上，第105页。

　　演员如果全都一齐扮演哈姆雷特①的角色就不成其为"戏剧"。正如某人演奥菲利亚②的角色,其他的某人演霍拉旭③的角色……那样,只有在角色的分配和交互活动中,哈姆雷特的角色才成为哈姆雷特的角色。列宁扮演俄国革命的领导人的角色,其他多数的人们则通过参与(engagé)他的方针而与其相联系,只有在包含反面角色的交互活动关系中,他才完成了作为领导人的角色。若援用马克思的警句——"这个人所以是国王,只因为其他人作为臣民同他发生关系。反过来,他们所以认为自己是臣民,是因为他是国王"④,在角色一般上有效。⑤

　　在一个戏剧表演中,当然只能有一个主角相位,有如哈姆雷特,他能够成功地成为主角,恰恰因为各种不同的配角相位关系才使他成为表演的中心。在现实生活中,列宁成为十月革命中布尔什维克的领袖,也是因为人民委员会成员们的共同努力,更是由于广大无产阶级劳动者和士兵的革命行动,以及资产阶级、没落封建贵族和十六国帝国主义军事干涉的反面角色共建的相位关系。也是在这里,广松涉深刻地引用了马克思关于国王与臣民的交互主体依存关系的角色"表演"论述。他分析道:

　　　　角色的扮演——它的做法作为习惯的、制度的范型而被交互主体化

① 哈姆雷特(Hamlet),莎士比亚的"四大悲剧"之一《哈姆雷特》中的主人公,丹麦王子。他为父王的鬼魂所困扰,要杀父凶手复仇。经历了痛苦的挣扎之后他达成了目的,整个王宫也陷入了死亡的恐怖之中。他最后也中了致命的毒剑死去。

② 奥菲利亚(Ophelia),哈姆莱特的恋人。

③ 霍拉旭(Horatio),哈姆雷特大学里的密友。

④ 《马克思恩格斯全集》(第44卷),人民出版社,2001年,第72页。

⑤ [日]广松涉:《世界交互主体的存在结构》,邓习仪译,南京大学出版社,2020年,第105~106页。

这一点,在此意义上"我做"(facio)已经超越了"我们做"(facimus)这一领域——在本源上是交互主体的交互活动的一种存在方式,而且,只有在交互主体的交互活动中才在角色扮演这一意义上,是交互主体地经营的一种形象(ein Gebilde)。角色的扮演,只有通过交互主体的交互活动这种功能关系而事先作为"函数的项"才是角色扮演,正是在这一意义上,它是参与(part-taking,Teilnehmung)。①

这说的过于学术化了。其基本意思是,每一个人的真实生活总是发生于一定的关系环境之中,角色是一个剧情中的关系相位。这既是马克思所说的,"人的本质在其现实性上是一切社会关系的总和",不同的角色是这种关系性存在的生存终端;也是海德格尔所指认的共同此在,当然广松涉这里的角色没有"常人"的沉沦性共在特征。而拉康则是在证伪的构境中提出了否定性的"客元本体论"。②

在广松涉这里,以上这双重制约性使得人的角色表演成为一种被约束性的关系存在:

这种普遍的被拘束性,经过相互规定的交互主体的交互活动的这种折射,形成"作为我们的我"(Ich als Wir),"作为我的我们"(Wir als Ich)。即,人们不仅在认识主体的维度,而且在实践态度(Gesinnung)中也已是作为交互主体(观)的主体而实现自我形成,在这种维度上达至作为"交互主体"="交互主体"的个体的二肢结构成体而在场。③

---

① [日]广松涉:《世界交互主体的存在结构》,邓习仪译,南京大学出版社,2020年,第106页。
② 参见张一兵:《不可能的存在之真——拉康哲学映像》(修订版),上海人民出版社,2020年。
③ [日]广松涉:《世界交互主体的存在结构》,邓习仪译,南京大学出版社,2020年,第115页。

这样,传统认识论中的那个实体性的个人主体,就被消解为一种交互主体活动中出现的自我–他我二肢性的关系存在,这并非只是认识论中的主观性,而就是真实发生于社会历史存在论中的社会定在。

三、社会历史存在的四肢结构及其物象化隐遁

如前所述,在广松涉看来,传统认识论中的那种将主体与客体分立的二元构架,是资产阶级近代以来建立的意识形态框架,对此,他通过"历史世界的对象与件以及主体活动,联系各自的二肢性和物象化的存在结构",已经分别解构了被假想为实体存在的客体对象和主体。我已经表达过对广松涉这一判断的不同意见。但是"因为是个别地截取两个侧面,我们尚未达到自在自为地把握对象性活动的动力学的结构",要真正完整地面对社会历史存在,一个新的任务就是必须"重新统一地把握两个侧面,将四肢结构关系的自为化和与此相关的历史世界、'在历史—之中—存在'的交互活动的存在结构"。①这是说,现象与件的二肢性和交互主体的二肢关系只有统一起来,才可能科学地认知社会历史存在的四肢结构本质。我觉得,这是广松涉四肢哲学奠基中最重要的理论构序层面。

首先,广松涉告诉我们,任何作为"实践的功能关系的凝结的归属"用在意义关系,都有特定的角色位相,即必须处于一定的"角色–配备–表演–构成态"之中,否则,它就会失去这种特定的用在意义。这是要将消解对象的用在性二肢关系与交互主体活动的二肢关系直接整合起来。简单地说,就是社会历史存在中的用在性意义关系,只有一定角色扮演建构起来的交互主体结构关系中才会真实地发生。对此,广松涉说:

---

① ［日］广松涉:《世界交互主体的存在结构》,邓习议译,南京大学出版社,2020年,第115页。

在本源上,脱离角色表演的有意义性是无法自存的。对于沙漠游民来说雨伞不具有工具的有意义性,因为在那里撑伞这种角色扮演显然是不存在的。另外,由于与这种使用者的角色表演的相关性,也有可能作为与制作者的意图完全不同的功能的工具而通用。①

这是对的。海德格尔曾经形象地提到过,突然走进教室的山民和非洲的黑人不会看到"讲台"(具体功用),而会将这个"木箱"或"防御物"纳入自己山间生活和游牧生活之中去认知。广松涉举例说:"棒球的规则之所以具有规定的有意义性是相对于以棒球为工作的角色表演,歌集之所以具有有意义性只在于对它吟唱。"②一切意义关系,必须与一定的角色关系相关联。超越了这种特定的角色关联存在,意义关系就会解构,从意义Ⅰ、意义Ⅱ到意义Ⅲ,无一例外。因为"对于原始人来说是工具而对于我们来说却并不觉得如此,或者相反,对于非洲内地的原住民来说汽车或电脑不是工具"③。这与上述海德格尔的构境意向是完全一致的。

其次,所谓用性的角色关系又并不是一种独立的东西,它不过是整个更大的社会历史文化交互主体活动结构中的一个经过中介性的关系存在。比如,上述打棒球的角色,只能出现在近代以后的欧洲人的生活中的交互主体活动之中,再比如唱中国民歌的角色只会出现在我们国家的特殊主体交互活动之中,所有的角色扮演,都必须在一种更大尺度的社会历史文化交互主体结构中被中介式地呈现。在福柯那里,这种更大尺度的交互主体性结构被指认为"知识型"。对此,广松涉说:

---

① [日]广松涉:《世界交互主体的存在结构》,邓习仪译,南京大学出版社,2020年,第115~116页。
②③ 同上,第116页。

　　所谓人类主体的普遍的角色扮演,在本源上是与交互主体的交互活动的存在方式相关的,不外是通过上述指出的交互主体化-交互主体而被中介地现存的东西。(在这一点上,我们在根本上不同于海德格尔的理解)。用在性中显现的现象只有作为四肢关系的一个项才是用在,并且同时,角色扮演与其中的主体的二肢二重性也仍是只有作为该四肢关系结构这种功能的、函数的关系的项才存在的东西。历史世界,作为总体,是作为这种四肢结构成体而存在。①

　　这里,广松涉是想进一步确证自己的四肢结构论。他想指认,不仅前述作为现象所与的用在性(意义)存在是这种四肢结构的一个关系子项,而"作为我的我"和"作为角色扮演的我"的二肢关系其实也是四肢结构中的关系项。人类社会历史存在和世界历史总体,都是这种四肢存在的结构体。

　　广松涉特别说明,我们为什么在常识中看不到这种四肢结构呢? 他的解释是,非实体的功能性的关系,通常只能通过物象化表现出来。显然,广松涉的批判性构境层,只是局限在物象化构式线索中,这是偏狭的。他先区分了我们已经非常熟悉的日常生活中的三种物象化情况,即物化三表象:一是"人本身的'物'化",二是"人的行动的'物'化",三是"人的能力的'物'化",并且再一次说明了马克思物象化理论与这种常识观点的异质性。他指出:

　　　　马克思所说的物象化,是指人与人的交互主体的关系被混淆为物的性质这种颠倒(例如,货币具有的购买力这种"性质"),人与人的交互主体的关系被颠倒为物与物的关系的现象(例如,商品的价值关系,

① ［日］广松涉:《世界交互主体的存在结构》,邓习仪译,南京大学出版社,2020年,第118页。

233

尽管内容多少各不相同,却有着价格决定"需求"与"供给"的关系的表象)。①

这里,我们不再详细讨论广松涉的物象化理论与马克思的事物化–物化理论的差异,但我们一定要注意广松涉此处将马克思的"物象化"理论,泛化为一般实体主义认识论的批判视域。虽然这是不准确的,但在认识论构序中却是有着积极意义的。在他看来,我们通常看不到关系的实存,只能看到关系通过物象的呈现。这本身就是经验直观的必然误认基础。

> 说到人与人的关系,那当然并非只是脱离对象的人与人的关系,更不是寂静的、反思的关系,而是对象性活动中的动力学的相互关系,功能的相互关系。即,那是我们所讲意义上的广义的交互主体的交互活动关系,指的是经过某种折射而假现为物的性质或物与物的关系的事态。②

这里的人与人的关系,显然已经不是马克思特设语境中,人与人的劳动关系在商品交换中颠倒为经济事物之间的关系,并由此生成复杂的经济拜物教观念,而是指,一切人与人的关系,都只有在物象化的结果上呈现于认识论之中。

再回到上述广松涉的讨论构境中,他是说,被假现为物性对象和主体与客体的二元关系的传统认识论视域,只不过是人的交互主体活动,一是作为人的劳动生产和复杂创造性活动,即"对象性活动中的动力学的相互关系";二是这种Für uns的现象用在性的功能关系链,这些复杂的交互主体性的关系,物象化为可见的物性和物的关系了。但广松涉没有回答,如何消除这种

---

①② 〔日〕广松涉:《世界交互主体的存在结构》,邓习仪译,南京大学出版社,2020年,第120页。

物象化的具象物显。

广松涉说,这有两种情况:一是无主体的历史观。他说:"谁都认为脱离诸个人的日常不断的行为,历史不可能自存",可我们又常常在讨论"日本的农业史""日本的语言史",好像这些历史是"撇开具体的活动主体"而发生的"历史"。他将这种历史观称之为"去肉体化,历史主体的非人称化"的物象化的历史观。二是伪主体的历史观。广松涉说,还有一种历史观是在"从历史的主体寻求超个人的某物、与诸个人相区别的某种'大主体=实体'的倾向"。这两种物象化历史观的问题,都在于无法真实地透视具体存在于现实历史存在中的交互主体活动,更不要说去发现由广松涉所揭示的四肢关系结构了。广松涉认为:

> 历史世界难免以与物理学上所观察的"自然"不同的秩序(order)而不断变化,并且,那是由作为人们交互主体的交互活动的对象性活动所造成的结果,当将历史作为历史来把握时,有必要抓住其活动主轴。某些历史形象是永存的,某些东西是衰灭的。①

显然,在日常生活的直观中,这种不同于自然界秩序的社会历史构序同样是看不见的,它作为人们的对象性活动结构和人与人之间的交互性活动结构,只能通过假现性的物和物化关系呈现出来,由此,"'历史''历史的主体'被'物象化''实体化'"②。

我觉得,广松涉这里的构序质点应该会包含一个重要的新观点的可能性空间。在我看来,马克思的事物化理论和经济拜物教批判之间,缺少了一

---

① ［日］广松涉:《世界交互主体的存在结构》,邓习仪译,南京大学出版社,2020年,第124页。

② 同上,第118页。

个现实链环,即在资本主义商品–市场世界中,并非是人们直接误认了被颠倒的人与人的关系,而是已经历史性地颠倒了的支配关系,在现实生活中重新对象化为客观生活场境,人们在商品–市场世界中,不可能想到抽象的劳动交换关系,甚至也不会想到商品–货币–资本关系的现实抽象,他们只会在用钱购买商品,用钱支配具象财富的过程中塑形生活。这是金钱成为世俗化上帝的真正秘密,这也就是说,不是桌子在人们面前头足倒置地跳舞,而是客观的物性现实筑模我们的观念,拜物教不是直接来源于不可见的关系颠倒,而是现实物质化生活的写照。在这一点上,整个社会弥漫的拜物教的难以透视性是不应该受到责难的。这是马克思和广松涉都没有注意到的问题。我觉得,列菲伏尔在日常生活批判中第一次涉及这一问题,但受人本主义和革命浪漫主义影响的,他并没有很好地解决这个问题。

下编　广松涉哲学的四肢结构论
——《存在与意义》解读

广松涉的哲学体系，由《存在与意义》的第一卷《认识世界的存在构造》、第二卷《实践世界的存在构造》、第三卷《文化世界的存在构造》构成，显然，第一卷是他的认识论著作，第二卷是存在论，第三卷为更宽泛的文化哲学。非常可惜，因为广松涉的早逝，第三卷没有完成。依他自己的说明，其内容"不单单是存在论①、认识论的著作，同时它还关系到实践哲学、价值哲学、社会哲学、历史哲学和文化哲学，并且涉及人性论、制度论、权力论和范式论乃至学术论、艺术论和宗教论的领域"②。不同于常识经验中的物象化认识，广松涉引领我们逐步透视物象背后的关系存在论，他提出"作为'映射的所与–意义的所识''能知的谁–能识的某人'的四肢的被媒介的统一态即'事'"③。这是他所谓事的世界观的根基。乍一听，这真不知道是什么意思。我们举一个广松涉自

---

① 德语中ontologisch在传统哲学思想中是指对万物的原初基始的一种探讨，中文多译作"本体"，意指世界之本元实在(体)。在马克思之后，这种在哲学前提中设置非历史性的世界的本体的形而上学的思考，被历史唯物主义第一次彻底颠覆了，感性现象背后那种万变中不变的本质存在和真实实在被历史性的时间中的存在所替代。在海德格尔那里，这种对实体本元的形而上学的否认达及一种高度的理性自觉，时间中的在世之有限存在成为人类个体(实践之中的有死者)追问哲学之根本的唯一合法路径。广松涉深受马克思和海德格尔的影响，因此他除了在少数涉及传统哲学讨论语境时保留"本体论"一译名，在绝大多数地方都直接使用了"存在论"

② ［日］广松涉：《存在与意义》(第一卷)，彭曦、何鉴译，南京大学出版社，2009年，序言第1页。

③ 同上，第387页。

己在书中说的"事儿":

> 我现在手里拿着打火机,正要点烟。我预期火焰会从打火机中冒出来。预期地出现的火焰是表象而不是知觉。不过,火焰的表象被定位于我手里拿着的打火机的出火口的上方,即现在的知觉空间的一定位置上。接下来,我回想性地浮想刚刚熄灭的火焰。火焰的记忆表象当然不会在知觉上显现。但是,其所处的场所依然是打火机的出火口的上方,即我的知觉的空间世界的一定位置。①

这就是在我们生活中发生的平常事情。首先,它不是一个物,也不会发生在自然界存在中,它只是人的生命存在中才会发生的"点火吸烟"的日常小事。其次,一般而言,正常我们从口袋中掏出打火机到点完烟不过超过两秒钟。可是,人类知道点火已经有五六十万年(旧石器时期)的功用历史,烟草进入人的生活也已经有了几千年的历史②,打火机的使用也有了近三百年的历史,点火吸烟这一并非物质对象的客观动作背后是一个复杂存在关系的构境。面对这一事象,首先是从认识论层面看,过去的物的认识论会从中看到一个具体存在的打火机物体和燃烧现象的外部映像,而在广松涉这里,"看到"本身就是一个二肢建构关系,打火机作为一种给予我们的东西的显相(的所与),我们看到"打火机"同时已经就包含了对打火机的意义(的所识);而在"看"这一觉识的传统发生主体中,广松涉又进一步区分出非实体性的双重关系:一是作为个人身体觉识的"我""你""他"那个能知的"谁(何人)",二是让

---

① [日]广松涉:《存在与意义》(第一卷),彭曦、何鉴译,南京大学出版社,2009年,第372页。

② "Jordan Goodman"在《历史上的烟草》一书中被提出,烟草最开始被种植在数千年前的墨西哥和巴西附近。1492年,哥伦布发现新大陆,同时也发现了当地印第安人吸烟。到16世纪中叶,烟草很快传到世界其他各地。

我们看到的那个不属于"谁"能识的理性的某人。由此，他用发生着的存在事物取代了物，在他看来，由四肢关系的清晰分节所致的图景分化的统一态就是不同于物象的"事象"。"'事物'有赖于'事象'，'事象'以'事'为基础的机制。因此，'事物'有赖于'事'这样的四肢的机制才能存在。"①

这还没完。在广松涉的哲学构境中，同样是这样打火点烟的事，从认识论再向前跨一步即从实践论的角度深究下去，则会出现一个新的四肢交互结构。首先，他引入了海德格尔的一个关键性概念来深化上述认识论中的抽象的物，即用在的财态（Zuhandenheit Gut），打火机并非自然界本来就有的物，而是一种在人的功用性上向我们的价值需求塑形的人工事物，所以打火点烟在实践本体论上则立刻呈现一对新的二肢关系，即用在的所与和意义的价值。其次，打火点烟的主体也可以进一步区分为那个有烟瘾的具体的"自我"，同时也会存在一个作为教授公德角色出现的他我，即能为者的何者和角色性格者某人。这就构成了一个新四肢存在论。在这个意义上，广松涉的四肢哲学，其实是四肢认识论和四肢实践存在论共同构成的。

从本篇开始，我们对广松涉的这一巨著进行一些初步的探讨。我在本书中的讨论，会集中于他的认识论。我还是要说，广松涉哲学最重要的贡献，就在于哲学认识论中的巨大进展。这是值得我们认真对待的沉思构境。

---

① [日]广松涉:《存在与意义》(第一卷)，彭曦、何鉴译，南京大学出版社，2009年，第392页。

第八章
所与和所识：事的认识论

广松涉将自己的哲学体系称为"事的世界观"，以此来区别传统的实体主义的物象化哲学——物的世界像。这是我们已经熟知的构境背景了。这种事的世界观，首先是用关系本体论中"关系的基始性"，替代了旧哲学中的那种何者为第一性的"实体的基始性"；在事的世界的认识论视角中，则是突显了"显相的所与和意义的所识""能知的何人与能识的某人"之四肢构造的模式，彻底取代了以往的一切认识论中的"主体-客体"的图式（「主—客」图式）。这里观点，已经是对前述《世界交互主体的存在结构》一书中提出的诸多重要思想的深化和系统化。本章中，我们先进入的是广松涉四肢认识论中的第一对两肢关系：所知-所识。

一、从物的世界观到事的世界观

从我这本书的导言的构境背景讨论开始，我们就已经看到，广松涉最早在关注康德、马赫、胡塞尔和海德格尔哲学时，就直接提出了将人们日常经验中的物象错误归基到以关系为第一性的事的世界观的观点，并对当代自然科学方法论，特别是爱因斯坦相对论和量子力学的关系本体论走向进行了较为深入的讨论。当然，从构境线索上看，广松涉在这里的批判性构序红

线,主要还是现象学的还原构境和海德格尔的存在论差异说。在《存在与意义》一书的序言中,广松涉这样谈到此书的主题:

> 《存在与意义》总的来说是抨击传统的日常性意识,以及在学理性反思中占支配地位的"物的世界像",而倡导"事的世界观"。就笔者而言,这不单单是针对传统观念提出新见解,而是对物的世界,人们为什么以及怎样发生误认的,通过追溯其由来,从认识论、物象化论和意识形态论的视角进行揭露,从而将本真状态自为化。与此同时,对在以往的"物的世界像"的范式中曾得到过相应"说明"的现象,以及事态能否基于"事的世界观"的新范式正确地重新加以说明进行尝试(尽管只限于基础性理论领域)。①

这里的抨击"日常性意识",也就是胡塞尔对自明性日常经验假象错认的否定,由此践行胡塞尔提出、被海德格尔突出强调的"回到事情本身"(auf die Sachen selbst zurückgehen)的口号。当然,如同胡塞尔一样,广松涉试图进一步说明这种错认的发生缘由,并复归于本真性的"事的世界观"更为重要。显然,这个观点并非广松涉现在刚刚形成的,而是二十余年思考的继续,"拙见的大纲在20多年前就基本上定下来了,颇具慧眼的读者也许从旧著《世界交互主体的存在构造》《事的世界观的前哨》《物·事·语》中所收录的各篇论文中,很快就能察知在本卷中将要展开论述的内容"②。这些文本,除去讨论语言学的《物·事·语》之外,我们都已经进行了比较详细的讨论。

---

① ［日］广松涉:《存在与意义》(第一卷),彭曦、何鉴译,南京大学出版社,2009年,序言第1~2页。

② 同上,序言第12页。

广松涉《存在与意义》手稿一页

　　首先，"物的世界观"在日常经验中的支撑作用。这是说，每一个正常人从孩童时代到成年逐步建构起来的生活经验习惯，基本上都"将所有存在界视为由各种'物'构成的世界像"，即我们总是看到一个个相互界划开来并呈现清晰分节状的不同事物，自然物和人，因为先得有层次有清晰分节的差异性质相，然后才会看到物与物的关系，人与物的关系，人与人的关系，才会生成我们与动物不同的人的世界。

　　这也就是说，从基于常识经验的传统哲学上看，物体是首先存在的或者是第一性的。不过，广松涉也专门提醒我们，这里的"'物'并不限于狭义的物质性物体，而是指在与'事'的对比中的广义的'物'。归根结底，它与实体主义世界观相对应"①。看到各种事物存在的现实，是人类生活建立以后的常态，

---

　　① ［日］广松涉：《存在与意义》（第一卷），彭曦、何鉴译，南京大学出版社，2009年，序言第2页。

所以要说明这种一直以来支撑着人类生活的物相清晰分节的直观经验是错的,这本身就很难,更不用说从科学上说明"实体主义"或"实体中心论"的错误了。

其次,事的世界观是关系存在论。关于这一点,我们也已经听广松涉讲过多次了。与日常生活中存在的物象化不同,也与近代机械主义的科学观不同,广松涉所主张的事的世界观是穿透日常经验错觉,直指存在关系性本质的新哲学观点。从前面的讨论中,我们已经详细了解了它的构境背景之缘起。

从与物的世界观的差异这一视角来说的话,可以说它是一种关系主义的存在观。关系主义认为:且不说所谓物的"性质",就连被视为"实体"的东西,其实也是关系规定的"接点"。这种存在观认为:实体并不是独立存在,然后才第二性地形成关联,关系规定态才是原初的存在。①

简单地说,广松涉哲学的前提就是关系主义,或者是关系基始性和关系第一性,不仅我们看起来独立存在的物体性质都是关系性的,而物体对象本身也不过是关系存在的某种结点。这里,我应该说一下自己新近对海德格尔反对关系本体论的关涉论的思考。海德格尔有"存在不是一种东西,而是一个事情"之说。②然而海德格尔要回到的事物,并非关系,而是关涉(Sorge)。早在1922年,青年海德格尔进一步提出自己新的观点,即取代关系(Bezug)概念

---

① ［日］广松涉:《存在与意义》(第一卷),彭曦、何鉴译,南京大学出版社,2009年,序言第3页。

② ［德］海德格尔:《面向思的事情》,陈小文、孙周兴译,商务印书馆,1996年,第3~5页。

的关涉论(Das Sorgen)。①不同于黑格尔-马克思的关系论,海德格尔这里的关涉进一步将关系中那个作为之间的主体性关系转换为更明确的主体对某物的有意向的干涉,关涉是践行中有具体意向的做,这种做的结果则为让事物进入一种秩序,即构序性,这恰恰是自黑格尔以来主体性"关系"本身的实际暴力意义。比如,这个关涉的本质,曾经在我们与自然的现代性的关系上被培根表述为"拷问自然",被康德剖解为"向自然立法",被马克思直陈作"征服和改造自然"的生产力。生活的本质在"基本关系意义(Grundbezugssinn)"上就可以被解释为关涉(Sorge),即"为了或者围绕某物(für und um etwas),关涉于某物而生活"。②显然,这个关涉是过去马克思式的实践的意向化深入,过去的实践强调了主体性的做事情,而关涉则是具体地干涉于某物的做事情。关涉,是胡塞尔那个观念意向性的生活-实践化。③这也就是说,广松涉对海德格尔的理解也是存有偏差的,海德格尔并非关系本体论,且关系主义也可能被超越。这恐怕是广松涉没有想到的。

广松涉自己也承认,作为日常生活中的普通人,让他接受"关系第一性"是困难的。人们总是先看到物,才会想到物之间的关系,

---

① 海德格尔所使用的Sorge一词,最早由熊伟先生意译为"烦",后又译为"操持"等概念。张祥龙博士将其意译为"牵挂",可牵挂比较容易联想到主观意向中的挂念,而海德格尔的Sorge首先是有目的的事物性做事。其实,此词的直接含义即为关心。我觉得译为它的源初简单意思为好,因为概念意义场的构境并非在于它的独立意蕴,而在于它在不同语境中的当下建构和语义实现。中文中的关涉一词中含有两个意义构境层:一是关心,二是干涉,干涉是人类存在的本质,海德格尔以后在存在上打叉,除了使概念石化消融之外,更深一层的解构是消除主体欲望和暴力,而非消除具象的操劳。我以为,"关涉"一词是可以平实接受的一种选择。参见张祥龙:《海德格尔传》,商务印书馆,2007年,第121页。

② [德]海德格尔:《对亚里士多德的现象学解释》,赵卫国译,华夏出版社,2012年,第79页。中译文有改动。See Heidegger, *Gesamtausgabe*, Band 61, Vittorio Klostermann, Frankfurt am Main, 1985, S.90.

③ 参见张一兵:《回到海德格尔——本有与构境》(第一卷),商务印书馆,2014年,第260~272页。

"要建立关系,形成关系的实体项的存在乃必要条件"。支撑物的世界像的这一实体主义的既成观念根深蒂固,即便在人们认识到了关系主义存在观的正确性的情况下,在直接意识中依然认为"有实体性的独立存在项,才会有事后的关系成立"。那犹如虽然认识到日心说(地動说)是正确的,但在日常意识中仍然认为"地球是静止的,是太阳在旋转"。①

广松涉列举,哥白尼的日心说在科学上被接受了,但人们在生活中依然觉得每天早上太阳从东方升起,晚上在西方落下一样,想让常人理解关系才是存在的本质是不容易的。就好像,马克思在1845年的《关于费尔巴哈的提纲》中就指认了"人的本质在其现实性上是一切社会关系的总和",可是日常生活中,很少会有人将一个他遇见的人视作奇怪的"关系总和"。其实,这正是哲学的功能,它总是要透视常识伪境,揭示熟知背后的无知。当然,广松涉还提醒我们,事的世界观也不仅仅停留在关系第一性(関係の第一次性)的观点上,而是要"超越'实体主义VS关系主义'的传统的对立地平"②。这也就是说,事的世界观要从根本上超越二元认知结构。

广松涉告诉我们,他自己看重关系基始性的观点,缘起于"早期接受过科学主义的唯物主义的洗礼",但真正"觉醒于关系主义的存在观,一方面是因为受到现代物理学趋向的触发,另一方面是受到黑格尔、马克思的哲学,特别是马克思哲学的引导"③。关于这一构序背景,我们已经有所了解。然而他还专门交代,在传统的黑格尔哲学和马克思主义哲学的理解中,这二者都被误认成实体论的。如果我没有猜错,这应该是指传统斯大林式的教条主义哲学解释框架,所幸的是,他也从这些错认的实体论中获得了关系论的透视。

---

① ［日］广松涉:《存在与意义》(第一卷),彭曦、何鉴译,南京大学出版社,2009年,序言第3页。
②③ 同上,序言第4页。

最后,广松涉的事的世界观基础,是从海德格尔的"是"到"作为"的存在论转换。广松涉当然知道,海德格尔在传统形而上学的实体本体论中,穿透性地对关系性的"是"的关注,这也是海德格尔存在论中格式塔转义中存在与存在者差异的根本。但是广松涉十分刻意地提出,在他自己的"'作为'比起'是'更是基础的东西"。依他这里的解释,"作为"不再简单地是a或者是b,而是一种关系性的异中之同。"'作为'是一种独特的'异与同的统一',如果按黑格尔的方式来表述的话,那是'区别性与同一性',而且是'现实的、非现实的统一'。"①我倒觉得,是广松涉自己没有真正理解,海德格尔从系动词"是"的入口到存在论更深一层构境的转换,海德格尔的Sein早就不是简单的系动词,而是怎样存在本身,而Dasein的去在世中,当然比"作为"的场境建构要丰富得多。

好,现在我们就来看广松涉《存在与意义》第一卷中关于事的世界观中的认识论。先是他在本卷绪论中所指出的所谓所与-所识的二肢观点,即显现的所与和意义的所识观点的要义。

二、不是外部现象的显相共在统觉结构

广松涉说,我们每天遭遇的"世界就是显相(现相)森罗万象,悉以'包含意义'的相呈现出来。各种显相每次都作为单纯的'所与'以上的'某种东西'被人们感知"②。这句话有些玄,换成常人都能听得懂的意思就是说,我们在生活中碰到的可见事物通常都并非是外部对象简单地给予,而已经包含了来自我们自己的某种对经验统觉以上的意义赋型。广松涉在《世界的交互主体的存在结构》的第一部第一章中这样写道:

① [日]广松涉:《存在与意义》(第一卷),彭曦、何鉴译,南京大学出版社,2009年,第25页。
② 同上,第1页。

　　现象,每每自在地已是作为"感性"的所与之上的某物而显现。现在所听到的声音乃是作为汽车的喇叭声,从窗外所看到的乃是作为松树,而直觉地显现。当我看到现在桌子上滚动的东西时,正是将其作为"铅笔"来意识。这支铅笔,"应该"不仅被看作平面图形,还被我作为有形状、厚度的"物"(en Ding)来意识。它不仅是作为映现,而且作为形状的格式塔而被意识。当闭上眼睛而睁眼再看到它时,则伴随再认的意识。即,作为"同一铅笔"而被意识。①

　　这是我们已经引述过的文本。在这里,我们在没有直接看到汽车的情况下,听到了汽车的声音;在桌子上看到了平面的铅笔,却将其视作没有直接看到的六边柱物,我们从显相中总是获得比直接所与更多的东西。再比如,我们看见一个漂亮的姑娘,这肯定不仅仅是已经意识到关系建构作用的马赫所说的"骨头和皮肉的复合体(要素的总和之所与)",她在我们面前楚楚动人地为之一亮,一定是包含了我们自己的审美意义,这是在对象直接给予的经验之上的被我们赋型的东西。再比如,现在躺在我旁边书堆上的宠猫"妞妞",我看到她的萌态也一定含着只有我知道的特殊赋意。海德格尔曾经列举过他家桌子上只有家人知晓意蕴的划痕构境(俩调皮儿子幼时的"杰作")。海德格尔认为,我们直接看到"有东西",并非因为物性(dinglich)的东西实在,也不仅是座架于东西的先行性一般(康德、胡塞尔),而是这个东西在我们身边的这个周围世界中获得的某种先行性的关联之中的场境意蕴(das Bedeutsame)。②在这一点上,广松涉的常识破境是深刻的。

---

① ［日］广松涉:《世界交互主体的存在结构》,邓习议译,南京大学出版社,2020年,第27页。
② 参见张一兵:《回到海德格尔——本有与构境》(第一卷),商务印书馆,2014年,第183~188页。

妞妞每天早餐时总是陪我看报纸

这里,广松涉连珠炮式地提出了一连串的追问:

　　(a)显相在意义上究竟是否都是附带性的?(b)显相中的"所与"是什么?(c)现象的"附带的意义"是什么语意上的意义?(d)所与与"意义"(前者"作为"后者来被觉知)的关系是怎样的规定关系?(e)"显相"原本是对什么的称谓?①

　　第一,先请大家注意广松涉所使用的显相(现相)一词,它不是我们通常所说的可以独立存在的外部现象,显现即是面向主体(Für uns)的相位,显相已经是一个有指向的关系性的概念,这当然是现象学中那个思考"怎样显现"的机制。在广松涉看来,"'显相'(Phänomen)并不是'现象'(エルシャイヌン

---

① 〔日〕广松涉:《存在与意义》(第一卷),彭曦、何鉴译,南京大学出版社,2009年,第1页。

グ），也不单单是'显示自己自身的东西'（das，was sich selbst zeigt），那每次都已经是'所与以上的东西'"①。显相中当然有外部所与的东西，但这个所与被我们所识别并在统觉中看到，就已经赋形了某种我们的觉察意义。显而易见，这个赋型中的"意义"，正是《存在与意义》中的核心范畴。显相，已经是所与和所识关系的共同产物。这自然会引出广松涉认识论构架的第一对二肢范式：显相的所与与意义的所识。请一定注意，广松涉专门有一个说明，"'显相世界'绝不是对主观的、心理的心像界的称谓，'意义的所识'也决不是像主观的、心理的心像那样的东西"②。这是他的唯物主义底线。这一复杂的构境，我们下面再来讨论。

第二，广松涉告诉我们，这样出场的显相概念会让人联想到海德格尔的用在性（上手性，Zuhandenheit），他也赞同海德格尔对世界的看法，即"世界是以与生之关心相应的用在性（上手性）的相来展开的"③。在海德格尔那里，世界不是在我们之外的实在物之和，而是一种关涉性的情境，一种在生活中活动着的意义结构及其物性附属物。我们传统的教科书中的认识论原则中，也有"认识来源于实践"这样的命题，不恰当的比喻，这个实践相当于广松涉此处的"用在"（海德格尔的关涉），然而在传统认识论的构境中，人们总是无法区分这个用在性的实践，与那个决定了意识的抽象物质的关系。这是一个混乱的构序矛盾。这个用在性是《存在与意义》第二卷的重要概念之一，此处，广松涉只是想让我们知道，在认识论的所与与所识中，显相"知觉的清晰分节已经蕴含着用在（上手）的意义性"④。

---

① ［日］广松涉：《存在与意义》（第一卷），彭曦、何鉴译，南京大学出版社，2009年，第27~28页。
② 同上，第7页。
③ 同上，第1~2页。
④ 同上，第2页。

为了说明自己的观点,广松涉很贴心地让我们看了几幅格式塔心理学①构境论中的视图。

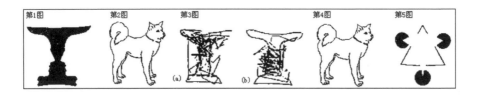

图1是著名的鲁宾杯②。我们知道,在格式塔心理学中,人对外部环境的感知并非是简单地镜像反射,而通常会采取一种整体心理场的突现方式发生。广松涉告诉我们:

在观察图1时,不单单是作为黑白图形,大概还可以作为"相对着的侧脸"或者"高脚玻璃杯"来感知;在观察图2时,不单单是作为曲线图形,应该还可以作为"犬"来认识。在此,首先可以指出这样一种机制,即作

———————————————

① 格式塔心理学(gestalt psychology),又叫完形心理学,是西方现代心理学的主要学派之一。格式塔心理学诞生于德国,纳粹上台后在美国得到进一步发展。1912年,德国心理学家韦特海默(M. Wetheimer,1880—1934)在法兰克福大学做了似动现象(phi phenomenon)的实验研究,并发表了文章《移动知觉的实验研究》来描述这种现象。这一般被认为是格式塔心理学学派创立的标志。由于这个学派初期的主要研究是在柏林大学实验室内完成的,所以有时又被称为柏林学派。学派的代表人物除了韦特海默,还有他的学生和助手苛勒(W.kohler,1887—1967)和考夫卡(K.Koffka,1886—1941)。在对gestalt的英译上,考夫卡采用了E.B.铁钦纳(E.B.Titchener)对structure的译文"configuration"。完形心理学说反对冯特的感觉元素还原论和知识积累说,并把那种简单地连接知觉并决定心理整体的统觉理论发展成一种心理意识现象的深层整体制约理论。该学派既反对美国构造主义心理学的元素主义,也反对行为主义心理学的刺激–反应公式,主张研究直接经验(意识)和行为,强调经验和行为的整体性,认为整体不等于并且大于部分之和,主张以整体的动力结构观来研究心理现象。他们第一次提出了心理感知场的问题,指出了心理现象的发生和发展是由主体意识内部的某种结构制约的,而各种心理现象的确定和稳定状态(心理态势)都取决于特定意识背景的整体决定。

② 鲁宾杯,也称为"鲁宾壶",1915年由丹麦心理学家埃德加·鲁宾(Edgar Rubin,1886—1951)设计。人们在这一画面看到的结果是人还是杯子,完全要看他注视的角度是在中间的白色图形(figure)上还是在黑色的背景(groung)上。由于视点的不同,将分别出现不同意义的画面,即双重意象(Double Image)。

为"显相性的所与"的"黑白图形"以及"曲线图形",被当作超越"侧脸""高脚杯""犬"本身的"意义的所识"而为人们所觉知。[1]

　　这里有三个不同构境层:一是图1中的黑白色块和图2的黑线勾画是我们之外的对象性所与,它们并不存在于我们的头脑之中;二是我们看到黑白色块中的侧脸和高脚杯或者"犬"的这种显相,已经是呈现清晰分节和意义构境的关系性主体识别(意义构境的所识);三是图3所表征了当人的视觉重心从a到b的偏移时,鲁宾杯的同一黑白色块中会发生看成不同的侧脸和高脚杯的格式塔整体转换所识。其实,与鲁宾杯相近的格式塔构境转换还有埃尔舍[2]的《日与夜》。

埃尔舍的版画《日与夜》,1938年

---

　　① ［日］广松涉:《存在与意义》(第一卷),彭曦、何鉴译,南京大学出版社,2009年,第2页。
　　② M.C.埃舍尔(M. C. Escher,1898—1972),荷兰科学思维版画大师,20世纪画坛中独树一帜的艺术家。作品多以平面镶嵌、不可能的结构、悖论、循环等为特点,从中可以看到对分形、对称、双曲几何、多面体、拓扑学等数学概念的形象表达,兼具艺术性与科学性。主要作品有:《日与夜》(1938)、《画手》(1948)、《重力》(1952)、《相对性》(1953)、《画廊》(1956)、《观景楼》(1958)、《上升与下降》(1960)、《瀑布》(1961)等。

与鲁宾杯一样，在这幅版画中，我们如果转换白色图形和黑色的基底时，会分别看到一群白色的大雁飞入黑夜和一群黑色的大雁飞向白日。这也是格式塔心理学的整体心理场的转换和突现。为了说明这一格式塔转换的构境意义，我可以再列举考夫卡①在《格式塔心理学原理》著名的故事："在一个冬日的傍晚，于风雪交加之中，有一男子骑马来到一家客栈。他在铺天盖地的大雪中奔驰了数小时，大雪覆盖了一切道路和路标，由于找到这样一个安身之地而使他格外高兴。店主诧奇地到门口迎接这位陌生人，并问客从何来。男子直指客栈外面的方向，店主用一种惊恐的语调说：'你是否知道你已经骑马穿过了康斯坦斯湖？'闻及此事，男子当即倒毙在店主脚下。"②在男子穿越康斯坦斯湖（地理环境）时，他的感知场中以为脚下是坚实的大地（行为环境），而突然得知他每时每刻都在冰雪开裂的湖面上面对死亡时，立刻吓死于心理场中突现的格式塔转换之中的后怕。这充分说明了在我们的认知场中，所与和所识的复杂关系。然而我觉得，广松涉始终没有从关系认识论进入到场境意蕴论的更深构境中来。

总之，在广松涉认识论的第一对二肢范式中，已经意蕴了唯物主义的前提，即外部的对象性所与，但我们看到某一对象，并非直接的镜像式反映，其中已经包含了来自认知主体的意义所识，它可能同时包括了先天观念综合（康德）、显现方式的意向（胡塞尔）和世界性的意蕴赋型（海德格尔）、格式塔心理场境的突现等，这是他的所识的丰厚构境内涵。图4与图2在客观所与的图像上，存在着可以忽略不计的细微差异，可它仍然被辨识为"犬"，而图5也会依据主体视线的偏移，完形整合出图中心根本不存在的白色三角形。广松涉想说明，所与被看到的所识已经是主体认知中的突现性关系构境。但他并

---

① 库尔特·考夫卡（Kurt Koffka, 1886—1941），美国心理学家，格式塔心理学的代表人物之一。代表作有：《思维的成长：儿童心理学导论》（1921）、《格式塔心理学原理》（1935）等。

② ［德］考夫卡：《格式塔心理学原理》（上册），黎炜译，浙江教育出版社，1997年，第34页。

没有强化这种整体场境突现性。

三、显相的所与和意义的所识之二肢

首先,到底什么是广松涉所提出的显相的所与概念呢? 它与通常我们理解的物质对象外部现象是不是同一个东西? 这是广松涉在前述《世界交互主体的存在结构》中,解构认识的继续追问。并且它与人的感觉发生的身体的关系是什么? 我们来看广松涉的观点。

一方面,广松涉告诉我们,提出所与–所识的二肢论,并非是要动摇唯物主义的立场,也不会否定客观存在的先在性。他说:"在日常的意识中,不论是事物还是人物,似乎都被感知为一个同样的对象各种各样的'看到的形状'(映射相)体现出来。"①这是对的。并且鲁宾杯不管是被看作侧脸还是高脚杯,其被看的黑白色块却都是一个,它都是某种物理实在。在这一点上,并不因格式塔心理场的转换而转移。这在拒斥量子力学的那些哲学家所说的"月亮在我们不看它的时候是不存在的"唯心主义逻辑陷阱的意义上,也是不错的。但是我以为,客观存在中还应该做进一步的区分,即一是离开人的作用而客观存在的对象物(有如广松涉后来列举的太阳和月亮),二是由人的不同作用产生的事物(黑白色块已经是鲁宾精心构序和塑形的结果)。只是在认识论视域中,让我们首先搁置日常经验中的物相独立存在的自明性,这是自柏拉图"洞穴说"和黑格尔"精神现象"开启的质疑,当然也是胡塞尔的现象学批判的法宝。因为不管外部对象是处于什么状态下的实在,当它进入我们的认识视域中时,它作为认知关联物就不再简单作为外部的实在或独立实存的现象,而已经是所与–所识关系的结果。回到广松涉的构境中,就

---

① ［日］广松涉:《存在与意义》(第一卷),彭曦、何鉴译,南京大学出版社,2009年,第6页。

是说一切关于对象的映射相中都或多或少包含了意义的所识。多年以前,我曾经提出作为历史研究对象的历史史实,已经是一种建构的结果(转换到广松涉这里的构境,就是所与–所识的关系物),但却遭到历史学家的反对。①广松涉告诉我们:

> 被称为"黑白图形""曲线图形"的对象的与件,只要它是作为显相显现出来(即只要是区别于"侧脸""犬"这些意义性,作为"这些图形"这样的清晰分节相暂且被人们觉知),那么其自身就已经是"所与–所识"的形态,严格地来说不是单纯的所与。②

在这里,广松涉反对了传统认识论中的客体–主体二元模式,还原到上述的构境中,即是先有一个高脚杯、侧脸的图形,或者狗的图画,然后这些客观存在的图形反映到主体的观念中,在那里,客观的认识对象与认识结果是分立的。而在广松涉这里,只要高脚杯、侧脸和狗的清晰分节显相出现,它就不再简单地属于对象或主观认识结果,"只要它是显相的清晰分节态,那么从学识省察的见地来看,就已经是'所与–所识'形态,因而在原理上不可能是单层的'所与本身'"③,而已经是所与–所识共在的统觉整合。这也就是说,显现的所与作为一种关系性存在,它的落点是在单纯的对象性和主观赋型之外的。在这一构序层中,"高脚杯、侧脸的图形"的确是当我们不看的时候是不存在的,这纠正了量子力量科学达人们混淆的哲学构境边界。

另一方面,广松涉又考虑了人的身体在显相的所与中的中介地位。他说,在传统心理学研究中,人的"身体简直就被当作自动变换器,人们认为身体一

---

① 参见张一兵:《历史唯物主义与历史构境》,《历史研究》,2008年第1期。在同一年举行的上海和台北会议上,都有历史学家表示不能接受我所提出的历史建构论。

②③ 〔日〕广松涉:《存在与意义》(第一卷),彭曦、何鉴译,南京大学出版社,2009年,第2页。

受到来自外部的一定的物理的刺激,就会通过身体的过程变成一定的感觉"①。比如,上述鲁宾杯图形通过光线对我们的眼睛感官的刺激产生特殊的视觉,以出现"'所与的刺激'作为'认识的感觉'而被感知"的看法。广松涉认为,格式塔心理学已经推翻了这种自巴甫洛夫条件反射说以来的机械的物性对应关系。他让我们重新关注图5中对那个根本不存在的白色三角形的所识,它的显现,并不是特殊的着色导致的对我们眼睛的光线刺激,而只是一种格式塔心理场的自变构境,白色三角形不是在外部被画出的,或者极端地说,它根本不是简单的外部所与,它是无中生有的格式塔构境。这也就是说,在认识的所与–所识连续统中,并非一定基于外部力量对身体的直接刺激。在认识论过去的知识积累中,这是一个构境论式的深入。

其次,广松涉这里的意义的所识,到底是来自外部对象的简单镜像,还是纯粹的观念赋型或主观心像呢? 他的判断是,"意义的所识既不是物的存在也不是心的存在,而是独特的某种东西"②。为了说明这个观点,他让我们一起再回到上述的图2和图4。图2和图4的差异是很小的,当我们看这两幅图时,都会获得"犬"的所识结果。

第2图与第4图,不仅存在那是不同的两张图画这一所与的区别性,它们在形状或颜色上的若干差异性也被感知,"显相的所与"并不相同。尽管如此,这些异样的显相的所与,同样作为"犬"在同一在"意义的所识"性中被知觉。所与中尽管存在差异性,但它还是被当作相同的那个而被知觉的"某种东西"。③

---

① ［日］广松涉:《存在与意义》(第一卷),彭曦、何鉴译,南京大学出版社,2009年,第9页。

② 同上,第6页。

③ 同上,第15页。

在广松涉看来,显现的所与,总是具体于"单个的、一定场所的、变易的",如黑白色块、不同的线条和变化的狗狗的图画,但意义的所识,则是"普遍的、超场所的、不变的"观念所指。广松涉还告诉我们,在传统哲学中,往往会出现把"意义的所识作为认知的'形式',将显相的所与作为与件的'质料',使前者(形式的契机)对后者(质料的契机)有效"①。在西方思想史上,这是从亚里士多德开始的构序意向,而到了柏拉图,形式对质料的赋型则变成了理念对实存的构式。这一直延续到康德、黑格尔的观念唯心主义赋型认识论。有如图1中的黑白色块和《日与夜》本身的构图是定在,而看出不同的格式塔构型则是超出构图本身的理念赋形。这也就是说,从图形中看出侧脸与高脚杯、白鸟与黑鸟的意义的所识虽然不脱离显现的所与,但一定是发生在主体观念构境内部的。意义的所识的关系存在的落点是在主观构境一侧的。

我自己觉得,广松涉此处的思想构境已经极为深刻,但从我的构境论思考中,它还存在可以深化的构境层级。

第一,广松涉所设定的显相的所与本身恐怕也是观念先在的,因为如果没有黑、白、红、绿、黄、青、蓝、紫等色彩的分类知识,没有线、点、面和画的知识,这里作为第一所与的黑白色块和线条勾画也是不成立的,因为它们在一个没有进入知识观念的婴幼儿面前,它们将什么都不是!这一立论的基础是波普尔和皮亚杰的"理论先于观察"说。②

---

① [日]广松涉:《存在与意义》(第一卷),彭曦、何鉴译,南京大学出版社,2009年,第153页。

② 波普尔将培根开始的"科学始于观察"这种近代实验科学的重要原则称为"过时的神话",其理由是现代科学并非始于实验,而是基于特定的科学理论框架。波普尔从现代科学史的角度重申着康德的论断:从来就没有纯粹的观察,任何实验的观察都必然是依据一定理论参考系的观察,这是"一种有目的、并由一定的问题以及期望的范围引导的活动"([英]波普尔:《无穷的探索——思想自传》邱仁宗、段娟译,福建人民出版社,1984年,第50页)。在这一点上,波普尔和皮亚杰完全走到一起去了。在他们看来,所有人类的认识活动都是在特定的理论框架制约下发生和发展的,一定的理论深层结构(或称认识结构和范式)始终决定和无形地建构着特定的认知活动,而这种理论框架的认知参考坐标系的改变也必将引起全部知识活动的格式塔场境转换。

第二，其实，我总觉得广松涉所与–所识中的所识概念是存在问题的，当他将意义的所识定位于观念意义的获得时，所识通常会处于一种受动的情境之中，它甚至比胡塞尔已经详细阐明的能动的意向概念还要后退，更不用说海德格尔在交道性关涉之上使用的意蕴概念。其实，所识的意义突现必然是康德已经提及的"向自然立法"的主动构序和构式，这是意义突现构境的前提，也是我与广松涉根本不同的地方。

第三，更进一步，在我的构境论理解线索中，还有可深入的构境层，因为在黑白图和线段勾画作为认知的所与前，还有一个生产（设计）的实际美术塑形的前件（在马克思和海德格尔的构境中，一是实践生产优先，一是交道性关涉优先）。鲁宾杯由鲁宾构式设计和绘制，而《日与夜》则是埃尔舍的构式设计和绘制。再深一层构境回溯，则在鲁宾杯和《日与夜》之中，在观看中发生的格式塔转换，必须基于二人先期预设的双重反向构序。这些构序–构式的先在，是后来认知所与的前提，否则并不可能出现格式塔构境的突现。显然，这要比广松涉这里的假设更加复杂和精深。当然，在《存在与意义》的第二卷中，广松涉会通过用在性来涉及这一层面。这是后话。

第四，与"90后"的孩子们"通幽"一下的话。我想到健身时看到的电视剧《择天记》[1]观碑破境的故事，十七座无字的天书碑已经不是传统认识论的"对象"，而观天书碑破境（"见山不是山"[2]）则是广松涉"所与–所识"的构境层。有趣的是，所有学生都是由一破二进三……可陈长生则打破这种递进观

① 《择天记》于2014年5月28日正式在腾讯文学连载，这是网格作家猫腻加盟腾讯文学后的首部小说。由此作品改编的52集同名古装玄幻电视剧《择天记》由腾讯影业、企鹅影业、柠萌影业、柠萌悦心、芒果TV、阅文集团联合出品，由杨晓培担任总制片人，钟澍佳任总导演。鹿晗（饰陈长生）、古力娜扎（饰徐有容）领衔主演，吴倩、曾舜晞、许龄月等联袂主演，2017年4月17日开播。
② 据《五灯会元》，唐代临济宗青原惟信禅师曾总结自己在未参禅时、初参禅时和最终开悟之后所证会的三重境界："老僧三十年前未参禅时，见山是山，见水是水。及至后来，亲见知识，有个入处，见山不是山，见水不是水。而今得个休歇处，依前见山只是山，见水只是水。"

碑路径,异轨为顿悟解碑入境,更好玩的是,陈长生从十七座碑的遁形重化的星空之碑像,则是格式塔突现中的构境之圣境。在格式塔心理学中,考夫卡则形象地用阿拉丁神灯(Lamp of Aladdin)的精灵突现来比喻。

当然,我必须强调的是,广松涉这里作为认识论开端的所与–所识构件,是一种远远异质于我们传统主体–客体二元模式的新型认知构架。这已经足够深刻了,它将改变我们所熟悉的传统认识论的基础。在这一点上,它恰恰离我们东方式的整合体知论更近一些。但遗憾的是,广松涉只是将这种全新的认识论思考停留于西方式关系本体论中,而没有推进到场境存在和思想构境论的层面。

第九章
显相世界的分节觉识

与我们熟知的传统认识论基本观点不同,广松涉在康德先天观念综合构架和胡塞尔的意识现象学努力之后,力图建构一种与主体-客体二元认知结构相异的新的关系性认知模型,以往的认知对象,被解蔽为所与-所识二肢关系;而认知主体,则被拆解出交互主体性中的能知的何人和能识的某人的二肢关系。这一观点,被指认为显相世界的认识论四肢构造。本章,先来具体看一下作为广松涉认识论入口的对显相世界的觉识构境、所与-所识的否定性边界,以及所与-所识的格式塔突现等问题的讨论。这是上述认识论新见解的具体深化。

一、觉识:显相世界为什么能够被看到?

广松涉认为,在日常生活中,通过素朴实在论,我们总是无前提地假定自己直观地看到各种事物和人的实在。在胡塞尔的现象批判构境中,这是所谓自明性误认。吉田宪夫教授说:"广松彻底拒绝'无前提的东西',因为只要逻辑上'无前提的东西'等能够成立,作为体系的叙述的出发点,就设定了'自明性'='一般地被承认的意见'。在这种情况下,自明性正是体系的叙述的出发点。"①这一指认是深刻的思想史定位。却不知,这是"因为人们的传统的日常观念已经陷入了某种物象化的错觉之中,那妨碍着人们直视事物的真相"②。这是说,日常经验往往是以不自觉的物象化的方式呈现的,人们总是以为直接看到了物,却无法意识到这种看到是如何被建构的。其实,许多唯心主义的哲学家都试图说明这种物象化的问题。比如黑格尔在《精神现象学》开端之处,就在证伪物相世界的虚假性,因为在他看来,任何客观的意谓不过是自我意识在理念的座架下生成的统觉。在认识论研究中,康德在休谟对经验可靠性怀疑中,找到先天观念综合构架的整合作用,判定物相经验只有在先天综合判断的自动整理中才可能向我们呈现,这是著名的认识论中的"哥白尼革命"之本质。而胡塞尔则进一步深化了这种观点,他发现任何意识都是有意向(志向)的,而任何进入意识的对象又都是面对我们的(Für uns)。所以现象学的本质直观(直感)是意蕴着主体能动性的。广松涉觉得,在这一批判性反思构境的基础上,认识论的观念还可以在关系存在论的构境中再深化一步,因为被康德和胡塞尔设定为单层的经验现象本身也是一种关系性的存在,现象已经是一种特定的面向我们的关系式显相,即觉识。马克思在《德意志意识形态》中已经指认,意识是我对我环境的关系。关系性的觉识应该是意识最下层的构件。

> 显相世界的清晰分节态(=phenomenon)不是单层的与件,它每次都已经作为映射的所与"以上的某种东西(etwas Mehr)",以二肢的二重相来被觉识。我们想将显相的清晰分节态中的这些对象的=所知的两个契机称为"显相的所与"以及"意义的所识",显相的清晰分节态每次都已

---

① [日]吉田宪夫:《广松涉哲学与马克思》,《马克思主义与激进主义评论》,1994年11月25日特别号。中译文参见邓习仪译稿。

② [日]广松涉:《存在与意义》(第一卷),彭曦、何鉴译,南京大学出版社,2009年,第33页。

经是作为"显相的所与"以上的"意义的所识",在二肢的二重性的机制中
体现。①

这里,康德的被先天综合座架起来的现象界,在广松涉这里成了显相世
界,不同之处在于,经验发生的瞬间已经是带着塑形结果的清晰分节态(ar-
ticulation)②显现的觉识③。这里,有两个需要我们关注的观点:一是觉识的概
念。应该说这个概念不同于将不同感官获得的感觉经验整合起来的统觉,觉
识已经是感觉发生中的意义所识。这也就是说,原来我们假定为外部刺激所
生成的直接感觉经验,其实都已经是所与和所识的共生结果,比如视觉中的
所有的"看到"、触觉中的所有"摸到"、嗅觉中的所有"闻到"等都已经是意义
的所识的结果。二是清晰分节的概念。这是觉识发生的具体构序呈现结构。广
松涉这里使用的分节概念,缘起于一个对象结构化构成的构序方式。依我的
理解,他这里的分节并非静态的现成性所指,分节已经是功能性的觉识构序
发生。这样,不是混沌的经验发生后受到先天综合判断的结构化整合,而经验
本身的生成不再是单层的所与,其统觉自身的清晰分节已经包含着意义的所
识。这种认识,将传统主-客二元构架中的感性经验概念彻底解构了。

广松涉让我们从自己每天的日常生活中发生的习以为常的小事情来思
考这一观点。比如,

---

① [日]广松涉:《存在与意义》(第一卷),彭曦、何鉴译,南京大学出版社,2009年,第33页。

② "分节"(segmentation)一词,较早地来自生物学。分节现象(metamerism)是指动物身体沿纵
轴分成许多相似的部分,每个部分称为一个体节(segment)。而现代语言学中的分节(articulation)这一
术语来自当代法国语言学家马丁内特(Andre Martinet,1908—1999)创立的结构语言学,原意是指语
言片段可以分解成具有区别意义的离散性要素的情况。分节意味着把某物肢解成其组成部件,同时
也意味着将组成部件拼装成某物的过程,所以艾科也把该词翻译成组接。

③ "觉识"一词显然是东方体知论的概念,其中主体认知的结果已经包含悟的成分。不过,觉识
在中国古代文化中的在场通常会是诗境、意境和禅境的较高层级的构境中才会发生的。(明)胡应麟:
《少室山房笔丛·双树幻钞上》:"近日禅学之弊,以觉识依通为悟明,以穿凿机缘传授为参学。"而在西方
文字中,没有与"觉识"相应的概念,最接近的当为"意识"概念(英文,consciousness;德文,Bewußtsein)。

　　人们将远处的看上去小如蚂蚁的东西作为人物来看待,将排列在书架上的"面"作为书的背脊,更准确地说作为有进深的书来看待。将现在听到的声音作为黄莺的鸣啭来听,将从糊纸拉窗掠过的影子作为燕子来看待。为了将知觉的映射的与件以单纯的映射相来知觉,反而需要反省的努力。在日常的意识中,显相的清晰分节态作为每次以单纯的映射相"以上的某种东西(etwas Mehr)",作为映射相"以外的某种东西(etwas Anderse)"来被觉识。①

　　这样暖心的说明,让我们一下子就能知道清晰分节的觉识之内涵。显然,广松涉这段表述中的第一个例子来自考夫卡的《格式塔心理学原理》一书。②而他自己的例子却很有诗意,纸拉窗掠过的飞燕影子和如歌的黄莺的鸣啭都在于说明发生于我们经验觉识中的显相的复杂建构性。可依我的看法,这里的"莺歌燕舞"的显相清晰分节仍然是有层级的:直接看到和听到的影子和鸟叫的所识是显相觉识的清晰分节Ⅰ,而影子即并未直接看到的飞燕和黄莺鸟鸣瞬间所识才是显相觉识的清晰分节Ⅱ。我再感性地延伸一下广松涉这里的意义境:现在我在公寓二十二层楼上看下面阳光广场上散步的人,或者我从美国双子楼纪念馆的高层看下面行走的人,都只有很小的影像(分节Ⅰ),但我肯定不会错看到蚂蚁或其他昆虫,而是看到没有真人大小的人(分节Ⅱ)。显然,清晰分节Ⅱ才是觉识。这个把小如昆虫的影像直接看成人

_____

① [日]广松涉:《存在与意义》(第一卷),彭曦、何鉴译,南京大学出版社,2009年,第34~35页。
② 考夫卡原来的故事为:"我站在纽约的克莱斯勒大楼(Chrysler Building)上俯视下面的马路。我见到匆匆忙忙地行走的蚂蚁般的生物和微小的汽车,但是,我毫不怀疑,这些蚂蚁都是男人和女人们,而这些玩具般的东西实际上都是真正的汽车和有轨电车。含义是尽可能清楚的,但是它并不影响具有这种含义的物体的大小。"[德]考夫卡:《格式塔心理学原理》(上册),黎炜译,浙江教育出版社,1997年,第123页。

的分节显相,其中已经包括了"映射相之外的东西",这些东西是我曾经下楼时和刚刚在纪念馆广场经过这些人群的直接经验。

美国双子纪念馆(张一兵摄,2016年)

在看的瞬间,由我的意义所识构式于显相的所与的。同样,在我路过南京大学仙林办公楼旁边的樟树时,听到自己并没有直接看见的白头翁的歌唱,这种听到是基于从孩时玩耍于树木里对白头翁鸣叫的熟悉经验。又如我在南京先锋书店挑选书的时候,突然闻到并不在眼前出现的咖啡的香味,这种闻到也是平时对咖啡味道的熟识结果。

其实,这里我直接想到的是海德格尔的意蕴说。1919年,青年海德格尔在一次讨论中讨论了对讲台的体验(觉识)。他说,学生们习惯地走进教室,走向座位,这个"走向"之中就发生着一种无须语言的构境式的体验。就像海德格尔走向讲台。海德格尔提醒我们,其实,任何走向之前都有一种看见。"我几乎一下子看到了这个讲台",我不是独立地看到它,"我在一种定向、光线中,在一个背景中看到这个讲台"。海德格尔想说,我们都是一下子就看到了讲台。问题的关键就在这个"一下子看到"上。我们知道,胡塞尔现象学的分析解决的就是这个"一下子"中的本质直观问题。可是青年海德格尔没有引导学生们在胡塞尔的思境中行进,反而话锋一转,立刻说,有些人走进教室却不会一下子看到(本质直观)讲台!这显然是对胡塞尔直观问题的另一种故意追问。谁?他举了两种人,一是他所亲近的黑森林中的农民,他一下子看到的可能只是一个木板箱子,他看不到海德格尔和学生们都一下子看到的讲台;二是一位来自塞内加尔小木屋中的黑人,他一下子看到的这个被我们直观到的讲台,说不定"是与魔法相关的东西",或者是躲在其后有效地抵御飞箭和石块的东西。这里的反省式思考构境点是,黑森林中的农民和突然到此地的塞内加尔的黑人为什么看不到我们一下子看到的讲台?海德格尔有些神秘地说,实际上"在观看讲台的体验中,有某个东西从一个直接的周围世界(unmittelbare Umwelt)中向我给出"①。有东西,一下子看到有东西,缘由是这个东西在直接的周围世界中向我给出。

显然,广松涉想告诉我们,在日常生活中被我们假定为直接发生的感性经验,其实都不是"单层"的所与,而是意义的所识共同构序完成的觉-识结果。这是被遮蔽的认知二肢性关系存在。更进一步,在脱离了感性经验的理性认知活动中,觉识构境也会在另一个更深的层面发生。他说:"在这里看到的二肢的关系性,与人们在接触符号的时候不是将之作为单纯的墨水的痕迹,或者单纯的声音,而是作为有一定的意义的所识性来感知是同样道理的机制。"②比如,此刻我在自己的过去写下的思想笔记本上看到一些文字,不

---

① [德]海德格尔:《哲学观念与世界观问题》,载《形式显示的现象学:海德格尔早期弗莱堡文选》,孙周兴译,同济大学出版社,2004年,第10页。See Gesamtausgabe, Band 56/57, Vittorio Klostermann, Frankfurt am Main, 1987, S.72.

② [日]广松涉:《存在与意义》(第一卷),彭曦、何鉴译,南京大学出版社,2009年,第34~35页。

会只看到蓝黑墨水的痕迹(分节Ⅰ)和只有我才能识别的汉字(分节Ⅱ),而一定会看到当年自己不够深刻的学术观点构境(分节Ⅲ)。那些文字向今天的我的清晰分节显相,当然是钢笔墨迹的所与和思想观念的意义所识共在的突现构境。这是一个更复杂的理性认知构境层次。

实际上,我们在这里并非只是确认广松涉二肢论的正确与否,而是需要反省我们传统认识论中对感性认识和理性认识的区分。原来那种被假定为直接经验的感性认识的发生,从一开始就内嵌着理性观念的所识。这是广松涉反对近代二元认知结构的根本意向。

二、显相的所与–所识二重态的否定性边界

在广松涉看来,我们的认识显相二肢性中所与–所识的关系二重性态,并非传统认识论中把感性和理性打通整合起来就够了,问题还更复杂得多,或者说,过去我们在日常生活中假定的经验现象发生本身,就是一个多维度多层面的构境式显相塑形。但是广松涉告诉我们,他这里讨论的所知–所识不包括以下四个方面。这是一个否定性边界的划定。

第一,显相所与–所识不包括感知中的感情值。这个感情值的确是我们过去认识论研究没有意识到的问题。广松涉说:

所谓感性的知觉伴随着一定的"感情值",在这个意义上,它是单纯的感觉以上的某种意识态。我认为这个问题对婴幼儿期的原初的感性的知觉也是有效(妥当)的。实际面临的亮度(暗度)的感觉、温暖度(寒冷度)的感觉、压觉、声音的感觉、色彩的感觉,伴随着快感、不快感、恐怖感、安心感等一定的质与量的感情值被人们觉识。大的声音感觉伴随

恐怖感,太亮的光的感觉以及炎热的感觉伴随不快感。①

这是说,在随时发生的感性知觉中,常常带有主体的感情色彩。当我们看到春日的阳光洒满大地,遇见自己所爱的人,显相呈现会同时充满快感;在伸手不见五指的黑暗中和面临危险时,显相必然会处处显露恐怖感。这种与显相同时出现的快感和恐怖感也是"感觉以上的某种东西"。考夫卡在《格式塔心理学原理》中曾经讨论过从第一个感情值向第二个感情值的格式塔转换。他说:"想象一下你在山间草地上或在海滩上晒日光浴,神经完全放松,而且与世无争,你什么事情也不干,你的周围环境如同一块柔软的斗篷,将你罩住,从而使你得到休息和庇护。现在,你突然听到尖叫声:'救命啊!救命!'这时你的感觉变得多么的不同,你的环境变得多么的不同。"②在这里,考夫卡所讨论的是心理场的格式塔转换,而相近的例子,在捷克哲学家科西克那里却成为存在论的断裂,比如电影《攻克柏林》中的一个经典画面,一对情侣在麦田里依偎相拥,这是一幅日常生活的甜蜜画卷,可此时情侣的身后突然驶过德国纳粹的坦克,人的生命存在瞬间面临死亡,科西克将此表述为"平日断裂处历史呈现"。在传统的认识论研究中,我们比较多地思考了认知的客观性(逼真性),在20世纪80年代以后我们开始意识到认识结果的建构特征,以及意识到认知的价值(趋善性),但是我们确实很少意识到认知过程的感情值维度。当然,广松涉肯定地说,这里关于显相的所知-所识的讨论,并不包括感情值一类的思考,感情好恶,不是意义所识。

第二,显相的所与-所识也不包括感性的知觉世界所伴随着一定的生理性行动值。这是说,在我们通常的感知活动中,也同时含有某种自发的行动的机能。这一点,"对婴儿期的原初性的感性的知觉也是有效的。刚生下来的

---

① [日]广松涉:《存在与意义》(第一卷),彭曦、何鉴译,南京大学出版社,2009年,第36页。
② [德]考夫卡:《格式塔心理学原理》(上册),黎炜译,浙江教育出版社,1997年,第54页。

婴儿嘴唇所感受的接触乳头的感觉触发吸吮反射运动,视感觉触发眼球调整运动,就这样,起始于反射运动的层面"①。在身边的日常生活中,我们可以观察到,随着光线的强弱,我们的瞳孔会自动缩小或放大,一些人与陌生人说话,会突然紧张地脸红。这并不是意义所识。广松涉说:"与感性知觉融为一体的一定的被类型化了的行动'反射地出现,这种情况屡屡可见。即使行动本身是无意识的(unwillkürlich),无意图的(unabsichtlich),但该'行动方式'以及'行动目的'被自觉地意识到的情况也不少见。"②通常,这些感知活动中伴随发生的反射行动,会是无意识和无意图地出现,它们甚至就是肌体的生理反应。这些感知中发生的多出来的东西,即"所谓感性的知觉世界伴随着一定的'行动值',在此意义上,可以说是单纯感觉以上的某种东西",然而这也不是广松涉此处想要讨论的意义的所识。他专门交代说,这个问题将在《存在与意义》的第二卷中讨论。

第三,显相的所与-所识不包括感知活动发生的假现显象。广松涉告诉我们,在感性知觉活动中,也会出现一些显相之上的错觉。例如,

如果将圆周的一部分有缺口的C字形在银幕上投影一瞬间,那么人们会把它看成是一个封闭的圆形。或者有两个适度相隔的AB两个光点,首先让A发光,在将之熄灭的同时,再让B发光。这样一来,似乎光点从A到B做了直线运动一样,人们看到的是"假现运动"。在这种情况下,人们说看到了"直接的感觉的与件"以上的某种东西。③

其实,按广松涉这里的构境线索,电影的放映就是这种错觉效应,因为它

① ［日］广松涉:《存在与意义》(第一卷),彭曦、何鉴译,南京大学出版社,2009年,第37页。
② 同上,第38页。
③ 同上,第39页。

只是静止的画面在光线的投影下,以每秒二十四帧的速度掠过,人们却可以补全(補完)式地看到运动的图像。又如,我们的眼镜镜片上有一块黑斑,但在我们看到的视图中,它却被有效地补全和假性显现了。并且依这一构境线索,就不仅仅有视觉上的假现,也会有听觉上的假现,比如我在上下班的路上通过蓝牙耳机连接的智能手机中的音乐软件,可以听到两种完全不同的音乐,即从老一些的唱片中导入的单声道音乐和后来"高保真"光盘中导入的立体声音乐。在前者中,两边耳机生成的音乐中心是拟现于前额,而后者则是一个超真实的音乐场显现。因为在立体声音乐的制作过程中,声音在录制过程中被分配到多个独立的声道,从而达到了很好的声音定位效果。在这种音乐听觉中,可以清晰地分辨出交响乐队中各种乐器来自的方向,从而使音乐更富想象力,更加接近于临场感受。在一张钢琴独奏的光盘中,你甚至可以听到钢琴键盘被弹响的不同声位。但这一切都是音响技术所制造的高保真假现。

广松涉说,与这种直接补全性的假现不同,感知活动的发生中还可能存在另一种更复杂的补全情况:

> 例如,当我们看到从犬窝里伸出来的尾巴,看到有人从围墙上窥视时,我们不会把那觉知为单纯的尾巴或单纯的头部,而始终是作为犬的尾巴以及人的头部来觉知。另外,在看到打坏的饭碗和头掉了的偶人,也会把那当作饭碗的碎片以及偶人的身体来觉知。在触觉的情况下大概也是一样的。我们只要听一下所熟知的歌曲的第一小节就会将之作为那首歌曲的开头来听。①

---

① [日]广松涉:《存在与意义》(第一卷),彭曦、何鉴译,南京大学出版社,2009年,第42页。

　　把一截尾巴补全为狗,把头补全为人,把一小节音乐补全为一首曲子,这都是在显相显示出现的多出来的东西。广松涉只是想告诉我们,"知觉的与件像与表象的补全像的二因子性的统一态并不是我们要在原理上试图立论的'所与–所识'的二肢的统一态"①。这些,都不是他这里所要直接讨论的显相的所与和意义的所识的主要意指对象。

　　第四,显相的所与–所识也不是对象性的联想。比如,"看到雪地上的轨迹便感知到自行车,听到远处的犬吠声便感知到犬,以实际面临的知觉的与件为契机,联合地感知到一定的对象的所知,便属于这种情况"②。这里不同的细节是,看到轨迹是意义的所识,再联想到自行车就不是意义的所识;听到狗叫是意义的所识,而从犬吠声联想到狗却不是意义的所识。意义的所识,不是通过一个经验的呈现而具体地联想到另一种具体的事物。

　　　　我们所说的"意义的所识"决不是就是对"对象的实在"的称谓。顺便提一下,在此,我们对"某辆自行车"这样的"个体的对象"本身的存在性质还没有做任何规定。一般来说,即便那很容易被视为"物理的实在",但"物理的实在"也许已经是有赖于某种意义形象的物象化的东西。因此,我们不能赞同将"意义的所识"简单地视为"对象的实在"的观点。③

　　这与前述那个看到拉窗上掠过的影子即是飞燕,听到没有露面的黄莺的鸣啭是不同的,那里的显相中已经存在意义的所识,而非由一个发生的经验对另一种事物的对象性联想。真是复杂。有的时候,读广松涉关于认识论微

---

① 　[日]广松涉:《存在与意义》(第一卷),彭曦、何鉴译,南京大学出版社,2009年,第43~44页。

② 　同上,第46页。

③ 　同上,第47页。

观机制的讨论,真是有些感慨。直到今天,我们还在马列主义课堂上讲那些"实践–认识"的宏观道理,而不能具象地分析发生于每天孩子身上的认知建构细节。我们的课,抓不住人是必然的。这也是我焦虑于中国哲学认识论研究被边缘化状况的主要原因。

三、显相的所与–所识二重态的格式塔突现

广松涉先界划了一种否定性的边界,阻隔了常识中可能将显相的所与–所识误认成他物的偏向可能。那么到底如何进一步确认他自己认识论中这种非二元论的所与–所识二肢结构(二肢構造)呢?

首先,我们来看这种二肢结构中的显相的所与。依广松涉的观点,作为关系性存在的显相的所与,不是传统认识论中假定的主体认知对象的外部现象,它本身是无法独立实存,当它作为显相呈现,它就已经是一种关系性的存在。

> 作为显相的第一肢的"所与",那不是自己完结地独立自存的自足性的东西,而始终是"所与–所识"关系的"项",那只要在"作为"单纯的那个以上的意义的所识被感知这样的关系规定性中才是"所与"。在将此第一肢的所与当作似乎是自存的存在体加以对待的时候,最终只能说那只不过是某种有可能加以规定的东西(etwas Bestimmbares),不得不说本身是第一质料的"无"(nichts)。①

必须承认,这是很难进入的思想构境。显相中的所与,不是常识经验中

---

① [日]广松涉:《存在与意义》(第一卷),彭曦、何鉴译,南京大学出版社,2009年,第50页。

的看似独立自主的物象化对象,它从显相中的呈现本身只是作为所与–所识关系的一个关系项,如果没有这个显相关系的存在,所与就无法成立。在这一点上,量子力量科学家们所说的"月亮"是已经进入人的认知关系存在中的"所与",而非离开人而实在的东西,在这个意义上,你闭起眼睛不看,这个"所与"当然不在。如果回到素朴实在论的第一质料构境中,它会是对象性实在意义上的无。所与只要出现在显相中,它就是关系性存在。比如我们去莎士比亚故居旅游,惊叹地看到那山那水的绝美风景时,美景的显相并不是独立于我们之外的对象,因为在山上的小动物那里,同样的山水中是不会看到这种美景的,当那碧绿的水让我们惊叹的时候,这种显相已经是内含着我们的美学意义的所识关系了。同时,这种一下子获得的美感也不是马赫所说的各种感觉的复合,而是一种格式塔式的美感意境的场有突现。

静(张一兵摄于莎士比亚故居,2003年)

为了说明自己这个观点,他援引了梅茨洛①的相近看法,后者认为,人们在感知物体时,"并不是像至今为止的数百年来由哲学家以及心理学家所主张的那样,将多个小的'个别的感觉'结合起来,形成总括性的整体",即统觉的生成,而更多的已经是给予一种塑形式的清晰分节。用格式塔心理学的观点,就是任何显相都已经是在一个基底上被塑形的关系性图式(図式)。广松涉说,这与梅洛-庞蒂②在《知觉的现象学》中的观点是一致的:

> 格式塔理论——他是这么写的——告诉我们:"一个基底上的一个图",这才是我们所能持有的最单纯的感性的所与。这是构成知觉现象的定义本身,不具备这个条件,就不能说某种现象是知觉。它是这样一个基础性的东西。然而,"图"的各部分在告知其自身实际包含的以上的东西,因此,就连这样的初步的知觉都已经承担着一个意义(sens)。③

回到前面我们已经讨论的鲁宾杯的双重视图,我们会发现看到侧脸和高脚杯的时候,恰恰是因为一个互为基底显相的格式塔转换过程,看到不同的

---

① 梅茨洛(Jack Mezirow,1923—2014),美国教育学家和社会学家。

② 梅洛-庞蒂(Maurice Merleau-Ponty 1908—1961),法国哲学家、思想家。他在存在主义盛行年代里与萨特齐名,是法国存在主义的杰出代表。早年毕业于巴黎的路易大帝中学(lycée Louis-le-Grand),后进入巴黎高等师范学校,成为萨特的同学;1930年获得哲学教师的学衔。先在沙特尔教书,再返回巴黎高师任导师。1945年,凭《行为的结构》(*La structure du comportement*)、《知觉现象学》(*Phénoménologie de la Perception*)两部重要著作获得博士学位。1945—1948年,在里昂大学讲授哲学;1949—1952年,在索尔本大学讲授儿童心理学与教育学;从1952年直至逝世,在法兰西学院任哲学教授,成为该院历来担任该职者中最年轻的一位。1945年10月,萨特等人创立《现代》(*Les Temps modernes*)杂志,庞蒂从创刊至1952年12月,担任该杂志的政治版编辑。1961年因心脏病去世,享年53岁。主要代表作有:《行为的结构》(1945)、《知觉现象学》(1945)、《人道主义和恐怖》(1947)、《意义与无意义》(1948)、《辩证法的探险》(1955)和《符号》(1960)等。

③ M.Merleau—Ponty:*La phénoménologie de La Perception*,1945,p.10.转引自[日]广松涉:《存在与意义》(第一卷),彭曦、何鉴译,南京大学出版社,2009年,第52页。

塑形结果的同时,知觉已经承担了一个所识的意义。然而广松涉认为,就是梅洛-庞蒂表述中将"图"指认为最单纯的感性的所与也不是对的,因为这里的"'图'已经不是单纯的感性的所与,而是在'承担'意义之前'有赖于'意义的东西"①。这样,看到鲁宾杯和埃尔舍《日与夜》中的不同视图,就不再是最单纯的感性所与,而是处于意义的所识的关系共在之中了。或者说,这里的"清晰分节态不是单层的与件,而是'所与-所识'的二肢的构造形态"了。其实,广松涉这里再往前走一步,就会从关系共在入境于场境突现了。

其次,是二肢结构中的意义的所识。广松涉说,与显相的所与一样,意义的所识也不是一种可以独立存在的主观现象,它本身也是关系性的存在。

　　　　显相的第二肢即"所识"始终是"所与-所识"关系的"项",那是只有在"所与""作为单纯的那个以上的某种东西被感知"这样的关系规定性中,才是"意义的所识"。虽然这个第二肢的所识作为其自身在实在上只不过是不妨称为"无"的非实在的持存态(Bestand, subsistence),但那并不是不折不扣的无,而是使所与成为一定的规定态的所谓的积极的"虚焦点",而且是针对"能指"的所与的"所指"的某种东西。②

这有两个构境层:一是与显相的所与一致的地方,它只是作为二肢结构中关系存在中的项;二是与所与的异质性在于,意义的所识本身就是"非实在的持存态",是规定所与的虚焦点,或者是所与这个"能指"的"所指",说到底,它是一个观念构境。也因此,广松涉说:"我们所说的'意义的所识'都具有理念的存在性质。——不过,我们并不主张理念的所识像柏拉图的理念等等那样是独立自存的。'意义的所识'始终是与'显相的所与'的相关规定,而不是

①　[日]广松涉:《存在与意义》(第一卷),彭曦、何鉴译,南京大学出版社,2009年,第52页。

②　同上,第59页。

自存的存在体,在实在上是'无'(非实在的)。"①这里的意思是说,在二肢结构中出现的意义的所识,并不是柏拉图的理念实存,而恰恰是一种关系性的非实在的整体构境。回到刚才我们列举的莎士比亚故居的美景,我们一下子获得美的惊艳,并非是一种美学概念赋形于对象,也不是外部自然存在在我们主观意识中的简单投影,这种在物质和感觉要素之上的美的意义所识,只能是一种关系性的存在。这也就是说,不是观念赋型存在,也不是对象性的客观反映,而是在认知活动中的关系性存在里生成意义所识。在这一点上,我们可以再一次来体会马克思所说的意识的本质是"我对我环境的关系"一语的深刻构境意向。

一方面,在广松涉看来,显相的所与和意义的所识构成的二肢认知结构,不是一种牛顿力学中那样的实在框架,而本身就是发生于认知活动中的格式塔场境建构。在这里,广松涉以人们对颜色的感知活动为例。他说,人们在日常生活中看到红色,这似乎是一个简单的视觉获得,可是如果一个没有颜色分类观念的婴幼儿(比如我的小外孙女幸儿),是看不到红色的(这是波普尔和皮亚杰都已经说明过的"理论等于观察"的观点)。看到红色,这个简单的视觉发生,前提是人们对不同光波视觉差异的分类的命名,比如480nm(纳米)的光波刺激为蓝色,510nm的光波刺激为绿色,570nm的光波刺激为黄色,630nm的光波刺激为红色,等等。而当一个物品上的光波刺激为630nm时,我将看到红色的物品,在我看到的那个瞬间,其实是一个光波刺激和色彩辨识共同塑形和构序的格式塔突现。

另一方面,作为格式塔场境突现的意义所识具有一定的稳定性特征。即便是显相中所与的分节"图"发生一定的变化,突现的格式塔质却能够保持"恒常性",比如630nm光波刺激无论是出现在旗帜上,还是围巾上,我们都能

---

① [日]广松涉:《存在与意义》(第一卷),彭曦、何鉴译,南京大学出版社,2009年,第59页。

看到红色。广松涉说：

> 格式塔上清晰分节化的"图"即使它的"部分"发生变化,也能在移调上显示"自我维持性"。例如:旋律不管是用高音还是用低音演奏出来都可以听成"同一旋律";不管是用钢琴弹奏还是用笛子吹奏,也就是说即便音质不同,也都听成"同一旋律";一定的条纹花样不论是黑白的还是红绿的,都可以称为"同一条纹花样"。在这里,可以看出诸"部分的与件"这样的"项"的值即使变化,有差异,但作为"整体"的"函数"依然是同一的这样的机制。①

这也就是说,在意义的所识这一肢上,尽管所与可以改变,但意义的所识可以在不同的显相中生成相同的格式塔质。也是在这个意义上,广松涉说,意义的所识,具有凝固于一定的场所的所与所没有的"普遍性""不易性"和"超场所性"。对此,吉田宪夫教授说:"'显相的所',呈现的是相对于'个别的、一定场所的、变易的'即感性的存在性格,'意义的所识',呈现的是'普遍的、超场所的、不变的'即理性的存在性格。"②这个比较性的界划是对的。

---

① ［日］广松涉:《存在与意义》(第一卷),彭曦、何鉴译,南京大学出版社,2009年,第65~66页。
② ［日］吉田宪夫:《广松涉哲学与马克思》,《马克思主义与激进主义评论》,1994年11月25日特别号。中译文参见邓习仪译稿。

第十章
能知:作为自我和客我的身体相

　　在传统的主–客二元结构的认识论中,相对于对象性客体的是认知主体,"在日常意识中,人们一开始原本就将自己和他人从存在上加以截断地理解,倾向将'自我'和'他人'的关系表现为单子(monad)性的两个实体的关系"①。与前者被指认为显相的所与和意义的所识一样,后者则被广松涉拆解为一种关系性二肢存在,即能知的何人(人称上的"谁")与能识的某人。为了能够入境,他首先让我们理解的是作为身体在场的能知主体的二肢性存在,处于客体向度的显相世界中的身体,也有在感性对象性的一个所知以上的某种东西,即能知的主体,也就是显相给予所面向的主体,这同样是一个物性的身体之上的可以知晓关系性格式塔显相的主体。这的确很难理解,但却展现了一种全新的认识论构境层面。

一、身体的主体显现相

　　广松涉认为,认识论中的主体并非一个独立实在物性存在,在显相的所与和意义的所识共轭建构起来的认知活动中,它同样是作为一种关系性的

---

　　① 〔日〕广松涉:《世界交互主体的存在结构》,邓习仪译,南京大学出版社,2020年,第92页。

复杂格式塔突现状态在场。我们都知道,在海德格尔的存在论中,孤立独存的个人主体被消解为在一定的时间中在世的关系性此在,而广松涉则更细地区分了这种"此在"的关系性存在的不同维度。他首先涉及的是作为主体性出现的身体。这一身体维度,在海德格尔那里恰恰是缺失的,反倒是梅洛-庞蒂关注的对象。我们在下面的讨论中会看到广松涉对后者的援引。在广松涉看来,

> 在显相的世界,我们称为"身体的自我"的清晰分节肢也以特异的样态显现出来。身体的自我在个体对象的相中原本是"所与-所识"形态之一,不过在显相世界的这些诸肢节之间,有一种独特的关系,在此独特的关系性中,那是对象性的一个知所以上的某种东西(=能知的主体)。能知的主体其自身又呈现二肢的二重性,作为单纯的个体性的身体的自我以上的某人而存在。①

依康德和胡塞尔的观点,显相本身就是面向主体(Für uns)的,而广松涉所说的意义的所识,自然也是由主体才能实现的格式塔场境。但是过去人们通常会将主体等同于身心同一体中的"心",即理性主体,而从根本上忽视了作为身体在场的自我。这样,在认识的过程中,肉身恰恰是作为物象化的对象被删除了。在广松涉的四肢认识论中,除去我们已经熟悉的客体向度中"显相的所与和意义的所识"的二肢结构,还包括了"主体向度"的新的二肢结构,即能知-能识的主体的关系存在态。不过,他首先让我们关注的却是这个被忽略了的非主体向度的身体。广松涉认为,处于认识论客体向度的显相世界中的身体,并非是一个简单独立实存的物性对象,也会是一个在感性对象

---

① [日]广松涉:《存在与意义》(第一卷),彭曦、何鉴译,南京大学出版社,2009年,第76页。

性的"所知以上"的某种东西,即能知的主体,也就是显相给予所面向的关系性的主体,这是一个物性的身体之上的可以知晓关系性格式塔显相的主体。在这里,需要区分广松涉此观点的两层构境:①主体不仅仅是唯心主义那种观念主体,而是物质的身体为基础的主体;②这个身体同样是一个关系性的存在,它也是一种在身体的物性之上的能知主体。真是复杂。

那么人是如何看待自己的身体的呢?广松涉说,对每一个人来说,他都无法直接看到自己完整的身体,"'自己的身体'不能直接看到头、脸,而且看不到背,对手和脚的看法也大不一样。另外,在运动感觉、触觉、体感上也有差异"①。这是属实的。

首先,我们都知道,虽然我们不能完整地看到自己的身体,但人可以通过镜子获得自己身体的完整镜像。拉康在他的镜像说中,将自我同一性的初始基础看作个体在反射性镜面中获得的虚假的小他者镜像。②可是广松涉认为:"'自己的身体'像绝不是仅仅通过以这个身体为主题的照镜子的自我体验来形成的东西。"这也就是说,人不可能通过镜像获得肉身上自我认同。他还告诉我们:

> 根据盖洛普(G.G.Gallup)③等用猩猩进行的研究,与现实的其他个体没有社会接触的经验(被分离饲养的)个体最终不能将照在镜子里的像作为自己的形象来认知。要想将手、脚、腹部等在视觉上被实际认知,与

---

① [日]广松涉:《存在与意义》(第一卷),彭曦、何鉴译,南京大学出版社,2009年,第77页。

② 参见张一兵:《不可能是存在之真——拉康哲学映像》,商务印书馆,2006年,第3章。

③ 盖洛普(Gordon G. Gallup,1941—),美国心理学家。在20世纪70年代,盖洛普做了著名的镜子实验(The Mirror Test),证明动物也具有初步的自我认知能力。实验内容是将一只雄性黑猩猩与一只雌性黑猩猩分别放置在两个房间中,两个房间里都有一面全长的镜子,实验者让两只猩猩对着镜子八十多天,观察它们如何与镜子互动。两只猩猩刚开始都对镜子里的形象感到恐惧,但逐渐地,它们开始冲着镜子做鬼脸并打扮自己。

运动感觉、触觉、体感等协调结合的"这个身体"与在镜子里照出来的"那个身体"认定为同一的东西,必须以与现实的他个体的社会接触的体验为前提。①

与心理学史记载的判定不同,广松涉对盖洛普的镜像实验的看法,似乎不是证明了高级动物也具有自我意识,而是持否定的结论。他将这一实验结果解释为,"与现实的其他个体没有社会接触的经验(被分离饲养的)个体最终不能将照在镜子里的像作为自己的形象来认知",因为在他看来,要想对手、脚进行主体性体认,必须有社会接触才有可能。我觉得,广松涉的观点是正确的,人如果要获得主体的自我体认,没有社会关系的场境建构是绝对不可能的,这也是马克思"人的本质在其现实性上是一切社会关系的总和"论断的要义。但拉康的镜像说并非指我的主体认同,而是个体心理自我的最初误认,在拉康那里,主体认同是通过语言符码系统的大他者来完成的伪主体建构。当然,广松涉这里的社会关系主体体认说中的批评,对拉康的伪主体说也是有效的。

其次,身体也不能仅仅通过皮肤向内的肉身为界来进行主体体认。因为在现实中出现的身体往往会以更复杂的方式在场,比如工具性的义肢延伸。我的朋友斯蒂格勒的技术哲学,其最重要的理论构境基础就是作为第三持存的技术义肢。②

眼镜以及助听器,对于一直使用它的人来说,与其说是对象的存在,还不如说是身体的自我的一部分。医生在用听诊器感受患部的微妙情况时,或者车主在两侧是围墙的狭窄的小巷中灵巧地驾车通过的时候,

① ［日］广松涉:《存在与意义》(第一卷),彭曦、何鉴译,南京大学出版社,2009年,第77页。
② 参见张一兵:《斯蒂格勒〈技术与时间〉构境论解读》,上海人民出版社,2018年。

> 听诊器以及小汽车对医生和车主来说，不是对象的存在，可以说那构成
> 了身体的自我的一部分。相反，麻痹了的手腕以及脚，与其说是身体的
> 一部分，毋宁说是作为对象的存在来被觉知。①

残废的肢体不是身体的主体存在，而不是我们身体皮肤内的眼镜、听诊
器等有认知功能的义肢，却有可能是我们身体主体在场的功能部分。这是一
个扩大了的感性身体，它包含了直接延续身体认知功能的其他物性支持。当
然，现在还有广松涉那个时候没有出现的人工耳蜗②和人造眼球③等，而按此
逻辑，人体内的血管扩张支架和心脏起搏器④倒不属于这里的认知身体。

最后，身体作为主体并非只是单向的能知，而是作为能知的所识和所识
的能知的二义共在体。这是一个十分有趣的构境。广松涉指出：

> 正如梅洛-庞蒂也指出过的那样，例如用右手抓住左手腕的时候，
> 右手作为能知，左手作为所知被感知，但过了一阵子之后，会出现反转，
> 右掌作为对象的所识，通过左手腕被触知。就这样，身体（的一部分）可
> 以呈现既能作为能知实际存在这样的事件，也能作为所知实际存在这

---

① ［日］广松涉：《存在与意义》（第一卷），彭曦、何鉴译，南京大学出版社，2009年，第78页。

② 人工耳蜗（cochlear implant system）是一种电子装置，由体外言语处理器将声音转换为一定
编码形式的电信号，通过植入体内的电极系统直接兴奋听神经来恢复或重建聋人的听觉功能。

③ 人造眼球（synthetic eye）即人造仿生眼球，是由一个内置微芯片和小型摄像头组成的，由摄
像头拍摄当前所处情况的视频，并将这一视频上传给芯片，再由芯片发出命令，通过刺激神经和发送
视觉信息给人的大脑，从而可以让患者重获光明。2015年12月，美国女子Carley在科罗拉多大学医院
的UCHealth 眼科中心接受了手术，成功获得人造眼球。

④ 心脏起搏器（cardiacpacemaker）是一种植入于体内的微型电子治疗仪器，通过脉冲发生器发
放由电池提供能量的电脉冲，经由导线电极的传导，刺激电极所接触的心肌，使心脏激动和收缩，从
而达到治疗由于某些心律失常所致的心脏功能障碍的目的。自1958年第一台心脏起搏器植入人体以
来，起搏器制造技术和工艺快速发展，功能日趋完善和扩大。

样的两义性。①

　　这恐怕是我们传统认识论构境中很难关注到的问题,可是这样的二义性主体翻转是很容易体认的。比如,患上了感冒时,感觉身上发冷的我,会下意识地用手摸自己的前额,此时,手是主体性的能知身体,而被摸的前额则成了所知的显相身体,发烫的前额和感到温度的手掌是一个显相的所与和意义的所识的同体存在,但却在一个共时性关系中扮演了不同的角色。当然,在同一个瞬间,我突然用前额去体知冰凉的手,刚才的主体认知关系马上就会逆转。广松涉将身体的这种二义主体性翻转,指认为"能知的和所知的两义态以及浑然一体态"。更有意思的是,在上述身体的义肢延伸中,这种二义性认知关系也可能出现。比如,"手杖对于盲人来说,只要他拿着手杖走,那么手杖就是一个对象的所知,不过,当他用手杖触知的时候,那对盲人来说就构成了他的身体的一部分。盲人像我们用指尖来触知事物一样,用手杖头来触知"②。这也就是说,当认知性义肢已经成为我们的身体的一部分发挥存在功能的时候,我们就可以像感觉手指头那样感知接触物体的手杖头,可同时,我也会用手掌体知它的硬度和上手性。再如,我因为老花眼所戴的眼镜,我在我通过它清晰地看到书上的字时,它的义肢存在是融入我的视觉显相的;在写这行字的此刻,我也突然意识到它自己的显相性。广松涉说,这是"在观测装置这样的扩展了的身体的自我中来感知'能知的所与=所知的能知'的一种状态"。这都是我们过去的哲学认识论很难想到的微小细节。

　　广松涉的新观点是,人们在接触外部世界的过程中所发生的基于身体的知觉,"既不是单纯的客体的认知,也不是单纯的主体的体感,那始终是能

---

① ［日］广松涉:《存在与意义》(第一卷),彭曦、何鉴译,南京大学出版社,2009年,第78~79页。

② 同上,第79页。

知=所知,所知=能知的一种状态"①。身体的感知,总是二义性的共在。准确地讲,是二义性的构境。

二、身体感知的二义性与客我性

广松涉指出,在传统的认识论中,之所以出现主体-客体分立的二元结构,很重要的一个原因是能知的认识主体与所知的对象总是被截断的。这也因为,在我们日常生活的经验常识中,"'能知'和'所知'可以说在空间上分离的两个东西的相来被理解"。而在广松涉看来,产生这种状况的最重要的导因,主要是人的"视觉构成认识的基干"。能够看见对象,是认识的前提。他也说到,在很多民族的语言中,"'知'这个词是从'看'这个词源派生出来的。从这一点也可以明显看出:视觉的认知构成一般对象认识的根本"②。这是对的。

> 认识上的"能知-所知"关系的基干模式在人的情况下,定位于"视觉的对象认识"的构图来被建构大概也是自然的结果。然而,在视觉的对象认识中,"被看的东西"和"看的人"正是以分离、隔离的构图被实际感知。在那里,以看得见的对象在那边,"这个身体"在这边,这样分离、对立的构图体现出来。③

这是不难理解的事情,在天气很好的情况下,我们站在贵州梵净山的高处,看见远处层层叠映的群山,而当我蒙上双眼,则看不见任何东西。作为"身体的窗户"的眼睛可以看到世界显相,但并不直接接触所看到的对象。在这里,能知和所知彼此是一种"外部"的关系。看起来,身体的这种外感知的

---

① [日]广松涉:《存在与意义》(第一卷),彭曦、何鉴译,南京大学出版社,2009年,第80页。
②③ 同上,第82页。

发生是一种对能知–所知的自明性截断。

群山（张一兵摄于贵州梵净山，2019年）

然而广松涉让我们仔细想一下，也可能找到发生在身体感知上不同的认知关系，比如过了60岁的我，现在自己看东西时眼睛经常觉着发干、模糊，这是视力退化的结果。这种二义性的内部的感知是看不见的。同时，即便是外感知，也存在着我手拿玫瑰花时被刺痛的触觉这样的直接性关联。在这两种情况下，坚持能知–所知的二义性连续统是毫无问题的。可是，在视觉和听觉这种远感觉中能坚持身体认知的二义性吗？这正是广松涉要引导我们进一步思考的问题。他说：

在人们的日常的传统观念中，在像视觉以及听觉那样的所谓的"远感觉"的情况下，的确那之所以被称为"远感觉"，就是因为那与触觉的"近感觉"不同，被认为是以所知的对象和能知的主体（感官）在空间上的分离为特征的。被认为是对象和主体之间的"宙空"作为"基底"而被

"无化",因此对象的所在和主体的能知被断绝地隔开着。①

难道,与直接接触对象的触觉不同的看到和听到这种"远感觉"真的是能知与所知截断的吗?广松涉的回答是否定的。在他看来,作为人的远感觉的视觉和听觉,虽然并不是感官直接接触认知对象,但所谓远感觉的发生,绝离不开"光刺激(电磁波)以及声音刺激(声波)的连续的传导体",

> 在看玫瑰的时候,即便可以反省地区别从玫瑰花发射出来的反射光刺激(与在触觉方面的例如刺的刺激相照应)和眼底细胞的光作用的生理状态(与指尖的状态相照应),但不能实体地将两者加以区分。在指尖疼痛的情况下,严格地说不仅仅是刺扎着的状态,还有包括从神经回路到中枢的触知觉体系的功能的一种状态(以令人疼痛的刺这样的对象的所知的相貌)来被人觉知。与之相类比,如果按现在的例子来说的话,包括从玫瑰花四周发出的光束—眼球—神经—中枢的视知觉体系的功能性的一种状态(以玫瑰花的形状和颜色这样的对象的所知的相貌)来被人觉知。②

我觉得,广松涉并不是故意地强词夺理。因为在所谓远感觉中,我刚才看到的梵净山周围的群山如果被浓雾锁起,我就会看不到它们层叠的影子。人们看到和听到的前提,仍然是进入到"光束—眼球—神经—中枢的视知觉体系",以及"声波—耳膜—神经—中枢的听知觉体系"的能知-所知二义连续统。所以广松涉的结论自然是,"所有的知觉形象都能成为'能知的所知=

---

① [日]广松涉:《存在与意义》(第一卷),彭曦、何鉴译,南京大学出版社,2009年,第85页。

② 同上,第85~86页。

所知的能知'的浑然一体态"①。无一例外。最夸张的还有,如果我们看到夜空中的一颗离我们亿万光年距离的星星,当我们看到,一定是亿万光年它发出的光经过长途跋涉到达我的视网膜的结果。广松涉的结论一定是能知和所知是不能截然分开的。用吉田宪夫教授的话来说,即是"'能知'和'所知'不能够'存在性地截断',而是形成'浑然一体相'。进一步说,'意义的所识'的形成,是各个能知交互主体性(交互主体性)地'同型化'('相同化'),与朝作为'人'的'能识的某人'的自我形成相关"②。这个"浑然一体"同型化比喻是精当的。

广松涉让我们注意,作为认知主体的身体出现在认知活动中时,并非如传统认识论假设的那般,它只是一个一义性的个人自我主体。身体本身的在场,总会是双重性的关系存在,即身体的自我和身体的客我③。对于传统的认识论视域来说,这真的是一个新的思考构境层了。

首先,身体的客我是作为认知显相侧出现的身体存在,身体的客我是与身体的自我共在式在场的。

　　在显相的世界,被称为"身体的客我"的个体的清晰分节肢与"身体的自我"并驾地显现出来。身体的客我与身体的自我一样,在个体的对象上是"所与–所识"形态之一,它在与显相的世界的这些肢节之间具有一种独特的关系,在此独特的关系性中是一个所知以上的某种东西(=能知的主体)。我们将在这里所说的"独特的关系性"称为"向所知的显相

① 〔日〕广松涉:《存在与意义》(第一卷),彭曦、何鉴译,南京大学出版社,2009年,第87页。
② 〔日〕吉田宪夫:《广松涉哲学与马克思》,《马克思主义与激进主义评论》,1994年11月25日特别号。中译文参见邓习仪译稿。
③ 广松涉此处的论述非常接近美国社会心理学家米德的相关论述。米德将主体分成作为"泛化的他人"角色的"客我"与作为自我本身的"主我"。广松涉日文原文中使用了汉字"身体性自我"(或"他我")和"自我"。米德的观点参见其著作《心灵、自我与社会》,赵月瑟译,上海译文出版社,1992年。

的能知的主体的归属性","身体的诸我"与此"归属"的固有化相应地在人称上分立化。①

相对于我们熟悉的传统认识论构架，广松涉总是在引导我们不断地发现理论盲区中新的事实细节。依我的理解，这些细节会有助于我们对认识发生机制更微观、更具体的了解。对于身体的自我，我们显然是熟悉的，这也是长期以来认知主体的基本所指。可是身体的客我则是一个新概念。它到底指的是什么呢？

其实，在上述梅洛-庞蒂那个著名的左手感知右手的例子，以及我所说的感冒中的自己的手对前额的感知里，同一身体中被感知的右手和前额，已经是这个作为被感知的客我在场了。这里，身体的客我并非另一个身体，而是我的身体能知-所知二义共在的一个客观向度的构境侧面。我们所看到的自己的身体，通过镜子看到的自己的镜像，他人眼中的我的身体，都是身体的客我。这一构境意向，将内在地链接以后广松涉提出的作为角色出场的能识的某人。

其次，身体的客我性还表现在我们对他人的身体体验中。在我们面对的世界中，除去与我们存在密切相关的各种事物，当然还有其他人。在生命之初，最先与我们共在的就是触觉中的亲人的身体，我们是在妈妈爸爸等亲人的怀抱中长大的。所以广松涉说："人的'他人体验''自我体验，如果回想起乳幼儿对母亲的关系的话便可得知，在皮肤上被勾勒出轮廓的'那个身体''这个身体'之类的知觉相很久以前，首先是以表情的、情动的、实践的相来进行。"②这是对的。但依皮亚杰的实验，婴幼儿在开始时并不能区分自己的身体和妈妈的身体，所以我们可以时常看见孩子在饿了的时候，会抓起被角

---

① ［日］广松涉：《存在与意义》（第一卷），彭曦、何鉴译，南京大学出版社，2009年，第92页。

② 同上，第93页。

或自己的手指塞进口中充抵妈妈的乳头。区分我的身体与妈妈的身体是孩子界划主体与客体的开始。当然,当我们长大成人后,我们对他人的身体的体验会逐步脱离直接的触觉,更多地通过视觉来体验。一个例外,是情人之间的触觉爱恋体验,当然更精细地去想,恋人之间相互的身体接触,似乎会在将客我融化为自我,那是一个极为复杂的特殊场境存在。广松涉指出:

> 当在个体上认知他人的时候,在发生论上被认为不是以全身的形状,而是以"面部以及表情"、声音的特征为核心来进行的。占优势的不是嗅觉而是视觉,特别是面部表情非常重要。从这一点来说,视觉和表情高度发达,极为复杂,这是只有在人身上才有的特征,在其他动物身上是看不到的。①

认知他人的身体(那也是一个身体的自我和身体的客我的二义统一体),主要通过视觉,必须看到对方,并且最关键的是看到他(她)的面部表情。广松涉甚至说:"人作为视觉优先的动物,在进行认识、区别的时候,是以颜貌为中心来看个体性的。"②这当然是人独有的情况。绝大多数动物是没有表情的,至少不会出现人的这种复杂表情。在人与人的交往中,相互性的认知首先是从读取对方的视线开始,有时候要了解一个人的态度,"看对方的眼神就能直接知道"。当然,对他人的认知还会有复杂的面部表情、身体语言和言说等更多的途径。与一个人接触的过程中,热情的目光与敷衍的假笑给人的微感觉是截然不同的。所以广松涉说:"'身体的客我(他己)'首先自在地以(与自己相同种类)'动体'的对象的一个个体的相来清晰分节、显现出来,并通过'表情'

---

① ［日］广松涉:《存在与意义》(第一卷),彭曦、何鉴译,南京大学出版社,2009年,第94页。
② 同上,第108页。

（包括举止、姿势、'声音的振动'）将信号性的行动激发功能波及'这个身体'。"①对于这一构境层，我们是不难进入的。

当然，与身体的自我认知一般外部事物不同，同样作为认知主体的他人的身体显相对于我的身体（自我）来说，会是一个极为复杂的非同一关系构境。有时候，一个人言不由衷的赞扬中一个细微的表情，就会让我知道他是多么不喜欢一个事情却嘴上说好。当一个人去吻一个已经心死的曾经的恋人时，不用言说的意会构境会让他立即绝望透顶。广松涉的能知-所知二义性在这里会是双向错位呈现和互为逆关系项的。这也就意味着，"'那个身体'的表情、举动、姿势这样的显相的所与在单纯地被作为那个以上的某种东西='所识'被知觉"恰恰是不同甚至是相反的，这可能也是只有在人与人的相对认知中才会发生的复杂逆构序事情。这也就是说，在另一种情况下身体的自我与身体的客我之间可能产生意会性的误认，我的行为、表情和言说，在另一个他者的身体中却会产生为完全不同的构境。广松涉自己举的例子是，我平静地看到地上有一条绳索，而朋友却大叫大嚷地看到一条"蛇"。中国的成语"杯弓蛇影"讲的是一个同类却更复杂的故事。②与此相近的例子还有考夫卡在《格式塔心理学原理》中曾经举过这样一个例子："一位友人曾问我：'你对之举帽致意的那位女士是谁？'我答道：'我并没有向任何一位女士举帽致意；我曾经举起过帽子，因为它套在头上太紧了'。"③我将帽子拿起来，是因为它的尺码小了一号，所以戴得时间长了，我会让它松动一下，这是我自

---

① ［日］广松涉：《存在与意义》（第一卷），彭曦、何鉴译，南京大学出版社，2009年，第97页。

② 晋朝人乐广曾经请朋友到家里喝酒。当那个朋友喝了一口酒，正准备把杯子放到桌上的时候，突然看见杯子里漂着一条小蛇，心里就有点儿不安，不过还是勉强喝了那杯酒。回家之后，那个朋友就生了病。乐广派人去问候他，才知道原因是他怀疑杯子里有小蛇，所以乐广很仔细地观察他家一遍，追究事情的缘由。他发现墙上挂了一把弓，弓的影子倒映在酒杯里看起来很像一条小蛇。后来，他再把朋友请到家里，让他朋友看清楚墙上的弓，再请他看看杯子里的东西。最后，他朋友在明白杯子里并没有小蛇的时候，病立刻就好了。后人用"杯弓蛇影"来形容疑神疑鬼，自相惊扰。

③ ［德］考夫卡：《格式塔心理学原理》（上册），黎炜译，浙江教育出版社，1997年，第49页。

己身体的实际意向，而从一个他人看来，这一行为可能会是向一个女士的致意，这是将身体的自我意向在转向双重身体的客我（我自己身体的客我与他人的身体的客我）中的误认。考夫卡将这种情况称之为"表面行为可能在涉及实际行为方面产生误导"。按我的构境论观点，这是情境转换中的错境发生。

三、身体与声响所与－意义所识的语言统一体认

人与动物之间的差别，除去身体的自我与身体的客我之间的表情和行为互动以外，语言的交流和理解是更重要的。这里，与过去讨论语言的脱域化侧重面不同，广松涉认为，"我说话"和"听到讲话"这两个事件，都不可能离开人的身体，所以语言首先是归属于人的身体。这里的例外，可能会是录音技术和存储载体出现之后，人可以从非身体的义肢延展中听到语言。这倒是一个新的强调。并且从声响的单纯所与到人的言说的声响所与－意义的所识的统一体认，这正是人从动物式生存方式向新的社会存在方式转换的一个重要通道。这是对的，此处，广松涉主要讨论了身体听觉中的听到语言。

首先，人的身体听觉与其他感觉具有不同的特点，听觉具有方向感。视觉是直达，触觉、嗅觉中都不可能产生方向判断。在这一点上，与动物的听觉并无不同。广松涉告诉我们：

听觉中的确具备判别方向的能力。（为了使进入两耳的声波的位相符合，人自动地扭转头部，来"判定"声音是从正中方向传来的）听觉中还具有区分声音的高低、强弱的能力。但是，即使知道声音的方向以及大小、强弱，但巨大的响声不一定都是从近旁发出的，而细小的声音也不一定是从远处发出的，所以听觉本身应该是无法判断声音传来的距

离的。①

一只听觉正确的小动物,可以判断发出声音的方向,人同样如此。我们听到一种声音,可以瞬间判断这种音源的方向,也能感觉到它的强弱。这是身体听觉独特的功能属性。

其次,与前述的视觉相近,我的身体具有的听觉也有完形的功能。当我们听到一种不完整的声音显相,我们的耳朵可以迅速判定它的性质,当它被我们听到的时候,我们总已经是在听到爆炸声、小提琴演奏声或者女孩子的说话。这也意味着,听到,已经是声音显相的所与–意义的所识的统一体。在这一点上,人的听觉的丰富程度已经远远超出动物的听觉。

当然,广松涉此处特别想讨论的对象,是我们的耳朵听到他人语言的言说。这是人的听觉中根本异质于动物的地方。需要指出,这不是指其他的身体语言的感性获得,有如舞蹈语言的看到和音乐语言的听到,虽然这些也都已经是人高于动物听觉的地方。广松涉这里就是特指我们的耳朵对他人说出的语言文字的"听到"。在他看来,人所独有的文字"语言的表达性有赖于'显相的所与'作为单纯的那个以上的某种东西(或者是单纯的那个以外的某种东西)='意义的所识'来被觉识这样的显相显现的原初的、泛通的机制"②。当然,这也是语言学研究中那个著名的能指与所指的关系。这也就是说,在空气中传递的语言本身就已经是显相的所与"以上"的东西被听到,当人听到自己熟悉的语言声音显相时,已经同时获得了意义的所识。这一点,在上面提到的舞蹈语言和音乐语言的感官获得时,也同样是显相的所与和意义的所识相统一的。

然而广松涉也告诉我们,我们身体上的耳朵能够听到他人身体嘴巴所说

———————————

①② 〔日〕广松涉:《存在与意义》(第一卷),彭曦、何鉴译,南京大学出版社,2009年,第104页。

的语言，一定会有一个学习的过程，没有人生下来就能听到语言，并且不经过学习，人也无法听到另一个民族的语言。不过，

　　发出来的语言声音在语言活动发生(学习)的初期，一方面被"归属于音源"，另一方面与眼前的特定的显相被"融合地同化"。一般认为这起因于幼儿在将某个特定显相在意向对象上加以"图式化"的场面通过体验该声音形象(需要通过身边的大人来发出)被听取而产生的协调反应。总之，这样一来，一定的语言声音和一定的显相的清晰分节态的融合同化得以成立。①

　　关于这一点，我们从自己幼年的回忆或者教孩子识字的过程里，都能很直观地体认到，爸爸妈妈最先一定是指着自己说："爸爸""妈妈"，然后再指着孩子看到的一个具象东西告诉其对应的文字，"一""人""大"等等。广松涉是想说，文字的被听到(音源)，伴随着一个相应的视觉显相(图式化)同时在场的。也是在这个意义上，广松涉指认："一定的声音知觉在表象的构序空间内使一定的记忆的、想象的对象的表象浮现出来，相反，一定的显相态的知觉或者表象使语言的音韵表象浮现出来。这样一来，不管是知觉的还是表象的，语言的'声音形象'和'被表示的对象'的'结合'态得以成立。"②其实，这种情况也只是在孩子学习文字之初才发生的事情，所以广松涉也告诉我们，与文字声音被听到同时出现的形象显相也能是"副现象(随伴现象)"，"与语言声音'结合'而体现出来的对象的显相，不管哪是知觉还是表象，如果切合事情的本质的构造来说的话，作为现实的所与，只不过是'副现象'而已"。③这里的副

---

① ［日］广松涉:《存在与意义》(第一卷)，彭曦、何鉴译，南京大学出版社，2009年，第104页。
②③　同上，第105页。

现象,应该是指伴随着听到的生成的形象显相。

我个人以为,广松涉在这里关于听到语言文字的发生学讨论都还过于简单。因为即便是孩子在学话识字之初,伴随声音文字出现的显相未必全都是对象性的具象,比如,教孩子识"笑""哭""打""痛"这样的行为表意,是无法指认一个感性对象的,爸爸妈妈们一定会以模仿行为来进行同步表象;再比如,"爱""好"之类价值判断和"你的""爸爸的""我们家的"一类关系字词,是无法用具象和简单模仿行为来直接表示的。更不用说,之后在学校里学到"历史""革命""本质"一类抽象字词时了。从声音里听到这些字词,伴随出现的意向将是无限复杂的。

在后面的讨论中,广松涉无意涉及这一问题,他说,当我们说"这是树"时,一定会伴随所指向的具体树(松树、樟树、杨树等),而当我们说,"某棵树"时,伴随出现的一定不会是树的具象,而只能是一种抽象的意向。他意识到:"在语言交流的现场,'树'这个词的发音,使发音人将'某种东西'在意向上进行觉识,而且发音人将那个主题的、提示的所与='某种东西'作为'树'在把握。"①这是对的。

---

① 〔日〕广松涉:《存在与意义》(第一卷),彭曦、何鉴译,南京大学出版社,2009年,第152页。

第十一章
认识论中的四肢交互结构

·

在广松涉的认识论中,最让人望而却步的部分就是关系性的四肢结构论。其中,又以"能知的何人与能识的某人"一说最为奇异,人们通常不知道他想表达什么思想情境。这一点也是在入境时最容易产生偏差的地方。实际上,与上述显相的所知与意义的所识一样,四肢构架不是四个分立的实体构件,而是一种相互交织的关系共体,如果回到传统的主-客二元话语体系中来,原来的"客体对象"的物相被解读为显相所与和意义所识的关系建构存在,那么"主体"就被解读为一个具体能知的个体视位上的"何人"(作为"谁"的你、我、他)和一个超个体性的理性能识的"某人"的共轭关系。虽然,我们在前面关于《世界交互主体的存在结构》的讨论中,对此已经有了一定的铺垫,但这仍然是一个很难进入的构境层面。本章,我们对后一个二肢关系来做一些破境努力,然后再来复构广松涉这个复杂无比的四肢认知结构。

一、先天理性构架赋形说的非法性

从能知的角度,广松涉强调了一切感知能力都归属于个体的身体,是我在以看、听、触、闻等方式走近这个世界,走近,已经意味着所与的显相与意义的所识的同现。这是他主张的四肢认知关系体的前两肢。其中,我们可以看到海德格尔式的那个意蕴性关系中的此在再一次被感性化了。能知,总发生于个人的感性经验,与过去的认识论不同,经验的发生不再是外部对象在主观中的映像(唯物主义),或先在观念对感性的赋型(唯心主义),而是显相的所与和意义的所识关系的共轭同体。如果说这些内容十分接近黑格尔在《精神现象学》中对感性意谓中的独立物相的否定,即看到物相的前提是感觉发生的自我意识(个体),那黑格尔所指认在自我意识背后起建构作用的理念,则会是广松涉下一步要面对的问题。在《精神现象学》中,我们可以看到物相是一种关系建构,自我意识和对象性统觉也是一种关系建构,就连理念本身也会是一种历史关系建构,因为它还得再一次掉进自然物化的泥潭,进而在历史沉沦中重新扬弃异化复归绝对精神。这是广松涉认识论思考中很深的构境背景。

当然,广松涉的看法向前走了一步,即是说,认知活动中的能知的发生如果直接与人的身体相关联,那么让我们认知中的能识的缘起,则是一种并不属于身体的抽象主体理性结构,然而不像唯心主义大师康德和黑格尔直接将后者指认为非人非物的先验观念构架和客观理念,广松涉把这种发生构架作用的主体性要素回嵌到人的存在之中,如果身体性的能知是可以归属为人称化的谁(何人)——"你""我""他(她)",那么理念性的能识则是一种不属于任何个体的某人。这个"某人"不是外在的他人,而是我们在交互主体性中自我认同的内在他者。请一定注意,这个"某人"既不是人之外的先天综合判断,也不是神灵般的绝对理念,而就是我们之间的交互共识关系。回到我们上述看到"漂亮的女孩"那一事件,我的身体在看(能知的何人),但是让我看到她感性实存之上的"楚楚动人"的却是不属于我的感性身体的"理性人"(交互关系中能识的某人)。广松涉的这个判断会有一种意外,在情人之间看到的楚楚动人,一定不是能识的某人,还是那个基于身体的"我"和"你"。情人眼里出西施,是出在情人的眼里,而非抽象的爱之观念所识。与康德-黑格尔的现象与先验构架、物相与理念本质的二元分立不同,在广松涉这里,能知的何人与能识的某人是同一种共轭存在关系的关系侧面。再用我们熟悉的传统哲学话语来表达,就是一个独立的主体现场被视作能知的个体自我与能识的理性主体的统合关系。请注意,广松涉一定会反对在此比喻性地使用"个体自我"和"理性主体"这样的二元构架中的旧概念。

首先,也是在这个构境层面中,广松涉明确反对认识论中旧唯物主义的模写说。他说,四肢论可能会偏向认识论中的建构论,然而他却明确拒绝康德式的先天观念构架建构论。

> 我们并不认为能知的主观先天地具有"构成形式",因此不认为"构成形式"在质、量上是一成不变的。另外,也不认为存在着发生"构成作用"的特别的主观,以及具有"构成形式"的特别主观,即"先验的=超越论的"主观等等。进而言之,也不采取接受性的认识能力和自发性的认识能力这样的能力二元主义。我们认为"构成形式"是在后天,特别是通过语言的交流在主体际(間主体)=交互主体上形成的东西,因而将"先验的主观性"视为主观际性(間主観性)=交互主体性的曲折的一个投影。①

这也就是说,与康德的先验建构论不同,广松涉并不认为能知的主体先天地具有先天综合构架,如果存在一种建构性的认知整合机制,这也是后天生成的,并且这种建构一定是在"在主体际(间主体)=交互主体上形成的东西"。在广松涉看来,我们主张所谓的"'构成形式'不是在先验的认识论的主观之中先天具有的东西,而是在后天在主观际形成的东西;主张被视为构成

---

① ［日］广松涉:《存在与意义》(第一卷),彭曦、何鉴译,南京大学出版社,2009年,第156页。

形式的具有者的所谓先验的主观性在实际状态中无非是主观际性"①。具体些说,即认识的发生并非是一种先于个体认知的抽象概念构架作用于我们的经验整理,而是后天生成的主体际交互关系中突现发生的交互主体机制。其实,这是对康德先天综合判断命题的一个深层追问,即先天观念构架与我们认知活动发生的真实关系。我们都知道,康德的认识论革命就在于发现了相对于个体而言,我们的认知活动总会在一种先在的理论构架赋型之下形成经验,进而产生观念综合判断,但康德并没有告诉我们这种先天观念构架的缘起。广松涉想让我们进一步思考的问题为,我们每一次认知活动的发生,确实存在观念所识的机制,可是他认为这种意义所识相对于认识个体来说,并不是一种外部先天存在的东西,而是每一个个体在自身主体自我建构过程中,逐步后天习得的,这种习得的核心是交互主体关系中的认同。我们可以感觉得到,广松涉的认识论思考总是在与大师们对话的情境中向前推进,在康德、黑格尔、胡塞尔和海德格尔等人驻足的地方深入下去。

其次,广松涉反对传统认识论中的一切外部赋形说,即拒绝将认识的发生视作一种外在于个体认知活动的理念形式赋予经验(质料)的过程。彻底一些说,他根本否认独立存在的认知形式。广松涉告诉我们:

> 我们在说到"形式"的主观际的=交互主体的"形成"的时候,并不是说有"形式"那种东西,它处于实在的形成过程中。实在地经历过程的是显相世界内的动态的相互关联(按马克思的说法,乃"对自然且人与人之间的"相互作用关联),特别是通过语言的交流在主观际的相互影响之下的语言=语言使用的协同的、同调的形成。②

---

① [日]广松涉:《存在与意义》(第一卷),彭曦、何鉴译,南京大学出版社,2009年,第169页。
② 同上,第157页。

这也就是说,传统柏拉图-康德认识论中的理念构架赋形说是非法的,认识形式或认知结构的发生,只能存在于具体的交互主体际关系之中,这种认识结构的基础是马克思历史唯物主义中所指认的历史生成的人与自然、人与人的交互活动关系,而具体实现于一定的主体际语言的交互活动之中。用我的话来说,就是formation并不是将一个现成的实体性的形式赋予对象,而是一种关系性的结构化过程,即formating。比如说,我们指着突现出来的鲁宾杯中的酒杯格式塔显相说,"这是一个酒杯"。在传统理念赋形说中,酒杯一词是属于先天存在的理性构架中的概念,它先于我们所有人的认知活动的独立存在,只是在我们进行认知对象时,它发挥着先在的理念的被分有(柏拉图)或天综合判断(康德)的作用。在日常生活中,通常人们也是觉得"'词'的'被表示的意义'已经存在,这作为认知形式,进而作为'构造形式'在起作用"①。然而广松涉明确反对这种以常识错认为基础的先天理念赋形说。在他这里,常识中任何概念与对象的认知接合,都不是一个现成的非人外部构架对经验现象或有待座架的理性碎片的给予和统摄过程,所有能知的个体对概念意义的所识,都是后天人们之间交互主体际效用关系的逐步生成。所以他说:

> 被表示的意义即便在日常意识中是既成的,但那是通过他人将所与对象称呼成什么或者不称呼成什么——反过来说,他人用某个词来表示什么,不表示什么——,这种主观际的事态的体验而形成的东西,被表示的意义的既成化是在与他人的语言交流的场合作为结果而产生的东西,仔细来看,是不断变迁、形成的过程。②

---

① ［日］广松涉:《存在与意义》(第一卷),彭曦、何鉴译,南京大学出版社,2009年,第157页。
② 同上,第159页。

我们一定可以记得,是身边的亲人(爸爸、妈妈、爷爷、奶奶等)最早告诉我们,"这是一个酒杯"(通常会指着一个实在的酒杯),虽然那里时候我们不认识"酒杯"这两个汉字,但却最早知晓酒杯的显相和意义所识的关系,在一个时间段内,如果我们再一次见到酒杯,却将它指认为"茶杯",那会有无数次遭遇到主体际的纠正和赞许,直到我们从课本上学会"酒杯"这两个汉字,才后天确立了这一关系性存在。当然,如果再延伸到格式塔心理转换中,鲁宾的酒杯会转化成人脸,这是另一个更深的反向构序构境层。

也是在这里,广松涉获得了他的重要结论,即个体人称的能知的"谁"(何人)与人之间交互主体际生成的能识的"人"(理性的某人)的二肢关系统一体。

> 能知的主体不能离开种种身体的自我、人称的个体而存在。不过,能知的主体的现实的、具体的应有方式根据他如何形成对与件有效(妥当)的"构成形式"而实现变迁。而且,在普通成人的情况下,正是以被称为"一般语言主体"的"人"的相实现了自我形成,以至于能够进行语言活动。因此,又以"人"的相使得被表示的意义这样的意义所识即所谓的"认知形式""构成形式"有效。简而言之,人称的各种主体一方面维持作为人称的各种主体的个体性,同时在另一方面作为限于使理念的意义形式对"在构成上"有效的能能知的主体朝"人"的相转变。①

能知的主体基于"你""我""他(她)"的身体(感性)存在——何人(人称化的"谁"),但真正的能识却生成于一种不是"谁"的理性语言主体——某人。这个以"构成形式"出现的能识某人,就是与能知的何人相关联的新的二肢。

① [日]广松涉:《存在与意义》(第一卷),彭曦、何鉴译,南京大学出版社,2009年,第159~160页。

具体来说,这里的何人和某人都是"我"的认知主体的二肢关系存在。对于这一点,吉田宪夫教授做了如下的解释:

　　"能知"在例如"作为自己的自己"和"作为他人(设身处地地站在他人的立场)自己"的情形下,常常是由"作为何人的某人"这两个契机构成。"何人的"这一场合的"某人",虽然"在原初性上当然是具体的个人",但通过交互主体性的环节,朝"人"泛人称化,作为"作为人的某人"这一契机而呈现。用广松的话来说,只要"所知"归属于"作为人的某人",由此就把"何人"称为"能知的某人",把"人"称为"能识的某人"。这样,"能知"也与"所知"一样地作为"能知的何人以上的能识的某人"而呈现。①

因为广松涉的四肢认知论过于"另类",所以对这种完全异质性的理论构境的复构,也会让人觉得难解。这不能责怪吉田先生。

二、认知关系存在中的四肢交互结构

在广松涉那里,证明了传统二元认知结构中的客体维度中对象性空位的显相的所与和意义的所识二肢,以及代替了主体维度中实体空位的能知的何人和能识的某人二肢,进一步要说明的复杂构式就是,这认知活动的四肢,并非像传统认识论中那样是彼此分立存在的,它们的关系性存在,恰恰是在认识活动过程中相互交织、相互建构中交互式突现的。用我的话来表述,就是认知构境中的场境存在。广松涉认为:

---

① ［日］吉田宪夫:《广松涉哲学与马克思》,《马克思主义与激进主义评论》,1994年11月25日特别号。中译文参见邓习仪译稿。

　　　　现象的所知的二肢的二重性（"显相的所与-意义的所识"）和能知的
主体的二肢的二重性（"能知的谁-能识的某人"）不是彼此独立的，而是
以一种独特的方式相互关联，一共形成四肢的构造连环。——非实在的
"意义所识"以及"能识的某人"在这个四肢的相互中介性的构造中获得
存在性。理念的"意义的所识"作为"认识论的构成形式"被认证，人称的
主体即谁作为"认识论的构成主观"即能识而被认证也是因为处于对……
有效的、对自己的、对客我的这个构造的关联之中。①

　　在这里，广松涉用了"构造连环"来形容自己的四肢认识论构架。这会让人
想起海德格尔那个上手功能环顾建构起来的场境世界。在这个奇特的四肢
结构中，所与我们的显相和基于我们身体的能知，似乎都可以有实在的物性依
托，而意义的所识和能识的某人二肢虽然是非实在的，但是它们恰恰在"四肢
的相互中介性的构造中获得存在性"，这也是上述广松涉拒斥先天观念构架
的根本缘由。这实在是很难进入的构境。对此，日山纪彦曾经有个生动的例子，

　　　　我手头有一张X光照片，我发现它的某个部位有癌的影像。此时，在
通常的认知模式看来，不外是主观的我观察客观的癌的影像，它们是主
观和客观的二项认知模式，或者是以胡塞尔为代表的"对象-内容-作
用"近代认识论的三项图式。然而，从物象化论的视角看来，事态的真相
却是"我从X光照片""读取某特定的影像"，"21世纪的医学习得者的作
为医生的我""把某特定的影像作为癌来认知"。也就是说，事情的真相
是处于"作为医生（能识的我们）的我（能知的我）""作为癌的影像（意义

---

① ［日］广松涉：《存在与意义》（第一卷），彭曦、何鉴译，南京大学出版社，2009年，第160~162页。

所识)的某特定的影像(现象所与)四肢结构中展现出来的。四肢中的任何一肢都不过是不可分离的整体中的一个契机或节点。①

其实,我们都看过自己体检的CT片,可不是医学专业的人大多数是无法看出这些黑白影像中存在的具体问题,因为我与它们之间没有广松涉所指认的四肢认知构件。日山先生的例子,假设了能看懂X片的"我"与医学影像辨识的四肢关联。

首先,再回到我们前述的显相世界构图上来,情况就发生了很大的变化。显相的生成并非只是显相的所与和意义的所识二肢接合的结果,而会是一个更大的四肢连环的生成。

> 显相世界的显现每次都是由四肢的关联态的一个整体在媒介上支撑着,显相世界的显现这样的事态是四肢的建构形态。我们说"显相的所与"作为"意义的所识"对作为"能识的某人"的"能知的谁"有效,在阐明显现的对他人性、对自己性的时候,"意义的所识"切合"显相的所与"归属于作为"能识的某人"的"能知的谁"。②

康德和胡塞尔发现的经验现象,总是以一定的形式向主体(Für uns)呈现的线性机制,在广松涉这里突然被复杂化了。因为每一次我们看到世界的显相,都是一个复杂的四肢联动认知建构活动和场境突现。比如我们前面提到的,我看到远处的群山,听到树上的白头翁的鸣叫,这些显相并非直接给予了抽象的主体——"我们(us)",而是给予了有着具体身体感性能知的"我"

---

① ［日］日山纪彦:《读〈物象化论的构图〉——代解题和解说》,《情况》,2002年7月号,第108~119页。中译文参见邓习仪译稿。

② ［日］广松涉:《存在与意义》(第一卷),彭曦、何鉴译,南京大学出版社,2009年,第176页。

"你""他（她）"，而我看到、听到中的意义的所识，又是由不单纯属于我（"谁"）的那个能识的理性形式生成的意义主体（某人）在交互主体关系中来有效完成的。真是复杂。

其次，认识的过程也根本上摆脱了主体（人）-客体（物）的二元模式，既不是客体信息简单地进入主体的镜面映射中，也不是主体建构认知并赋形于现象（对象），人的认知过程，同样是四肢联动的主体际交互活动的进程。

> 认识决不单单是能知的"主观"和所知的"客观"的各自的关系事象，另外，也不是所与的契机和所识的契机的单纯的"等值化的统一"，而是以显相的所知的第二契机即"意义的所识"为媒介环的在本源上的主观际的一个存在。而且，"认识主观"是人称的"能知的谁"和理念的"能识的某人"的二重的二重态，通过将对"所与的质料"有效的"形式的"认识契机即"意义的所识"在为他，自为上有效，来在主观际上进行整形，人称的能知朝着在主观际上同型的认识论的主观即"能识的某人"相实现自我形成。这个主观际性的存在，有赖于以上的动态的四肢的关联。①

这也就是说，认识的发生不是主观与客观两个各自独立的实体对象之间的映照关系，或建构赋形关系，过去被指认为主观的认知方面，是"人称的'能知的谁'和理念的'能识的某人的二重的二重态'"构成的，过去的客观对象方面，则成了对"'所与的质料'有效的'形式的'认识契机即'意义的所识'"，认知活动将是一个四肢交互主体际的事件。有如我们在本篇引言中说到的，广松涉自己在书中提及的使用打火机取火一"事"。面对这一事象，从认识论层面看，过去的物的认识论会从中看到一个具体存在的打火机物体和燃烧现象

---

① ［日］广松涉：《存在与意义》（第一卷），彭曦、何鉴译，南京大学出版社，2009年，第229页。

的外部映像,而在广松涉这里,"看到"打火机本身就是一个二肢建构关系,打火机作为一种给予我们的东西的显相(的所与),我们看到"打火机"同时已经就包含了对打火机意义(的所识);而在"看"到火苗这一觉识的传统发生主体中,广松涉又进一步区分出非实体性的双重关系:一是作为个人身体觉识的"我""你""他"那个能知的"谁(何人)",二是让我们看到的那个不属于"谁"能识的理性的某人。所以看到打火机喷出火苗这一认知事件,就成一个四肢交互建构的过程。

最后,认识论问题的核心之一是在认知活动高级层面概念座架经验现象的本质,在传统的认识论中,唯物主义的"摹写说"将概念的本质视为对所认知对象物的本质的反映,而唯心主义的观念赋形建构论又将概念视作理念本质或心性的直接体现。不过,无论是哪一种观点,在概念的形成上,都主张了归纳抽象说,即"'概念'在传统的想法中,被视为从既成地清晰分节化的诸个体(包括被'个体化'的'性质')通过'归纳的抽象'(inductive adstraction)的机制被抽象出来的普遍者(universal)"①。在唯物主义者那里,概念是从物质对象的具体实存中归纳抽象出来的,而在唯心主义那里,概念则是从自身特殊到一般的抽象。在广松涉看来,这都是主–客二元认知模式中的简单线性悖反。

这里,广松涉让我们关注一种新型的"本质直观说"。这当然是基于胡塞尔的观点。广松涉发现,胡塞尔拒斥了康德的先天观念构架论,而主张了发生在意识活动中的概念"直观不是实在的对象物的直观,而是看透对象的种的本质的直观",并且"'本质直观'是以理念的'本质'为对象的独特的'直观'"。②相比之前述两种观点,这似乎是一种进步,可广松涉明确说:"'本质的直观'是一种错视!"为什么,他告诉我们:

---

①②　[日]广松涉:《存在与意义》(第一卷),彭曦、何鉴译,南京大学出版社,2009年,第230页。

在我们看来,并不是理念的本质的东西在对象上自存并被看透。实际情况是,实在的映射的现象与件作为那以上的某种多出的东西(etwas Mehr)、单纯的与件以外的某种不同的东西(etwas Anders)被觉识。此时,将与件以上的某种东西="意义的所识"视为犹如自存的东西,并对其存在性质进行追寻的话,的确呈现非实在的、理念的存在性质。但那只不过是将"所与的所识=所识的所与"的所识的契机"物"化并视为自存的东西,该某东西原本并不是离开"所与-所识"的二肢的统一态而独立自存的东西。①

这是过于形而上学的表述,我们来做一个接地气一些的说明。比如,当我第一次在铁力士雪山峰巅环视阿尔卑斯山脉时,心中猛然生出壮美的强烈震撼感,令我久久不能平静。

壮美(张一兵摄于铁力士巅峰,2006年)

① [日]广松涉:《存在与意义》(第一卷),彭曦、何鉴译,南京大学出版社,2009年,第238页。

如果依胡塞尔的"本质直观说",这里的"壮美"并非为这一对象外部的质性写照,而是我们对壮美这一概念本质的直观后在意识活动中的直接获得;而广松涉则认为,其实壮美并不是阿尔卑斯山的对象属性,也不是概念直观后的直悟,我们在此突然获得的壮美之审美判断,只能是阿尔卑斯山感性实存显相之上某种多出和不同的东西,但这种多出来的非实体性的"壮美"并不是"独立自存"的,恰恰是显相的所与和意义的所识的二肢交互关系存在,"'本质直观说'将我们所说的'意义的所识'(的其中的某种东西)错认为独立自存的对象,主张来看透这个对象=本质"①。进一步说,这种二肢关系又是由"主我"(能知的谁)和那个不属于个体主体的"客我"(能识的某人)共同完成的,胡塞尔本质直观的"错视",是将这种四肢关系存在的概念构境本身物象化为独立实存的理性本质了。这种说法是有道理的。

三、四肢交互结构的真理观

真理问题也是如此。广松涉反对主客二分的物的真理观,而主张事的真理观。于是,传统认识论中物象化式的真伪,将过渡到四肢联动的主体际有效之真的事件。应该承认,这同样是一个较难理解的构境层。在广松涉看来,

> 正是认识的主观际的有效(妥当)性才构成认识的真理性的问题的关键,有必要使以认识的客观有效性作为前提来主张认识的主观性的有效性的传统的方式逆转过来。不过,并不是因为认识在客观上有效,所以对主观际也有效;相反,实际情况是,对主观际有效的认识被物象化,被视为在客观上有效的认识。②

---

① ［日］广松涉:《存在与意义》(第一卷),彭曦、何鉴译,南京大学出版社,2009年,第239页。
② 同上,第226页。

这是一个倒置的构序逻辑。依广松涉的构境意向,他倒是主张将真理观中的客观有效性决定主观有效性的关系颠倒过来,因为这里的客观有效恰恰是物象化的结果。当然,这里的客观有效不是实践上手的有效,而是外部"客观实在相"的物像。这里,已经隔着广松涉特有的对关系本体论误认的物象化批判构式。显然,这里的构境已经包含了一个证伪性前提,即传统认识论的镜式"摹写说"和观念赋形的"构成说"都基于物象化的误认之上,于是真理问题就成了观念对"客观实在相"(物)的本质符合或观念本质赋形于物的真伪之争。在海德格尔那里,这表现为整个形而上学对存在石化后的存在者的直观或者抽象。在广松涉这里,真理问题首先要打破的就这个"客观实在相"的物象化错误。"这个传统的'实在相'是从哪里来的呢?那无非是接受了在日常的以及独立个别科学的认识中主观际地形成的对象的实在像的东西。"①关系存在中的事,总是被抽象地缩减为独立实存的物,这是常识与具体科学中出现的物象化错认。所以传统真理观那个客观有效决定主观有效的观念,已经是物象化的假象关系。在广松涉看来,

　　对主观际有效的,原本是判断事态的"事",而不是事物对象的"物"。的确,尽管"事"处于不断地被"物"化的倾向之中,但原本对主观际有效的始终是"事"。"物"的主观际的有效无非是有赖于"事"的物象化的东西。②

在原来的认知进程中,不管是唯物主义的"摹写说",还是唯心主义的观念赋形建构论,都是将认知对象判定为外部实存的物(观念),真理要么是对外部物质对象本质的逼真性符合,要么是理念成为惰性物质的不可见本质。

---

　　①② 〔日〕广松涉:《存在与意义》(第一卷),彭曦、何鉴译,南京大学出版社,2009年,第227页。

对此,广松涉判断为,"判断的认识的真理性、谬误性在传统的想法中,被认为是根据判断形态与'客观的事象'或者'客观的事态'的一致、不一致来区分的"①。这显然还是主–客二元认知模式中的观点。在他看来,

> "客观的"事象以及事态是对对认识的主观即"一般判断主观"有效的判断形态的称谓,判断形态和"客观的"事象以及事态的一致、不一致不是"三项图式(図式)"中所说的意识内容和意识对象的直接的"主观–客观"关系,而是在真实态中的主观际的一致、不一致。如果切合真实态的话,个别的判断主观所具有的判断形态于对"人们"即一般判断主观有效的判断形态之间的主观际上的一致、不一致的关系,限于后者被物象化为"客观的"事象以及事态的相而言,被以单个的主观判断形态和"客观的"事象以及事态的"主观–客观"的一致、不一致的相来被觉识。②

这是说,无论是唯物主义还是唯心主义真理观,其前提都是物象化误认中对象性的物,而真相却是,这个看起来是对象的"物"本身,就是能知的谁与能识的某人共轭关系中发生的显相的所与与意义的所识的事,而不是主体之外的物和单纯的物相。比如,作为真实出现的"蚊子是害虫",作为一个对象物,似乎这是常识中它的对象化属性,可是这恰恰是物象化的假象,因为蚊子有害于人的健康,是一种对"我们而言"(Für uns)的关系主体性的事情。在"上帝"面前的假想性神目观中,"蚊子有害"则为假,因为它的生命存在与我们是平权的。所以广松涉认为,真理的问题绝不可能是关于外部物的真假问题,而是一个四肢结构中事的主体际关系中的有效存在。这一步,跑得有些过快了。他告诉我们,

---

①② ［日］广松涉:《存在与意义》(第一卷),彭曦、何鉴译,南京大学出版社,2009年,第323页。

　　"认识论的主观"有效的事象的、命题的事态,认识的客观有效性=真理性是在"质料的所与=形式的所识""能知的谁-能识的某人"的四肢的关联性中才得以存在的东西,所以真理性、谬误性归根结底是切合判断形态的对象事态的共同的主观有效性、非有效性。①

　　当物象化的"物"消失在四肢关系建构起来的关系性存在的"事"中时,认识中的真实,则必然表现为关系性交互主体际的"交互主体有效"。这种真理观,是在重新倒置物象化颠倒后进入的构境,这样,"认识的真伪性首先切合'事'(所谓对象的实相性在此作为契机被包含着)来被判断",真理不再是对外部对象物本质的摹写和符合,也不是先天观念综合的结果,"认识的真理性的问题在于对主观际的有效性",即四肢主体际交互作用的事项。

　　首先,在真理问题上,广松涉明确反对二元认知模式中那种实体项之间的决定关系。在他看来,如果存在一种真理性的"一致",这种一致本身只能发生在四肢交互主体性有效共轭关系中,而不是被物象化后的"单个的主观判断形态和'客观的'事象以及事态的'主观-客观'的一致"。他说,在这个构境层中,"我们将对'人们'(认识的主观)有效的事象、事态称为'真实的'事象、事态,对'人们'无效的事象事态称谓'假想的'事象、事态,以进行区别"②。这也就是说,我们在认识活动中判定真假的依据,不再是物象化条件下的实体物和观念的外部关系,而是主体际交互关系中的有效。这样,"判断的认识的真理性、谬误性,对'认识论的主观'('一般判断主观')的有效性构成关键",或者"简要地说,关于对认识论的主观有效的事象、事态、对之进行肯定

① [日]广松涉:《存在与意义》(第一卷),彭曦、何鉴译,南京大学出版社,2009年,第310~311页。
② 同上,第324页。

的判断是真,对之进行否定的判断是伪"。①

　　其次,广松涉认为,如果真理的发生变成了四肢交互主体际的效用,那么"认识的真理性、谬误性与人们的交互主体"就会是相对的。依他之见,"共同世界——且不谈那是全球化的,还是本土化的——,每个共同世界都具有真理命题、谬误命题的体系"。②

　　　　例如没有听说过"日心说",相信"地球(大地)是静止的,太阳围绕地球转"的可能占多数。如果是稍微高级一点的"科学真理"等等的话,普遍的人连听都没有听说过,"知道"并且"承认"的人的数量在地球人口中也是屈指可数。被称为高级的"科学真理"的东西能够通行的范围只限于专家集团这样极小的"共同世界"。③

　　对于绝大多数的人来说,我们每天都会看到早上太阳从东边升起,晚上它再从西边落下,这是经验直观的共同世界中的常识,我们不会怀疑"太阳围绕地球旋转"这个真实感觉。可是,真相却是哥白尼发现的我们地球不仅围绕太阳转,而且还自身旋转的"日心说"。在广松涉看来,往往真理只是存在于少数人的"共同世界"中。这是经验常识中的人们与科学家群体的差别。广松涉这一例证的构境意向是说,任何真理总是在一定的四肢交互主体活动才会是共同有效的。因为"在认识的场面的这个交互主体性是与'质料的所与-形式的所识'的二肢的二重区相相关的能知的谁-能识的某人'的交互主体性,不是单纯地由'能知'的主体性的应有方式所规定的,而是由'所知'的现实的存在方式所制约的"④。这还是回到这个四肢交互主体际共在中来了。

_____

① 　[日]广松涉:《存在与意义》(第一卷),彭曦、何鉴译,南京大学出版社,2009年,第325~326页。
②③　同上,第329页。
④ 　同上,第331页。

最后,广松涉肯定知道,真理的这种交互主体共在的现实基础,将是社会历史中的共同主体存在。并且"使真理作为真理的而成立的主观际的共同世界实际在历史、社会、文化上是多层的",但是"关于围绕共同世界和交互主体性的成立的动态的现实,将在下一卷《实践的世界的存在构造》中进行论述"。①他预告说,这些问题的讨论都已经是《存在与意义》第二卷的内容了。但实际情况是,广松涉没有再回到真理问题的具体讨论上来。

---

① ［日］广松涉:《存在与意义》(第一卷),彭曦、何鉴译,南京大学出版社,2009年,第329页。

第十二章
上手存在的实践世界

《存在与意义》第二卷的主要内容,是广松涉哲学对实践世界的分析和讨论。他基于马克思关于使用价值生产赋型的观点和海德格尔的上手存在世界观,构筑了一个全新的"实践世界的存在结构"。在他看来,正是这个关系性的实践世界才构成了认识世界的现实基础,在这里,显相的所与和意义的所识关系,被透视为"实在的所与"和"意义的价值"的关系存在,而能知的何人与能识的某人,则在实践的世界中深化为"能为的个体"和"作为角色的主体"。这是认识论中的四肢关系结构(四肢的连構造)在实践世界中的转换结果。本章,我们就来看一下广松涉哲学中这一奇特的原创性成果。

一、从事物到用在的有用物世界

在《存在与意义》的第一卷第三篇中,广松涉在认识论的构式中,已经就做过这样的分析:在日常生活的常识经验中,我们总是直接遭遇各种物质对象,"实在的世界在'我们'的日常的意识中,在定位上存在于实相的空间、时间之中的同时,作为采取被法则所制约的应有方式的'物'的集大成而被表象,总之与映射的显相世界区别地被觉识"①。把这些物性对象看作它原本存在的样态,这既是一种自明性的常识,也是基于朴素实在论自然而然的经验前提。显然,这是胡塞尔现象学批判中所已经指认的自明性。而在广松涉这里,他却告诉我们,这种物的世界观是一种"物性化的错视",其本质是"显相的世界在这里呈现'物的世界'"。通俗地说,是我们将各种关系性的显相误认成了独立存在的物,即物象化的世界。显而易见,广松涉总是想透视常识背后的秘密。在这一点上,他是接着黑格尔-胡塞尔的物相透视构式逻辑往后说的。广松涉认为:

> 对象的世界的事物的清晰分节相,动辄被认为是"物体的清晰分节",对于人的知觉来说在先天上是必然的。为了使物体的世界像得以形成,作为现实问题,被工具的物品包围着的日常生活的态势乃必要条件,物体的事物观在历史上是相对的。②

显然,广松涉刻意"将'事物'与一般的'物'区分"开来,即进入到我们经验觉识中的物体与关系性的事物。物体是经验常识中人们直观中出现的对象物(ding),而事物则是"被工具(道具)的物品包围着的日常生活的态势"中出现的与人的存在相关的关系存在中的事情之物(Sache)。在德语中可以直接区分这两个概念,而英文和法文等其他西方文字则不能区分。广松涉告诉我们,其实在我们的认识构序中,被人们错认为对象物的清晰分节只是物象化之后的物相,因为真实存在的东西是与工具性物品包围的上手性的事物,而我们对事物的四肢性觉识才是认识的本质,只是通常我们将其错认为"物体的清晰分节",进而生成物体的世界物象。在这一点上,海德格尔通过存在

---

① [日]广松涉:《存在与意义》(第一卷),彭曦、何鉴译,南京大学出版社,2009年,第435页。
② 同上,第381页。

者与存在的"存在论差异问题"已经深刻地透视了。

然而人们没有细究的认识论问题是,作为传统认识对象的物的世界像,不过是关系性事物显相的假象。在那里,广松涉是通过三个小小的提醒来说明这一点。

首先,人们没有发现的事实是,这种作为认识对象关于物体的世界像是历史性变化的,从本质上看,它只是一种历史性的事物之像。例如,关于我们生存于上的地球,东西方的古人都会将其视作一个由神托举着或浮在水面上的扁平的大地,一直到近代航海实践特别是欧洲"发现新大陆"的长距离跋涉中,我们才发现自己生于斯的大地是地球。其实,有过海上旅行的人都会发现,远处驰来的航船通常都桅杆先露出海平面,它表明了海平面的曲度;而新大陆的实践则直接证明地球的可环绕性。

其次,进入我们的认识视域中的我们周围世界中,完全独立本有的自然物是极其罕见的。仔细去观察,我们就会发现,"天然自然的无生物在我们的日常的四周极为罕见,我们所遇到的无生物是以家具、餐具为代表的各种各样的人造物、工具等其他物品"①。每天我们一睁眼睛,身上、身边和可见的周围世界中的一切生活用品,都不是与人无关的自然物,而是由我们利用工具、通过劳作生产制造出来的人工事物。他还说,其中一些工具性事物的在场一开始就是以人的肢体的功能延伸为存在方式的。这也是广松涉事的世界观之"四肢论"的缘起。我已经提到过,在斯蒂格勒那里,技术也被指认为人的义肢(prosthesis)存在,有趣的是,斯蒂格勒也讨论过人的存在从直立行走开始,那一刻,手的功能性存在爆发出来,并且工具性义肢总是与手联系在一起。②

---

① ［日］广松涉:《存在与意义》(第一卷),彭曦、何鉴译,南京大学出版社,2009年,第344页。

② 参见张一兵:《斯蒂格勒〈技术与时间〉构境论解读》,上海人民出版社,2018年,第三至四章。

最后,广松涉认为,认识的真正对象是关系性的事物的呈现,并且它总是在交互性的肢体性的关系中发生,或者说,工具性事物的存在,作为人的肢体的延伸存在,它的在场总是以肢体性清晰分节的方式发生的。广松涉自己说:"如果所谓的'肢体'的清晰分节相形成了'小枝—中枝—大枝—树干'这样的排序体系的话,那么与'家庭—氏族—胞族—部落'这样的社会编制的构造也是照应的。"①这里的构境意向为,正因为工具性事物向我们呈现的方式通常都是以肢体性清晰分节态表现出来,所以这种肢体性分节就会成为事的世界观的基本赋型方式,比如社会的肢体构架就是如此。应该指出的是,正是社会生活实践中的肢体清晰分节引导了认识论的四肢结构观。

值得我们注意的观点是,广松涉提出,如果作为认识对象的世界像的本体是事物的关系性存在,那么"我们在探讨'事物'的存在性的时候,必须同时关注实在的事物的'性质、功能''组成、构造'以及'发挥作用、过程'"②。显然,这就不再是一个哲学认识论的问题,而是构成认识基础的存在论问题。这样,我们就可以进入广松涉《存在与意义》第二卷的构境层,即"实践世界的存在结构"。

广松涉在第二卷的开篇,就对实践世界的存在结构做了一个概括:

> 针对实践的关心态势而展现的世界显相的分节态[=用在(上手)的有用物态〈Zuhandenheit Gut〉],每次都是作为单纯的认知的所与以上的某种东西("带有"价值性的某种东西)来被觉知。我们希望将用在(上手)态中的所知的两个契机称为"实在的所与"以及"意义的价值"(Bedeutsam Wert),不过用在(上手)的分节态每次都是作为"实在的所与"

---

① [日]广松涉:《存在与意义》(第一卷),彭曦、何鉴译,南京大学出版社,2009年,第347页。
② 同上,第500页。

以上的"意义的价值"在二肢的双重性的构造中以有用物态(Gut)的相来呈现。①

这显然是一个同时基于海德格尔和马克思哲学构式逻辑之上的新的构境。

首先,这是从认识论向实践存在论的过渡。这里发生的格式塔转换是一种更深的追问,即我们在认知活动中看见的第一对显相的所与和意义的所识二肢关系背后的现实支撑。因为我们发现,原来在四肢认知关系中的显相的所与和意义的所识关系,在实践世界中,那个在物象化视域中的对象物之上多出来的东西,被重构为实在的所与和意义的价值(价值)的清晰分节。此处,所与的显相的支撑是实在,所识的意义背后出现了价值,更重要的是,广松涉干脆将这种作为关系存在的事物直接确定为上手状态中的有用物(Gut)。这是广松涉的发明,即在马克思和海德格尔都做出区分的物(Ding)、事物(Sache)之后,直接挑明这个我们周围世界存在本质是为我们(Für uns)的价值赋型–构序之益我性的有用物(Gut)的做法。在西方文字中,德语中的Gut,英语中的good,都同时兼有"好的"和"有用物"的意思。广松涉选择此词是独具匠心的。Gut可以摆脱的Ding与Sache之间边界模糊之弊。事物的本质是人之好。这里让我想到的构境意向,是海德格尔对自然概念的历史性重构,即人面前的自然(φνσις)就是向我们涌现式的存在。在这种构境层中,存在已经是巴塔耶所说的有用的有用物了。不过,广松涉这里对有用物的Gut概念使用,并没有贬斥性的构序意向。

其次,这个实践的世界并非是与认知的世界完全不同的世界,它就是认

① 〔日〕广松涉:《存在与意义》(第二卷),彭曦、何鉴译,南京大学出版社,2009年,第3页。中译文有改动。这里的Gut如果直接译作"财物",会将广松涉这一存在论中的重要概念的构境狭窄化了,故译作"有用物"更贴切一些。

识的世界背后现实中的真相。"'认识的世界'即'针对认知的关涉态势而展现的世界',只不过是在舍弃如实的实践的世界中的实践的关涉性这一点上作为方法论而被抽出来的东西而已,可以说那原本无非是'实践的世界的一个相面'。"①所以将我们在认识论是面对的显相的所与和意义的所识关系,重构为实践关涉中的有用物态,无非是"恢复、充当在认识的世界被舍弃因而所剩无几的东西"。将认知关系结构归基为实践中的有用物的关系存在,这倒是一个重要的陈述。可是我们在《存在与意义》的整个第一卷中,看不到这种重要的指认,这多少会对人们正确理解广松涉的四肢认识论产生一些不必要的影响。

广松涉承认,他的这个上手的实践世界论的基础,是"马克思的商品世界论的构造,以及海德格尔的上手存在论(Zuhandensein)"②。这是一个极为重要的构式背景交代。了解这一点,就可以准确地校正我们入境的正确视位。

首先,他提醒我们,在这里对马克思商品世界论的援引,并不是他在《资本论的哲学》关注的马克思的劳动价值论(劳動価値说),而是与实践(劳動生产)赋型存在相关的使用价值论,所以他说,与"目前的论述脉络紧密相关的与其说是他的价值论,还不如说是使用价值论"③。我们都知道,马克思《资本论》的主要关注对象是资本主义生产方式中的资本关系,在政治经济学构境层中,为了解决剩余价值的真正来源问题,他主要关心了劳动二重性中的抽象劳动,在劳动价值论中重点分析了使用价值和价值中的后者。而在广松涉这里的实践世界讨论中,他则是从马克思没有重点关注的使用价值入手的。这是一个值得我们注意的入境线索。我注意到,在后来列菲伏尔关于《空间生产》的讨论中,他也是明确聚集于马克思讨论较少的"使用价值"。④

① [日]广松涉:《存在与意义》(第二卷),彭曦、何鉴译,南京大学出版社,2009年,第3页。
②③ 同上,第11页。
④ 这一问题,我将在《列菲伏尔〈空间的生产〉的构境论解读》一书中具体讨论。

其次，广松涉此处最重要的构境支撑是海德格尔的上手存在世界论。他先是引述了海德格尔在《存在与时间》中关于事物与上手存在的关系问题的大段表述。在海德格尔那里，希腊人拥有恰当地表述"事物"的用语，那便是pragmat这个词，那是指在操持的交涉（praksis）中相关的东西。海德格尔说：

> 我们把这种在操劳活动中照面的存在者称为用具……用具在本质上是"为了……的东西"。有用、有益、合用、方便等等都是"为了……之用"的方式。这各种各样的方式就组成了用具的整体性。在这种"为了作"的结构中有着从某个东西指向某种东西的指引。①

这是海德格尔在《存在与时间》中一段极为重要的表述。广松涉先让我们注意，海德格尔关于用具性的存在者的深刻构境：在后者那里，这种特殊的"为了什么"的用具性存在方式就是Zuhandensein（上手存在），就是用在性存在。特别是这种"为了什么"的用具的整体性中，出现了事物之间功用性的指引结构，这正是用在性实践世界的本质。其实，在海德格尔那里，人的现实存在不是一个孤立的实体，而是有目的性地牵挂于某物的活着，这不是观念的意向，而是人的生命存在的事实上的何所向，向着事物，与事物和事情打交道。在德语中，Umgang（打交道）中的um是围绕的意思，而Gang则是行走和运作之意。海德格尔使用此词有很深的现象学的意味。这种向着物的交道活动场即构成世界。这里有一个重要的断裂，在所有传统思想家承认人之外的世界（上帝创造的世界、形而上学承认的外部实在或观念世界）的地方，海德格尔否定的这种世界的外部性。世界就是人的交道活动建构起来的突现存在场域。②

---

① ［德］海德格尔：《存在与时间》（修订本），陈嘉映、王庆节译，商务印书馆，2006年，第81~82页。

② 参见张一兵：《回到海德格尔——本有与构境》（第一卷），商务印书馆，2014年，第四章第二节。

广松涉进一步界划说:"海德格尔的所谓的上手性(用在性)本身被认为并不是将物的世界素材在主观上着色的看法的特性,而被视为它自身存在的原原本本的存在者的存在论的规定。"①上手性不是主观赋予物的看法,而就是我们周围世界一切Für uns的事物关系性存在的实在。广松涉没有挑明,海德格尔这里的用在性,就是形而上学表达中的使用价值。然而他又告诉我们:"只要切合这个形式的、抽象的规定,我们也姑且能够借用、沿袭上手性(用在性)这一海德格尔的用语。但是,如果是在内容上的、具体的阶段,我们则不能原本地沿用他所说的上手性(用在性),甚至与其紧密相关的'有意义性'这样的概念。"②为什么呢?因为在广松涉看来,海德格尔的用在概念还是存在一些问题的,他的"用在(上手,Zuhandensein)这样的规定,在我的眼里看来,是没有从近世的'主体-客体'关系圈中迈出几步的自我与客观的关系。"③这是广松涉的一个判断。我个人并不是特别赞同。因为从总体上看,广松涉对海德格尔哲学的理解还是存在局限性的,他并不知道海德格尔秘密文献中否定存在论的本有哲学。当然,这不是广松涉的错。广松涉说,他使用用在(上手)性比海德格尔的用具构式要更宽泛一点。

对于使实践的世界显现(vorkommen)的"实践的关涉的态势",我们原本采取比海德格尔的 "从事并使用的操劳"(das hantierende, gebrauchende Besorgen)更广义的理解。根据这一点,与海德格尔所局限的"在操劳中遇到的存在者〈为了什么的某种东西〉=工具"相比,我们的用在存在(上手,Zuhandensein)是更为广义的东西。而且,在海德格尔那里,"某种东西的对'另外的'某种东西的指引"是"为了……"这样的"目

---

① ② ［日］广松涉:《存在与意义》(第二卷),彭曦、何鉴译,南京大学出版社,2009年,第12页。
③ ［日］广松涉:《物象化论的构图》,彭曦、庄倩译,南京大学出版社,2002年,第167页。

的手段"关联,而与此相对应,在我们这里,"某种东西对另外的某种东西的指引"呈现"作为"这样的"实在的所与和意义的价值"的等值化的统一的结构。①

这是说明海德格尔的上手存在论如何为我所用。说白了,就是如果海德格尔的上手性存在更多是指认了操劳中的用具功用,而广松涉则想将它整合进自己的四肢结构存在论。于是,经过广松涉重构过的用在性=价值关系就进一步延伸到了其他领域。

  我们所说的用在(上手)态带有泛通的表情性,另外还以承载种种的意义的价值的相显现。——在意义的价值的种种相中,也可以看出海德格尔的工具的价值以及马克思的经济的价值,最终还能看出所谓道德的价值、艺术的价值、宗教的价值之类的。②

简单地说,广松涉是觉得,无论是海德格尔的工具价值论还是马克思的经济价值论,都无法完全覆盖人的价值存在整体,从工具性和经济效用的价值构序中是无法直接推导出人的伦理价值、审美价值和信仰价值的。而广松涉试图从用在性构式逻辑中生发出一种更具普适性的价值关系。

二、什么是实在的所与和意义的价值?

了解了广松涉实践世界观的支援背景,我们再来重入他新提出的实在的所与和意义的价值关系构境,可能就会轻松一些。广松涉告诉我们:"在现

①② ［日］广松涉:《存在与意义》(第二卷),彭曦、何鉴译,南京大学出版社,2009年,第13页。

实中,有用物态的显现样态和主体的状态是双关的、相互构成媒介的。"①显然,认知显相的背后那个物象化假想,其实是有用物态的呈现,而意义所识的主观构境支点,则是与主体存在相关的价值性关系。我觉得,这是广松涉对自己四肢认识论现实基础的最重要的交代,也可以看成是他对马克思历史唯物主义的最重要的坚守。所以广松涉说:

> 在实践的世界中,实在的与件每次都"带着"单纯的实在性以上的意义的价值性显现出来的是实践的态度性关联态的反思的规定。主体的关心的态度性也继续受到实在的与件的"自然的"性质的制约、限制,不过就将原初的场面除外而言,那已经是被中介的形成态。②

这里发生的从认识论向实践论构境的转换为,认知情境中的显现所与归基为有用物实在的所与,而交互主观际有效的意义的所识背后则出现了真实的价值关系的认同。这就是广松涉实践四肢结构论中新的二肢:实在的所与和意义的价值。

首先,我们来看这个实践世界中的实在的所与。广松涉认为,我们在日常生活常识经验中所面对的物象化世界中的物,其实都是在与人的存在发生有益价值关系中赋型和构序的有用物群(Güter),而非离开我们而独立实的自然物质实体。如果说在前面的讨论中,广松涉不断在反对物象化的批判构境中,强调认识面对的不是对象性的实体"物",而是关系性的事,那么在这里,他则是进一步说明了这种关系性的事的本质。在他看来,我们现实实践活动中的对象恰恰处于一种更加复杂的建构关系之中,即所有实在的所与都是意义的价值共轭存在。"有用物态始终具有'实在的所与非实在的存在性质

---

① [日]广松涉:《存在与意义》(第二卷),彭曦、何鉴译,南京大学出版社,2009年,第175页。
② 同上,第184页。

的意义的价值'的二肢的二重性的构造。"①这里会呈现一个新的构境层。我们可以回到上述认识论中已经遭遇的那个打火机的例子,打火机的认知显相之所以同时是意义的所识,其决定性因素并不在认识活动之中,而在于实践世界的现实存在中,即打火机已经是为了取火而制造的有用物态,它的事物性在场内嵌了人类取火功用的历史性存在,打火机的物性塑形已经将这种有价值关系的意义对象化了。打火机的存在本身就是人与存在价值关系中的项,它本身就是实在的所与和意义的价值的共在。

广松涉解释说:"'实在的所与'始终是'实在价值'关系的'项',那只有在'作为单纯的那以上的意义的价值而有效'这样的关系规定态中才是'实在的所与'。"②这是认识论中四肢论中"显相的所与和意义的所识",在现实的实践结构世界中被进一步透视和深化的真相,这里,复杂的构境层次如下:原先那个被给予的显相不是物的实在,而是上手存在(有用物)的实在;原来让我们瞬间获得质性所识的意义不是主观判断的结果,而是上手世界中客观出现的非实在存在的价值关系。实在的所与和意义的非实在价值关系,是上述显相的所与和意义的所识这一认识论四肢第一层构境的深层转换,它并非另一种东西,而是同一个四肢论在实践关系本体论中的重构!可以说,这是一个十分重要的理论指认。

广松涉现在指认说,上面我们指责传统认识论中的那种主客二分的模式实际上只是物象化的结果,实质上是因为,我们在常识中"动辄以脱离价值的物(Ding)的事物的相来看待对象界。在那里,脱离价值的实在被思考为似乎是直接显现"。这也就意味着,物象化误认的本质,是遮蔽了上手–使用价值关系。

---

① 　[日]广松涉:《存在与意义》(第二卷),彭曦、何鉴译,南京大学出版社,2009年,第37页。

② 　同上,第14页。

从我们的立场来看,所有世界显相都能成为"承载"价值的实在的所与。如果是最低层的价值的话,森罗万象都能承载。不论是所谓的物质的东西,还是精神的、物件的、人格的、事象的、行为的、事态的、命题的东西,所有东西都是承载种种价值的实在的所与。(因此,形成了物质的、精神的、物件的、人格的、事象的、行为的、事态的、命题的等等有形无形的各种有用物态。)①

这也就是说,我们在现实生活中所面对的一切现象,都是与我们的存在相关的价值关系存在,这不仅仅是物质存在,也包括所有行为活动、精神关系的事件,它们都只能以有价值有用物态的方式呈现在我们面前。只是在物象化的物的世界观中,我们将它们隔离和错认为无价值关联的外在物。将人的客观行为视作"所与的实在"是可以理解的,可是将精神的命题也作为"所与的实在"却让人一下子难以接受。

其次,作为实的所与共轭出现的非实在存在方式出现的意义的价值。如果说在实践结构关系中,实在的所与是以客观塑形的样态在场,那么意义的价值却是以不可见的非实在的方式出现的。一方面,广松涉明确表示,他反对简单的客观价值论或主观价值论,"关于价值性现象,扬弃'客体一方是主导的规定因素,还是主体的一方是主导的规定因素'这样问题的设定本身"②。因为这还是主–客二元模式中的旧观念。在他看来,"有用物态的第二肢即'意义的价值'始终是'实在价值'关系的'项',只有'实在的所与''作为单纯的那以上的某种东西而有效'这样的关系规定性才是'意义的价值'"③。这是

---

① [日]广松涉:《存在与意义》(第二卷),彭曦、何鉴译,南京大学出版社,2009年,第16页。

② 同上,第183页。

③ 同上,第38页。

说,意义的价值当然就是功用性的事物存在的价值关系,它并不是一个独立自在的东西。

另一方面,当这里的意义的价值关系不能简单地归结为主观好恶的判断,它必然是一种客观有用物存在的不可见的非实在关系。在他看来,这种非实在的价值关系是"主体际的、文化的形成态"①。为此,他发明了一个词组,叫主体际的实践关联态,由此来指认一种实践的共同体。请注意,也是在这一构境层面上,他批评了海德格尔的共在概念。在他看来,"海德格尔指出了'人的本质是共在(Mitsein)',并将之称为共同此在(Mitdasein)。但是,共同此在在他那里,结果是同晶型的(isomorph)的原子的他人,而且称之为烦神(Fürsorge)——的确,那不单纯是知性的态度"②。这也就是说,海德格尔的共在概念是消极的,而广松涉则认为,主体际存在着一种正面的交互建构作用。所以他认为马克思所说的价值关系不是对象性的东西,也不是一种否定性关系,而是一种在共同体成员之间主体际实践活动建构中发生的关联性存在。

对于广松涉的这种理解,我是不能完全接受的。其实,将海德格尔的沉沦性的关系共在改变成肯定式的交互关系存在,将马克思的价值关系反转为共同体关联,都是与广松涉在哲学层面上只是关注了"物象化批判"的第一个构境层有关,即在广义历史唯物主义中反对将关系性的存在错认为实体性的对象,而他忽略了马克思狭义历史唯物主义中重新建立的历史现象学批判,即经济拜物教批判构式中的事物化颠倒问题。在马克思那里,价值关系已经是劳动交换关系在市场中的现实抽象中生成的客观颠倒,它本身就是资本主义生产方式的特定产物,马克思后来在《资本论》及其手稿中,重新用异化关系来描述这一事物化的现象,以及物化错认所导致的拜物教。如果将马克思的批判性价值关系泛化为正面的主体交互关系,这就会失去历史唯物主义深

---

① ［日］广松涉:《存在与意义》(第二卷),彭曦、何鉴译,南京大学出版社,2009年,第169页。
② ［日］广松涉:《物象化论的构图》,彭曦、庄倩译,南京大学出版社,2002年,第167页。

刻的批判维度,使之沦为资产阶级抽象社会学中的粉饰性意识形态。同理,海德格尔的共在批判构式逻辑,固然是在抽象思辨构境中表达出来的,但他对现实生活中的众役性关系的批判是无比深刻的,将它改变了无批判的实证说明,同样是肤浅的。

广松涉认为,在任何一个社会生活的实践关联态中,

> 对成员们来说,价值的对象性被认为是在主体际以同一相客观地已经存在的东西,对于其价值性对象,同型的认知、反应大致得以进行。这就意味着各自的成员作为体现同型的价值性认知、反应的主体而实现自我形成,即作为价值性认知、反应的主体,实现主体际的同型化。①

这里的意思是说,意义的价值关系并不是只针对一个个人主体有用,而必然是一种在实践关联态中的主体际共同价值效用中发生的认同关系。

广松涉告诉我们,这个意义的价值关系,恰恰是前述认识四肢论中意义的所识的基础性关系,反映到认识论构境中,它就是意义的所识。

> 有用物态作为有用物态而成立,即"实在的所与意义的价值"的二肢的二重性得以体现,如果从认识论的视角来说的话,是作为一种认识论的"构成"的产物。——因为以认知论的影射截取来看的话,意义的价值是一种"所识"。②

应该说,广松涉通过这里的讨论,很好地为自己的意义的所识提供了一个现实的基础。

---

① [日]广松涉:《存在与意义》(第二卷),彭曦、何鉴译,南京大学出版社,2009年,第174页。
② 同上,第168页。

广松涉说,关于这一点,还可以通过马克思政治经济学中的使用价值和价值理论来透视。

第一,广松涉认为,我们可以先从政治经济学中的使用价值构境来进入讨论域。

所谓使用价值,总之是指各种有用物所具有的效用(效用的属性)。被称为效用的东西是多种多样的,包括从对肉体的生存直接起作用的层面的东西到对精神的生活起作用的层面的东西。另外,不仅仅有类似于日常语义上的工具的有用性的东西,说到底,还能包括不妨说对人生的幸福来说的有效性那样的东西。①

实际上,广松涉的这种对经济学中使用价值概念的定义是非历史的,有用并不是使用价值,在马克思的政治经济学构境中,价值和使用价值概念都是历史性的范畴,它是特指在商品生产过程中生成的特殊存在关系。因为正如莫斯已经实证地认证的那样,在原始部族生产中,并没有基于财富生产之上的价值关系。在马克思对未来共产主义社会的展望中,也同样是以消除资本主义商品价值关系为前提的。广松涉并没有意识到这一点,所以他仍然在抽象的意义域中来规定效用,"效用的机能即便由物理的属性所支撑,但那并不是单纯的物理的效能,可以说是那以上的某种东西。此时的'那以上的'并不是指物理的成分添加在某物之上。那么,'那以上的'东西又是什么呢?很显然,是在对目的的反思中成立的规定性"②。这是形而上学式的讨论。广松涉是想通过使用价值的功用性不是简单的物理实在来说明意义的价值关系的非实在性。然而即便我们回到纯粹的哲学语境,广松涉的观点还是存在问题的。

①　[日]广松涉:《存在与意义》(第二卷),彭曦、何鉴译,南京大学出版社,2009年,第23页。

②　同上,第24页。

他想证明,有用物态中的事物的有用性是物理成分之上的东西,准确地说,有用物的效用当然是一种通过劳动塑形而发生的物理(客观)改变,比如海德格尔经常列举的锤子,从木制的合手的锤柄到铁制的锤头当然是物理的实质有序性(目的)重塑,只是这种"以上"是非自然的物理改变。

第二,再从经济学的价值关系来看有用物态关系存在中的意义的价值。广松涉明确告诉我们,这里的价值关系"不是价值表现、现象形态"——"交换价值"(Tauschwert),而是"商品价值"(Warenwert)。你看,当广松涉具体讨论经济学中的价值关系的时候,他不得不进入到历史性的商品生产的市场交换关系中来,而无法讨论一般物品的价值。从马克思的劳动价值论观点来看,商品的价值只有在不同商品交换(实际的或想象的)的估价关系中才是价值(交换价值)。在这个意义上,作为劳动交换关系的价值是客观存在的,但它恰恰不是一种可直观的物。一般而言,价值是一种抽象,"在对商品进行比较时,这种抽象就够了;而在实际交换中,这种抽象又必须物化,象征化,通过某个符号而实现"①。这是价值抽象(Wertabstraktion)与事物化实体的必然关联,其现实结果就是作为商品之间第三者出现的等价物——货币。在商品经济的现实运作中,"作为价值,商品是等价物;商品作为等价物,它的一切自然属性都消失了;它不再和其他商品发生任何特殊的质的关系,它既是其他一切商品的一般尺度,也是其他一切商品的一般代表,一般交换手段。作为价值,商品是货币"②。广松涉看到了这一点,所以他说:马克思"解开了商品(即'使用价值-价值'的二要素的统一有用物态)作为'感性的、超感性的物'(ein sinnlich übersinnliches Ding)映现出来的谜团。因此,马克思的劳动价值说实际上扬弃了将价值视为感性的、自然的实在的思路"③。这也就是

---

① 《马克思恩格斯全集》(第46卷)(上册),人民出版社,1979年,第88页。

② 同上,第85页。

③ [日]广松涉:《存在与意义》(第二卷),彭曦、何鉴译,南京大学出版社,2009年,第36页。

说，马克思的劳动价值论提供了一条从非实在的关系主义的构序方向进入理解意义的价值关系的通道。这一构序思路，基本上是对的。

三、实践世界中能为的内在个体（谁）与角色的主体（某人）

在广松涉进入实践的世界时，发生改变的并非仅仅是"显相的所与和意义的所识"关系转换为"实在的所与和意义的价值"关系，同时发生转换的事情，还有那个"能知的何人和能识的某人"向"能为的谁和作为角色（役割）人格的某人"关系的变形。这是整个认识四肢论在实践世界中的转换的第二层级。或者说，这是广松涉实践四肢结构中的第二构境层。

广松涉说，这一处于"实践的当事主体"的新的关系存在，也可以被称之为"内在的主体和角色的主体"的二肢的二重性。内在的主体，也是作为能为的人称个体那个"我""你""他（她）"的谁（何人），而角色主体，则是在能为的个体之上的与其他人相互期待关系中的某人。这也就是说，在认识论中我们遭遇的能知-能识的主体，在实践世界中则会是能为的二重性关系主体。

在用在（上手）的世界中，被我们称为"能为的主体"清晰分节肢也以特异的样态显现（vorkommen）。能为的主体作为个体的客体原本就是"实在价值"形态之一，在与用在（上手）世界的其他各种肢节之间是有一种独特的关系，在这个独特的关系性中，那是客体的一个个体以上的某种人，而且是单纯的能知的主体以上的人（实践的主体）。而那是一边筹划尚未存在的状态，一边进行期求、驱动的主体，作为与其他实践的主体相互指向期待的人（能期待者）、被指向期待的人（所期待者），呈现出特异的共轭（共軛）的关系，并承担有为他（für es）自为的（für sich）规定性。①

　　这是一种实践世界中新的四肢关系，这里的关键词是实践的客观活动关系，即能为，也就是能实践，而非前述认识论中的认知活动。所以广松涉首先说，这里的能为，对应于用在的世界。在实践关系中，当然先是一个个具体的、现实的个人在作为（筹划尚未存在、进行期求、驱动的主体），可是这个能为的个体总是处于与同样是能为的他人之中，并且他去行动的时候，总会存在"一个个体以上的某人"（与其他实践的主体相互指向期待的人和被指向期待的人）。这后一个角色式的主体是"面向舞台的情况的实践的关系性"的能为状态。依西原和久的考评，广松涉早在20世纪60年代后期的论文中就有所涉及，而在1972年的《世界的交互主体性的构造》一书第二部中，已经充分讨论。依他的解释，广松涉这里的角色概念出自社会学中的行为论，但又超越了那种物象化的角色。"'角色'不是作为占有自力生存地位的人被他们所期望的行动式的'角色'这一社会学的概念，而是同时也使'地位-角色'关系成立的发生论的概念。"②广松涉说："我们在日常生活中，正如每次都力图使自己以合适的方式来对待与人交往的环境场面一样受到'社会'的制约，大致上也按照它来行动。在学校像个教师；在同学会则'回到学生时代'般地行动；回到家里则像个父亲等等。"③用马克思的话来说，就是人的本质在其现实性上为一切社会关系的总和，或者现实的个人去改变存在总是处于一定的社会历史条件下，并一定的生产方式进行。而在海德格尔那里，则是此在总会去在世，处于一种与其他此在的共在之中。对此，广松涉指认说："在用

---

　　① 〔日〕广松涉：《存在与意义》（第二卷），彭曦、何鉴译，南京大学出版社，2009年，第71页。

　　② 〔日〕西原和久：《广松社会哲学的现代意义》，载《社会批判理论纪事》（第1辑），中央编译出版社，2006年，第51页。

　　③ 〔日〕广松涉：《物象化论的构图》，彭曦、庄倩译，南京大学出版社，2002年，第155~156页。

在(上手)的世界这样'舞台场所'登场的人物,包含自己在内,呈现'能为者谁'和'角色性格者某人'这样的二肢的二重相。"①比如,我去课堂上课的时候,我当然是作为能为的个体在授课,可是这种授课却同时也是受主体际关联制约的教师角色期待的结果。我上课的舞台并非仅仅是一个讲台,而是面向所有被教育者的教育者角色的用在性舞台。

首先,在广松涉看来,能为的个人的确是发动实践活动的内在主体,然而每一个做事的个人主体都必然遭遇其他同样作为内在主体的他人,并且作为内在的主体的个人——"能为的主体通过理解其他能动的主体的意向、行为来实行顺应的行为(包括无为)。这种角色的行为切合这样的为他(für es)自为(für sich)的关联态中所占的布局,能为的主体彼此之间的人称的关系得以成立"②。你成为你,恰恰因为有他(她)。你是一个女儿,因为有生你的父母亲;你是一个老师,因为有所教的学生;你是一个老板,是因为有人为你打工。所有关系倒过来也一样。又比如,"在语言活动的场合,'说话的当事人、对方的听话人、话中被言及的人'以'我、你、他'这样的人称代名词来被指称"③。这是一种角色期待关系中的能为性主体。

所以广松涉认为:

在为他(für es)自为(für sich)的关系性的场合被实际认知的主体,即人格的存在者虽然被既成化为角色性格存在者的相,却作为"内在地"具有各自的个体的特性的能为者来被理解,呈现一种独特的二肢的二相性。——人格的主体作为"能为者谁以上角色性格者某人"以"实在的理念的"二肢的二重态而存在,而且是以多重的"实在价值"形态的相实际

① ［日］广松涉:《存在与意义》(第二卷),彭曦、何鉴译,南京大学出版社,2009年,第154页。
② 同上,第106页。
③ 同上,第108页。

存在。①

这也就是说，在现实的实践世界中，一个个人能够摆脱外部力量，"内在地"去实践，去创造，也正因为他总是处于一定的社会期待的角色性格的"某人"关系中，这也意味着，能为的内在主体（人格化的谁）与角色关系中的某人是一种相互定位和规制的双重共轭关系。

其次，广松涉认为，在实际生活的场合中，内在自我的人格特性只能是"通过与他人的实践的交往而变样、形成、并被陶冶"。这又是一种深刻的共轭共存关系。在广松涉看来，

> 能为的主体的"能为者谁"和"角色性格者某人"这样的二肢的二重相的具体的状态是通过主体际的"协作"而形成。——能为主体的人格的所谓内在的存在规定、所谓外在的存在规定都是为他（für es）自为（für sich）的存在规定，不仅各个存在样态不同，而且两种规定的形成机缘的位相也有差异。——能为的主体通过主体际的"应对"，朝着"作为〈该存在的主体〉的能为者谁"这样的相来实现人格的自我陶冶，因此主体的行为每次都作为单纯"我做"（facio）以上的"我们做"facimus来进行。②

这也就是说，一方面，能为的主体的内在特性的人格特性并不是一成不变的，而是可塑的，但更多的，这种改变是在与他人的交往中实现的。我作为一名大学老师，我的教学风格和内在精神个性，总是在与学生的教学互动关系中去实现和被改变。另一方面，作为能为的个人内在主体去存在，恰恰是处于一个主体际的协作关系中，"我做"往往会变成"我们做"。广松涉专门指

---

① ［日］广松涉：《存在与意义》（第二卷），彭曦、何鉴译，南京大学出版社，2009年，第112页。
② 同上，第148~149页。

认,"在'同一'生活场所生活的各种人物的人格的特性呈现出同化的倾向"①。在这种主体际交往中,内在主体的人格将会被同化。

在这里,我必须提出一些自己的疑惑之处。在广松涉已经呈现的实践世界中的四肢关系结构中,前一个实在的所与和意义的价值二肢,的确为认识论构境中的显相的所与和意义的所识二肢提供了重要的现实基础,而后一个能为的谁和作为角色期待的某人,似乎无法真正对应认识论中的能知的谁和能识的某人。因为在康德先天综合判断生成的认识论革命中,被广松涉四肢认识论重新命名为"能识的某人",是自动整合个人经验和意识的抽象的先验观念构架,如果这种构架的现实基础只是社会学意义上的"角色期待中的某人",则会使已经取得进展的康德认识论革命的意义荡然无存。这不能不说,这是一个巨大的逻辑断裂。在这一点上,索恩–雷特尔的解决方案是,将康德的先天观念综合构架归结为商品交换的现实抽象结构,这使康德命题具有了批判性的破境意义。而广松涉此处的方案却是向实证社会学的妥协,这不能不说是一个遗憾。其实,在存在论的层面上,广松涉将海德格尔的沉沦式的常人共在,从否定性的异化场境批判,转化为交到主体关系中的肯定存在,也消除了原有的批判性维度。这是广松涉自己并没有意识到的深一层伪境。

总之,在广松涉这里,实践世界出现的所与项和主体项都只是在总体化的四肢关系结构中才能获得自己的确立,并在这种动态建构中得到改变。广松涉认为:

> 用在(上手)的有用物态(Zuhandenheit Gut)的二肢的二重性("实在的所与和意义的价值")和能为主体的二肢的二重性("能为者谁和角色性格者某人")不是彼此独立的,而是以一种独特的方式相互关联,总共

---

① ［日］广松涉:《存在与意义》(第二卷),彭曦、何鉴译,南京大学出版社,2009年,第156~157页。

形成四肢的连环。——非实在的=理念的"意义的价值"以及"角色性格者某人"获得的持存性是在这个四肢的相互中介性的构造之中；有赖于那里的"意义的价值""角色性格者某人"的为他(für es)自为(für sich)的中介性，用在(上手)的有用物态的主体际的价值性以及能为的主体的人格的"同型"性体现出来。——而用在(上手)的世界则形成由"实在的所与""能为的谁""意义的价值""角色性格者某人"这样的四个契机构成的四肢的构造关联态。①

这是结论了。实在的所与和意义的价值、能为的主体的二肢二重在场，是在实践的世界中以独特的方式相互依存，构成四肢连环的建构关联态。我们还记得，广松涉曾经说过这个新的四肢论与马克思《资本论》的关系。当时他说："马克思在其有名的价值形态论中，对我们所说的四肢构造联系，即作为使用价值物的价值物，以作为具体的人格的抽象的人格，两者在二重的二肢性中相互作用的相对价值形态与等价价值形态的辩证关联构造，进行过具体的叙述分析。"②其实，这个比喻是不够准确的。因为马克思对资本主义经济关系的分析往往是在事物化批判的构境中突现的，将其泛化为一种形而上学的一般存在状态是有问题的。以广松涉的看法，这是"'纵向、横向的分割'而被规定的四个'项'的契机，不是独立自在的东西，始终不过是关系规定性的'反思的纽结'而已"③。这个反思的纽结一说，是从黑格尔—列宁那里挪用来的。然而将实践的结构指认为"反思的纽结"在黑格尔的构境中是成立的，但现在是不成立的，因为在《伯尔尼笔记》中，列宁使用此词时，一定指认的是逻辑结构中的范畴。认识之网上的"反思的纽结"的现实基础是实

---

① [日]广松涉：《存在与意义》(第二卷)，彭曦、何鉴译，南京大学出版社，2009年，第167~168页。
② [日]广松涉：《物象化论的构图》，彭曦、庄倩译，南京大学出版社，2002年，第149页。
③ [日]广松涉：《存在与意义》(第二卷)，彭曦、何鉴译，南京大学出版社，2009年，第185页。

践的格局。①

首先,四肢连环是一个开放的系统。广松涉说:"四肢的连环态的各'项'其实分别是'开放的系统',是以各自的方式的全部世界的关系性的'纽结',可以说在各'项'以'代表'各自的全部世界的'同类项'的'东西'的相彼此关联这一点上,'四肢的连环'体这样的'部位'的'构造'才得以成立。"②这也就是说,在实践世界中出现的实在的所与和意义的价值,能为的何人和作为角色性格的某人,每一肢都是四肢开放系统中的系统项,它们通过获得其在四肢结构系统中的特殊纽结地位而发生作用。

其次,这四肢连环也是一个相互驱动的联动结构。"有用物态'实在的所与意义的价值'的显现样态是根据主体'能为者谁和角色性格者某人'的形成如在(Sosein)而变样,反过来,主体的状态又根据有用物态的显现方式而变貌。"③相当于传统哲学中客体与主体的互动关系,广松涉这里的实践世界中的开放性四肢结构必然也是相互驱动和连动的,当对象性的客体被结构化为实在的所与和意义的价值关系存在时,这第一层构境中的二肢关系恰恰会依存于第二层级中主体的二肢关系,因为价值关系都是"能为者谁和角色性格者某人"的活动构筑的。反之亦然。

最后,我们发现,广松涉哲学的四肢论,其实是八肢连环,即认识论中显相的所与和意义的所识二肢,能知的何人和能识的某人;实践世界中的实在的所与和意义的价值,能为的何人与角色性格的某人。在广松涉看来,

在主体际上,"拥有"单一的所识世界(话虽如此,是在多层的"所与

---

① 参见张一兵:《回到列宁——关于"哲学笔记"的一种后文本学解读》,江苏人民出版社,2008年,第十一章。

② [日]广松涉:《存在与意义》(第二卷),彭曦、何鉴译,南京大学出版社,2009年,第187页。

③ 同上,第175页。

所识"构造形态的所识界,而不是单纯的物理的实在界,用在〈上手〉的价值界),并"内存在"于那里。而且,不只是陶冶该世界的认知相,而且还通过实践的关联来使实在的世界与件不断地变样。这个过程与意义的价值形象的主体际的形成、陶冶过程融为一体,与当在的主体的能为者谁的人格的形成、陶冶的过程也是融为一体的。①

实际上,从第一个世界的认知相上的四肢连环到实践世界的第二个四肢连环,是一种从认知活动构境层到实践存在场论的过渡,实践陶冶与人格陶冶融为一体,实在世界改变与意义的价值建构融为一体,说到底,它是同一个非物象化的关系场境存在世界。

---

① [日]广松涉:《存在与意义》(第二卷),彭曦、何鉴译,南京大学出版社,2009年,第197页。

附　录

一、关于广松涉哲学研究的访谈提纲

1.1944—1945年,广松涉的关系主义的起源,是爱因斯坦相对论中的关系参考系和海森堡的测不准定律中呈现出来的人的作用与微观世界依存性的关系本体论,还是马赫的关系式的感觉要素图景?

2.1947年,完成的"马赫笔记"的基本内容是什么?

3.1950年,日本共产党分裂之后的"国际派"的基本观点是什么?

4.1951年,写成的十四册"关系逻辑学笔记"的基本情况。

5.在早期广松涉那里,"马赫先生"的广松涉与共产党员的广松涉之间是否有内在关联?

6.1959年,广松涉最早形成的"交互主体结构"和"四肢结构"理论的缘起是什么? 是马赫的感觉要素关系结构吗?

7.儿屿贞三先生的基本情况。

8.在早期广松涉那里,马赫主义、马克思主义与四肢结构论的关系是什么? 是否可以说,广松涉关于马克思的研究一开始并不与他自己的四肢结构论直接相关?

9.广松涉的硕士学位论文题目选择康德哲学,而非马克思主义,是学校学术专业中的意识形态强制的结果,还是他的自己选择?

10.1970年,广松涉遭恐怖袭击的情况。

11.物象化理论的缘起是什么? 是20世纪60年代日本学术界关于马克思

异化论的研究吗？物象化中的"象"主要是与现象学相关吗？

12.广松涉与夫人相恋近九年后结婚,是因为革命和学术研究吗？

13.将广松涉定义为日本战后不同于前苏东传统马克思主义和西方马克思主义的新马克思主义,是否妥当？这种新马克思主义是否与日本共产党的理论家有所区别？属于这种新马克思主义哲学的日本思想家还包括哪些人？望月清司、花崎、平田？

14.《总体主义意识形态之陷阱——关于法西斯主义的思想性对质》(《日本的将来》,1974年秋季号,9月),不知道此论是否受到阿多诺相近观点的影响。

15.对广松涉影响最大的日本哲学家是谁?是西田几多郎吗？广松涉为什么没有写关于日本或东方哲学家的论著,而全是西方科学家和哲学家的研究论著？

16.康德、胡塞尔、海德格尔、梅洛-庞蒂这四位西方哲学家,在广松涉哲学体系建构中的地位分别是什么？

17.格式塔心理学在《存在与意义》中的地位是什么？

18.广松涉的《存在与意义》三卷的逻辑是否依从康德的三大批判？

19.交互主体性与四肢结构论,从20世纪50年代末到1994年,是否发生过根本性的变化？还是只在细节和思考深度上更加具体和深入了？

20.《存在与意义》第三卷的遗稿情况。

21.广松涉全部手稿文献情况,特别是他的早期笔记的整理出版情况。

22.在广松涉的学术自述中,最重要的篇章是哪些？

二、广松涉著述细目

● 1947年

1.社会科学与自然科学(福冈县山门地方男女中等学校文艺部机关刊《学舍钟》创刊号)

● 1955年

1.唯物辩证法中的矛盾概念(署名亘木公弘,东京大学文化学院学友会机关刊《学园》10号、11月。第4篇被编辑部将原稿压缩了一半)

● 1956年

1.关于学生运动正确发展——课题与展望(署名"东京大学文化学院历史研究会·学生运动史研究小组有志",《学园》特集号、2月)

2.(座谈)驹场的不满与学生运动(盐见贤吾、西山桂子、藤田庆喜、本乡元夫、村尾行一、细井雄介,《学园》11号、4月)

3.宪法"修改"的本质——隶属的明文化还是日本帝国主义的复活(署名上野教夫,同上)

4.战后日本学生运动史[署名"学生运动史小组"(与伴野文夫、中村光男共同执笔),东京大学文学院历史研究会《历史》5号、5月]

5.日本的学生运动——理论与历史

东京大学学生运动研究会著(门松晓钟、中村光男、伴野文夫合著),新兴出版社,6月20日。

执笔部分为除第2部"战后日本学生运动史略"的"第3期""第4期""年表"之外的全部。

6.太阳族偶感(署名"S·O·S",年级杂志《Die Jugenden》3号、10月)

● **1957年**

1.对于"规律(性)是被创造吗？"的批判性评注(《学园》14号、4月)

● **1963年**

1.马克思主义与自我异化论(《理想》9月号)→马克思主义的确立过程→广松涉著作集(8)

2.马赫与我(《创文》9月号)→广松涉广松涉哲学小品集→广松涉著作集(3)

3.关于马克思主义认识论(《唯物论研究》15号、9月)→马克思主义的地平→广松涉著作集(10)

4.(译著)E.马赫:感觉的分析

与须藤吾之助合译,创文社,10月20日。

5.解说论文"马赫的哲学"→广松涉著作集(3)

6.学生运动的现状思考——主持讨论会("东京大学校报"11月20日号)

● **1964年**

1.连载预告"学生运动的轨迹"(署名"东京大学报社""东京大学校报"3月21日号)

2.促进对中贸易、迟早将面临"死胡同"(署名门松晓钟,同上。特集"中法恢复邦交——它的意义所在"之一)

3.学生运动的轨迹(1)(无署名,"东京大学校报"4月8日号)

4.国内略年谱(同上)

5.波茨坦自治会(署名"W",同上"话语"栏)

6.学生运动的轨迹(2)(署名"东京大学学生运动史研究会""东京大学校报"4月15日号)

7.学生运动史年表(无署名,同上)

8.主体性争论(无署名,同上"话语"栏)

9.学生运动的轨迹(3)(署名"东京大学学生运动史研究会""东京大学校报"4月22日号)

10.先驱性理论(无署名,同上"话语"栏)

11.国际派与所感派(上)(署名田中久男,同上)

12.学生运动的轨迹(4)(署名"东京大学学生运动史研究会""东京大学校报"4月29日号)

13.斯德哥尔摩·阿皮尔(无署名,同上"话语"栏)

14.国际派与所感派(下)(署名田中久男,"东京大学校报"5月6日号)

15.学生运动的轨迹(5)(署名"东京大学学生运动史研究会",同上)

16.学生运动史年表(无署名,同上)

17.右翼反对派(无署名,同上"话语"栏)

18.学生运动的轨迹(6)(署名"东京大学学生运动史研究会""东京大学校报"5月13日号)

19.清洗赤色分子(无署名,同上"话语"栏)

20.学生运动的轨迹(7)(署名"东京大学学生运动史研究会""东京大学校报"5月20日号)

21.A·G(无署名,同上"话语"栏)

22.学生运动的轨迹(8)(署名"东京大学学生运动史研究会""东京大学校报"5月27日号)

23.学生运动的轨迹(9)(署名"东京大学学生运动史研究会""东京大学校报"6月3日号)

24.极左冒险主义(无署名,同上"话语"栏)

25.学生运动的轨迹(10)(署名"东京大学学生运动史研究会""东京大学

校报"6月10日号）

26.学生运动的轨迹（11）（署名"东京大学学生运动史研究会""东京大学校报"6月17日号）

27.六全协（无署名，同上"话语"栏）

28.学生运动的轨迹（12）（署名"东京大学学生运动史研究会""东京大学校报"6月24日号）

29.共产主义者同盟形成的底流（上）（署名门松晓钟，同上）

30.新右翼反对派（无署名，同上"话语"栏）

31.共产主义者同盟形成的底流（下）（署名门松晓钟，"东京大学校报"7月1日号）

32."转换"理论（无署名，同上"话语"栏）

33.学生运动的轨迹（13）（署名"东京大学学生运动史研究会"，同上）

34.*继该文连载，（14）（7月8日号）、（15）（8月5日号）由别人执笔。

35.对现代资本主义论的一点认识（署名"社会主义研究会"，革命社，7月）

36.（书评）柴田翔：珍奇的左翼？学生像——我们并不那么无能（署名平山清三郎，"东京大学校报"10月19日号）

37.赫鲁晓夫下台的背景（署名田中久男，同上）

38.新左翼的存在理由（署名门松晓钟，现代意识形态研究会《研究论丛》第1集、12月）→现代革命论之探索"绪论 新左翼运动的存在理由"

• 1965年

1.《德意志意识形态》编辑上的问题点（《唯物论研究》21号、3月）→马克思主义的确立过程→广松涉著作集（8）

2.历史唯物主义的根本创想（明治大学学生会《明治》7号、4月）→一部分马克思主义的地平第六章"历史唯物主义与阶级斗争史观"

3.越南问题（署名高松哲夫，共产主义者同盟中央委员会《红旗》第12号、

5月）

4.迈向无产者权力之道路——旧左翼革命路线与新左翼政治路线（共产主义者同盟《共产主义》复刊准备号、8月）→对现代革命论的探索第二部第二章"旧左翼的狭路与新左翼的路线"

5.哲学的功德——马赫外传（《创文》9月号）→广松涉著作集（3）

6.学生运动的新生——作为阶层的运动（署名门松晓钟，"明治大学学生报"9月9日号）

7.马赫的空间理论——连接牛顿和爱因斯坦的环（《第九届科学哲学大会要旨》10月）

8.意义论研究备忘录（《名古屋工业大学学报》17号、12月）→广松涉著作集（1）

9.[出版日不明]对现代资本主义论的一点认识——关于与中苏两派批判性对质（修订增补版）无署名，现代社会主义研究会"新左翼丛书·4"、革命社（绪论执笔在5月以后）

• 1966年

1.关于《德意志意识形态》苏联新版（"图书报"3月26日号）→马克思主义的确立过程→广松涉著作集（8）

2.寄语要素（element）（名古屋工业大学工业化学系机关刊物《龟甲》6号、3月）→广松涉哲学小品集

3.在共产主义者同盟的重建中看日共的解体（署名田中久男，共产主义者同盟统一委员会"先驱"7月25日号）

4.早期恩格斯的思想形成（《思想》9月号）→马克思主义的确立过程→广松涉著作集（8）

5.（书评）良知力：德意志社会思想史研究（"日本读书报"9月19日号）

6.（编译）E.马赫：认识的分析（与加藤尚武合编译、创文社、10月25日）

7.解说论文"马赫的哲学与相对论"→相对论的哲学→广松涉著作集（3）

8.异化革命说批判——绪论（署名门松晓钟、《共产主义》9号、12月）→对现代革命论的探索"面向异化革命论之超越"→广松涉著作集（14）

● 1967年

1.东德哲学界的"新浪潮"（"日本读书报"2月27日→马克思主义的确立过程《德意志意识形态》新版在东德哲学界引起的新波浪"→广松涉著作集（8）

2.（书评）岩崎允胤：辩证法与现代社会主义（"图书报"3月4日号）

3.黑格尔的社会思想与马克思主义（日本哲学学会《哲学》17号、3月）

4.关于《德意志意识形态》新版（《名古屋工业大学学报》18号、3月）

5.关于《德意志意识形态》的编辑问题（《思想》6月号）→马克思主义的确立过程→广松涉著作集（8）

6.辩证法的唯物论的颠倒如何可能（《现代理论》6月号）→马克思主义的确立过程→广松涉著作集（8）

7.（调查报告）我的《资本论》研究计划——"价值"的存在性质（"日本读书报"7月3日号）→重录资本论的哲学"后记"中→著作论（12）

8.为了恩格斯的再评价（河出书房·世界大思想丛书《恩格斯》的折封、8月）→马克思主义的确立过程→广松涉著作集（8）

9.早期马克思像的批判的再构建（《思想》10月号）→马克思主义的确立过程→广松涉著作集（8）

10.（书评）梅本克巳：历史唯物主义与现代（"图书报"10月21日号）

● 1968年

1.涂尔干伦理学说的批判性继承（《名古屋大学文化学院纪要》12辑、3月）→世界交互主体的存在结构→广松涉著作集（1）

2.什么是马克思主义的唯物论（《思想》6月号）→马克思主义的地平→广

松涉著作集（10）

3.马克思主义的确立过程

选书版序言

新书版序言

第五版前言

写在第二版出版之际

序言

早期马克思像的批判的再构成

［补遗］威廉·舒尔茨的社会历史观

马克思主义与自我异化论

早期恩格斯的思想形成

［补遗］关于"口述笔记说"

［附］为了恩格斯的再评价

关于《德意志意识形态》的编辑问题——写在东德新版的出现之际

《德意志意识形态》编辑上的问题点

［附］Ⅰ　关于《德意志意识形态》苏联新版

［附］Ⅱ　《德意志意识形态》新版在东德哲学界引起的新波澜

《德意志意识形态》文献学上的诸问题——关于新MEGA（试行）版

《德意志意识形态》现阶段的研究——手稿还原（河出书房）版的编辑

［附］编辑《德意志意识形态》手稿复原版

辩证法的唯物论的颠倒如何可能

选书版后记

至诚堂,6月29日(第二次印刷1969年5月、第三次印刷1970年1月、第五次印刷1971年5月)→广松涉著作集(8)

4.人性主义对超越科学主义地平的东西(《现代理论》7月号)→马克思主

义的地平第二章对"近代"思想地平的超越 →广松涉著作集（10）

5.笛卡尔（"名古屋大学文化学院报"7月1日号）→广松涉哲学小品集

6.（书评）大井正:历史唯物主义的形成过程（《未来》7月号）

7.马克思主义与"存在"的问题（《理想》8月号）→马克思主义的地平→广松涉著作集（10）

8.马克思的物象化论（《情况》9月号）→马克思主义的地平第七章"《资本论》的'物象化'论"、第八章"从'异化论'到'物象化'论"→广松涉著作集（10）

9.恩格斯论——第1部其思想形成过程

第一章 乌培河谷时代（1820~1838年）——从出生到中学"中途退学"

第二章 不来梅时代（1838~1841年）——从参加文学活动、对宗教的怀疑到黑格尔派

第三章 柏林时代（1841~1842年）——参加黑格尔左派运动,从哲学到政治

第四章 曼彻斯特时代（1842~1844年）——从阶级斗争的原初体验到"哲学共产主义"的理论化

第五章 巴门时代（1844~1845年）——参加共产主义运动和通往经济史观之路

第六章 布鲁塞尔时代（1845年~1847年）——从与德意志意识形态的对决到《共产党宣言》

盛田书店,10月15日（第二次印刷1970年7月、第三次印刷1970年11月）→广松涉著作集（9）

10.哲学的新趋势（"朝日新闻"11月9日）

11.马克思主义的历史性问题状况（署名门松晓钟,"同志社学生报"11月25日号）→新左翼运动的影响"马克思主义的第三阶级"

12.（讲座）从异化论到物象化论——超越近代的地平（"专修大学报"11

月25日号)→马克思主义的地平附论Ⅰ"马克思主义的地平与物象化论"→广松涉著作集(10)

13.(调查报告)今年的收获("日本读书报"12月23日号)

● 1969年

1.马克思主义的第三阶级("日本读书报"1月27日号)

2.世界交互主体性的存在结构——关于认识论的新生(《思想》2月号)→世界交互主体的存在结构第Ⅰ部序章"哲学的闭室状况与认识论的课题"、第Ⅰ部第一章"现象世界的四肢的存在结构"→广松涉著作集(1)

3.历史性世界的存在结构——针对"历史哲学"的普洛莱古梅娜(音译)(日本哲学会《哲学》19号、3月。附西文要旨)→物象化论的构图"历史性世界的物象化论"→广松涉著作集(13)

4.(书评)山之内靖:马克思、恩格斯的世界历史观("日本读书报"3月10日号)

5.马克思主义中的人类、社会、国家(1)(《情况》4月号)→马克思主义的地平第三章"历史唯物主义中的人的问题"→广松涉著作集(10)

6.(采访报道)早期马克思再评价("朝日新闻"名古屋版、4月19日晚刊)

7.辩证法三题(1)"向上法"的方法特征("京都大学校报"4月28日号)→广松涉著作集(9)

8.辩证法三题(2)关于"自然辩证法"("京都大学校报"5月5日号)→广松涉著作集(9)

9.辩证法三题(3)辩证法的创想特征("京都大学校报"5月12日号)→广松涉著作集(9)

10.再版前言(《马克思主义的确立过程》第二次印刷5月25日)→马克思主义的确立过程→广松涉著作集(8)

11.历史规律与个人自由——对马克思主义"自由论"的预备考察(东京

教育大学自主讲座委员会编《对近代知识的反逆》学艺书林、5月31日）→马克思主义的地平→广松涉著作集（10）

12."名古屋大学学潮"的焦点——学生提出了什么呢（"每日新闻"中部版、6月11日晚刊）

13.语言性世界的存在结构——对意义的认识论分析的认识（《思想》7月号）→世界交互主体的存在结构第Ⅰ部第二章"语言世界的事物的存在结构"→广松涉著作集（1）

14.寄语"大学解体论"（名古屋大学文化学院同人刊物《革命的学校》第2分册,7月）

15.黑格尔的社会思想与马克思主义（明治大学学术联盟、"夏季学术讲座"指导手册、7月）

16.(座谈)自我异化与国家异化的逻辑（平田清明、最首悟、长崎浩、柴田高好、高尾利数,《增刊·潮》夏季号,8月）

17."新左翼"运动的思想位相——马克思主义运动的目前形势（《中央公论》9月号）→对现代革命论的探索第一部第二章、第三章改稿转用）

18.针对历史哲学之旁白（岩波讲座《哲学》第4卷"历史的哲学"月报、9月）→广松涉哲学小品集

19.(书评)长洲一二编:讲座马克思主义1·世界观("周刊读书人"9月8日号）

20.马克思主义的地平

　　写给"学术文库版"的序

　　序　言

　　第一部　马克思主义"哲学"的地平

　　　　第一章　什么是马克思主义的唯物论

　　　　第二章　对"近代"思想地平的超越

　　　　　　第一节　近代世界观的地平——其特质

附论Ⅱ　关于马克思主义认识论

一、马克思主义认识论的特征

二、从以上特征归结的课题

三、"认识形而上学"的各种立场与我们的出发点

追记——对良知力氏批判的回应

劲草书房,9月20日(第三次印刷1970年2月、第四次印刷1970年5月、第五次印刷1970年11月、第八次印刷1973年5月、第九次印刷1974年5月、第十次印刷1975年5月、第十三次印刷1980年4月、第十四次印刷1982年2月、第十五次印刷1983年6月、第十六次印刷1985年8月、第十七次印刷1991年3月)→广松涉著作集(10)

21.马克思主义中的人类、社会、国家(2)(《情况》9/10合刊号、9月)→历史唯物主义与国家论第三章"历史唯物主义中社会观的新地平"→广松涉著作集(11)

22.漫谈我的著作:马克思主义的地平(《出版新闻》11月上旬号)→广松涉哲学小品集

23.(采访报道)马克思中的异化论之超越(庆应大学"三田报"11月19日号)

• **1970年**

1.烂熟的叛乱情况——70年阶级斗争与学生运动("明治大学校报"1月8日号)

2.在"壮大的零"处结束了吗——全共联合斗争运动的评价("朝日新闻"名古屋版、1月10日晚刊)→新左翼运动的影响

3.针对现代批判的试奏性绪论(署名门松晓钟,"东北大学校报"1月15日号)

4.东京大学斗争在现代史上的意义(《朝日月刊》1月18日号)→新左翼运动的影响

5.新左翼革命论的问题状况——大众叛乱型革命路线的探索(《现代之眼》2月号)→对现代革命论的探索"武装大众叛乱型革命路线的探索"

6.(讲演)异化论与物象化论(法政大学唯物论研究会《唯研通信》春号、3月)

7.马克思主义革命论之原像——1848年的武装斗争与持久革命论(《情况》4月号)→新左翼运动的影响

8.列宁的国家论(《结构》4月号)→历史唯物主义与国家论第二章"列宁国家论的视角·范围·遗训"→广松涉著作集(11)

9.共产主义的复权——关于现代革命论之构筑(《世界》4月号)→对现代革命论的探索"资本主义的'变样'与现代革命"

10.(采访报道)"作为教员感到限制"——广松副教授离开名古屋大学("朝日新闻"名古屋版、4月1日晚刊)

11.对现代革命论的探索(盛田书店,4月15日)

12."绪论"和附论"面向超越'异化革命论'"→广松涉著作集(14)

13.(座谈)新左翼思想与"主体性"(田中吉六、清水多吉,《现代之眼》5月号)

14.(座谈)知识人的虚像与实像(相泽义包、富冈倍雄、村尾行一,亚纪书房,5月10日)

15."世界·内·存在"与"历史·内·存在"的接点——对近代理性主义历史相对化的Präludien(《现代数学》6月号)→马克思主义的理论道路附论一"关于近代理性主义的历史相对化"→广松涉著作集(10)

16.(讲座)70年代安全保障粉碎与意识形态攻势的焦点("东北大学校报"7月5日号)

17.(书评)赫斯:初期社会主义论集("日本读书报"7月13日号)

18.黑格尔的社会思想与早期马克思——根据个人与类的问题(《结构》8

月号)→马克思主义的理论道路第四章"黑格尔的社会思想与马克思"→广松涉著作集(10)

19.历史世界的交互的存在结构——对物象化论哲学的基础认识(《思想》8月号)→世界交互主体的存在结构→广松涉著作集(1)

20.(采访报道)提问作者:围绕《对现代革命论的探索》(团结报书铺《时刻表》3号、8月)

21.读书经历——经历从现在开始("每周读书人"8月17日号)→广松涉选集(5)→广松涉哲学小品集

22.现代日本价值性"空白"之位相——实践地超越近代市民社会(《流动》10月号)→广松涉哲学小品集

23.(讲演)作为历史·内·存在的人(《指》10月号)

24.作为社会思想家的黑格尔("图书新闻"10月10日号)

25.马克思主义中的人类、社会、国家(3)(《情况》11月号→历史唯物主义与国家论第三章"历史唯物主义中的社会观的新地平"→广松涉著作集(11)

26.近代科学主义批判——围绕《自然辩证法》("日本读书报"11月30日号)→广松涉著作集(9)

27.新左翼的思想——其位相、基础、指向(《理想》12月号)→新左翼运动的影响

28.大众运动的物象化与前卫问题("京都大学校报"12月7日号)→新左翼运动的影响

29.(座谈)新左翼的思想与行动(高桥和巳、小田实、开高健、真继伸彦,季刊《作为人》4号、12月)

30.(书评)伊波利特:马克思与黑格尔("每周读书人"12月14日号)

• 1971年

1.(讲座指南)研究国家原理及其思想(国立市公民馆市民大学、2~3月)

354

2.马克思主义中的人类、社会、国家(4)(《情况》2月号)→历史唯物主义与国家论第四章"国家理论中的机构说与统一体说"→广松涉著作集(11)

3.(书评)津田道夫:黑格尔与马克思("每周读书人"3月8日号)

4.历史唯物主义的原像——其发想及范围

　　前　言

　　第一章　历史唯物主义的确立过程

　　　　第一节　从哲学人本学到社会本体论

　　　　第二节　对市民社会的"经济哲学"的分析

　　　　第三节　从异化论到"物象化论"的地平

　　第二章　历史唯物主义的根本发想

　　　　第一节　历史唯物主义的基本发想和基础范畴

　　　　第二节　阶级斗争史观的基础与历史规律

　　　　第三节　社会的生产交互关系态与阶级国家

　　[补遗]列宁的国家论的范围

　　第三章　历史唯物主义与革命思想

　　　　第一节　从乌托邦到"科学社会主义"

　　　　第二节　革命主体的形成与大众运动的物象化

　　　　第三节　共产主义革命的人=存在论的范围

　　后　记

三一书房(新书),3月15日(第二次印刷1971年5月、第三次印刷1972年5月、第四次印刷1973年7月、第五次印刷1974年6月、第六次印刷1975年7月、第八次印刷1977年12月、第九次印刷1979年7月、第十次印刷1980年10月、第十一次印刷1983年1月、第十二次印刷1984年7月、第十三次印刷1988年1月、第十四次印刷1988年6月)→广松涉著作集(9)

5.法国社会主义与早期马克思(上)(《现代之眼》4月号)→广松涉选集(2)

6."向上法"的方法论的地平——马克思主义辩证法的基底(《思想》4月号)→马克思主义的理论道路第二章"上升法的存在论=认识论的地平"→广松涉著作集(10)

7.漫谈我的著作:历史唯物主义的原像(《出版新闻》4月中旬号)→广松涉哲学小品集

8.法国社会主义与早期马克思(中)(《现代之眼》5月号)→广松涉选集(2)

9.(书评)田中二郎:南非布西门族人("日本读书报"5月3日号)

10.(讲演)物象化立场与国家的位相("横滨国立大学校报"5月25日号)

11.第五次印刷版前言(《马克思主义的确立过程》第五次印刷、5月25日)→马克思主义的确立过程→广松涉著作集(8)

12.法国社会主义与早期马克思(下)之一(《现代之眼》6月号)→广松涉选集(2)

13.(书评)良知力:早期马克思试论(《周刊经济学家》6月22日号)

14.法国社会主义与早期马克思(完)(《现代之眼》7月号)→广松涉选集(2)

15.(讲演)马克思主义辩证法的理路——近代理性主义的地平与辩证法(《情况》7月号)→马克思主义的理论道路→广松涉著作集(10)

16.判断的认识论的基本结构(大森庄藏、城塚登编《逻辑学的发展》筑摩书房,7月)→世界交互主体的存在结构→广松涉著作集(1)《逻辑学的发展》再印刷版"后记"(1977年11月)

17.(座谈)逻辑与存在(大森庄藏、城塚登、中村秀吉、滨井修、吉田夏彦,同上)

18.逻辑学在认识论上再探讨——近代哲学的地平与先验的逻辑学(《思想》9月号)→事的世界观的前哨"康德与先验认识论的结构"→广松涉著作集(7)

19.总体主义意识形态的陷阱——关于法西斯主义的思想性对质(《日本

的将来》秋季号,9月)→马克思主义的理论道路→广松涉著作集(10)

20.(编译)E.马赫:认识的分析(新装订修订版)

与加藤尚武合编译,法政大学出版局、9月20日。附有"致新修订版的绪论"(第三次印刷1973年10月、第五次印刷1976年8月、第七次印刷1981年6月、第九次印刷1989年10月、第十次印刷1993年8月)

21.解说论文"马赫的哲学与相对论"→相对论的哲学→广松涉著作集(3)、"致新修订版的绪论"→广松涉著作集(3)

22.女——我之旧敌(《现代之眼》10月号)→广松涉哲学小品集

23.天皇之脸(《流动》10月号、特集"天皇之谜"中"随想·我与天皇"之一)

24.何谓早期马克思研究的到达点("横滨国立大学校报"10月25日号)

25.(译著)E·马赫:感觉的分析(新译版)

与须藤吾之助合译,法政大学出版局、10月25日。附有新"译者绪论"(第三次印刷1974年12月、第九次印刷1988年12月、第十次印刷1991年4月)

26.解说论文"马赫的哲学"→广松涉著作集(3)

27.马赫(伊东俊太郎编《现代科学思想百科词典》讲谈社现代新书,11月)→事的世界观的前哨转用为"马赫的现象主义与意义形象"的补注→广松涉著作集(3)

28.自然辩证法之谈话——常识与哲学的对话(《现代数学》12月号)→广松涉选集(5)

29.青年马克思论

Ⅰ幼年时期——家庭环境和中学

Ⅱ学生时代——与黑格尔哲学的斗争

Ⅲ莱茵报——从政论家出发

Ⅳ新婚的日子——国法论批判和新计划

Ⅴ德法年鉴——与无产者的邂逅

Ⅵ早期经济学——《1844年经济学哲学手稿》的意想

Ⅶ社会主义考——人类解放的阶段进程

Ⅷ哲学的觉识——异化论及其问题点

平凡社,12月15日(第二印刷1977年3月、第五次印刷1980年2月)→广松涉著作集(8)

• 1972年

1.(座谈)三木清与户坂润(久野收、《现代之眼》1月号)→《久野收对话史Ⅱ》(马德拉出版、1988年6月)

2.(采访报道)马克思主义原像的复原("日本读书报"1月24日号)

3.漫谈我的著作:青年马克思论(《出版新闻》2月上旬号)→广松涉哲学小品集

4.关于恩斯特·马赫的哲学(《游》2号、3月)→事的世界观的前哨"马赫的现象主义与意义形象"→广松涉著作集(3)

5.经济与文化(《周刊阿尔法大世界百科》3月22日号)

6.人性存在共同性的持存结构(《情况》4月号)→广松涉选集(1)

7.(讲义指南)社会科学方法论(法政大学Ⅱ院文化学院,1972年度)

8.(座谈)社会思想史上的马克思(水田洋、城塚登、杉原四郎、山之内靖,季刊《社会思想》2卷1号,5月)→社会思想史上的马克思

9.(讲演)日本帝国主义的权力重组与革命派的任务(共产主义者同盟重建准备委员会《Rote》15号、6月)

10.从物的世界像到事的世界观(1)(《思想》7月号)→世界交互主体的存在结构"交互主体性的存在论基础"→广松涉著作集(1)

11.对现代革命论的探索(新装订版)

新泉社、7月16日。1970年盛田书店版的再版,附有"致新版的绪论""后记"。此改装版为新泉社、1975年4月1日(第二次印刷1976年8月、第三次印刷

1979年11月）

12.从物的世界像到事的世界观（2）（《思想》8月号）→世界交互主体的存在结构"交互主体性的存在论基础"→广松涉著作集（1）

13.马克思研究的现状（"日本读书报"8月21日号）

14.（座谈）近代自然观之超越（广重彻、村上阳一郎,《情况》9月号）→学际对话·知识接口

15.历史的规律性与人类的主体性（"一桥报"9月1日号）→广松涉著作集（11）

16.马克思主义中的人类、社会、国家（5）（《情况》10月号）→历史唯物主义与国家论第四章"国家理论中的机构说和统一体说"→广松涉著作集（11）

17.世界交互主体的存在结构

（Ⅰ）

序　章　哲学的闭塞状况和认识论的课题

第一章　现象世界的四肢的存在结构

第二章　语言世界的事物的存在结构

第三章　历史世界的交互的存在结构

（Ⅱ）

一、交互主体性的存在论基础

二、判断的认识论的基本结构

三、涂尔干伦理学说的批判性继承

劲草书房,10月15日（第三次印刷1974年2月、第四次印刷1975年2月、第五次印刷1976年2月、第六次印刷1977年4月、第九次印刷1980年8月、第十次印刷1983年1月、第十一次印刷1984年4月、第十二次印刷1987年4月、第十三次印刷1991年3月）→广松涉著作集（1）

18.历史规律论的问题论性机制（《理想》11月号）→马克思主义的理论道

路第六章"历史管理存在的问题论机制"→广松涉著作集(10)

19.(讲演)国家体制–市民社会论——关于问题论的机制再构建("大阪市大报"11月10日号)→马克思主义的理论道路第五章"对'市民社会–国家体制'的认识"→广松涉著作集(10)

20.(书评)花崎皋平:力与理性("周刊读书人"11月27日号)

21.试写的绪论("出版文摘"12月1日号)→广松涉哲学小品集

22.漫谈我的著作:世界交互主体的存在结构("出版新闻"12月上旬号)→广松涉哲学小品集

23.(书评)山中隆次:早期马克思的思想形成(《朝日月刊》12月15日号)

• 1973年

1.(座谈)萨特的地平与交互主体性——围绕角色存在·语言·结构主义(足立和诰、白井健三郎,《情况》1月号)

2.存在哲学与物象化的误识(《现代思想》创刊号=1月号)→事的世界观的前哨"海德格尔与物象化的误识"→广松涉著作集(7)

3.(座谈)近代的世界像之超越(城塚登、田岛节夫、伊东俊太郎,《现代思想》2月号)

4.推荐的话:船山信一译《费尔巴哈全集》(福村出版)(出版指导手册,3月)

5.资本论的哲学(1)(《现代之眼》5月号)→资本论的哲学→广松涉著作集(12)

6.(讲演)社会与个人(法政大学社会学院学生学会《学生学会报》22号、5月)

7.类存在与交互主体性——对费尔巴哈的爱慕侧向("出版文摘"5月11日号)

8.科学的危机与认识论

    第一章　近代科学的结构转变的逻辑

    第二章　古典物理的世界像的问题机制

    第三章　自然科学的世界理解和认识论

    第四章　先验认识论的问题论的机制

    第五章　相对论和自然理解的变样

    第六章　量子力学和不确定性原理的指南

    第七章　现代物理学的自然观和认识论

    第八章　基本粒子的隘路和哲学的近道

纪伊国屋书店(新书)、5月31日(第二次印刷1973年9月)→广松涉著作集(3)

9.资本论的哲学(2)(《现代之眼》6月号)→资本论的哲学→广松涉著作集(12)

10.对人性存在论的备忘录Ⅰ·有我论与无我论之间(《现代思想》6月号)→事的世界观的前哨"对人性论的普洛莱古梅娜(音译)"→广松涉著作集(2)

11.历史规律性的持存结构(讲座《哲学》第三卷"人类的哲学"东京大学出版会,6月)→事的世界观的前哨"历史规律论的问题论机制"→广松涉著作集(11)

12.(座谈)作为物象化、持存结构论的《资本论》(真木悠介,《情况》7月号)→学际对话·知识接口

13.从物的世界像到事的世界观(3)(《思想》7月号)→事的世界观的前哨第二部"物的世界图景的问题式"→广松涉著作集(3)

14.资本论的哲学(3)(《现代之眼》7月号)→资本论的哲学→广松涉著作集(12)

15.（讲演）（座谈）与蒙尔特曼的对话——从马克思主义的立场（堀光男、J.蒙尔特曼,《福音与世界》7月号）

16.时间论备忘录（《欢呼eureka》8月号）→事的世界观的前哨→广松涉著作集（2）

17.资本论的哲学（4）（《现代之眼》8月号）→资本论的哲学→广松涉著作集（12）

18.（调查报告）上半年的收获（"周刊读书人"8月20日号）

19.（座谈）新左翼的思想性境界（高桥彻、富冈倍雄、靖水多吉,《现代思想》9月号）

20.资本论的哲学（5）（《现代之眼》9月号）→资本论的哲学→广松涉著作集（12）

21.（讲演）从异化论到物象化论（专修大学学术文化会"DISPUTE"第8号、10月1日号）→马克思主义的理论道路第三章"针对异化论逻辑的问题机制"→广松涉著作集（10）

22.资本论的哲学（6）（《现代之眼》10月号）→资本论的哲学→广松涉著作集（12）

23.（讲演）经济学的视圈与历史唯物主义（东京大学文化学院社会科学研究会《学生社会科学研究》9号、11月）→广松涉著作集（11）

24.资本论的哲学（7）（《现代之眼》11月号）→资本论的哲学→广松涉著作集（12）

25.马克思与数学——寄语"数学手稿"公开出版（《现代数学》12月号）→广松涉著作集（9）

26.资本论的哲学（8）（《现代之眼》12月号）→资本论的哲学→广松涉著作集（12）

● **1974年**

1.(调查报告)今年的写作计划(《出版新闻》1月上旬号)

2.《德意志意识形态》文献学上的诸问题(《情况》1月号)→马克思主义的确立过程(增补版)→广松涉著作集(8)

3.资本论的哲学(9)(《现代之眼》1月号)→资本论的哲学→广松涉著作集(12)

4.《德意志意识形态》校对作业完成时的启示("现代国家论通信"创刊号、1月10日)→广松涉哲学小品集

5.(书评)碧海纯一:理性主义的复权(《朝日月刊》1月25日号)

6.马克思手稿的迷路(《现代思想》2月号)

7.资本论的哲学(10)(《现代之眼》2月号)→资本论的哲学→广松涉著作集(12)

8.从物的世界像到事的世界观(4)(《思想》3月号)→事的世界观的前哨第二部"物的世界图景的问题式"→广松涉著作集(3)

9.资本论的哲学(11)(《现代之眼》3月号)→资本论的哲学→广松涉著作集(12)

10.资本论的哲学(12)(《现代之眼》4月号)→资本论的哲学→广松涉著作集(12)

11.(座谈)价值形态论与物象化——围绕《资本论》阅读方法(梅原四郎、清水正德,《情况》5月号)

12.(书评)寄语《马克思·注释》全五卷(《经济评论》5月号)

13.马克思主义哲学与"实践"的概念——寄语东德哲学界的非常事件(《东风》5月号)

14.资本论的哲学(13)(《现代之眼》5月号)→资本论的哲学→广松涉著作集(12)

15.马克思主义的理论道路——从黑格尔到马克思

新装版序言

代序言

Ⅰ辩证法的存在观及逻辑

第一章　马克思主义辩证法的理路

一、支撑近代理性主义的世界理解的构图

二、黑格尔辩证法的三位一体性

三、先验唯心论的地平和黑格尔辩证法

四、马克思主义辩证法的理路及其地平

第二章　上升法的存在论=认识论的地平

一、上升法的方法论的问题性的关键

二、上升程序的存在论背景的粗线

三、上升法的展开的逻辑结构的要点

Ⅱ黑格尔与马克思之间的联系

第三章　针对异化论逻辑的问题机制

第四章　黑格尔的社会思想与马克思

一、三个预备作业

二、类和个体的问题性

三、社会概念的脉络

四、市民社会的扬弃

Ⅲ国家-社会与历史规律的存在

第五章　对"市民社会-国家体制"的认识

第六章　历史管理存在的问题论机制

一、关于历史的主体

二、自由和必然的问题

三、规律支配的机制

四、生态系的社会编制

五、历史规律和物象化

附论一　关于近代理性主义的历史相对化

附论二　总体主义意识形态的陷阱

劲草书房,5月1日(第二次印刷1976年11月)→广松涉著作集(10)

16.(座谈)价值形态论与物象化(完)(杉原四郎、清水正德,《情况》6月号)

17.我的毕业论文——"关于认识论主观的一点论证"("日本读书报"6月10日号)→广松涉选集(5)→广松涉哲学小品集

18.(采访报道)《德意志意识形态》现阶段的研究(1)("日本读书报"6月17日号)→马克思主义的确立过程→广松涉著作集(8)

19.(采访报道)《德意志意识形态》现阶段的研究(2)("日本读书报"6月24日号)→马克思主义的确立过程→广松涉著作集(8)

20.(编译)K.马克思/F.恩格斯:德意志意识形态(手稿复原、新编辑版,原文文本、日译文本编)

河出书房新社,6月28日(第二版1979年8月、第三版=修订版1983年2月、第四版1986年1月、第五版1988年4月、第六版1991年7月)

21.(采访报道)《德意志意识形态》现阶段的研究(3)("日本读书报"7月1日号)→马克思主义的确立过程→广松涉著作集(8)

22.《德意志意识形态》与自我异化论的超越(1)——兼回应岩渊庆一先生的批判(《情况》7月号)→广松涉选集(3)

23.(书评)施密特:现代马克思主义认识论(《朝日月刊》7月5日号)

24.(采访报道)《德意志意识形态》现阶段的研究(4)("日本读书报"7月8日号)→马克思主义的确立过程→广松涉著作集(8)

25.(采访报道)《德意志意识形态》现阶段的研究(5)("日本读书报"7月15日号)→马克思主义的确立过程→广松涉著作集(8)

26.(采访报道)《德意志意识形态》现阶段的研究(6)("日本读书报"8月5日号)→马克思主义的确立过程→广松涉著作集(8)

27.(采访报道)《德意志意识形态》现阶段的研究(7)("日本读书报"8月12日号)→马克思主义的确立过程→广松涉著作集(8)

28.(采访报道)《德意志意识形态》现阶段的研究(8)("日本读书报"8月19日号)→马克思主义的确立过程→广松涉著作集(8)

29.(调查报告)上半年的收获("周刊读书人"8月19日号)

30.《德意志意识形态》与自我异化论的超越(2)(《情况》8月号)→广松涉选集(3)

31.从物的世界像到事的世界观(5)(《思想》8月号)→事的世界观的前哨第二部"物的世界图景的问题式"→广松涉著作集(3)

32.对人性存在论的备忘录Ⅱ·主体际性与角色存在(《现代思想》8/9月合刊号)→哲学的越界第六章"人格性主体与对他性角色存在"→广松涉著作集(5)

33.从空想到科学(《NHK广播电视高等学校》第2学期、9月)

34.《德意志意识形态》与自我异化论的超越(3)(《情况》9月号)→广松涉选集(3)

35.恩格斯主导说的重新确认——编辑《德意志意识形态》手稿复原版("朝日新闻"9月12日晚刊)→马克思主义的确立过程(增补版)"编辑《德意志意识形态》手稿复原版"→广松涉著作集(8)

36.被历史化的自然与被自然化的历史(哲学会东京大学会刊《哲学杂志》89卷716号"关于自然",10月)→物象化论的构图"自然界的历史性物象化"→广松涉著作集(13)

37.资本论的哲学

新版序言

序　章　开端的商品规定和价值实体

第一节　关于《资本论》的逻辑出发点

第二节　黑格尔辩证法的开端论及展开的逻辑

第三节　"商品世界"的条件和价值实体的规定

第一章　问题论的背景和价值形式论

第四节　"价值形式论"的直接客体与范围

第五节　"价值"的实体论的规定和形式规定

第六节　《资本论》的价值形式论的主张

第二章　物象化论的视域和价值规定

第七节　"价值形式"的为我·为他的四肢结构

第八节　"价值"的"实体论的"规定的再设定

第九节　"价值存在"的特异性和商品论的视域

第三章　拜物教性和商品世界的机制

第十节　"商品"的"拜物教性质"及其秘密

第十一节　"交换过程"论与"商品世界"的矛盾

第十二节　《资本论》的商品论的逻辑机制

暂定的定位——拾遗和补说

一、辩证法的论述的机制及脉络的阶型

二、商品世界论的定位与物象化的位相

三、从异化论到"物象化论"的转变

增补 寄言 I.I.鲁宾的问题

现代评论社,10月25日(第三次印刷1978年11月)→广松涉著作集(12)

38.马克思主义的确立过程(部分修订版)

至城堂(新书),10月25日,附有"致新书版的绪论"→广松涉著作集(8)

39.《德意志意识形态》与自我异化论的超越(4)(《情况》11月号)→广松涉选集(3)

40.(调查报告)执笔者通信("周刊读书人"11月18日号)

41.(采访报道)围绕望月清司先生的《德意志意识形态》论(《情况》12月号)

42.(讲演)《德意志意识形态》的国家论(《国家论研究》5号、12月)→历史唯物主义与国家论→广松涉著作集(11)

43."近代的超越"与日本的残余结构(1)(《流动》12月号)→《近代的超越》论→广松涉著作集(14)

44.我的1974年("周刊读书人"12月30日号)

• **1975年**

1.(座谈)围绕资本论的哲学(今村仁司、降旗节雄,《现代之眼》1月号)→降旗节雄《"昭和"马克思理论、轨迹和辩证》(社会评论社,1989年6月)

2."近代的超越"与日本的残余结构(2)(《流动》1月号)→《近代的超越》论→广松涉著作集(14)

3.《德意志意识形态》与自我异化论的超越(5)(《情况》1/2月合刊号)→广松涉选集(3)

4."近代的超越"与日本的残余结构(3)(《流动》2月号)→《近代的超越》论→广松涉著作集(14)

5."近代的超越"与日本的残余结构(4)(《流动》3月号)→《近代的超越》论(仅文库版)→广松涉著作集(14)

6.(座谈)马克思学的最近动向(今村仁司、山本启,《情况》4月号)

7.《德意志意识形态》及其背景(1)(《知识考古学》创刊号,4月)→黑格尔

和马克思"《德意志意识形态》的位相"→广松涉著作集(8)

8."近代为超越"与日本的残余结构(5)(《流动》4月号)→《近代的超越》论→著作论(14)

9.现象学与物象化的误识(日本哲学会《哲学》25号、5月)→事的世界观的前哨"胡塞尔意义性意向的本质"→广松涉著作集(7)

10.(调查报告)我的毕业论文(《流动》5月号)

11."近代的超越"与日本的残余结构(6)(《流动》5月号)→《近代的超越》论→广松涉著作集(14)

12.第十次印刷之际——后记(《马克思主义的地平》第十次印刷5月10日)→马克思主义的地平→广松涉著作集(10)

13.事的世界观的前哨

序　言

第一部　近代哲学的世界观及其陷阱

一、康德与先验认识论的结构

第一节　先验认识论的课题和背景

第二节　先验演绎论的问题和沿革

第三节　先验唯心主义与交互主体性

二、马赫的现象主义与意义形象

第一节　马赫哲学的世界观

第二节　马赫哲学与科学理论

第三节　马赫哲学的矛盾

三、胡塞尔意义性意向的本质

附　海德格尔与物象化的误识

第二部　物的世界图景的问题式

一、物性自然图像构成机制的必要条件

14.(座谈)近代政治思想与马克思的国家观(津田道夫、竹内芳郎,《国家

论研究》6号、6月）

15.(座谈)语言与现代哲学(田岛节夫、立松弘孝、坂井秀寿,《现代思想》6月号）

16.《德意志意识形态》及其背景(2)(《知识考古学》2号、6月）→黑格尔和马克思→广松涉著作集(8)

17."近代的超越"与日本的残余结构(7)(《流动》6月号）→《近代的超越》论→广松涉著作集(14)

18."近代的超越"与日本的残余结构(8)(《流动》7月号）→《近代的超越》论→广松涉著作集(14)

19.漫谈我的著作:事的世界观的前哨(《出版新闻》7月上旬号）→广松涉哲学小品集

20.《资本论》解释的龃龉——回应降旗节雄先生的指责(《现代之眼》8月号）→广松涉选集(4)

21.《德意志意识形态》及其背景(3)(《知识考古学》3号、8月）→黑格尔和马克思→广松涉著作集(8)

22."近代的超越"与日本的残余结构(9)(《流动》8月号）→《近代的超越》论→广松涉著作集(14)

23.(调查报告)最近阅读的书(《出版新闻》8月中旬号）

24."近代的超越"与日本的残余结构(10)(《流动》9月号）→《近代的超越》论→广松涉著作集(14)

25.物与事的本体性区别(《理想》10月号）→物·事·语→广松涉著作集(1)

26.在"原理"上不妥协——马克思主义与宗教(《朝日月刊》10月3日号）→广松涉哲学小品集

27.马克思、恩格斯的思想圈(1)(《知识episteme》10月号）

28.(座谈)宗教运动与共产主义(丸山照雄、高尾利数,《现代思想》11

月号)

29.马克思、恩格斯的思想圈(2)(《知识》11月号)→马克思的思想圈

30.(采访报道)(讲演)(座谈)现代哲学的最前线

荒川几男、生松敬三、田岛节夫、宫川透、山崎正一、足立和谐、村上阳一郎,河出书房新社,11月20日

31.(座谈)晚期马克思的立场(城塚登,《现代思想》12月临时增刊号)→广松涉选集(6)

32.马克思、恩格斯的思想圈(3)——恩格斯与青年德国派(《知识》12月号)

● **1976年**

1.(书评)大井正:马克思与黑格尔学派(《经济学家》1月6日号)

2.马克思、恩格斯的思想圈(4)(《知识》1月号)→马克思的思想圈

3.(座谈)马克思主义与宗教(1)(秋月龙珉、儿玉晓洋、八木城一、丸山照雄,"佛教时报"1月15日号)

4.(座谈)马克思主义与宗教(2)("佛教时报"1月25日号)

5.马克思、恩格斯的思想圈(5)(《知识》2月号)→马克思的思想圈

6.(座谈)马克思主义与宗教(3)("佛教时报"2月5日号)

7.(座谈)马克思主义与宗教(4)("佛教时报"2月15日号)

8.(座谈)马克思主义与宗教(5)("佛教时报"2月25日号)

9.(座谈)马克思主义与宗教(6)("佛教时报"3月5日号)

10.对宇野、梅本争论的批判性立场("日本读书报"3月8日号)

11.马克思、恩格斯的思想圈(6)(《知识》3月号)→马克思的思想圈

12.(座谈)马克思主义与宗教(7)("佛教时报"3月15日号)

13.(座谈)马克思主义与宗教(8)("佛教时报"3月25日号)

14.(座谈)何谓哲学(大森庄藏、山本信,《理想》4月号)→大森庄藏座谈

集《哲学的飨宴》(理想社,1994年10月)

15.(书评)卡西雷尔:爱因斯坦的相对论(《流动》4月号)

16.怀念坂间真人君(《情况》4月号)

17.马克思、恩格斯的思想圈(7)(《知识》4月号)→马克思的思想圈

18.马克思、恩格斯的思想圈(8)(《知识》5月号)→马克思的思想圈

19.(编译)黑格尔(与加藤尚武合编译、平凡社,5月14日)

20.马克思主义与"亲德"问题(《朝日月刊》6月4日号)→新左翼运动的影响→广松涉著作集(14)

21.马克思、恩格斯的思想圈(9)(《知识》6月号)→马克思的思想圈

22.马克思、恩格斯的思想圈(10)(《知识》7月号)→马克思的思想圈

23.(采访报道)无产阶级专政理论的历史性基础(《情况》9月号)→新左翼运动的影响

24.(书评)马克思的宗教观——读竹内良知《马克思的哲学与宗教》(《第三文明》9月号)

25.马克思、恩格斯的思想圈(11)(《知识》8/9月号)→马克思的思想圈

26.马克思、恩格斯的思想圈(12)(《知识》10月号)→马克思的思想圈

27.我的履历书(东京大学"文化学院报"11月8日)→广松涉哲学小品集

28."事"的现象学的序奏(《理想》11月号)→物·事·语→广松涉著作集(1)

29.雁山畅想(D.麦克莱伦《马克思传》折封,11月)→广松涉哲学小品集

30.人类史的危机与变革主体的昏迷(岩波讲座《文学》第11卷"现代世界的文学1",11月)→新左翼运动的影响

31.(座谈)黑格尔哲学的全体像(上妻精、加藤尚武,《情况》11月临时增刊号,12月)

32.(座谈)大脑、知觉、意识——超越二元论(大森庄藏、黑田亘,《知识》12月号)→广松涉选集(6)

33.从根本理念的重新确认开始吧——《最适社会》还是《巴黎公社》(《朝日月刊》12月17日号)→朝日月刊编《现代社会主义争论》(学阳书房,1978年7月)→广松涉选集(2)

34.(座谈)论人类历史的总体性把握(伊东俊太郎,"日本读书报"12月20日号)

● **1977年**

1.(座谈)作为精神的身体的复权——感觉的形而上学(荒川几男、生松敬三、市川浩、宫川透、村上阳一郎、山崎正一,市川浩十山崎奖评选委员会《身体的现象学》河出书房新社,1月)

2.康德理论哲学中的先验性演绎问题(东京大学文化学院《人文科学系纪要》65辑、3月)→广松涉著作集(7)

3.追悼宇野弘藏先生("日本读书报"3月14日号)

4.(座谈)历史唯物主义、资本论、辩证法——以宇野、梅本《社会科学与辩证法》为线索(降旗节雄,《经济学批判》2号、4月)

5.潜心于被炉式书房(《流动》4月号)

6.(座谈)分类的思想(见田宗介、吉田民人,《知识考古学》3/4月号)→广松涉选集(6)

7.(书评)真木悠介:现代社会的持存结构(《出版新闻》5月上旬号)

8.马克思(生松敬三、木田元、伊东俊太郎、岩田靖夫编《西方哲学史的基础知识》有斐阁,6月)

9.马克思《1844年经济学哲学草稿》(同上)

10.马克思《资本论》(同上)

11.恩格斯(同上)

12.辩证唯物论(同上)

13.马赫主义(同上)→广松涉著作集(3)

14.身体论（1）（"周刊读书人"8月1日号）→哲学的越界第三章"身心关系的难题与打开的方向"→广松涉著作集（4）

15.身体论（2）（"周刊读书人"8月8日号）→哲学的越界第三章→广松涉著作集（4）

16.（采访报道）围绕宇野经济学方法论的问题点（1）（"大阪市大报"8月10日号）→广松涉选集（4）→广松涉著作集（13）

17. 身体论 （3）（"周刊读书人"8月22日/29日合刊号）→哲学的越界第三章→广松涉著作集（4）

18.（采访报道）围绕宇野经济学方法论的问题点（2）（"大阪市大报"8月25日号）→广松涉选集（4）→广松涉著作集（13）

19.身体论（4）（"周刊读书人"9月5日号）→哲学的越界第三章→广松涉著作集（4）

20.推荐杂志"学生生活"（"日刊现代"9月8日）

21.身体论（5）（"周刊读书人"9月12日号）→哲学的越界第三章→广松涉著作集（4）

22.身体论（6）（"周刊读书人"9月19日号）→哲学的越界第三章→广松涉著作集（4）

23.（座谈）马克思主义的思想核心——围绕马克思的马克思主义（城塚登、清水多吉，《理想》9月号）

24.（讲演）人格的主体与社会的实践（法政大学文学院学术团体哲学会刊《位相》2号、9月）→广松涉选集（1）

25.针对货币论的序曲（《现代思想》10月号）→广松涉选集（4）→广松涉著作集（13）

26.语言的意义与认识的问题（弘文堂《讲座·现代的哲学》第三卷"语言的内与外"，10月）→物·事·语"意义的存在与认识形态"→广松涉著作集（1）

27.科学的危机与认识论(新装订版)

纪伊国屋书店,10月31日,附有"致新装订版的序"(第三次印刷1980年12月、第六次印刷1985年5月、第七次印刷1989年12月、第八次印刷1993年10月)→广松涉著作集(3)

28.(调查报告)今年的收获·1977·下("日本读书报"12月26日号)

● **1978年**

1.(调查报告)今年的写作计划("出版新闻"1月上·中旬合刊号)

2.物心二元论克服的前提(《精神》1月号)→哲学的越界第二章"克服物心二元论的前提"→广松涉著作集(4)

3.生急之心(《现代之眼》2月号)→广松涉哲学小品集

4.日记(1)("日本读书报"4月3日号)

5.日记(2)("日本读书报"4月10日号)

6.日记(3)("日本读书报"4月17日号)

7.日记(4)("日本读书报"4月24日号)

8.生态史观与历史唯物主义(1)(《现代之眼》4月号)→生态史观与历史唯物主义→广松涉著作集(11)

9.什么是什么?("东京大学校报"4月17日号)

10.(调查报告)推荐图书(同上)

11.辩证法中的体系构成法(1)(《现代思想》5月号)→辩证法的逻辑→广松涉著作集(2)

12.(座谈)黑格尔哲学的世界(加藤尚武、《理想》5月号)

13.生态史观与历史唯物主义(2)(《现代之眼》5月号)→生态史观与历史唯物主义→广松涉著作集(11)

14.鼯鼠(《创》5月号)→广松涉哲学小品集

15.辩证法中的体系构成法(2)(《现代思想》6月号)→辩证法的逻辑→广

松涉著作集（2）

16.生态史观与历史唯物主义（3）（《现代之眼》6月号）→生态史观与历史唯物主义→广松涉著作集（11）

17.辩证法中的体系构成法（3）（《现代思想》7月号）→辩证法的逻辑→广松涉著作集（2）

18.生态史观与历史唯物主义（4）（《现代之眼》7月号）→生态史观与历史唯物主义→广松涉著作集（11）

19.（座谈）围绕交互主体性（柄谷行人、《现代思想》8月号）→柄谷行人《对话》（冬树社，1979年6月）/《对话Ⅰ》（第三文明社，1987年7月）

20.（书评）田中义久：社会意识的理论（《经济学家》8月1日号）

21.立志之记：向哲学的转移（《第三文明》8月号）→广松涉选集（5）→广松涉哲学小品集

22.（书评）木夏原均：《资本论》的复权（"日本读书报"8月21日号）

23.辩证法中的体系构成法（4）（《现代思想》8月号）辩证法的逻辑→广松涉著作集（2）

24.辩证法中的体系构成法（5）（《现代思想》9月号）→辩证法的逻辑→广松涉著作集（2）

25.生态史观与历史唯物主义（5）（《现代之眼》9月号）→生态史观与历史唯物主义→广松涉著作集（11）

26.（座谈）现代身心关系论的地平（宫本忠雄，《现代之眼》10月号）→学际对话·知识接口

27.视觉性世界像的罪孽——寄语身心问题（《知识》9/10月合刊号）→广松涉选集（1）

28.停滞死角的哲学（大修馆《维特根斯坦全集》第2卷月报，10月）→广松涉哲学小品集

29.(书评)足立和诰：人性与意义的解体（"日本读书报"10月2日号）

30.(书评)柄谷行人：马克思，它的可能性的中心（"东京大学校报"10月30日号）

31.马克思主义的哲学（与泽田允茂、饭岛宗享、中村雄二郎、坂本百大合著的《现代哲学研究》有斐阁，第3章，11月）→马克思的根本意想是什么

32.辩证法中的体系构成法（6）（《现代思想》11月号）→辩证法的逻辑→广松涉著作集（2）

33.生态史观与历史唯物主义（6）（《现代之眼》11月号）→生态史观与历史唯物主义→广松涉著作集（11）

34.何故当今是黑格尔？（《现代思想》12月临时增刊号）→黑格尔与马克思"黑格尔与'关系主义'的底流"→广松涉著作集（7）

35.生态史观与历史唯物主义（7）（《现代之眼》12月号）→生态史观与历史唯物主义→广松涉著作集（11）

36.(座谈)对哲学能够做什么——现代哲学讲义

与五木宽之的对话，朝日出版社，12月10日（第二次印刷1978年12月、第三次印刷1979年1月、第四次印刷1979年8月、第五次印刷1983年3月、第六次印刷1984年9月、第七次印刷1987年2月）

37.(调查报告)今年的收获（"日本读书报"12月25日号）

• 1979年

1.(座谈)历史性状况与近代哲学（大森庄藏、石黑英子，"日本读书报"1月1日号）

2.(采访报道)[关于《对哲学能够做什么》]（《周刊现代》1月31日号）（在朝日出版"讲演·书目"指导手册上重登）

3.认识（井上忠编《哲学》弘文堂，2月→广松涉选集（5）

4.(采访报道)近来（"周刊读书人"2月5日号）

5.辩证法中的体系构成法(7)(《现代思想》2月号)→辩证法的逻辑→广松涉著作集(2)

6.辩证法中的体系构成法(8)(《现代思想》4月号)→辩证法的逻辑→广松涉著作集(2)

7.哲学与"语言"的问题性(《语言》4月号)→物·事·语"'语言'与哲学的问题性"→广松涉著作集(1)

8.(座谈)科学的危机与〈无〉之哲学(吉田宏哲、《知识》5月临时增刊号)→佛教与事的世界观

9.(座谈)马克思主义的理念与现时代(竹内芳郎、菊地昌典、岩田弘,《第三文明》6月号)

10.超越产业主义意识形态(《现代之眼》6月号)→新左翼运动的影响

11.(书评)卡西雷尔:实体概念与函数概念("周刊读书人"6月11日号)

12.(座谈)谈论漫画时代"我们的时代"(柳谷行宏、高桥宏树、松尾一三、小山敦史,《朝日月刊》6月15日号)

13.恼于危机感丧失的"年轻的士大夫们"(同上)→广松涉哲学小品集

14.(书评)中村雄二郎:共同感觉论("东京大学校报"6月25日号)

15.辩证法中的体系构成法(9)(《现代思想》6月号)→辩证法的逻辑→广松涉著作集(2)

16.对〈心-身〉关系论的认识——针对意志行为论的管制(《知识》终刊号=6/7月号、7月)→身心问题(增补)版→广松涉著作集(4)

17.对宇野经济学的认识(1)(《碰撞》创刊号,7月)→广松涉选集(4)

18.既非忧郁也非滑稽的悟达之人(《半开玩笑》7月临时增刊号"现在、五木宽之")→广松涉哲学小品集

19.(座谈)"青年之叛乱"曾是什么(池田浩士、松木健一,《朝日月刊》8月17/24日合刊号)

20.辩证法中的体系构成法(10)(《现代思想》8月号)→辩证法的逻辑→广松涉著作集(2)

21.相对论与哲学——寄语爱因斯坦诞生一百周年("日本读书报"9月3日号)→相对论的哲学"代绪论"→广松涉著作集(3)

22.(采访报道)哲学与投机(《王者手册》9月号)

23.对宇野经济学的认识(2)(《碰撞》2号、9月)→广松涉选集(4)

24.物·事·语

（Ⅰ）物·事

物与事的本体性区别——以语法为线索的预备作业

"事"的现象学的序奏——从"知觉的清晰分节"的层次谈起

（Ⅱ）事·语

"语言"与哲学的问题性

意义的存在与认识形态

代跋文——"事"的存在性质和存在机制

劲草书房,9月28日(第二次印刷1980年3月、第三次印刷1980年6月、第四次印刷1982年1月、第五次印刷1983年4月、第六次印刷1984年3月、第七次印刷1985年3月、第八次印刷1987年4月、第九次印刷1991年3月)→广松涉著作集(1)

25.辩证法中的体系构成法(11)(《现代思想》10月号)→辩证法的逻辑→广松涉著作集(2)

26.(调查报告)20世纪的十大事件(《危机》创刊号,10月)

27.(座谈)梅洛-庞蒂与关系主义的世界观(1)(高桥顺一、木村雄吉,《同时代音乐》2卷1号、10月)

28.对宇野经济学的认识(3)(《碰撞》3号、11月)→广松涉选集(4)

29.(座谈)爱因斯坦(林宪二、西尾成子、杉本大一郎、伊东俊太郎,东京

大学"文化学院报"11月12日号)

30.辩证法中的体系构成法(12)(《现代思想》11月号)→辩证法的逻辑→广松涉著作集(2)

31.马克思反对时期不成熟的政权夺取吗——寄语社会主义论(都劳活《劳活'80》2号、11月)

32.针对斯大林哲学批判的认识(《增刊苏联问题》14号、12月)

33.相对论的哲学空间(《思想》12月号)→相对论的哲学→广松涉著作集(3)

34.(座谈)对"青年论"无异议?(合原亮一、小山敦史等,时代错误社《恒河沙》9号、12月)

35.(座谈)佛教与事的世界观

36.与协田宏哲的对话,朝日出版社,12月25日(第二次印刷1980年4月)

● 1980年

1.判断中的肯定与否定——定位于日本语的"是认、否认"机制的"特性"(《理想》1月号)→广松涉选集(5)

2.(座谈)研究转换时期的世界(公文俊平,《经济学家》1月8/15日合刊号)

3.(座谈)马克思与近代物象化社会(长崎浩,"周刊读书人"1月14日号)→长崎浩对谈集《穿过七十年代》(SL出版会,1988年7月)

4.辩证法的逻辑——辩证法中的体系构成法

　　第一封信　关于"开端"的设定

　　第二封信　"意识的经验学"的机制

　　第三封信　"上升的展开"和四肢结构

　　第四封信　"下降"之路和上升的论述

　　第五封信　"方法论的展开相"的构图

　　第六封信　"原始函数"的整型和充当

第七封信 "判断"的机制和关系规定

第八封信 "主词–谓词"和函数形态

第九封信 "变化"的记述和事物本身的设定

第十封信 "肯定·否定"和存在样态

第十一封信 "争论"的逻辑和推理连锁

第十二封信 "叙述体系"和作者·读者

青土社,1月30日(第三次印刷1981年1月,第五次印刷1983年3月)→广松涉著作集(2)

5.(座谈)马克思国家论的根本问题(津田道夫、柴田高好,《国家论研究》19号、3月)

6.对宇野经济学的认识(4)(《碰撞》5号、3月)→广松涉选集(4)

7.客我认识的问题(与大森庄藏、山本信、井上忠、黑田亘合著《"心—身"的问题》产业图书,3月31日。第三次印刷1982年7月上有"后记"一文)→哲学的越界第4章"身体的现象与〈内部的〉意识"→广松涉著作集(4)

8.马克思主义的理论道路——从黑格尔到马克思(新装订版)

劲草书房,4月25日,附有"致新装订版的序"(第二次印刷1981年10月、第三次印刷1984年2月、第四次印刷1991年3月)→广松涉著作集(10)

9.《近代的超越》论——对昭和思想史的一点思考

昭和思想史的一视角

第一章 关于《文学界》杂志座谈会

问题圈的一个路标

论件与前梯的谅解

近代科学的地位

天地人三宝与无的哲学

第七章　民族主义的"自我欺骗"的绝唱

　　"世界最终战"与东西方的对决

　　"中日提携"与"五族共和"

　　日本近代史的难题的凝结

　　民族主义的傲慢与欺骗的深层

第八章　绝望的余焰与浪漫主义的自照

　　转向文学的分支与日本浪漫派

　　文明开化的逻辑的终结与新生

　　日本文艺的古典与近代性之崖

第九章　京都学派与世界史的统一理念

　　西田几多郎与西方哲学的贯通

　　文化的土著因素与皇道史观

　　山木清与东西文化扬弃的理念

第十章　哲理与现实态的中介的失败

　　"近代的超越"座谈会的实像

　　论件的设定与资本主义的问题

　　京都学派与哲学人本主义

朝日出版社,4月25日(第二次印刷1983年9月、第三次印刷1984年9月)→广松涉著作集(14)

10.(座谈)维特根施泰因的核心(大森庄藏、黑田亘、坂井秀寿,《现代思想》5月号)

11.(座谈)制度性"知识"被穿透时(村上阳一郎、谷泰、寺山修司,村上阳一郎编《认知》平凡社,5月)

12.以映像认知与以语言认识(同上)→广松涉选集(5)

13.(采访报道)"美丽东西"这一事态(季刊《形状》3号、6月)

14.(座谈)梅洛-庞蒂与关系主义的世界观(2)(高桥顺一、木村雄吉,《同时代音乐》2卷2号、9月)

15.马克思哲学源自古典(《新地平》9月号)

16.(书评)寄语《讲座·现象学》出版("日本读书报"10月20日号)

17.在第十次印刷之际的后记(《历史唯物主义的原像》第十次印刷,10月31日)→历史唯物主义的原像→广松涉著作集(9)

18.对我们而言何谓哲学——既成性世界像的"体系的批判"(《思想的科学》11月号)→广松涉选集(5)

19.读书日记(上)("周刊读书人"11月3日号)→植田康夫编《读书日记大全》讲谈社,1989年12月)

20.(书评)井上忠:哲学的现场(东京大学"文化学院报",11月5日号)

21.读书日记(中)("周刊读书人"11月10日号)→《读书日记大全》

22.读书日记(下)("周刊读书人"11月17日号)→《读书日记大全》

23.1844年经济学哲学手稿(社会思想社《现代马克思列宁主义百科词典》上,11月)

24.神圣家族(同上)

25.异化论(同上)→黑格尔与马克思"异化概念小史"→广松涉著作集(7)

26.(调查报告)日本的哲学——今年的收获(《理想》12月号)

27.马克思的思想圈(补注·井上五郎,朝日出版社,12月25日)

● 1981年

1.认识的存在结构(朝日文化中的心1—3月讲座指南)

2.身心问题备忘录(1)——〈身-心〉关系的问题机制(1)(《现代思想》1月号)→身心问题→广松涉著作集(4)

3.身心问题备忘录(2)(《现代思想》2月号)→身心问题→广松涉著作集(4)

4.(讲演)对马克思而言所谓"哲学"是什么(《碰撞》10号、2月)→物象化

论的构图"马克思的哲学"→广松涉著作集(13)

5.身心问题备忘录(3)(《现代思想》3月号)→身心问题→广松涉著作集(4)

6.本体论的再构筑(朝日文化中心4—6月讲座指南)

7.(座谈)物与事(柴谷笃弘、饭田百,《危机》7号、4月)

8.身心问题备忘录(4)(《现代思想》4月号)→身心问题→广松涉著作集(4)

9.针对客我论的序奏——"主我-客我"的共轭性(《临床精神医学》5月号)→哲学的越界第七章"主我与客我的相互共轭性"→广松涉著作集(5)

10.身心问题备忘录(5)(《现代思想》6月号)→身心问题→广松涉著作集(4)

11.实践哲学的复权(《思想》6月号"思想之语")→广松涉哲学小品集

12.(讲演)近代知识的地平及其闭塞性(《总论》2卷、6月)

13.相对论的哲学

第一章　相对论的哲学空间

第二章　马赫的哲学与相对论

与板垣良一合著、日本不列颠,6月20日→广松涉著作集(3)

14.蕴藏现代性的黑格尔哲学之魅力(《朝日月刊》6月26日号)→广松涉哲学小品集→广松涉著作集(7)

15.身心问题备忘录(6)(《现代思想》7月号)→身心问题→广松涉著作集(4)

16.独自性的体系知识之胎动("周刊读书人"7月13日号)

17.新左翼运动的影响(unity社,7月14日)

绪论与第四章第一节"马克思主义与'亲德'问题"→广松涉著作集(14)

18.德意志意识形态(社会思想社《现代马克思列宁主义百科词典》下,7月)→广松涉选集(3)

19.黑格尔法哲学批判·导言(同上)

20.哲学与臭棋(《书》8月号)→广松涉哲学小品集

21.身心问题备忘录(7)(《现代思想》8月号)→身心问题→广松涉著作集(4)

22.漫谈自著：相对论的哲学(东京大学驹场生协《广场》48号、9月)→广
松涉哲学小品集

23.(采访报道)加油！名古屋出版社,("朝日新闻"名古屋版,10月15日
晚刊)

24.(采访报道)祝贺教子出道("朝日新闻"东京版,10月27日晚刊)

25.(座谈)《广松涉哲学》与现代思想之位界(匿名氏A·B,《香节》6号、
12月)

26.致作者的信：山中明《战后学生运动史》(《现代之眼》12月号)

27.(调查报告)今年的收获(1981·下)("日本读书报"12月28日号)

● 1982年

1.马克思与现代(朝日文化中心1—3月讲座指南)

2.(座谈)超越生态学——在钚社会和管理社会中(高木仁三郎,"日本读
书报"1月18日号)

3.(书评)村上阳一郎编：时间与进化("图书报"2月6日号)

4.超俗的哲人——送末木先生(东京大学"文化学院报"2月10日号)

5.历史唯物主义与国家论

前　言

绪　论

序　言

第一章　《德意志意识形态》的国家论

第一节　关于国家的四条规定

第二节　论争的脉络产生的影响

第三节　四条规定的统一的视域

第二章　列宁国家论的视角·范围·遗训

第一节　列宁的国家论与革命路线

387

第二节　列宁国家论的视域与范围

第三节　列宁的无产阶级专政论和遗训

第三章　历史唯物主义中社会观的新地平

第一节　资产阶级的社会观的视角及其对质点

第二节　黑格尔市民社会论及其批判地继承

第三节　历史唯物主义的新社会观的视域

第四章　国家理论中的机构说和统一体说

第一节　作为统治机关的国家和作为城邦的国家

第二节　国家统一体说和国家机关说的范型·霍布斯和斯密

第三节　近代资产阶级国家观的历史展相及其构想的机制

第四节　康德的国家理论和启蒙主义的社会契约概念的变化

补说——代未能写出的章节

与山本耕一合著,论创社,2月10日→广松涉著作集(11)

6.如果推荐一册书《战后日本学生运动史》(《图书·指南·目录·1982》河出书房新社,3月)

7.给死胡同的人类文化寻求出路[原题:对学问相对化](《朝日月刊》4月16日号)→广松涉哲学小品集

8.历史唯物主义之宣扬(《思想》5月号)→物象化论的构图→广松涉著作集(13)

9.(座谈)时间概念的持存结构(村上阳一郎《is》17号、6月)→广松涉选集(6)

10.(编译)马克思·恩格斯的革命论

11.纪伊国屋书店"马克思主义革命论史·1",(广松编、片冈启治译,8月31日)

12.解说论文"马克思·恩格斯革命论之书签"→广松涉选集(3)

13.(座谈)符号存在论的基础层面(野家启一,《现代思想》9月号)

14.存在与意义——事的世界观之建基(第一卷)
　　——事的世界观的奠基

　　第一卷　认识世界的存在结构

　　绪　论

　　第一篇　现象世界的四肢结构

　　　　第一章　现象的清晰分节态的现前和所知的二因素

　　　　　　第一节　现象的所知的二肢性

　　　　　　第二节　所知的第一肢的条件

　　　　　　第三节　所知的第一肢的所识

　　　　第二章　人称的分极性的现象和能知的二因素

　　　　　　第一节　身体的主体间的现前相

　　　　　　第二节　主体间的归属和人称化

　　　　　　第三节　能知的主体间的二重性

　　　　第三章　现象世界的四肢的相互中介的机制

　　　　　　第一节　所知的二肢性的机制

　　　　　　第二节　能知的二重相的形成

　　　　　　第三节　四肢的相互中介性

　　　　第二篇　省察世界的问题机制

　　　　第一章　外部和内部的截断与认识论的图式

　　　　　　第一节　外部和内部的截断

　　　　　　第二节　"三项图式"的形成

　　　　　　第三节　认识论的基本构图

　　　　第二章　判断的形象的意义结构和命题的事态

　　　　　　第一节　概念形成的逻辑机制

岩波书店,10月28日(第六次印刷1993年1月、第七次印刷1994年2月、第八次印刷1994年12月)→广松涉著作集(15)

15.(采访报道)向理论性实践飞翔——围绕新著《存在与意义》(山本启,"日本读书报"11月1日号)

16.(采访报道)面向近代知识地平之超越——访问出版《存在与意义》的广松涉先生(高桥顺一,"周刊读书人"11月1日号)→高桥顺一《现代思想的

位界》(SL出版会,1984年4月)

17.生态学的危机与变革的理念("东北大学校报"11月1日号)→生态史观与历史唯物主义附论"生态学的价值与社会变革的理念"→广松涉著作集(11)

18.(调查报告)今年的收获(1982·下)("日本读书报"12月27日号)

● **1983年**

1.生态学家运动偶感(《碰撞》21号、1月)

2.符号论的哲学性空间——符号性意义机能的持存机制(《理想》1月号)→符号的世界与物象化→广松涉著作集(1)

3.(座谈)围绕《存在与意义》——跨越近代的哲学(足立和浩、山本信,"东京大学校报"2月8日号)→广松涉选集(6)

4.(座谈)马克思提出了什么(平田清明、山之内靖,增刊经济讨论会《马克思死后100年》,2月)→广松涉选集(6)

5.(讲演)精神的主体际性存在结构——关于"精神异常"持存机制的定位(《思想》2月号)→哲学的越界第八章"我这样看精神病理现象"(一部分省略)→广松涉著作集(2)

6.(座谈)自己·角色·他者(木村敏、中川久定,《思想》2月号)→学际对话·知识接口

7.(采访报道)文字难以表现的趣味!? 在东京大学受欢迎、广松涉哲学(《星期日每日》2月20日号)

8.物象化论的机制与影响(《思想》3月号)→物象化论的构图→广松涉著作集(13)

9.(座谈)战后马克思主义哲学的证言(船山信一、大井正,《现代思想》3月号)

10.恩格斯(弘文堂《科学技术史百科词典》,3月)

11.自然辩证法(同上)

12.辩证法(同上)

13.物象化论——开拓通往现代世界观的道路("朝日新闻"3月10日晚刊)→马克思的根本意想是什么"通往现代世界观的道路"→广松涉著作集(13)

14.作为"始祖"的马克思("每日新闻"3月11日晚刊)→马克思的根本意想是什么"作为起源的马克思"

15.(座谈)谈论马克思——以《资本论》为中心(吉田宪夫,《现代之眼》4月号)

16.核心的"革命思想"("图书报"4月23日号)→广松涉选集(3)

17.对劳动论的一点认识("日本读书报"5月2日号)

18.门外汉的旁白(岩波讲座《精神之科学·1》月报,5月)→身心问题 重录入脚注→广松涉哲学小品集→广松涉著作集(4)

19.《共产党宣言》的思想——兼披露国内未介绍资料(1)(《碰撞》23号、5月)→广松涉选集(3)

20.(书评)饭田百、伊藤诚、菅孝行、北泽洋子、山川晓夫:马克思死后100年(《周刊信箱》6月17日号)

21.《共产党宣言》的思想(2)(《碰撞》24号、7月)→广松涉选集(3)

22.梅洛–庞蒂

    外　篇　梅洛–庞蒂与主体间间性哲学

      一、知觉的显相和共存

      二、身体的对自和对他

      三、相互主体间和实践

    结语—现象学的界限

    现象学与马克思主义——绪论性备忘录

与港道隆合著、岩波书店,7月29日(第二次印刷1984年12月,第三次印

刷1987年4月）→广松涉著作集（7）

23.文献实证性研究"盛行"之思考（《现代诗手帖》8月号）→广松涉哲学小品集

24.（调查报告）上半年的收获（"周刊读书人"1981年8月号）

25.《共产党宣言》的思想（3）（《碰撞》25号、9月）→广松涉选集（3）

26.（座谈）马克思的近代性与现代性（石见徹、宇泽弘文、中山弘正、马场宏二、竹内启,东京大学经济学会《经济学论集》49卷3号、10月）

27.科学论的当今课题与构想——关于近代知识的机制的为我化与超越（《思想》10月号）→广松涉选集（5）

28.（座谈）重读马克思（山崎薰、大庭健,《卢瓦基尔》11月号）→NHK编《解读现代文明》（日本广播出版协会,1984年9月）

29.物象化论的构图

　　Ⅰ历史唯物主义之宣扬

　　Ⅱ物象化论的机制与影响

　　Ⅲ历史性世界的物象化论

　　Ⅳ自然界的历史性物象化

　　Ⅴ马克思的哲学

　　跋文——物象化论的扩张

岩波书店,11月29日→广松涉著作集（13）

30.（讲演）马克思与哲学（《东京经大学会刊》134号、12月）→除去讨论的讲演部分→马克思的根本意思是什么"马克思与哲学之间"

31.（调查报告）今年的收获（1983·下）（"日本读书报"12月26日号）

● 1984年

1.（调查报告）[今年的抱负]（"朝日新闻"北九洲版,1月1日）

2.（调查报告）今年的写作计划（《出版新闻》1月上·中旬合刊号）

3.(书评)施泰因贝尔克:社会主义与德意志社会民主党("日本读书报"1月2/9日合刊号)

4.发挥应试学习的效用(《月刊国语教育》2月号)→广松涉哲学小品集

5.(采访报道)巴贝夫中的暴力性人民革命的构想——马克思的革命论、组织论的一点背景(《季节》10日号、2月)

6.《共产党宣言》的思想(4)(《碰撞》28号、3月)→广松涉选集(3)

7.(座谈)符号·意义·物象——超越结构主义(丸山圭三郎,《思想》4月号)→符号性世界与物象化

8.(调查报告)[大学时代的读书]("东京大学校报"4月17日号)

9.(座谈)超越庸俗、观察思想源流(菅孝行,《企鹅·问题》4月号)→菅孝行编《鼹鼠叩响时代的马克思主义》(现代企画室,1985年5月)

10.(调查报告)6·3·3·4制("读者新闻"4月9日)

11.(座谈)因此,同一性(entropy)(小出昭一郎,玉野井芳郎,槌田敦,鹤见和子,增刊经济研讨会《同一性读本》,5月)

12.(座谈)对般若的葛藤(1)(儿玉晓洋,"佛教时报"5月25日号)

13.(座谈)对般若的葛藤(2)("佛教时报"6月5日号)

14.(座谈)对般若的葛藤(3)("佛教时报"6月15日号)

15.(座谈)对般若的葛藤(4)("佛教时报"6月25日号)

16.自家版辞典"物象化"("朝日新闻"6月29日晚刊)

17.(座谈)对般若的葛藤(5)("佛教时报"7月5/15日合刊号)

18.(调查报告)上半年的收获("周刊读书人"8月13日号)

19.(书评)亚当·沙夫:作为社会现象的异化(《朝日月刊》8月31日号)

20.(座谈)寻求结构变动论的范式(清水博、今村仁司、盐泽由典,《理想》9月号)→学际对话·知识接口

21.《共产党宣言》的思想(5)(《碰撞》31号、9月)→广松涉选集(3)

22.(采访报道)现代与哲学——从近代框架飞跃的前夜("朝日新闻"9月10日晚刊)→朝日新闻学艺部编《文化的前线》(1985年10月)

23.(采访报道)对思索的诱惑(1)("阳炎"7号,10月)

24.阿多拉茨基(平凡社《大百科词典》第1卷,11月)

25.关系(同第3卷,11月)

26.机械唯物论(同上)

27.事(同第5卷,11月)

28.增补·马克思主义的确立过程

至诚堂选书,11月5日,附有"致选书版的绪论""致选书版的后记"→广松涉著作集(8)

29.(书评)长冈克行:企业与组织("图书报"11月17日号)

● 1985年

1.(书评)丸山圭三郎:文化的拜物教("周刊读书人"1月28日号)

2.自然辩证法(平凡社《大百科词典》第6卷、3月)

3.历史唯物论(同上)

4.施特劳斯(同第7卷、3月)

5.相对论[哲学性意义](同第8卷、3月)

6.庸俗唯物论(同上)

7.狄茨根(同第10卷、3月)

8.杜林(同上)

9.(座谈)文化的拜物教与物象化(丸山圭三郎、《思想》4月号)→符号性世界与物象化

10.(座谈)寻求经济学的范式转换(山崎薰、石塚良次、须藤修,《理想》4月号)

11.我喜好的杂志(《朝日月刊》临时增刊"杂志的世界"4月1日号)

12.物象化(平凡社《大百科词典》第12卷、6月)

13.布赫纳(同上)

14.辩证法(同第13卷、6月)

15.辩证法的唯物论(同上)

16.马克思(同第14卷、6月)

17.莫勒斯霍特(同上)

18.我的读书日记(1)《现象学的社会学》(《朝日月刊》6月21日号)

19.(采访报道)[寄语栗本慎一郎《铁之处女》](《星期日每日》6月23日号)

20.我的读书日记(2)《经济学批判要纲》(《朝日月刊》6月28日号)

21.我的读书日记(3)成立史的研究(《朝日月刊》7月5日号)

22.我的读书日记(4)新的运气(《朝日月刊》7月12日号)

23.我的读书日记(5)书籍中毒症(《朝日月刊》7月19日号)

24.(采访报道)对思索的诱惑(2)("阳炎"8号、7月)

25.结构的形成、维持、推进的机制(1)"结构变动论的论域和影响"(《知识》Ⅱ-1号、8月)→广松涉选集(1)→广松涉著作集(14)

26.偷盗刃金之倾(《文艺》秋季号、8月)→广松涉哲学小品集

27.(调查)上半年的收获("周刊读书人"8月12日号)

28.关系的成立——主客关系的形成(新岩波讲座《哲学》第4卷"世界与意义",10月)→广松涉选集(1)

29.[追悼·良知力](《朝日月刊》11月8日号)

30.资本论中单纯商品的意义——劳动价值说的确立层面与并存模型(《碰撞》38号、11月)→广松涉选集(4)→广松涉著作集(13)

31.(座谈)历史唯物主义与生态史观(山崎薰,《思想》12月号)→广松涉选集(6)

● 1986年

1.(调查报告)今年的写作计划(《出版新闻》1月上·中旬合刊号)

2.相对论的哲学(增补新版)

与胜守真合著、劲草书房,1月10日,附有致新版的"前言""后记"→广松涉著作集(3)

3.结构的形成、维持、推进的机制(2)"超个体的形成和组织分化"(《知识》Ⅱ–2号、1月)→广松涉选集(1)→广松涉著作集(14)

4.(书评)萨蒂休·库马尔编:舒马赫的学校(《周刊宝石》2月21日号)

5.表情现象论绪论(《现代思想》2月号)→哲学的越界第一章"从表情体验的世界重新出发"→广松涉著作集(4)

6.(采访报道)物象化与〈空〉之哲学(大庭健,《现代思想的飨宴》河出书房新社,3月)

7.好著作再挖掘(上):井上忠《源自根据的挑战》("周刊读书人"3月31日号)

8.(调查报道)寄语《黑格尔或是德斯宾诺莎》(《新评论》35号、4月)

9.社会性行为论笔记(1)(《现代思想》4月号)→现象学的社会学的原型第一章→广松涉著作集(6)

10.好著作再挖掘(下):山本义隆《重力与力学的世界》("周刊读书人"4月7日号)

11.社会性行为论笔记(2)(《现代思想》5月号)→现象学的社会学的原型第二章→广松涉著作集(6)

12.关于角色理论的再构建(1)(《思想》5月号)→广松涉著作集(5)

13.社会性行为论笔记(3)(《现代思想》6月号)→现象学的社会学的原型第三章→广松涉著作集(6)

14.关于角色理论的再构建(2)(《思想》6月号)→广松涉著作集(5)

15.艾因马尔·伊斯特……(中野先生追悼集出版委员会编《中野正先生追悼集》森田企版,6月)

16.社会性行为论笔记(4)(《现代思想》7月号→现象学的社会学的原型第三章→广松涉著作集(6)

17.关于角色理论的再构建(3)(《思想》7月号)→广松涉著作集(5)

18.读资本论——以物象化论为视轴

(以物象化论为视角)读资本论

商品世界的物象性存在与商品拜物教

第一节 商品的二重规定

第二节 商品的价值形式

第三节 商品的拜物教性质

劳资关系的物象化与资本积累

第一节 劳动工资的假象与本质

第二节 资本积累和占有规律

第三节 原始积累与近代殖民

资本主义生产过剩的直接后果

第一节 资本的物象化与拜物教视

第二节 资本下的劳动的内涵

第三节 资本关系本身的物象化

与高桥洋儿、吉田宪夫、山本耕一、石塚良次、须藤修合著,岩波书店,7月3日(第二次印刷1986年7月)→广松涉著作集(12)

19.生态史观与历史唯物主义

第一部 生态史观和历史唯物主义

第一章 梅棹生态史观的问题提起

第一节 梅棹文明史学的骨骼

二、域内交换与古代商业

三、局部市场与对外贸易

附　论　生态学的价值与社会变革的理念

一、早期社会主义的志向与价值评价标准

二、近代工业社会与生态学的制约的忘却

三、生态学的危机与不确定的收支

四、现代共产主义的理念与生态学的价值

惟一社,7月15日(第二次印刷1988年2月)→广松涉著作集(11)

20.图书指南《资本论》(《朝日月刊》7月18日号)

21.(调查报告)上半年的收获("周刊读书人"8月11日号)

22.(座谈)质问"保守化时代"的政治、思想(天野惠一、松本健一,《经济学家》8月12日号)

23.社会性行为论笔记(5)(《现代思想》9月号)→现象学的社会学的原型第四章→广松涉著作集(6)

24.社会性行为论笔记(6)(《现代思想》10月号)→对胡塞尔现象学的认识第一章→广松涉著作集(7)

25.前言/解说(良知力、广松涉编《黑格尔左派论丛》第1卷"德意志意识形态内部争论"御茶之水书房,10月)→解说黑格尔与马克思"黑格尔'左派'的分立与推进"→广松涉著作集(7)

26.交互主体性的现象学

代绪论——预备的标注事项

第一部　交互主体性的发生论基底

第一章　生态学的内—存在和知觉—行动

第二章　显相的清晰分节域和"表情性感应"

第三章　共振得振动系和情动反应

第四章 "本原的启发"和生理机构

与增山真绪子合著,世界书院,10月30日→广松涉著作集(6)

27.(采访报道)生态史观的影响(《现代思想》11月号)

28.关于角色理论的再构建(4)(《思想》11月号)→广松涉著作集(5)

29.《共产党宣言》的思想(6)(《碰撞》44号、11月)→广松涉选集(3)

30.(座谈)生态史观能够重编人类史吗(田边系治,《现代思想》12月号)→学际对话·知识接口

31.关于角色理论的再构建(5)(《思想》12月号)→广松涉著作集(5)

32.寄语马克思的历史规律观(滕维藻、王仲荦、奥崎裕司、小林一美编《东亚世界史探究》汲古书院,12月)→马克思的根本意想是什么→广松涉著作集(14)

● 1987年

1.漫谈我的编著:黑格尔左派论丛(《碰撞》45号、1月)

2.社会性行为论笔记(7)(《现代思想》2月号)→对胡塞尔现象学的认识第二章→广松涉著作集(7)

3.社会性行为论笔记(8)(《现代思想》3月号)→对福塞尔现象学的认识第三章→广松涉著作集(7)

4.关于角色理论的再构建(6)(《思想》3月号)→广松涉著作集(5)

5.(座谈)全共斗终止于壮大的零?不,并非如此(村上义雄,《儿童心理》3月号)

6.被炉式房间正是我的书斋(现代新书编集部编《书斋——创造空间的设计》讲谈社现代新书,3月)→广松涉哲学小品集

7.社会性行为论笔记(9)(《现代思想》4月号)→对胡塞尔现象学的认识第四章→广松涉著作集(7)

8.(座谈)观察本质之眼——所谓哲学就是实践性学问(山田太一,《潮》5

月号)→山田太一《寻问12之世界》(潮出版,1987年12月)

9.寄语AI问题——关于意识观的脱构建(《现代思想》6月号)→广松涉选集(5)

10.(座谈)物象化论的批判力(浅见克彦、小仓利丸,《批评Critique》8号、7月)

11.必读古典名作选——"通读"的强迫观念("周刊读书人"7月27日号)→广松涉哲学小品集

12.货币与信约性行为——物象化论展开的一点管制(《现代思想》8月号)→广松涉选集(14)→广松涉著作集(13)

13.关于角色理论的再构建(7)(《思想》8月号)→广松涉著作集(5)

14.社会性行为论笔记(10)(《现代思想》10月号)→对胡塞尔现象学的认识第四章→广松涉著作集(7)

15.关于角色理论的再构建(8)(《思想》10月号)→广松涉著作集(5)

16.解说(良知力《黑格尔左派与早期马克思》岩波书店,10月)

17.资本论的哲学(增补新版)

劲草书房,11月10日,附有"致新版的绪论""补注""寄语增补鲁宾的问题"→广松涉著作集(12)

18.社会性行为论笔记(11)(《现代思想》12月号)→现象学的社会学的原型第5章→广松涉著作集(6)

19.(调查报告)1987年的收获("周刊读书人"12月21日号)

● **1988年**

1.(调查报告)今年的写作计划(《出版新闻》1月上、中旬合刊号)

2.La philosophie de Marx *pour nous*(traduit du japonais par T. Minatomichi)(Actuel Marx,janvier 1988)→日文黑格尔与马克思"对《我们》而言的马克思哲学"→广松涉著作集(7)

3.新哲学入门

岩波书店(新书),1月20日(第三次印刷1988年6月、第四次印刷1989年6月、第八次印刷1991年5月、第九次印刷1992年2月、第十一次印刷1993年1月、第十二次印刷1993年9月、第十三次印刷1994年5月、第十五次印刷1996年6月)

4.社会性行为论笔记(12)(《现代思想》2月号)→现象学的社会学的原型第六章→广松涉著作集(6)

5.恩格斯(弘文堂《社会学百科词典》、2月)

6.交互主体性(同上)

7.费尔巴哈(同上)

8.黑格尔(同上)

9.马克思(同上)

10.社会性行为论笔记(13)(《现代思想》3月号)→现象学的社会学的原型第六章→广松涉著作集(6)

11.关于角色理论的再构建(完)(《思想》3月号)→广松涉著作集(5)

12.(座谈)意识这一大脑原动力(甘利俊一,《现代思想》4月号)→学际对话·知识接口

13.(座谈)巴黎"红色5月风暴"以来的20年(最首悟、今村仁司,《朝日月刊》6月10日号)

14.后记(《历史唯物主义的原像》第十四次印刷6月30日)→历史唯物主义的原像→广松涉著作集(9)

15.社会性行为论笔记(14)(《现代思想》8月号)→现象学的社会学的原型第七章→广松涉著作集(6)

16.关于AI问题的偶感——对完美的机器人,意识无用的话?(季刊《哲学》4号、8月)→哲学的越界第5章"完美的机器人意识无用"→广松涉著作集(4)

17.社会性行为论笔记(15)(《现代思想》9月号)→现象学的社会学的原型第七章→广松涉著作集(6)

18.猎读哲学书的日子——20世纪20年代读过的书(《第三文明》9月号)→广松涉哲学小品集

19.哲学入门中级——从物到事

讲谈社(现代新书),9月20日(第三次印刷1990年2月、第六次印刷1992年1月、第八次印刷1993年3月、第九次印刷1993年8月、第十次印刷1994年3月、第十四次印刷1997年1月)

20.语言真正的遗憾——哲学家的辩解和装腔作势(《书》10月号)→广松涉哲学小品集

21.(调查报告)值得喜爱的一册书籍《流动与停滞》(《图书指南'89》河出书房新社,10月)

22.事的世界观(今村仁司编《现代思想阅读百科词典》讲谈社现代新书,10月)

23.辩证法(同上)

24.马克思主义(同上)

25.马克思的思想(同上)

26.历史唯物主义(同上)→广松涉著作集(11)

27.(座谈)向马克思派新生的动向(山田锐夫,"周刊读书人"12月5日号)

28.(讲演)"哲学的列宁阶段"之克服(《季报·唯物论研究》30号、12月)

29.(调查报告)1988年的收获("周刊读书人"12月19日号)

30.(书评)大泽正道:个人主义("北海道新闻"12月19日)

31.主观与客观(土屋俊、中岛秀之、中川裕志、桥田浩一、松原仁编《AI人工智能百科词典》UPU,12月)

• 1989年

1.(调查报告)今年的写作计划(《出版新闻》1月上、中旬合刊号)

2.身心问题

第一段　身心问题的前梯

第二段　身心问题的构图

第三段　身心问题的实态

Ⅱ

克服心物二元论的前沿

心身关系的难题和打开的方向

身体的显相和"内部的"意识

因完美的机器人而意识无用

"心–身"关系论的视角——为了意志行为论的管制

Ⅲ

从表情体验的世界的再出发

青土社,1月15日(第二次印刷1989年6月)→广松涉著作集(4)

3.君主制质问的非常时代("朝日新闻"1月17日晚刊)

4.辩证法的逻辑(新装订版)

青土社,1月30日,附有"致新装订版的后记"(第二次印刷1990年2月)→
广松涉著作集(2)

5.(座谈)语言、表情、他者(大森庄藏、野家启一,《现代思想》3月号)

6.表情

第一章　表情显相的暂定的定位

第二章　世界显相的表情的分凝

第三章　表情表现和共轭的理解

弘文堂思想选书,3月25日→广松涉著作集(4)

7.此刻一次的——追悼·佐藤金三郎(《新评论》67号、4月)

8.(座谈)《近代的超越》与西田哲学(浅田彰、市川浩、柄谷行人,《季刊思潮》4号、4月)→柄谷行人《主题论文集》(思潮社,1989年12月)

9.马克思认识的东西——根据社会、国家、历史哲学(城塚登、滨井修编《黑格尔社会思想与现代》东京大学出版会,5月)→黑格尔与马克思"马克思的黑格尔继承之构图"→广松涉著作集(7)

10.社会性行为论笔记(16)(《现代思想》6月号)→现象学的社会学的原型第8章→广松涉著作集(6)

11.木铎般气魄(东京大学校报社编《超级目录·东京大学90》六甲出版,6月)→广松涉哲学小品集

12.(讲演)始于重新审视足下(季报·唯物论研究编集部编《证言·唯物论研究会事件与天皇制》新泉社,6月)

13.出版流通文化的终结(《RIRI流通产业》7月号)→广松涉哲学小品集

14.(座谈)新康德派的遗物(大黑岳彦,《理想》643号、7月)

15.历史唯物主义与国家论(修订版)
与山本耕一合著、讲谈社学术文库,7月10日,附有致文库版的"前言""绪论"(解说青木孝平)→广松涉著作集(11)

16.社会性行为论笔记(17)(《现代思想》10月号)→现象学的社会学的原型第八章→广松涉著作集(6)

17.针对礼仪研究的方法论的前提——根据物象化论的立场(田边繁治编《人类学认识的冒险》同文馆,10月)→哲学的越界第九章"对于礼仪行为的我的看法"→广松涉著作集(2)

18.(采访报道)文字文化的终结("东京大学校报"10月10日号)

19.年轻时的我——有关九洲的"临时革命政权"("每日新闻"10月19日)→广松涉哲学小品集

20.《近代的超越》论——对昭和思想史的一点认识(增补版)

讲谈社学术文库,11月10日,附有"致学术文库版的序"(解说柄谷行人)(第三次印刷1990年2月、第七次印刷1993年1月、第八次印刷1993年12月、第九次印刷1994年9月、第十一次印刷1996年6月)→广松涉著作集(14)

21.(座谈)变化的世界与知识人的角色——天安门、马克思主义、21世纪(皮埃尔=布鲁迪,《朝日月刊》11月10日号)

22.(座谈)围绕现象学方法的可能性(竹田青嗣,《ORGAN》8号、12月)

23.(调查报告)1989年的收获("周刊读书人"12月18日号)

24.[发行日不明]推荐的话:米歇尔·阿格里塔《资本主义的规律理论》(大村书店新版指南)

● **1990年**

1.(调查报告)今年的写作计划(《出版新闻》1月上、中旬合刊号)

2.通往人类史壮举的漫长道路(《经济学家》1月16日号)

3.(讲演)社会主义的现状(《季刊危机》40号[终刊号]、1月)

4.东欧、苏联"变动"之思考(《思想》2月号)

5.(座谈)关于理性的现实政治(今村仁司、皮埃尔·布尔迪厄,《现代思想》3月号)→皮埃尔·布尔迪厄《超领域人类学》藤原书店,1990年11月)

6.(座谈)拥有智慧的艰难历程——从认识到行为(土屋俊、《现代思想》3月号)

7.(讲演)东欧骤变与社会主义的前途(荒派"战旗"4月15日号)→东欧骤变与社会主义

8.马克思的劳动论——以"报酬劳动体制"批判为中心(《现代思想》4月号)→马克思的根本意想是什么"马克思中的劳动本体论及其机制"

9.(采访报道)被炉生活25年、马克思研究家不被人知的工作场所(《周刊文春》5月24日号)

10.重问脑死论的前提性价值观（《脑死——我这样认为》北窗出版,5月）→广松涉哲学小品集

11.(讲演)马克思主义运动的新阶段（《论坛90's》创刊号、6月）

12.(座谈)历史地质问日美安全保障体制（天野惠一,《碰撞》64号、6月）

13.(采访报道)新左翼杂志"情况"间隔14年复刊（"东京新闻"6月4日）

14.当今重读马克思

讲谈社（现代新书）,6月15日（第三次印刷1990年8月、第五次印刷1991年9月、第六次印刷1991年12月、第八次印刷1993年8月、第十次印刷1994年11月、第十二次印刷1996年7月）

15."壁垒"崩溃后的历史性课题状况（《情况》第二期创刊号=7月号）

16.马克思与历史的现实（平凡社,7月10日）

17.(座谈)东欧、社会主义以及日本（栗木安延、盐川喜信等,《论坛90's》8月号）

18.(采访报道)谈论突入第三阶段的马克思主义运动和我（"图书报"9月1日）

19.(采访报道)现代资本主义"第三阶段"（"福田新闻"9月1日）[以下同一内容——"东欧的再资本主义化悲剧"（"信浓每日新闻"同2日）/"理论的正确阐说"（"中国新闻"同2日）/"马克思理论仍然有效"（"日本海新闻"同3日）/"再资本主义化是悲剧"（"德岛新闻"同5日晚刊）/"今天依然理论有效"（"山阳新闻"同6日）/"基本的理念还是有效"（"神奈川新闻"同9日）/"再资本主义化悲剧"（"岐阜新闻"同10日）]

20.(座谈)所有的起源与终结（浅见克彦、山田锐夫,《现代思想》9月号）

21.关于国家（《教化研究》104号、9月）

22.(座谈)净土与国家（儿玉晓洋、同上）

23.继承康德到费希特（弘文堂《讲座·德国唯心主义》第3卷"主我概念的

新展开",9月）

24.我的新古典:渡边仁《人为什么直立起来》（"每日新闻"10月8日）

25.(座谈)学际对话·知识接口

青土社,11月8日。对话者:清水博、盐泽由典、今村仁司、广重彻、村上阳一郎、田边繁治、真木悠介、宫本忠雄、木村敏、中川久定、甘利俊一

26.自然与大我的统一原理(弘文堂《讲座·德国唯心主义》第4卷"自然与自由的深渊",11月）

27.(座谈)人类史的可能性(安齐正人、渡边仁,《现代思想》12月号）

28.关于民主主义政治的效力[原题:可以因民主主义而心醉神迷吗]（《先生esquire》12月号）

29.(调查报告)1990年的收获("周刊读书人"12月17日号）

30.[发行日不明]推荐的话(学术书房《科学史研究丛书》出版指南）

• **1991年**

1.(调查报告)今年的写作计划（《出版新闻》1月上、中旬合刊号）

2.(座谈)混迷的社会主义的概念和运动(林纮义,社会主义劳动者党"周刊劳动者新闻"1月1日号）

3.(书评)埃贡·库莱恩茨:国家消灭（《Sansala》1月号）

4.马克思主义的地平

讲谈社学术文库,1月10日,附有"致学术文库版的序"（解说高桥洋儿）（第二次印刷1994年9月）→广松涉著作集（10）

5.读三岛由纪夫的"檄"（《演播之声studio·voice》2月号）

6.(座谈)现代社会主义的根本问题(林纮义,社会主义劳动者党《普罗米修斯》春季号,2月）

7.(座谈)俄国革命是什么？（藤本和贵夫,《情况》2月号）

8.现象学与马克思主义——绪论性备忘录（《情况》3月号）→对胡塞尔现

象学的认识→广松涉著作集(7)

9.(讲演)现代社会中选举战的意义(上)(荒派"战旗"5月15日号)→东欧骤变与社会主义

10.(讲演)现代社会中选举战的意义(下)(荒派"战旗"5月25日号)→东欧骤变与社会主义

11.社会观的哲学(上)("三田新闻"6月10日号)→东欧骤变与社会主义

12.(讲演)作为思想的社会主义(《季报·唯物论研究》38/39合刊号,7月)

13.生态史观与历史唯物主义

讲谈社学术文库,7月10日,附有"致学术文库版的序"(解说吉田宪夫)→广松涉著作集(11)

14.尽管降低国界的壁垒(《以最新假说确信模糊的边界》UPU,7月)→广松涉哲学小品集

15.马克思的社会主义论(上)(《情况》9月号)→广松涉选集(2)

16.知识遗产依然通过文字(《阅读》9月号)

17.(采访报道)研究差别的存在结构(笠松明广,《与差别抗争的文化》夏秋号,9月)

18.(讲演)社会主义理论的新型构建(《论坛90's》10月号)

19.(座谈)人是直立的猴——语言的发生与认识(熊野纯彦、松泽哲郎,《现代思想》10月号)

20.苏联共产党政权崩溃之际——只能通过自下的革命解决("东京大学校报"10月1日号)

21.读马克思("东京大学校报"10月8日号)

22.黑格尔与马克思

黑格尔与"关系主义"的潜流

黑格尔"左派"的分立和推转

马克思的黑格尔继承的构图

作为"我们"的马克思哲学

异化概念小史

青土社,10月14日→广松涉著作集(7)(8)

23.预感自下的"第二次革命"(《新杂志21》11月号)

24.世界交互主体的存在结构

讲谈社学术文库、11月10日,附有"致学术文库版的序"(解说熊野纯彦)(第三次印刷1997年1月)→广松涉著作集(1)

25.社会观的哲学(下)("三田新闻"11月15日号)→东欧骤变与社会主义

26.(座谈)历史性实践的构想力(与小阪修平的对谈,作品社,11月30日)

27.再见·美国佬·幻想(《新杂志21》12月号)

28.苏联社会主义为何崩溃[原题:苏联共产党解体之思考](《先生es-quire》12月号)

29.马克思的社会主义论(中)(《情况》12月号)→广松涉选集(2)

30.(采访报道)人类史上危机扬弃之展望(荒派"战旗"12月5日号)→东欧骤变与社会主义

31.(讲演)[在国际联合集会上的呼吁·要旨](荒派"战旗"12月15日号)

32.(调查报告)1991年的收获("周刊读书人"12月16日号)

33.现象学的社会学的原型——A.舒兹研究笔记

第一章 舒兹社会哲学的构案

第二章 舒兹社会哲学的配备

第三章 舒兹和柏格森的阴影

第四章 舒兹的"他者理解"论

第五章 舒兹的"他者理解"论(续)

第六章 舒兹的"环视世界"论

第七章　舒兹的"共时世界"论

第八章　舒兹理解社会学探考

青土社,12月25日→广松涉著作集(6)

34.代跋文(西原和久编著《现象学的社会学展开》青土社,12月)→哲学的越界第十章"对理解社会学的我之立场"→广松涉著作集(6)

35.[发行日不明]前进道路的选择正在迫近(全国学生共同行动手册《现代世界的革命性变革唯有学生担负》)

● 1992年

1.(调查报告)今年的写作计划(《出版新闻》1月上、中旬合刊号)

2.(座谈)社会主义思想的重审——《俄国革命》74年后的崩溃与世界的构图(高桥顺一,"图书报"1月1日号)

3.(座谈)质问解放的原点(1)(冲浦和光,部落解放同盟"解放报"1月6日号)

4.(座谈)质问解放的原点(2)("解放报"1月13日号)

5.(座谈)质问解放的原点(3)("解放报"1月20日号)

6.日本的哲学界如今?(《理想》648号、1月)

7.(讲演)通向21世纪的架桥(《论坛90's》3月号)

8.(调查报告)今后天下大乱,于是成为第二革命的墓场(《情况》3月号)

9.(讲演)社会主义的根本理念——应该向马克思学习的东西(大东文化大学经济研究所研究报告《经济研究》5号、3月)→广松涉选集(2)

10.(座谈)苏联共产党崩溃后的前卫党论(上)(山川晓夫、林真左事,《情况》4月号)

11.与书相会(1)"幼少时的读书对一生的影响"(《群像》4月号)→广松涉选集(5)

12.(采访报道)大检("朝日新闻"4月20日)

13.(座谈)苏联共产党崩溃后的前卫党论(下)(山川晓夫、林真左事,《情

况》5月号）

14.（讲演）苏联共产党的解体与马克思主义的影响（MR研究会《Marxism & Radicalism Review》2号、5月）

15.与书相会（2）"学生时代的自觉性涉猎"（《群像》5月号）→广松涉选集（5）

16.（调查报告）生活舞台上的"一册书"（《阅读》5月号）

17.（调查报告）［文化学院教师介绍］（东京大学"文化学院报"5月13日号）

18.与书相会（3）"从最近的迷走性读书开始"（《群像》6月号）→广松涉选集（5）

19.心之书：马克思、恩格斯《共产党宣言》（"朝日新闻"6月15日晚刊）→广松涉选集（3）→朝日新闻学艺部编《重读一册·我的"心之书"》（朝日新闻社，1996年5月）

20.心之书：黑格尔《小逻辑学》（"朝日新闻"6月22日晚刊）→《重读一册》

21.心之书：胡塞尔《逻辑学研究》第2卷（"朝日新闻"6月29日晚刊）→《重读一册》

22.心之书：恒藤恭《人类所作所为》（"朝日新闻"7月6日晚刊）→《重读一册》

23.近代文明的功罪——科学技术的发展与人类的幸福（日本青年馆事业部出版课《青年》7月号，特集"哲学"）

24.（讲演）继承马克思·激进主义（荒派"战旗"8月15日号）→荒岱介《马克思·激进主义的复兴》（御茶之水书房，1993年5月）

25.［在社会思想史学会"全体讨论"上的发言］（《社会思想史研究》第16号、8月）

26.（座谈）西欧近代主义批判的逆论——西田哲学的场所之逻辑（清水太郎，《情况》9月号）

27.（座谈）现象学的临界（野家启一、高桥哲哉，《情况》9月号增刊《现象

学——越界的现在》)

28.社会体制的变动与哲学——现代的历史性位界(《哲学杂志》第107卷779号"21世纪的哲学",10月)→广松涉选集(2)

29.(座谈)家长制与"分工的废止"(江原由美子、森下香,《情况》10/11月号)

30.哲学的越界——行为论的领域

劲草书房,11月30日→广松涉著作集(2)(4)(5)(6)

31.(采访报道)物理学向着世界观的范式转变(小阪修平,《增刊宝岛》167"学问的工作场所",12月)

• 1993年

1.(座谈)西田哲学与东西方的哲理(米切尔·桑特恩,《现代思想》1月号)

2.马克思中的自由·平等·友爱的趋向(《群像》1月号)→马克思的根本意想是什么"自由、平等、友爱的马克思中的趋向"→广松涉著作集(14)

3.作为贵重的情报源("新生"1月11日号)

4.(座谈)质问日本人的"正义"(川本隆史、黑住真,《现代》2月号)

5.寄语本书(荒岱介,《马克思·激进主义的复兴》御茶之水书房,5月)

6.对我而言的马克思经济学(《经济评论》终刊号=5月增大号)→马克思的根本意想是什么"马克思经济(学)批判的意想、影响"

7.符号性世界与物象化

与丸山圭三郎合著、情况出版,6月10日"前言"和"符号论的哲学性空间——符号性意义机能的持存机制"→广松涉著作集(1)

8.(座谈)俄国革命以后的世界与马克思主义——国家社会主义的终结(和田春树,《情况》8/9月号、8月)→广松涉选集(2)

9.(座谈)55年体制崩溃后的日本前途(姜尚中、大泽真幸,"图书新闻"8月7日号)

10.(座谈)55年体制崩溃后的日本前途(续)("图书新闻"8月21日号)

11.(讲演)55年体制的终结与革命派的新课题(荒派"战旗"8月25日号)→《理论战线》40号(12月)→东欧骤变与社会主义

12.(座谈)社会主义、资本主义、共产主义[原题:跨域社会主义](林真左事、石塚良次,《月刊论坛》9月号)

13.确立政党政治的原理性反省(《sansala》9月号)

14.新序(《科学的危机与认识论》新装订版第八次印刷、10月)→科学的危机与认识论→广松涉著作集(3)

15.(座谈)社会思想史上的马克思

与城塚登、水田洋、杉原四郎、山之内靖的座谈会(1971年末)。《情况》出版,11月15日。

16.翻开近代世界

平凡社"今后的世界史·1",11月22日。与田真理子、天野哲彦合著

17."前言"和III章"资本主义的突然变异——在西欧资本主义成立的条件"、V章"国民国家的问题机制——自由平等主义与市民社会的拟定"→广松涉著作集(14)

18.存在与意义——事的世界观的建基(第二卷)

第二卷　实践世界的存在结构

第一篇　用在世界的四肢结构

第一章　用在的清晰分节态的现前和有用物的二因素

第一节　用在的有用物的二肢性

第二节　有用物的第一肢的实在

第三节　有用物的第二肢的价值

第二章　自他的分极性的实现和主体间的二重性

第一节　能为的主体间的现前相

第二节　角色的行动与人格化

第一节 职务的既成化和自存视

第二节 组织的分凝和机能态

第三节 阶层结构和价值样态

第三章 体制的生态系的存在和环境的统一性

第一节 环境实在的存在性

第二节 存在和主体间的行为

第三节 主体和境位的一体性

岩波书店,11月29日(第二次印刷1994年2月,第三次印刷1994年12月)→广松涉著作集(16)

19.(座谈)日本的新阿凯奥洛基以后(安齐正人、佐原真,《现代思想》12月号)→广松涉选集(6)

20.(调查报告)1993年的收获("周刊读书人"12月17日号)

21.(座谈)没有指南针的时代"魔法"复活起来(姜尚中、"图书报"12月25日号)

● 1994年

1.政治改革(《群像》1月号)

2.(座谈)向着世界观的范式转变——围绕《存在与意义》第二卷(熊野纯彦,"周刊读书人"11月14日号)→广松涉选集(6)

3.悄然从教坛隐去——离开驹场后(东京大学"文化学院报",1月19日号)→广松涉哲学小品集

4.(调查报告)今年的写作计划(《出版新闻》1月上、中旬号)

5.读"与海德格尔的对抗"(《理论战线》41号、3月)→荒岱介《海德格尔解释》社会评论社,1996年5月)

6.东北亚成为历史的主角——欧美中心的世界观趋于崩溃——以日中为轴心建立"东亚"的新体制[原题:世纪末的形势思考——东北亚成为历史的

主角］（"朝日新闻"3月16日晚刊）→广松涉著作集（14）

7.（座谈）康德——人性像、基本思想及其影响（牧野英二、中岛义道、大桥容一郎，《康德——作为现代思想的批判哲学》情况出版，4月）

8.身心问题（增补新版）

青土社，5月16日，附有"致增补新版的自序"→广松涉著作集（4）

9.马克思的根本意想是什么

《情况》出版，5月25日。3月标记（实际执笔4月）"前言"成为绝笔。（第二次印刷7月）

10."开拓通向现代的世界观之道路"→广松涉著作集（13）。"前言""自由、平等、友爱的马克思中的前途""寄语马克思中的历史规律观"→广松涉著作集（14）

广松涉于5月22日去世

11.对胡塞尔现象学的认识

　　第一章　胡塞尔的"他我"构成

　　第二章　早期现象学与他者论之幕

　　第三章　《论研》的意识结构

　　第四章　意识作用·意识对象的机制

　　第五章　胡塞尔他我论的局限

青土社，7月20日。著者自编的最后单行本→广松涉著作集（7）

［以下均为经作者以外的其他人之手编集、出版的著作以及再版本。］

12.东欧骤变与社会主义

　　战旗社［蕨市］，7月10日

13.恩格斯论——第1部其思想形成过程

《情况》出版,9月10日。初版本的再版

14.恩格斯论——第1部其思想形成过程

佐佐木力编·解说,竹间学艺文库,12月7日

● 1995年

1.广松涉选集第4卷"物象化论与经济学批判"

吉田宪夫编·解说,《情况》出版,3月10日

2.广松涉选集第1卷"交互主体性与结构变动"

山本耕一编·解说,《情况》出版,5月10日

3.(讲演)马克思的共产主义论[1991年10月的讲演](共产主义青年同盟学生班协议会《基姆》第2号、战旗社[足立区]6月1日)

4.广松涉选集第5卷"针对哲学体系的新视轴"

竹村喜一郎编·解说,《情况》出版7月10日

5.广松先生讲话(1994年3月,在退休纪念会上的讲话。东京大学科学史、科学哲学研究室《科学史·科学哲学》第12号,7月)

6.广松涉选集第2卷"社会主义的根本理念"

星野智、石塚良次编·解说,《情况》出版,9月10日

7.广松涉选集第3卷"被重读的马克思——德意志意识形态与共产党宣言"

高桥顺一、小林昌人编·解说,《情况》出版,11月10日

8.广松涉选集第6卷"对论·知识的接口"

忽那敬三编·解说,《情况》出版,12月30日。对话者:大森庄藏、黑田亘、村上阳一郎、见田宗介、吉田民人、安齐正人、佐原真、山崎薰、平田清明、山之内靖、城塚登、足立和浩、山本信、熊野纯彦

● 1996年

1.对哲学能够做什么
与五木宽之的对谈,中公文库,5月18日(矢代梓·解说)

2.广松涉著作集第1卷"世界交互主体的存在结构"
野家启一·解说,岩波书店,6月5日

3.广松涉著作集第5卷"角色存在论"
熊野纯彦·解说,岩波书店,7月4日

4.广松涉著作集第10卷"马克思主义的哲学"
今村仁司·解说,岩波书店,8月6日

5.广松涉哲学小品集
小林昌人编·解说,岩波同时代丛书,8月12日

6.广松涉著作集第12卷"资本论的哲学"
吉田宪夫·解说,岩波书店,9月6日

7.广松涉著作集13卷"物象化论"
高桥洋儿·解说,岩波书店,10月7日

8.广松涉著作集第2卷"辩证法的逻辑"
野家启一、高桥洋儿·解说,岩波书店,11月6日

9.广松涉著作集第4卷"身心问题·表情论"
村田纯一·解说,岩波书店,12月6日

● 1997年

1.广松涉著作集第7卷"哲学·哲学"史论"
竹村喜一郎·解说,岩波书店,1月6日

2.广松涉著作集第11卷"历史唯物主义"
山本耕一·解说,岩波书店,2月6日

3.广松涉著作集第3卷"科学哲学"

野家启一·解说,岩波书店,3月6日

4.广松涉著作集第8卷"马克思主义的确立过程"

小林昌人·解说,岩波书店,4月7日

5.物·事·语(新装订版)

劲草书房,4月20日

6.广松涉著作集第9卷"恩格斯论"

佐佐木力·解说,岩波书店,5月6日

7.广松涉著作集第6卷"社会性行为论"

西原和久·解说,岩波书店,6月6日

8.广松涉著作集第14卷"近代的超越"

今村仁司·解说,岩波书店,7月7日

9.广松涉著作集第15卷"存在与意义(第一卷)"

坂部惠·解说,岩波书店,8月6日

10.广松涉著作集第16卷"存在与意义(第二卷)"

熊野纯彦、村田纯一·解说,岩波书店,9月8日

参考文献

一、著作类

1.《马克思恩格斯全集》(第1~50卷),人民出版社,1962—1995年。

2.《列宁全集》(第55卷),人民出版社,1990年。

3.〔奥〕马赫:《感觉的分析》,洪谦等译,商务印书馆,1986年。

4.卞崇道编:《战后日本哲学思想概论》,中央编译出版社,1996年。

5.卞崇道:《现代日本哲学与文化》,吉林人民出版社,1996年。

6.〔德〕比梅尔编:《海德格尔与雅斯贝尔斯往复书简》,李雪涛译,上海人民出版社,2012年。

7.〔德〕比梅尔:《海德格尔》,刘鑫等译,商务印书馆,1996年。

8.〔德〕海德格尔:《存在论:实际性的解释学》,何卫平译,人民出版社,2009年。

9.〔德〕海德格尔:《存在与时间》,王庆节、熊伟译,生活·读书·新知三联书店,2000年。

10.〔德〕海德格尔等:《海德格尔与有限性思想》,刘小枫编译,华夏出版社,2002年。

11.〔德〕海德格尔:《对亚里士多德的现象学解释》,赵卫国译,华夏出版社,2012年。

12.[德]海德格尔:《荷尔德林诗的阐释》,孙周兴译,商务印书馆,2000年。

13.[德]海德格尔:《林中路》,孙周兴译,上海译文出版社,2008年。

14.[德]海德格尔:《路标》,孙周兴译,商务印书馆,2000年。

15.[德]海德格尔:《论真理的本质 柏拉图的洞喻和〈泰阿泰德〉讲疏》,赵卫国译,华夏出版社,2008年。

16.[德]海德格尔:《面向思的事情》,陈小文、孙周兴译,商务印书馆,1996年。

17.[德]海德格尔:《尼采》(上卷),孙周兴译,商务印书馆,2002年。

18.[德]海德格尔:《思的经验(1910—1976)》,陈春文译,人民出版社,2009年。

19.[德]海德格尔:《同一与差异》,孙周兴、陈小文等译,商务印书馆,2011年。

20.[德]海德格尔:《现象学之基本问题》,丁耘译,上海译文出版社,2008年。

21.[德]海德格尔:《形而上学导论》,熊伟、王庆节译,商务印书馆,2009年。

22.[德]海德格尔:《形式显示的现象学:海德格尔早期弗莱堡文选》,孙周兴译,同济大学出版社,2004年。

23.[德]海德格尔:《演讲与论文集》,孙周兴译,生活·读书·新知三联书店,2005年。

24.[德]海德格尔:《在通向语言的途中》,孙周兴译,商务印书馆,2009年。

25.[德]海德格尔:《哲学论稿——自本有而来》,孙周兴译,商务印书馆,2012年。

26.[德]黑格尔:《小逻辑》,贺麟译,商务印书馆,1980年。

27.[德]胡塞尔:《胡塞尔选集》(上、下卷),倪梁康选编,上海三联书店,1997年。

28.［德］胡塞尔:《逻辑研究》,倪梁康译,上海译文出版社,1999年。

29.［德］康德:《纯粹理性批判》,韦卓民译,华中师范大学出版社,1991年。

30.［德］康德:《历史理性批判文集》,何兆武译,商务印书馆,1990年。

31.［德］康德:《实践理性批判》,韩水法译,商务印书馆,1999年。

32.［德］考夫卡:《格式塔心理学原理》(上册),黎炜译,浙江教育出版社,1997年。

33.［德］韦伯:《经济与社会》(上卷),林荣远译,商务印书馆,2006年。

34.［法］阿尔都塞:《保卫马克思》,顾良译,商务印书馆,1984年。

35.［法］阿尔都塞:《来日方长——阿尔都塞自传》,蔡鸿滨译,陈越校,上海人民出版社,2013年。

36.［法］萨特:《辩证理性批判》,商务印书馆,1963年。

37.《海德格尔选集》,孙周兴选编,上海三联书店,1996年。

38.［日］柄谷行人:《马克思,其可能性的中心》,中田友美译,中央编译出版社,2006年。

39.［日］广松涉:《存在与意义》(第一至二卷),彭曦、何鉴译,南京大学出版社,2009年。

40.［日］广松涉:《马克思主义的哲学》,邓习仪译,南京大学出版社,2019年。

41.［日］广松涉:《世界交互主体的存在结构》,邓习仪译,南京大学出版社,2020年。

42.［日］广松涉:《事的世界观的前哨》,赵仲明、李斌译,南京大学出版社,2003年。

43.［日］广松涉:《唯物史观的原像》,邓习仪译,南京大学出版社,2009年。

44.［日］广松涉:《文献学语境中的〈德意志意识形态〉》,彭曦译,南京大学出版社,2005年。

45.［日］广松涉:《物象化论的构图》,彭曦、庄倩译,南京大学出版社,

2002年。

46.[日]广松涉:《哲学家广松涉的自白式回忆录》,赵仲明、李斌译,南京大学出版社,2009年。

47.[日]广松涉:《资本论的哲学》,邓习仪译,南京大学出版社,2013年。

48.《社会批判理论纪事》(第一辑),中央编译出版社,2006年。

49.[匈]卢卡奇:《存在主义还是马克思主义?》,韩润棠等译,商务印书馆,1962年。

50.[匈]卢卡奇:《理性的毁灭》,王玖兴等译,山东人民出版社,1988年。

51.[匈]卢卡奇:《历史与阶级意识》,杜章智等译,商务印书馆,1995年。

52.[匈]卢卡奇:《青年黑格尔(选译)》,王玖兴译,商务印书馆,1963年。

53.杨思基:《拨开"物象化"的迷雾》,人民出版社,2008年。

54.张一兵:《不可能的存在之真——拉康哲学映像》,商务印书馆,2006年。

55.张一兵:《回到福柯——暴力性构序与生命治安的话语构境》,上海人民出版社,2016年。

56.张一兵:《回到海德格尔——本有与构境》(第一卷,走向存在之途),商务印书馆,2014年。

57.张一兵:《回到列宁——关于"哲学笔记"的一种后文本学解读》,江苏人民出版社,2008年。

58.张一兵:《回到马克思——经济学语境中的哲学话语》,江苏人民出版社,1999年。

59.张一兵:《无调式的辩证想象——阿多诺〈否定的辩证法〉的文本学解读》,生活·读书·新知三联书店,2000年。

二、文章类

1.邓习仪：《四肢结构论：从实体主义到关系主义的新推进》，博士论文，南京大学图书馆存。

2.[日]吉田宪夫：《广松涉哲学与马克思》，《马克思主义与激进主义评论》，1994年11月25日特别号。

3.[日]日山纪彦：《读〈物象化论的构图〉——代解题和解说》，《情况》，2002年7月号。

4.[日]小林昌人：《广松涉物象化论和〈德意志意识形态〉》，《社会理论研究》，2005年第6期。

5.[日]野家启一：《"广松涉哲学"的发生学研究》，《南京大学学报》（哲学·人文科学·社会科学版），2002年第5期。

6.[日]西原和久：《广松涉社会哲学的现代意义——"社会行为论"的射程》，《南京社会科学》，2005年第8期。

7.[日]大石高久：《〈德意志意识形态〉的文献学研究》，《马克思主义与现实》，2006年第1期。

8.[德]赫尔穆特·埃斯纳特：《特里尔马克思故居研究所〈德意志意识形态〉的编纂工作》，《马克思主义与全球化》，北京大学出版社，2003年。

9.[德]海德格尔：《形式化和形式显示》，欧东明译，张祥龙校，《世界哲学》，2002年第2期。

10.[德]陶伯特：《〈德意志意识形态〉手稿和刊印稿的问题和结果》，《马克思恩格斯列宁斯大林研究》，2001年第2期。

11.吴书林：《论广松涉对海德格尔/上手状态（用在性）的批判》，《兰州学刊》，2007年第9期。

12.段迎晖:《恩格斯对创立历史唯物主义的独特贡献——兼评广松涉"恩格斯主导说"》,《兰州学刊》,2008年第8期。

13.王南湜:《广松涉对马克思理论的物象化论阐释及其扩展》,《学术研究》,2007年第6期。

14.姚顺良:《准确评价恩格斯在马克思主义形成过程中的作用——析广松涉"恩格斯主导论"的思想史论据》,《江海学刊》,2007年第4期。

15.彭曦:《"日本马克思主义"的日本特色——以广松涉和山之内靖解读马克思为例》,《日本学刊》,2012年第3期。

16.杨建兵、陈绍辉:《从"异化"到"物象化"——广松涉视阈中马克思哲学逻辑转向的历史分析》,《理论界》,2015年第10期。

后　记

广松涉的研究，在我的手里，一拖再拖。从2002年开始译介，到2005—2009年进行写作，再到2017年最终完成，竟然一晃过了十五年。其中，有译介进程的障碍问题，也有自己原定的研究进程频繁出现的逻辑"异轨"，但最主要的原因是，自己总想将广松涉的哲学逻辑解读与我提出的构境论逻辑在时间和空间上更加贴近一些。

我早就意识到，自己的思想发展理路与广松涉的思想进程有很多相似之处，对科学与西方哲学的深入理解和有明确为我性的方向性诠释，马克思哲学的深入理解和独特的开放式阐释，以及最终在民族文化的基础上提出自己的哲学观念。这正是我与他共同的学术道路。不同之处在于，广松涉的交互主体世界的四肢结构论，基本上还是一种认识论和行为主义的微观经验研究，而非历史唯物主义逻辑之上生长起来的哲学思考。所以在他原创性的《交互主体的存在结构》和《存在与意义》两本书中，思境离马赫、格式塔心理学和行为论研究更近一些。显然，广松涉不是要做当代的马克思，而是东方的康德。以至于广松涉对马克思的诠释从一个正确的入口进去，却从一个特定的逻辑岔道中偏斜出去，事物化变形为"物象化"恰恰是为了事的世界观的出场。这是我后来在研究中逐步意识到的问题。

本书的写作分为三个时段：一是从2005年开始的专题研究，通常是围绕已经出版的广松涉汉译著作的编译陆续所写下的东西。二是2009年开始正式启动书稿的写作,这集中在文献的阅读和梳理上,本书的序、导论的前几节都是在这一时期完成的。但到了这一年的夏天我从东京回来,写作遇到了很大的障碍,主要是在广松涉对海德格尔的批判和进一步的应用问题上,我突然发现自己对海德格尔哲学的把握远远不足以真正驾驭正在发生的写作,于是我不得不停下写作,重新回到对海德格尔文本的阅读和思考之中。这一读,就又出现了严重的异轨,关于海德格尔哲学的新发现引发了一个宏大的研究计划,并完成了《回到海德格尔——本有与构境》的第一卷,再回头,已经是2012年底。后来,由于写作《文本的深度耕犁》第三卷,因为阿甘本的方法论前提问题,又花了两年时间写出《回到福柯——暴力性构序与生命治安的话语构境》,然后又陆续完成了关于阿甘本、斯蒂格勒和索恩-雷特尔的三本书稿,这一下就到了2017年。三是2017年开始的写作,当然,它会从当年中断之处接续起来,这一回可以说,关于海德格尔的理解,我已经远在广松涉之上。当然,此次写作的主要任务,除去已经完成的广松涉对马克思哲学话语的解读之外,主要是面对广松涉自己哲学体系的《存在与意义》两卷大书。虽然我对这一巨著做了足够的心理准备,可后来的写作经历还是超出了自己的预料。与广松涉这样的大师对话,特别是他在认识论研究上的深刻思想和原创性的哲学构境,常常会使人觉得身心被掏空,精疲力竭。不过最终我还是挺过来了。但是必须承认,进入广松涉《存在与意义》两卷的具体构境线索之中后,与我自己过去的预设还是出现了较大的落差,特别是此书的第二卷,他的思考路径太偏社会行为论和语言哲学了,所以写作的最后结果是,我只能用一章的篇幅来对整个第二卷进行粗粗的概要。

我以为,无论如何,广松涉、望月清司和平田清明都是20世纪马克思主义思想史上应该留下足迹的重要东方学者,其中,广松涉的地位更高一些。我希望通过这本书,使中国马克思主义哲学研究界能够认识广松涉及其深刻和卓越的学术思想,并逐步开始关注日本新马克思主义的研究。

本书的写作,得到了广松夫人和他的一批学生的大力帮助和支持,我总是在文献的缺口上在第一时间里获得来自他们提供的第一手的资料。为了更加直接地了解广松涉的思想构境逻辑,2009年夏天我专程赴东京,与广松夫人和广松涉先生的学生们进行了多次交流和访谈。其中有星野智先生、三本耕一先生、小林昌人先生。在一些我最关心的重要学术难点上,他们给予我极为可贵的见解。特别是雄野纯彦先生,他对广松涉哲学的理解是深刻而精准的,在广松涉与马赫、康德的关系上,他的观点十分富有启发性。我也专程访问了广松涉先生曾经任职的河合文化教育研究所,看到了广松涉的全部手稿及留有他批注的书籍和文献。同时,我也拜会了广松涉同时代的著名思想家望月清司教授,并与他进行了面对面的交流和讨论。在这些坦诚的讨论中,我们有可能复建了不少广松涉思想实验的拟像情景,令人激动和兴奋。真的非常感谢他们。

在我对广松涉的全程研究中,南京大学的赵仲明老师、彭曦博士和我的学生邓习仪、丁瑞媛在文献资料的译介上始终进行着不懈的努力,特别是赵仲明和彭曦,先后多次陪我访问日本,在无数次会谈和文献编译方面,付出了大量的汗水和心血。在本书出版的过程中,天津人民出版社的领导和编辑也为此付出了艰辛的努力。没有他们的辛苦,此书如此华丽地问世是绝不可能的。真的非常感谢。

这里,我还应该专门提到已经去世的何鉴老师。2002年,我第一次通过赵仲明认识他,不久,他就成为南京大学与东京大学共同成立的中日文化交流中心的工作人员。在中心初创的发展道路摸索和白手起家式的日常工作中,何老师发挥了不可替代的作用。并且广松涉《存在与意义》两卷的最初翻译稿也是出自他的手笔。不幸的是,他还没有来得及完成自己的译作就被病魔夺去了年轻的生命。我想,今天出版的这本书,也算是对他的一种纪念。

最后,我将这本书献给我的二姐张沙丽。在我的印象中,丽姐是我众多姐姐中最聪明的一位,思维敏捷,能说善辩,在个性强的方面很像我的母亲。小时候,她算是我崇拜的偶像。在我当兵和后来读研究生的那些艰难的时刻,丽姐和祥楠姐夫给了我很多的帮助。我还记得,自己的研究生毕业论文写作就是在他们借我的郊区住房中完成的。谢谢丽姐。

张一兵

2015年10月10日第一稿于南京大学仙林校区

2017年7月15日第二稿于南京龙江

2019年7月29日第三稿于赴北京的G104次高铁上